江西省哲学社会科学成果文库

JIANGXISHENG ZHEXUE SHEHUI KEXUE
CHENGGUO WENKU

传统与现代之间：
中南乡村社会改造研究
（1949~1953）

BETWEEN THE TRADITION AND THE MODERN:

A STUDY OF RURAL SOCIAL TRANSFORMATION OF

CENTRAL-SOUTHERN CHINA(1949-1953)

汤水清　著

社会科学文献出版社

SOCIAL SCIENCES ACADEMIC PRESS (CHINA)

国 家 社 会 科 学 基 金 项 目

(07BZS026)

总　序

　　作为人类探索世界和改造世界的精神成果，社会科学承载着"认识世界、传承文明、创新理论、资政育人、服务社会"的特殊使命，在中国进入全面建成小康社会的关键时期，以创新的社会科学成果引领全民共同开创中国特色社会主义事业新局面，为经济、政治、社会、文化和生态的全面协调发展提供强有力的思想保证、精神动力、理论支撑和智力支持，这是时代发展对社会科学的基本要求，也是社会科学进一步繁荣发展的内在要求。

　　江西素有"物华天宝，人杰地灵"之美称。千百年来，勤劳、勇敢、智慧的江西人民，在这片富饶美丽的大地上，创造了灿烂的历史文化，在中华民族文明史上书写了辉煌的篇章。在这片自古就有"文章节义之邦"盛誉的赣鄱大地上，文化昌盛，人文荟萃，名人辈出，群星璀璨，他们创造的灿若星辰的文化经典，承载着中华文明成果，汇入了中华民族的不朽史册。作为当代江西人，作为当代江西社会科学工作者，我们有责任继往开来，不断推出新的成果。今天，我们已经站在了新的历史起点上，面临许多新情况、新问题，需要我们给出科学的答案。汲取历史文明的精华，适应新形势、新变化、新任务的要求，创造出今日江西的辉煌，是每一个社会科学工作者的愿望和孜孜以求的目标。

社会科学推动历史发展的主要价值在于推动社会进步、提升文明水平、提高人的素质。然而，社会科学的自身特性又决定了它只有得到民众的认同并为其所掌握，才会变成认识和改造自然与社会的巨大物质力量。因此，社会科学的繁荣发展和其作用的发挥，离不开其成果的运用、交流与广泛传播。

为充分发挥哲学社会科学研究优秀成果和优秀人才的示范带动作用，促进江西省哲学社会科学进一步繁荣发展，我们设立了江西省哲学社会科学成果出版资助项目，全力打造《江西省哲学社会科学成果文库》。

《江西省哲学社会科学成果文库》由江西省社会科学界联合会设立，资助江西省哲学社会科学工作者的优秀著作出版。该文库每年评审一次，通过作者申报和同行专家严格评审的程序，每年资助出版 30 部左右代表江西现阶段社会科学研究前沿水平、体现江西社会科学界学术创造力的优秀著作。

《江西省哲学社会科学成果文库》涵盖整个社会科学领域，收入文库的都是具有较高价值的学术著作和具有思想性、科学性、艺术性的社会科学普及和成果转化推广著作，并按照"统一标识、统一封面、统一版式、统一标准"的总体要求组织出版。希望通过持之以恒地组织出版，持续推出江西社会科学研究的最新优秀成果，不断提升江西社会科学的影响力，逐步形成学术品牌，展示江西社会科学工作者的群体气势，为增强江西的综合实力发挥积极作用。

祝黄河

2013 年 6 月

序

姜义华

　　摆在读者面前的这本书是 2007 年一项国家社科基金的最终研究成果。作者汤水清在复旦攻读博士期间，做的是上海城市生活史的研究。他的博士论文《上海粮食计划供应制度研究》，从计划供应这个当时还未引起学术界注意的视角探讨了统购统销问题，把统销制度的建立和当代中国城市发展联系起来进行了考察。他毕业到江西工作后，进入当代乡村社会史这个他以往并不熟悉的领域。汤水清大学时学的是中文，硕士修的是哲学，真正系统接受历史学训练是在博士阶段，开始这项新的研究，无疑是一个很大的挑战。他将 20 世纪 50 年代中南乡村社会变迁研究作为研究方向，他所提出的"传统与现代之间：建国初期中南乡村社会改造研究"选题，第一次申报国家社科基金便获准立项，说明他的思考方向是对的，也说明这项研究是有价值的。历经七年多时间，现在他终于拿出了这一成果，算是交出了一份答卷。

　　近些年来，许多中国近现代史研究者将目光投向了 20 世纪 50 年代，掀起了一场"1950 年代"研究热潮。这些学者及许多新近毕业的博士，注重从社会史的角度来展开研究，新中国成立初期区域社会、地方社会的转型与变迁尤为他们所关注。总的看来，在地域上，对老解放区的研究较多，对新解放区的研究较少；研究华北、江南的多，研究中南、西南等区域的少；在内容上，关注土地改革的多，对乡村社会政治、经济、文化教育重建过程进行系统全面梳理的少；在研究视野上，对事件或运动本身研究的多，将 20 世纪 50 年代的乡村社会改造与近代以来的乡村社会变迁加以纵向比较研究的较少，对新中国成立初期乡村社会改造的性质及其在当代中国社会转型中的地位问题则更少涉及。但"1950 年代"研究热潮从宏观转向微观，从上层转向下层，从经济、政治的层面转向社会层面，这种趋向仍然是相当明显的。这一趋向，与当代中国的社会转型自然密切相关。

所谓社会转型，就是从传统社会转变为现代社会，从古代文明转变为现代文明。中国传统社会在文明形态上基本是农业文明、乡村文明，现代社会则突出表现为工业文明、都市文明。我曾说过，现代化进程，就是逐步"以市场经济取代自然经济，以工业大生产取代农业小生产，以城市化取代乡村化，以世俗化取代圣化、贵族化，以社会中产化取代普遍贫穷化，以理性与科学取代蒙昧与迷信，以法制与民主取代传统的德治、礼治及专制，以广泛的、直接的世界性联系取代地域性自我封闭"，就是"包含着生产方式、生活方式、思维方式、行为方式在内的全方位的社会大变革"①。传统社会的根在乡村，没有乡村社会的成功转型，就不会有中国社会的现代转型。

纵观近代以来的中国社会变迁历程，新中国成立初期的社会改造可以说是传统乡村转型的一个高潮。这个高潮，是依靠政权的强大力量，由国家意志主导，以群众运动的方式，主动地、有计划有步骤地对传统乡村社会进行全方位的改造而掀起的。但是，后来的历史证明，在轰轰烈烈的运动过后，中国乡村社会的生产方式、生活方式、民众的思想观念和行为方式以及社会习俗在很大程度上仍为传统所笼罩。直到改革开放后，大批农村劳动力从土地上解放出来，形成了世界历史上最大规模的人口自由流动浪潮；国内资本得以激活，海外资本大量涌入，劳动与资本的有机结合使中国社会蕴藏的巨大生产力开始得到释放，乡村社会的生产方式和生活方式，乃至乡村民众的思想观念、道德观念也由此发生了难以逆转的深刻变化。

新中国成立初期中南乡村的社会改造，是中国乡村尤其是新解放区乡村社会改造的重要组成部分，曾多次得到中共中央和毛泽东的肯定。1950

---

① 姜义华：《理性缺位的启蒙》，上海三联书店，2000，第445页。

年初中共中央在北京香山双清别墅举行全会，准备通过《土地改革法》和刘少奇关于土地改革的报告，其间列席会议的杜润生向毛泽东汇报中南区分阶段土改的做法，提出第一步是先建立农会，第二步再分配土地。毛泽东听后称赞说：这个安排很好。① 以后毛泽东多次将中南区的土改报告以中央名义转发给有关中央局、省委。中南局 1951 年 3 月 22 日在给中央的一份报告中指出，土改必须分三个阶段进行：第一阶段，普遍进行清匪反霸退押减租，打掉地主政治优势；第二阶段，划分阶级，没收征收，消灭地主阶级；第三阶段，实行复查教育，发土地证。② 这三个阶段的土改，有破有立，实质上已超出了《土地改革法》规定的单纯没收征收与分配土地的范围，将土地改革扩大成为一个对乡村社会政治、经济、思想、文化的全面改造过程。毛泽东在转发这份报告的批语中，再次对中南区的做法表示肯定，认为"将土改过程明确划分为三个阶段是很必要的，各新区均应教育干部照三个阶段的各项步骤去做，不要省略和跳跃。土改后，农村的任务规定为生产教育民主三项，也是对的，即除生产教育两项任务之外，还有一项建立民主生活的任务"③。可见，中南区的土地改革是一个全方位的、革命性的改革，目标明确、步骤完整，堪当新区乡村社会改造的典范。

汤水清的这项研究，没有满足于一般的历史叙事，他将中南乡村的社会改造置于传统与现代、国家与社会的双重视野中，将土地改革、秩序重建和文化重塑统一起来，考察了中南乡村社会改造的过程，比较深入地探讨了乡村社会改造的性质及其在现当代中国社会转型中的地位、意义与局限。作者通过实证研究后指出，土地改革在短期内迅速改善了大多数贫困农民的生活，激发了农民的生产积极性。但从长远看，以运动方式进行的改革，它所产生的激情也随着运动的消退而消退；没有生产力的提高，单纯的制度变革难以从根本上改善农民的生活。在考察土地改革的展开过程后，作者认为，从改革的深度和广度看，土地改革远远超越了经济关系革

---

① 杜润生著《杜润生自述：中国农村体制变革重大决策纪实》，人民出版社，2005，第8页。
② 见《建国以来毛泽东文稿》（第 2 册），中央文献出版社，1988，第 218 页注 3。
③ 见《建国以来毛泽东文稿》（第 2 册），中央文献出版社，1988，第 217 页。

命的范畴，同时是一场深刻的政治革命和社会革命。在考察乡村政治改造
后，作者指出，通过乡村基层政治改造，中共确立了党在乡村中的领导地
位，完成了自晚清以来国家权力持续向乡村扩张的过程。在这个过程中，
不仅基层民众被广泛地动员起来，加入到一个巨大的以党为核心、以农青
妇民（民兵）等新社会组织为外围组织的政治网络中，因而在客观上空
前地扩大了民众的政治参与；而且开启了基层民众日常生活组织化、政治
化的进程，初步实现了国家与社会的一体化。在考察文化习俗的改造后，
作者提出，农民教育、婚姻改造，实际上是重塑乡村文化的主要方式。它
们对于广大农民的思想解放，使之摆脱传统宗法观念、纲常礼教和迷信思
想的束缚，起到了积极的作用，同时在一定程度上也促进了乡村社会现代
意识的形成，奠定了此后中国乡村社会发展进步的文化基础。作者同时强
调，传统观念形态与文化习俗的变革是一个随着生产方式、社会方式的改
变而逐步变化的过程，非通过一场运动所能转变。而本书的结论部分，作
者在肯定新中国成立初期社会改造运动历史作用的同时，从社会转型这个
角度概括了其局限性与趋势意义，指出从现代社会的型式上看，在经过表
面的震荡后，传统乡村社会中诸如落后的耕作方式、发展的封闭性以及传
统社会观念、文化习俗中的核心内容（如男权中心观念）并没有在改造
后彻底而持久地改变，尤其在人的生存、发展方式上没有实现从传统向现
代的转变；乡村社会的政治结构、阶级结构也仍残留着传统社会的痕迹，
经过改造的乡村社会实质上处于传统与现代之间。当然，从自觉的社会改
造及其成果来看，新中国成立初期的乡村社会改造为传统乡村社会向现代
社会的转型提供了政治基础，当代中国的乡村建设正是在这个政治基础上
展开的。作者强调，在当代中国，实现传统乡村社会向现代社会的全面转
型，必须坚持经济发展是一切社会变革的终极原因这一历史唯物主义基本
原理，把大力发展农村生产力放在首位，以人的全面发展作为最终目标。

新中国成立初期的中南行政区横跨南北，从中原到华南，不同地域内
农民的生产生活方式、社会风俗习惯甚至社会结构、经济结构都有很大的
差异，区内各省社会改造的过程也并非同步。将地域广阔、情况各异的这
一地区作为整体进行考察，仅文献资料的搜集整理就是一项艰苦的工作。
从书中看，为完成研究任务，作者走过了中南地区的大部分省份，搜集了

广东省档案馆、江西省档案馆、河南省档案馆、湖北省档案馆、湖南省档案馆、广东省江门市档案馆和江西省南昌市档案馆、南昌县档案馆、黎川县档案馆等相关档案资料。在这些资料中，过去未被学术界重视的中南区若干调查资料尤其受到高度关注，成为支撑本书的基础资料之一。新中国成立初期，为弄清中国农村的政治、经济、社会状况，为即将进行的土地改革做准备，以及了解土地改革后的农村真实情况，中共在华东、中南、西南等几大新解放区都进行了一系列大规模的农村调查。就中南区而言，全区规模的大型调查至少有两次。一是1951年11月开始由中南土地改革委员会组织的97县100个乡调查；二是1953年11月至1954年2月，由中南局农村工作部组织的全区五省（缺广西省）34县35个典型乡调查。前者形成了《中南区一百个乡调查统计表》《中南区一百个乡调查资料选集》等资料汇编，内容涉及抗日战争爆发前（1936年）、解放前（1948年）和土地改革时期（1951年）农村的阶级关系与生产关系，土地改革运动中群众发动和组织及对地主阶级打击的情况，农业、副业的比重，中农生产水平，人口、劳动力及文化教育等。这些资料对于深入研究20世纪30至50年代中南乃至中国乡村的社会及其变迁，有着不可估量的学术价值。后者形成了《中南区一九五三年农村经济调查统计资料》，内容包括各阶级比重及占有生产资料和收入情况，农业生产及互助合作情况，阶级变化及借贷、雇佣、土地买卖和租佃情况，农家收支、商品粮、购买力及农村供销情况。该资料比较典型地反映了中南各地农村土地改革后的经济与阶级变动情况，不仅具有研究区域经济社会变迁的学术价值，而且对于厘清土地改革的实际成效和合作化运动前的农村经济、社会的真实情况都有着重要的意义。从整体上利用这些以及各省乃至县区调查资料，本书只是一个开端。深入挖掘这些调查资料的价值，全面展现中南及其区域内各地乡村社会变迁的历史图景，仍有待于作者以及其他学者今后的进一步努力。

目　　录

绪　论

一　传统与现代的界定

关于传统与现代的话题是一个近代学术诞生以来就引起了广泛关注且涵盖面很广的话题。20世纪80年代后，这一对最初属于文化范畴的概念随着社会学在中国的兴起，新儒学与国学的升温，以及西方史学范式的引进，已经演变为一对复杂的概念，在哲学、文学、历史学、艺术、社会学、经济学、政治学等几乎所有的人文社会科学领域都有运用，以"传统与现代"为题的学术著作不计其数。但如何来界定这一组对立的关系，甚至界定传统与现代的时间分界线，似乎很少有人去深究。

传统首先是一个用于文化范畴的概念。美国学者乔治·艾伦在谈到"传统与变迁"时强调，我们在世上活动时所运用的那些基本知识和办法，其中有一部分，"不用说明和论述，就是心灵、理智或肌肉的习惯，我们无须加以思考，它们就是为我们服务的"，"这些习惯当中的最基本的习惯，这些未经反思的对待事物并与之互动的方式，构成了我们的文化视野"。阿拉斯戴尔·麦金太尔也指出，个体的生活史总是被纳入他从中获得自我认同的那个集体的历史中，个体是带着过去出生的，是历史的一部分，就是说个体是"一种传统的一个载体"，而不管个体是否喜欢这种传统，或是否认识到了这个事实。马克·弗里曼将那种"不用说明和论述""无须加以思考"的"习惯当中的最基本的习惯"称为"传统的无意识方面"，把个体不管是否认识到自己是一种传统的一个载体这一事实看作传统隐蔽的"深邃层面"，并认为"它们一直渗入到我们的待人接物中去了"①。在这里，传统基本上等同于文化背景，且传统的这一方面主要是针对个体而言的。确实，一个人观察事物、处理事务的方式与他的文化背景息息相关。超越个体的体验，从一种更宽广的历史来看，传统就是历史上代代相因的精神、思想、观念、道德、风俗、艺术、制度，也就是体现某一群体、种族、民族、国家物质与精神生产、生活方式的文化，历时性和内容的广泛性是其最主要的两个特点。

作为言说过去的"传统"，又是一个与"现代"对立的用于历史范畴的概念，主要指代大机器工业生产方式产生之前的历史时期。但其所包含的内容又是相对的，"传统总是在不断地与现代（或时代）进行信息交换，不断地被一代又一代人重新诠释、理解、损益和建构，传统的解读与重构总是恒提恒新、历久弥新。"② 从物质和精神两个层面来看，传统和现代的关系也"不是非此即彼的对立关系，而是可以调和的统一关系"，属于物质层面的工业化、现代化，就是科学技术的掌握和运用，就是财富的极大丰富和物质生活的提高。但人的道德和精神生活关乎价值，物质的进步和科学的发展是无能为力的，它需要文化和宗教，而价值和精神往往体现在传统中。③

从历史学的角度看，"传统"与"现代"不仅仅是一个时间的概念，其所包含的内容是非常广泛的，几乎涵盖到整个社会生产生活领域。因此，只有把它们与"社会"结合在一起使用，才能完整地表达其含义的丰富性，这就是传统社会及与之相对的现代社会。英国著名社会理论家和社会学家安东尼·吉登斯说，现代社会是以民族—国家为特征的、国家与社会高度融合的社会，而传统社会是一个阶级分化的社会，"在其内部特征及其相互之间的外部关系方面，均与现代社会有着非常本质的区别"④。的确，传统

---

① 参见马克·弗里曼《传统与对自我和文化的回忆》，载〔德〕哈拉尔德·韦尔策编《社会记忆：历史、回忆、传承》，李斌、王立君、白锡堃译，北京大学出版社，2007，第8～12页。

② 程郁缀、刘曙光：《学术由传统走向现代的主导范式》，《云梦学刊》2009年第4期。

③ 参见傅有德《传统与现代之间：犹太文化的经验与启示》，《解放日报》2007年5月27日，第8版。

④ 〔英〕安东尼·吉登斯：《民族—国家与暴力》，胡宗泽等译，三联书店，1998，第2页。

社会与现代社会各自具有鲜明的特征，了解了传统社会的特征，也就能了解现代社会的特征。传统社会，又可称为传统社会或前现代社会、农业社会。对于这个社会所具有的特征，学术界有过广泛的探讨。金耀基认为，传统社会有八个方面的特征，即传统取向的；农业的；身份取向与层阶取向的；神圣的（sacred）与权威的（authoritarian）；以原级团体（primary group）为社会主要结构；特殊主义（particularism），关系取向（ascription）的；功能普化的（dual society）；准开放的二元社会。① 美国学者哈根（Everett E. Hagen）从人类学、社会学与心理学的角度，指出传统社会是"一个社会的行为方式代代相因，很少改变"的社会。在这个社会里，"行为受习俗而非法律所支配，社会结构是有层阶性的，个人在社会中的地位通常是传袭的，而非获得的。"② 罗荣渠在《现代化新论》一书中把"现代化"的含义归纳为四大类，其中各类含义中都涉及传统社会与现代社会的特征。如认为传统社会有一些共同的特点，即"农村社会，手工业生产，使用再生性生物性能源，经济增长异常缓慢，封闭保守，职业分化简单"；现代社会的共同特征是民主化、法制化、工业化、都市化、均富化、福利化、社会阶层流动化、宗教世俗化、教育普及化、知识科学化、信息传播化、人口控制化；等等。他将工业化作为区别传统社会与现代社会的最主要特征。③ 姜义华从文明形态、生产生活方式、社会交往、政治形态等方面对传统社会与现代社会进行区分，认为传统社会在文明形态上是农业文明、乡村文明，在生产方式、生活方式上是自给自足，在社会交往中是狭隘的、地域性和血缘性联系，在政治上是威权主义、等级主义，在社会生活上是神秘主义、贵族主义；与此相对应，现代社会则是工业文明、都市文明，市场化，世界性联系，民主化，俗世化。④

凡此种种，可以看出，以农业为主、依靠自然条件和人力畜力劳动的

①　金耀基：《从传统到现代》，法律出版社，2010，第10页。
②　Everett E. Hagen, *On the Theory of Social Change*（Ollinois：The Donsey Press，1962.）p. 56. 转见金耀基《从传统到现代》，法律出版社，2010，第7～8页。
③　参见罗荣渠《现代化新论——世界与中国的现代化进程》（增订本），商务印书馆，2006，第8～18页。关于现代社会特征的描述参见杨国枢《现代化的心理适应》，台北巨流图书公司，1978，第24页，此为转述。
④　姜义华：《现代性：中国重撰》，北京师范大学出版社，2008，"释'中国重撰'（序）"。

生产方式，以地缘血缘亲缘关系为纽带的社会交往方式，以乡村生活为主的生活方式，简单的社会结构，神圣化的观念体系，专制主义的政治形态等是传统社会的共同特征，而工业化、都市化、世俗化、法制化、民主化、社会阶层流动化和结构多样化是现代社会的共同特征。具体到中国传统社会的特征，陈来在谈及五四以来"全盘反传统"思想时认为，这一思想的一个基本出发点是，"小农经济为主的经济基础，君主与官僚制度配合的政治体制，宗法血缘关系统帅的社会结构，构成了传统中国社会的文化根基"①。这里所谓的"文化根基"，应该就是中国传统社会最基本的特征。换言之，中国传统社会是一个以皇权政治、小农经济、血缘地缘关系为主要特征的封闭的社会。

但是，一个社会在经济上是工业化、市场化的，在政治与文化上可能是传统的；或者相反，在政治上具有现代社会的特征，而在经济上仍然是以小农为主的、非工业化与非市场化的。一个在本质上是"现代"的社会，可能在文化和社会生活中保留着许多传统的东西，而一个在本质上是"传统"的社会，也可能蕴含着相当现代的因素。金耀基指出："在现实的世界里并不能找到绝对的'传统的社会'，也找不到绝对的'现代的社会'。"② 美国学者吉尔伯特·罗兹曼在考察中国传统社会时就曾论及这个社会所具有的多方面"现代"特征。他说："被我们看作现代社会的某些特征，亦曾在中国达到过很高的水平。最明显的，便是他们所发展出的那一套完全依据实绩而决定进退的官僚体制"，以及"突出地在法律上承认流动、迁移、买卖是个人与生俱来的权利"。他赞叹道："在一个人口众多，幅员辽阔的社会中，前现代中国在文化上五彩缤纷，其治理的规模和有效性，真可谓达到了惊人的程度，其预示着现代化的特征又是如此之多，举其要者，如以成就取人的开放性阶级和社会流动，官僚组织和强调文化素质等。"③ 柯文在考察了近代中国沿海与内地的不同社会变迁后认为，"在中国近代史上，有两个巨大的彼此独立、性格独特的文化环境并肩发展着"，这就是沿海与内

---

① 陈来：《消解传统与现代的紧张》，《北京大学学报》（哲学社会科学版）1989 年第 3 期。
② 金耀基：《从传统到现代》，法律出版社，2010，第 87 页。
③ 〔美〕吉尔伯特·罗兹曼主编《中国的现代化》，国家社会科学基金"比较现代化"课题组译，江苏人民出版社，2005，第 15、346、429 页。

地。他指出，沿海具有许多现代社会的特征，"它在经济基础上是商业超过农业；在行政和社会管理方面是现代性多于传统性；其思想倾向是西方的（基督教）压倒中国的（儒学）；它在全球倾向和事务方面更是外向而非内向"①。所有这些都意味着，虽然传统社会与现代社会各具自己鲜明的特征，但从社会历史的演进角度上看，我们很难找出一个精确的时间点来对两者进行区分。也就是说，从传统社会到现代社会的转变不是一蹴而就的，两者之间必定有一个或长或短的过渡期。这个过渡，其实就是传统社会现代化的过程，就是逐步"以市场经济取代自然经济，以工业大生产取代农业小生产，以城市化取代乡村化，以世俗化取代圣化、贵族化，以社会中产化取代普遍贫穷化，以理性与科学取代蒙昧与迷信，以法制与民主取代传统的德治、礼治及专制，以广泛的、直接的世界性联系取代地域性自我封闭"，就是"包含着生产方式、生活方式、思维方式、行为方式在内的全方位的社会大变革"②。

正因为传统社会与现代社会既具有对立性，又具有承续性、连贯性，如何划分"现代"与"传统"的界限就成了一个有争议的问题。从世界范围来说，早在19世纪，恩格斯就曾指出，西方人把16世纪看作"封建的中世纪的终结和现代资本主义纪元的开端"；当代也有西方学者认为，世界历史正在转向一个"新时代"的思想，是16世纪意大利人首先朦胧地意识到的；而苏联的历史编纂学则把俄国十月革命作为大时代的分界线。中国学者罗荣渠则根据马克思、恩格斯对英国工业革命的评价，以及对第一次工业革命所引起的生产方式、交换方式、文明传播方式、人类自身生产和后续技术革命的考察，认为现代社会始于18世纪后期的工业革命。③美国学者亨廷顿认为，就世界范围来说，到了20世纪中叶，所有传统社会都变成了过渡性社会或处于现代化之中的社会。④

① 〔美〕柯文：《在传统与现代性之间：王韬与晚清改革》，雷颐、罗检秋译，江苏人民出版社，2006，第153页、152页。
② 姜义华：《理性缺位的启蒙》，上海三联书店，2000，第445页。
③ 罗荣渠：《现代化新论——世界与中国的现代化进程》（增订本），商务印书馆，2006，第418~426页。
④ 〔美〕塞缪尔·P. 亨廷顿：《变化社会中的政治秩序》，王冠华、刘为等译，上海人民出版社，2008，第32页。

　　就中国社会而言，把鸦片战争作为中国古代与近代、把五四运动作为近代与现代的分界线一直是史学界的主流观点。这一历史分期虽未明示传统社会与现代社会的分界，但无疑是视激烈反传统、竭力割断同传统中国联系的五四运动为标志的。随着革命史研究范式的式微和社会史的兴起，这一主流观点受到了很大挑战。首先是并未得到海外和港台学者的认同。港台学者尤其是台湾学者一直将辛亥革命、民国建立作为传统社会与现代社会的分水岭。牟复礼和 L. T. 怀特认为，1905 年清政府废除科举制是一个标志性的事件，"科举曾充当过传统中国的社会和政治动力的枢纽"，"是授予特权和打通向上层社会流动的手段"，它的废除终结了旧社会庞大的整合制度。因此他们把这一年看作比辛亥革命更加重要的转折点，是新旧中国的分水岭，"它标志着一个时代的结束和另一个时代的开始"①。

　　事实上，在中国，传统社会与现代社会并没有一个明显的标志。无论是鸦片战争、清末新政、辛亥革命，还是五四运动，乃至新中国的成立，都只是在一个或一些方面实现了社会的转变。在五四运动以前，中国社会的现代化进程一直主要限制在沿海与城市。正如柯文所言，19 世纪末沿海不仅在经济、行政与社会管理、思想等方面具有很多现代性，沿海改革者所从事的职业也更加多样化，不同时期所从事的职业如新闻、法律、牧师、现代企业、驻外使节等等与传统社会有很大的不同，呈现出多重职业倾向；他们的世界观念中不存在天朝上国、无所不有的陈旧傲慢观念。而在广大的内地乡村，仍然"充满了大量的传统价值、目标和行为方式"②。保罗·科恩也认为，近代各大条约口岸西方化的花花世界及其变革的趋向，始终不过是浮在中国社会和传统深川激流之上的飘零物，而内地依然在沉睡之中。③ 香港—上海走廊就是沿海或条约口岸这种迥异于内地的现代性的代表。

---

① 〔美〕吉尔伯特·罗兹曼主编《中国的现代化》，国家社会科学基金"比较现代化"课题组译，江苏人民出版社，2005，第 229～230 页。
② 〔美〕柯文：《在传统与现代性之间：王韬与晚清改革》，雷颐、罗检秋译，江苏人民出版社，2006，第 163、168 页。
③ 转见〔美〕吉尔伯特·罗兹曼主编《中国的现代化》，国家社会科学基金"比较现代化"课题组译，江苏人民出版社，2005，第 33 页。

　　近代沿海与内地的这种差异性在五四后有了很大的改观。当那些受到西方和东瀛现代思想浸淫的知识分子反思近代中国没落、寻找未来中国发展道路时，他们所看到的一个巨大障碍就是中国的传统。于是，打倒"孔家店"这一中国传统最具代表性的象征符号，就成为五四新文化运动的一个主要内容。可以说，发轫于上海，兴起于北京的新文化运动就是一场试图彻底割断同传统中国联系的文化革命运动。随着运动的发展，它从沿海城市蔓延到内地城市。但在1949年前，除了极少数例外，这一源自沿海的现代化仍然与乡村无关。

　　1949年新中国成立后，中国共产党继承了五四传统，继续与传统中国决裂，并把这种做法在地域上推向乡村，在内容上扩展到经济、社会、文化等各个领域。从与传统的联系上看，此时割断同传统中国的做法已经从19世纪的上海—香港走廊、20世纪二三十年代的沿海沿岸城市扩大到包括内陆乡村的全国各地。而这正是中国社会从传统到现代的历史路线图。在这条路线图上，我们可以看到：第一，党适应由来已久的变革需要，并且力图使这些变革具有合法性；第二，党和国家权力发挥了关键性的作用。从前，沿海改革者的思想在内地是不可接受的，即便通过李鸿章、张之洞等封疆大吏使沿海的变革趋势得以进入内地，也往往被传统文化所改造。很显然，近代以来中国社会存在的那些有利于社会向现代转变的积极因素被中国共产党"用来加快社会改造的步伐"；但是，"农村改造的成果，能超过1949年以前就已明显地出现在城市里的那些变化的，实为凤毛麟角"①。直到20世纪70年代末，中共实行改革开放政策，主动打开国门向世界开放，中国社会才重新走上现代化之路。

　　近代以来中国社会的变迁表明，每一次对外部世界的开放（无论是被动的还是主动的）都扩大了文化的视野，扩充了人们关于人类可能的生活形式的概念，并或多或少地影响了人们对生活的理解和（并试图）改变它，当这个外部世界更具现代性时尤其如此。相反，当我们对外部世

———————

① 〔美〕吉尔伯特·罗兹曼主编《中国的现代化》，国家社会科学基金"比较现代化"课题组译，江苏人民出版社，2005，第405、339页。

界的了解仅仅来自先辈的讲述或正统的宣教时，传统文化或官僚思想可能就成了现代化的障碍。在这里，一个社会（一个人也如此）了解外部世界的方式，决定了它理解世界的方式，决定了它所能接受的生活方式。然而，另一方面，从五四运动后及20世纪50年代前期社会改造后中国社会演变的轨迹看，简单地割断与传统社会的联系并不能自动地导致一个现代社会的诞生。事实上，激烈的反传统还很可能导致与现代社会背道而驰的极端破坏行为和认知上的历史虚无主义，将社会引上专制主义与激进主义。这也说明，通过运动或行政的力量破坏传统社会的象征物容易，摧毁传统社会的文化结构、价值体系难，而在借鉴传统的基础上重建一种具有现代性的社会文化结构、价值体系、行为规范则更为艰难。

吉尔伯特·罗兹曼把中国社会现代化的历史进程分为三个不同的发展时期，即前现代时期、转换时期和先进（高度）现代化时期，并认为中国在19世纪末和20世纪初就进入了转换时期，这一时期会延伸到20世纪末以后。[1] 金耀基则认为，百年来的中国社会变迁，"虽然是巨大的、根本的，但决不是平衡的或系统化的，更不是完全的"，"以为我们已经从传统社会中走出来，而转到现代社会……这种想法非但是不合逻辑的，也是不合经验事实的"，从"传统"到"现代"是一条漫长的道路，现代化是一个动态的"连续体"。[2] 他显然是将鸦片战争看作传统向现代转变的开端。但他与罗兹曼一样都承认从传统向现代的转变是一个漫长的过程，实际上这也是学术界的共识。

无论是"转换时期"还是"动态的'连续体'"，都是指传统社会向现代社会转变的过渡时期。从鸦片战争后条约口岸的出现及经济社会中产生了新的与此前完全不同的因素看，以鸦片战争作为这一过渡时期的开端是适宜的。辛亥革命、五四运动、新中国成立是这个进程中的一个个节点，它们或多或少地加速了中国的现代化进程。特别是新中国的成立，在现代化的进程中显示出与此前不同的显著特点，即如上所述是试图以政权的力量、以运动的方式来推动传统乡村社会转变的。但后来的事实证明，

---

① 〔美〕吉尔伯特·罗兹曼主编《中国的现代化》，国家社会科学基金"比较现代化"课题组译，江苏人民出版社，2005，第408页。

② 金耀基：《从传统到现代》，法律出版社，2010，第69、68页。

这种方式并不成功，以至今天这个过渡期仍没有结束。传统仍寓于乡村社会生活之中，表现在生产、生活方式，世界观、人生观、价值观等观念形态，风尚习俗等方方面面。"礼失而求诸野"，要考察传统向现代的转变，就必须从基层社会中发现传统。而20世纪50年代初期处于"传统与现代之间"的乡村社会，正是具有节点意义的考察对象。

二　中南区地理与历史概况

对"中南"的范围，可以从不同的方面来认定。从自然地理上说，是指中国地理上位于中国中偏南部的一片区域，一般指中南部五省一区，包括河南、湖北、湖南、广东、海南五省和广西壮族自治区；从经济地理上说，是指传统上经济以粮食作物生产为主的地区，即粤、桂、湘、赣、鄂及豫六省，它们也是中国水稻和北方小麦的主产区；从行政区划上说，中华人民共和国成立初期，全国曾划分为东北、华北、华东、中南、西南、西北六大行政区，中南区包括河南、湖北、湖南、江西、广东、广西六省和广州、武汉两个直辖市。1954年大区撤销，中南区作为一个行政单位退出历史。今天，习惯上把河南、湖北、湖南（在某些场合也包括江西）三省称作中南地区或华中地区，而广东、广西称作华南，江西则一般看作属于华东。由于本课题研究的时间段限于中华人民共和国成立初期，故所称中南即当时的中南行政区。

该地区既有平原（如江汉平原及一部分华北平原），也有山区和丘陵，这是该地区内部地理的特殊性和多样性。中南地区是近代中国战争与革命频繁发生的一个区域，是大革命时期和土地革命时期的主要阵地和根据地。太平天国运动在这里兴起、发展，辛亥革命、国民革命、土地革命都发源于这一地区。农民起义与革命运动对中南乡村社会内部土地关系、租佃关系、基层权力、阶级变动、宗族关系、思想观念等方面以及乡村社会与国家权力的关系都产生了长期的影响。这是该地区的历史特殊性。

作为一个大行政区，中南区的历史可以追溯到1947年。当年刘邓、陈粟大军南下，创立了江淮河汉之间广大的中原解放区，包括豫皖苏、豫西、鄂豫、皖西、桐柏、江汉、陕南7个行政区。1948年11月间郑汴相继解放以后，形势发生重大变化，形成了以河南为中心的逐渐走向统一的中原新局面。1949 年 3 月中原临时人民政府在开封成立，下设鄂豫、江汉、陕南 3 个行署。河南地区分为 10 个专署。1949 年 4 月，人民解放军第四野战军南下渡江作战，中原区扩大为华中区。5 月，取消各行署，成立河南、湖北 2 个省政府。9 月，江西全省及湖南大部解放，又分别成立江西、湖南省政府及武汉市政府。10 月以后又先后成立广州市政府和广东、广西省政府。1949 年 12 月 4 日中央人民政府决定在中原临时人民政府的基础上成立中南军政委员会，任命林彪为中南军政委员会主席，邓子恢、叶剑英、程潜、张难先为副主席，卜盛光等 73 人为委员。1950 年 2 月 5 日至 15 日，中南军政委员会成立会议在武汉召开，中南军政委员会正式宣告成立。中南军政委员会为中央人民政府领导中南地方政府工作的代表机构，是中南地区最高行政机关，驻地武汉市汉口。它成立后，中原临时人民政府随之撤销。随着 1950 年 5 月海南全岛解放，中南全境全部获得解放。1952 年 10 月 3 日中央人民政府任命李先念、李雪峰为中南军政委员会副主席。1953 年 1 月 21 日，根据中央人民政府《关于改变大行政区人民政府（军政委员会）机构与任务的决定》，成立中央人民政府中南行政委员会，作为中央人民政府在中南的派出机构，中南军政委员会随即撤销。中南军政委员会的撤销，标志着作为一级政权的大区退出历史舞台。同年 3 月，中央人民政府政务院作出关于改变大行政区辖市及专署辖市的决定，指出大行政区人民政府是代表中央人民政府在各该地区进行领导与监督地方政府的机构，不作为一级政权，因此大行政区辖市的名称，亦应有所改变。由此，广州、武汉作为大行政区辖市，划归中央直辖，其等级编制不变，仍由中南行政委员会代表中央人民政府进行领导和监督。1954 年 4 月 27 日，中共中央政治局扩大会议决定撤销大区一级党政机构。各大区行政委员会随同各中央局、分局一并撤销。1954 年 6 月 19 日，中央人民政府第三十二次会议通过《关于撤销大区一级行政机构和合并若干省市建制的决定》。11 月 7 日中南行政委员会宣布撤销。

中南区成立时，6 省 2 市计有 57 个专区，513 个县，11 个省辖市，25 个专区辖市。全区面积 1145940.95 平方公里，占全国土地面积的

11.94%；耕地 327643328 亩，占全国耕地面积的 19.06%，每人平均耕地 2.43 亩。全区人口 1.43 亿人，占全国人口 4.75 亿的 30.3%。3 万人以上的城市 70 座，人口 834 万人，占全区人口的 5.85%。① 当时尚未系统地进行社会改革的新区人口有 1.1 亿人以上，占总人口的 80%。全区农作物常年产量约计原粮 956390000 市担，平均每人收获量 714 斤，每亩平均常年产量 289 斤。全区主要经济作物是棉花和烟叶。手工业比较发达，河南的丝织，湖南的夏布，江西的造纸，广东的竹木漆器都闻名全国。

新中国成立初期的中南区具有以下几个鲜明的特点：一是发展快、新区多，但部分地区是老苏区或抗日根据地，有革命的传统，群众对党及其事业有所认识；二是轻工业原料充足，适宜于发展纺织、榨油、面粉、造纸、纸烟等工业；三是近代化钢铁、机械、电气等工业所需用的特种金属与有色金属，中南区是最主要的产地，但开采冶炼绝大部分还是手工业式的；四是近代化机器工业在国民经济中所占比重很小，手工业则比较发达；五是商业在全国占很重要地位，武汉、广州是内陆及对外贸易的两大中心。②

中南区区域广大，从中原到华南，与乡村生产生活相关的人均耕地面积、农业生产方式、社会风俗习惯以及社会结构、经济结构都有很大的差异。如河南省是我国的小麦主产区，而湖北、湖南、江西是我国的水稻主产区。广东、广西也种植水稻，但从季节性看，这两省可种植三季稻，一年中可用于农业生产的时间较长。广东历史上商业比较发达，农业中经济作物所占比重很大。再如在社会结构方面，江西的宗族社会特点比较突出。这些差异性的存在，使同为新区的中南各地在社会改造中具有自己的特点。

---

① 此处所引根据《中南政报》创刊号（1950 年）所载《中南区简况》。另据章有义的研究，1949 年中南 6 省人口与耕地分别为：河南 3644.5 万人，耕地 10008.9 万亩；江西 1414 万人，耕地 4017.6 万亩；湖北 2926.7 万人，耕地 5216 万亩；湖南 3294.9 万人，耕地 5136.9 万亩；广东 3445.2 万人，耕地 5202.1 万亩；广西 1469.1 万人，3500 万亩。参见章有义《近代中国人口与耕地的再估计》，《中国经济史研究》1991 年第 1 期。
② 《中南区简况》，《中南政报》1950 年第 1 期（创刊号），另见《人民日报》1950 年 3 月 5 日，第 3 版。

基于中南区的上述特点，本书的研究，并非从整体上去把握，而是采取专题的形式，以点为中心，或以点带面，或将不同点进行比较，以尽可能从多个方面反映当时中南区社会改造的基本概貌。

从时间上看，本书研究主要限于 1949～1953 年。从 1949 年始而非 1950 年中南军政委员会正式成立始，是因为 1949 年 10 月中南区 6 省 2 市人民政府均已经成立，而新政权成立后，实即开始了对社会的改造。而以 1953 年而非 1954 年包括中南区在内的全国性大行政区撤销作为课题研究的时间下限，主要是考虑到，经过清匪反霸、减租退押、划分阶级、分配土地、贯彻落实《婚姻法》、重建乡村社会秩序及对农民进行业余教育等方式，新中国成立后的乡村社会改造运动已基本结束。特别是随着 1953 年全区土地改革的完成，农业生产开始向合作化方向发展，意味着国家已完成了对乡村秩序的重建与社会控制，此后合作化、人民公社化正是在乡村社会新的基础上得以推行的。可以说，土地改革的完成标志着中共新政权建立、巩固执政基础并扭转中国乡村社会发展方向之改造社会的结束，此后的集体化其逻辑起点也在于此。因此，1953 年而非 1954 年对于乡村社会来说是一个旧阶段的结束、新阶段的开始。

三　学术史回顾

当代中国正在经历一场历史上最深刻的社会转型，这次转型不仅是从农业的、贫穷的、乡土的、封闭的、自然经济为主体的中国向工业化、中产化、城市化、开放性、市场经济的中国转变，也是传统的生产方式、生活方式、思维方式、行为方式和观念形态的转变。如同没有农村的现代化就没有中国的现代化一样，没有乡村社会的现代转型，也就不可能完成整个中国社会的现代转型。正是基于这样一种观点，许多学者将研究视野投向了广袤的乡村。

首先是海外学者率先行动。早在 20 世纪 70 年代，美国学者马若孟就根据日本满铁在华北的实地调查资料《中国农村惯行调查》出版了《中国农民经济》一书。该书在研究了中国近代农村经济（主要是村庄和农户经济）的组织、职能行使及其变迁后认为，中国农村的市场经济是高度竞争的，从晚清直到第二次世界大战前，华北的农业生产处于商业化过程中，有更多的集镇、乡村和农户依赖发展中的市场经济，那些卷入市场经济的农户，其物质生活水平一般来说都有轻微的改善。该书研究时段虽主要在 1890～1949 年间，没有对新中国成立初期的土地改革进行深入考察，但作者认为，"50 年代土地改革与其说是促进不如说是阻碍了农业生产力和产出的增长，因为这一改革消灭了私有财产，从而抑制了刺激工作和革新的动力"①。同样利用满铁调查资料对中国乡村进行研究的还有黄宗智和杜赞奇。黄宗智在《华北的小农经济与社会变迁》一书中指出，小农经济在 20 世纪的前三四十年中加速商品化，但中国在小农经济范围内的进展，所导致的不是资本主义工业经济，而是一个分化了的小农经济，由此决定了其社会变迁的主要内容，是趋向越来越多的同时束缚于家庭农场和雇佣劳动的半小农、半雇农（半无产化），是国家政权的渗入和村庄共同体的衰落及由此带来的地方豪霸的崛起。② 他在《长江三角洲小农家庭与乡村发展》（该书除了使用满铁资料外，还使用了 20 世纪 30 年代费孝通和林惠海的调查资料，尤其是作者本人 80 年代在松江县华阳桥乡的调查资料）中进一步指出，在中国农村，伴随着国际资本主义而来的尽管有经济和商业结构上的变化，但"最终并没有引起质变性的转化，而只是导致了小农生产的进一步过密化"，甚至 20 世纪 50 年代以后的集体生产制度也"没有消除过密化的倾向，反而进一步加剧了这一倾向"。黄宗智认为 1949 年中共新政权建立后急剧扩张的国家权力赋予政权以前所未有的功能——建立农村经济的基础，国家政权几乎完全地控制了农村的生产决策，与此同时，基层以上的乡村干部对党和国家产生了高度的认同感。③ 杜赞奇在《文化、权力与国家——1900～1942 年的华北农村》一书中，则从权力的文化网络这一独特的角度，详细剖析了 20 世纪上半叶华北乡村社会统治力量的分化重组和国家政权深入乡村社会的多种途径和

① 〔美〕马若孟：《中国农民经济：河北和山东的农业发展：1890～1949》，史建云译，江苏人民出版社，1999，中译本前言。
② 〔美〕黄宗智：《华北的小农经济与社会变迁》，中华书局，2000。
③ 〔美〕黄宗智：《长江三角洲小农家庭与乡村发展》，中华书局，1992，第 120、317、316、322 页。

方式；指出 20 世纪前半期的乡村中国有别于前一时代，原因在于受西方入侵的影响，经济方面发生了一系列的变化，以及国家竭尽全力企图加强对乡村社会的控制。① 弗里曼、毕伟克、赛尔登以河北省饶阳县为中心，考察了 1935～1960 年间国家与社会关系背景下华北平原农民的生活，认为中共在 20 世纪 30 年代末到 50 年代初成功地建立了一个生气勃勃、相对公正的社会，并以与农民理想相一致的方式改造了农村生活，使党取得了合法性；但同时认为，党的政策和运动又全面阻碍了许多贫困村庄的发展，社会主义逐渐掺入了许多传统中最糟的东西，即使在社会主义秩序中，有组织的文化力量也在深刻地塑造着国家与社会。② 赵冈考察了中国传统农村的地权分配，认为北宋以来农村中无地农户之比重未见增加，大地主却逐渐消失，以及由于人口压力农民生活出现平均化、贫穷化的长期趋势。他指出，人口增加对生产结构及地权分配，进而对中国传统农村的长期变迁具有不可忽视的影响。③ 李怀印从国家与社会的关系角度，通过对河北获鹿乡村基层日常税收和其他治理活动的研究，考察了晚清及民国时期的乡村社会变迁。他认为，近代以来国家政权与乡村社会之间，除了对抗的一面，还有"在日常治理活动中为了讲求实效而相互依赖、合作的一面"，"地方行政的特点，在于让当地内生性制度安排承担日常的管理职责，而不是国家与乡村社会的对抗"④。萧邦奇以 1910～1930 年代浙江杭州湾地区的农民垦荒为个案，从国家与社会的角度探析了国家、社会、民众三者互动关系，认为民国政府虽加强了现代化新机构的建设，但这些机构任意、威逼式的统治手段却削弱了政权的合法性。⑤ 此外，彭慕兰采用了大量的新资料，以 1853～1937 年间"黄运"这个"更加迂廻转向革命的地区"作为考察对象，从经济史、社会

① 〔美〕杜赞奇：《文化、权力与国家——1900～1942 年的华北农村》，王福明译，江苏人民出版社，2006。
② 〔美〕弗里曼、毕伟克、赛尔登：《中国乡村，社会主义国家》，陶鹤山译，社会科学文献出版社，2002。
③ 赵冈：《中国传统农村的地权分配》，新星出版社，2006。
④ 〔美〕李怀印：《华北村治——晚清和民国时期的国家与乡村》，中华书局，2008，中文版序，第 304 页。
⑤ Eith R. Schoppa, "State, Society, and Land Reclamation on Hangzhou Bay during the Republican Period", *Modern China*, 1997, 23 (2), pp. 246～271.

史和生态史等多个角度叙述了近代华北内地的变迁。^①这些论著,对于我们理解传统中国的小农经济结构和乡村社会及其在近代的转型都很有意义。

　　20世纪80年代后,中国社会的近现代转型研究也受到了国内史学界的高度关注。研究者从不同的角度探讨了近代以来中国乡村的社会演变及其意义。如乔自强等编著的《近代华北农村社会变迁》,在掌握大量一手资料的基础上,对近代以来华北各省尤其是山西省农村的人口、婚姻、家庭、宗族、阶层、市场、农民生活、民间信仰、社会心理、人际关系、教育、基层政治、灾荒及社会问题等诸多方面进行了系统而翔实的阐述,为我们展示了近代华北乡村丰富多彩的社会画面。^②张鸣在其系列论文中探讨了清末到新中国成立初期乡村社会各阶层与国家权力的互动、乡村社会意识形态的变化,并试图通过对乡村社会历史的考察来厘清农村基层政权和文化结构变迁的内在线索和发展方向。^③李正华考察了乡村集市与社会的关系,总结了华北乡村集市在近代的典型特征及其形成原因,剖析了乡村集市的经济、政治、社会、文化意义。^④学术界对传统乡村社会秩序的瓦解以及与之相关的国家权力向乡村社会渗透、延伸及控制给予了更多的关注。如王先明从传统乡村中乡绅的演变考察了乡村社会结构的变迁,认为传统乡村精英外流、政权痞化、社会控制逐渐失落乃至农村社会陷入了日趋崩溃的境地。^⑤王奇生从政权下乡的角度考察了南京国民政府统治下的江苏区乡行政,认为国民政府的行政轨道逐渐延伸到县以下乡村社会,自治名义下的区乡组织实际上成为国家政权的行政末梢,保甲沦为社会征取的重要工具,乡村社会日益陷入贫穷与动荡交错的深渊。^⑥邱捷以广州

①　〔美〕彭慕兰:《腹地的构建:华北内地的国家、社会和经济(1853~1937)》,马俊亚译,社会科学文献出版社,2005。
②　乔志强主编《近代华北农村社会变迁》,人民出版社,1998。
③　张鸣:《乡村社会权力和文化结构的变迁(1903~1953)》,陕西人民出版社,2008。
④　李正华:《乡村集市与近代社会——20世纪前半期华北乡村集市研究》,当代中国出版社,1998。从乡村集市这一角度对乡村社会变迁进行研究的还有免平清(参见《华北乡村集市变迁与社会结构转型》,中国人民大学博士论文,2005)。
⑤　王先明:《变动时代的乡绅——乡绅与乡村社会结构变迁(1901~1945)》,人民出版社,2009。
⑥　王奇生:《战前中国的区乡行政:以江苏省为中心》,《民国档案》2006年第1期。

为例，考察了清末民初地方政府与社会控制问题。① 此外，也有学者从不同方面探讨了近代中国社会转型的特点、趋势以及影响这一转型的诸多因素。② 这些研究，为我们描绘了一幅近代以来中国乡村社会变迁的历史图景，对于我们深刻理解传统社会的政治、经济、文化及其在近现代的演变轨迹、历史趋势和本质无疑具有重要意义。

进入 21 世纪以来，随着社会转型研究渐成热潮，越来越多的学者开始将研究的重点转向新中国成立初期的乡村社会改造。这些研究主要从以下几个方面展开。

一是从农村基层政权入手来考察新中国成立初期的乡村社会改造。如陈益元以湖南醴陵县为对象，将新中国成立初期的农村基层政权建设与农村的社会变迁结合起来加以考察，展现了中共新政权成立后划乡建政，重组乡村权力结构，构建新的国家与社会关系，使国家权力下移到基层的过程，以及互助合作化运动以后乡村政权建设的方向、任务、运作方式的重大转变，认为中共作为新政权的领导者和组织者，通过一系列运动，彻底打破了原有社会结构和社会关系，重建了农村社会新的权力网络和社会关系。③ 孙新华考察了新中国成立初期头两年湖北的农村基层政权建设情况，认为作为土地改革新区的湖北出于现实需要，在废除保甲制度的同时建立了农民协会、乡农民代表大会和乡人民政府，形成三足鼎立的权力格局。他指出，此种权力格局虽在新旧政权交替的过程中带有明显的过渡色彩，但新建立的政权确实为人民民主专政的国家政权奠定了基本框架，成为此后农村基层政权开始运作的起点和继续完善的基础。④ 此外，侯松涛以山东省郯城县为例，对新中国成立初期农村基层政权建设的基本脉络进

① 邱捷：《清末民初地方政府与社会控制——以广州地区为例的个案研究》，《中山大学学报》2001 年第 6 期。

② 陈曼娜、陈伯超：《论近代中国社会结构的转型——以经济结构为透视点》，《河南大学学报》（社会科学版）1996 年第 6 期；刘伟：《近代中国社会转型的发展趋势及其特征》，《华中师范大学学报》（哲学社会科学版）1997 年第 1 期；李云峰：《20 世纪中国社会转型的制约因素》，《史学月刊》2003 年第 11 期。

③ 陈益元：《建国初期农村基层政权建设研究：1949～1957（以湖南省醴县为个案）》，上海社会科学院出版社，2006。

④ 孙新华：《试论建国初期湖北省农村基层政权建设》，华中科技大学中国乡村治理研究中心网站"三农中国"，http://www.snzg.cn/article/2009/0623/article_14964.htm。

行了梳理,并探讨了其特点;江燕在对新中国成立以来的农村基层政权建设的历史考察中也对这一时期的基层政权建设情况进行了梳理。①

二是从土地改革方面来研究乡村社会变迁。杜润生主编的《中国的土地改革》,在系统论述中共建党后的土地革命、土地改革全过程的同时,着重对新中国成立后的新区(包括城郊、侨乡、盐区、渔区)土地改革及包括西藏在内的少数民族地区以土地改革为中心的民主改革运动进行了考察,深入分析了新区土地改革政策的成就及基本经验,指出土地改革运动不仅是一场深刻的经济变革,而且是一场深刻的政治革命和社会革命,是建立与建设新中国的前奏。② 王瑞芳以新中国成立初期土改运动为中心,比较全面地考察了土地制度变动与乡村社会的变迁,认为土地改革后农民生产积极性空前高涨,农业生产力明显提高,农民物质生活明显改善、精神生活日益丰富;指出新中国成立后的土地制度变动造成了乡村封建宗族制度的解体、政治格局的改变、社会习俗的变革。③ 莫宏伟对苏南的土地改革进行了系统的研究,认为土地改革摧毁了地主阶级在农村的政治经济文化权威和统治,改变了农村的政治经济社会结构,贫雇农成了农村社会的政治精英和主导力量;土地改革后,苏南农村的中农化趋势十分明显,但由于自然灾害、疾病等因素的影响,苏南一些贫困农民在生产和社会上仍然存在不少困难,贫困依旧。④ 此外,赵效民、罗平汉、黄荣华等都对新中国成立初期的土地改革进行了考察。⑤ 土地改革是中共新政权改造旧中国的一个主要手段,也是学术界至今依然关注的一个热点。

三是从国家与社会的关系方面进行研究。早在 20 世纪七八十年代,

① 分别见侯松涛《建国初期农村基层政权的建构——山东省郯城县个案研究》,《党史研究与教学》2004 年第 2 期;江燕:《新中国成立以来农村基层政权建设的历史考察》,河北大学出版社,2009。
② 杜润生主编《中国的土地改革》,当代中国出版社,1996。
③ 王瑞芳:《土地制度变动与中国乡村社会变革——以新中国成立初期土改运动为中心的考察》,社会科学文献出版社,2010。
④ 莫宏伟:《苏南土地改革研究》,合肥工业大学出版社,2007。
⑤ 赵效民:《中国土地改革史》,人民出版社,1990;罗平汉:《土地改革运动史》,福建人民出版社,2005;黄荣华:《农村地权研究:1949～1983——以湖北省新洲县为个案》,上海社会科学院出版社,2006。

一批海外学者就从这方面对革命胜利后的乡村社会进行了考察，并得出了不同的结论。舒曼（Franz Schurmann）认为中国共产党领导的新国家瓦解了原有的传统社会；赵文词指出中国社会不仅为国家所改造，同时国家本身也深受中国社会尤其是其中的传统的影响；舒秀文（Vivienne Shue）把乡村社会改造看作国家和农村社会逐渐重塑对方的过程。[①] 黄宗智更是明确地指出，新中国成立初期的政权建设导致农村出现了一个新的国家与社会关系，即国家政权与农民的双边关系，它取代了此前的国家政权、士绅、农民的三角关系。[②]

四是从乡村社会内部的动员方面进行研究。张鸣结合群众动员，认为土地改革是中共进行社会动员、战争动员的手段；王友明也从社会动员的角度对山东省莒县的土地改革进行了考察，认为土地改革与战争动员的关系是一个复杂而多变的动态过程；王瑞芳结合社会关系的变迁，认为土地改革摧毁了宗族制度，瓦解了以血缘关系为基础的宗法势力；纪程则通过对土改中阶级话语的考察，认为中国共产党将"阶级话语"嵌入乡村社会中，实现了对旧的乡村社会关系的重构，确立了新型的等级秩序。[③]

此外，李金铮考察了农民的心态、行为及其与土地改革的互动关系，认为在中共土地政策的影响下，农民的传统心态经历了空前的激荡和改造，同时某些传统心态也在延续和放大；张举、唐明勇等具体探讨了新中国成立初期农民协会兴起、隐退的过程及原因；李立志考察了1949～1956年中国社会风习的演变及其特点；周晓虹从社会心理的角度揭示了土改到合作化时期江浙地区农民的心理变化，以及运动所造成的社会影响；陈吉元等考察了土改和合作化时期农村阶级关系和经济关系的变化；李良玉考

---

① 转见郑卫东《"国家与社会"框架下的中国乡村研究综述》，《中国农村观察》2005年第2期。
② 黄宗智：《长江三角洲小农家庭与乡村发展》，中华书局，2000。
③ 分别见张鸣《动员结构与运动模式——华北地区土地改革运动的政治运作（1946～1949）》，《二十一世纪》网络版2003年6月；王友明：《解放区土地改革研究：1941～1948》，上海社会科学院出版社，2006；王瑞芳：《没收族田与封建宗法制度的解体》，《江海学刊》2006年第5期；纪程：《话语视角下的乡村改造与回应》，华中师范大学博士论文，2006。

察了土地改革与现代化传统的关系，陈方南对 20 世纪 50 年代初国共两党分别在台湾与大陆采取的土地改革政策进行了比较研究。① 还有学者专门考察了土地改革中的农民协会、贫农团和妇女的作用等问题。值得一提的是，《剑桥中华人民共和国史》（1949～1965）在研究新中国成立初期这一段历史时，注意到了国家政权下移与社会动员的相互关系、不同区域（新解放区与老解放区）所面临的不同问题，揭示了土地改革逐步深入的过程。

除了史学界，众多社会学和人类学者在一系列田野调查的基础上，对新中国乡村社会发生的政治、经济、文化、制度等的变迁也进行了比较深入的考察，取得了一些有影响的研究成果。如免平清的博士论文《华北乡村集市变迁与社会结构转型》，通过对华北乡村集市变迁的考察，揭示了乡村社会转型迟缓的原因。于建嵘《岳村政治：转型期中国乡村政治结构的变迁》，通过对湖南省岳村一个多世纪以来的政治关系、权力体系、政治控制、政治参与和政治文化变迁过程的描述和分析，剖析了转型期中国乡村政治变迁的过程和特征。其他的还有曹锦清等的《当代浙北乡村的社会文化变迁》、李培林的《村落的终结》、黄树民的《林村的故事——一九四九年后的中国农村变革》等等。

总体上看，近几年来对新中国成立初期乡村社会改造研究，有三个鲜明的特点：一是从宏观转向微观，二是从上层转向下层，三是从经济、政治的层面转向社会层面。但也存在以下四方面的问题：首先，从研究的地域看，对老解放区的研究比较多，对新中国成立后新区的乡村社会改造研究较少；个案研究较多，跨区域的研究较少。其次，从研究的内容看，关注土地改革运动的多，而对从新政权建立到包含政治、经济、文化教育在内的整个乡村社会秩序的重建过程缺乏系统的全面的梳理。再次，从研究

---

① 分别见李金铮《土地改革中的农民心态：以 1937～1949 年的华北乡村为中心》，《近代史研究》2006 年第 4 期；张举：《建国初期农民协会兴起与隐退原因考察》，《理论导刊》2007 年第 12 期；唐明勇：《20 世纪 50 年代我国农民协会隐退的原因分析》，《史学月刊》2005 年第 6 期；李立志：《1949～1956 年中国社会风习的演变及其特点》，《教学与研究》2001 年第 1 期；周晓虹：《传统与变迁：江浙农民的社会心理及其近代以来的嬗变》，三联书店，1998；陈吉元：《中国农村社会经济变迁》，山西经济出版社，1993；李良玉：《苏南土改与现代化传统问题》，《江苏大学学报》（社会科学版）2006 年第 3 期。陈方南：《20 世纪 50 年代初国共两党农村土地改革政策比较研究》，《社会科学战线》2006 年第 2 期。

的视野看，对事件或运动本身进行研究的多，较少将新中国成立初期的乡村
社会改造与近代以来的乡村社会变迁加以纵向比较研究，对新中国成立初期
乡村社会改造的性质及其在现当代中国社会转型中的地位问题则很少涉及。
最后，从研究方法看，大多局限于"国家—社会"的二元分析框架，对于乡
村社会改造中人的变化、包括日常生活在内的人的生存方式的问题缺乏深入
的探讨。虽然如此，上述研究成果仍然可以看作本课题研究的前提和基础。

四　文献与方法

此处所指的"文献"，主要是指本书研究赖以开展的基础资料，即调
查统计资料、档案资料以及那一时期公开出版或有关那一时期的其他文献
资料，包括中南军政委员会土改委作的中南区 100 个乡的典型调查资料，
中共中央中南局农村工作部作的中南区 35 个乡 1953 年农村经济调查资
料，江西省土改委 14 个乡的调查资料，广东省档案馆、江西省档案馆、
河南省档案馆、湖北省档案馆、湖南省档案馆、广东省江门市档案馆、江
西省黎川县档案馆、江西省南昌县档案馆等馆藏的有关资料。

中共历来十分重视农村的调查工作，新政权建立伊始，为了了解新解
放区的经济状况、研究新区农村特点和为土地改革做好准备，各级党委、
人民政府及农民协会均抽派大批干部下乡，组成工作队或工作组，选择一
般农村、城市郊区及渔区等不同类型乡村进行调查。就中南区而言，这种
调查工作贯穿于 20 世纪 50 年代前期。1950 年 5 月，中南军政委员会就曾
向所属各省、专区、县财委发出指示，要求各地挑选熟悉农村情况且有能
力的干部组成调查组，在农忙的 5、6、7 月这 3 个月内举行典型调查，秋
征时再进行全区的普遍调查，并要求每省财委必须直接掌握 5 至 7 个真实
可靠的典型材料。① 1951 年 11 月中南军政委员会土地改革委员会布置了
一个统一的调查任务，各省土改委组织了近千名干部，对 100 个乡进行了
调查，内容涉及抗日战争爆发前（1936 年）、解放前（1948 年）和土地
改革时期（1951 年）农村的阶级关系与生产关系，土地改革运动中群众

---

① 　中南军政委员会：《关于举行农村经济调查的指示》，1950 年 5 月 22 日，广东省档案馆
　　馆藏档案，235 - 1 - 58 号（下文所引省级档案馆馆藏档案均用简称，例如广东省档案馆
　　馆藏档案简称为"粤档"）。

发动和组织对地主阶级打击的情况，农业、副业的比重，中农生产水平，人口、劳动力及文化教育等。此次调查结果，各省先行编印了一套统计资料（如江西省土改委员会 1952 年 10 月编印的《江西省十四个典型乡调查统计资料》），中南区土地改革委员会则在各省呈送的材料基础上，经过数月的召开调查研究会议、整理、总结及审订，形成了《中南区一百个乡调查统计表》和《中南区一百个乡调查资料选集》。这些典型调查材料对于研究 20 世纪 50 年代初期中南乃至全国乡村的社会变迁都具有重要的价值，遗憾的是至今还没有引起学术界的重视。①

1953 年 11 月至 1954 年 2 月，中共中央中南局农村工作部又对全区 5 省（缺广西省）34 个县内的 35 个典型乡就土地改革后的经济与社会情况进行了调查，共计调查了 13000 余户，51000 余人，形成了比较详细的调查资料。这 35 个乡包括河南省林县玉泉等 9 个乡，湖北省襄阳大李营等 5 个乡，湖南省安乡蹇家渡等 4 个乡，江西省九江石门等 5 个乡，广东省中山外沙等 12 个乡，基本上是一县一个乡（广东中山县有 2 个乡）。② 调查涉及两个年份，即 1952 年和 1953 年。

---

① 就笔者所见，目前学术界对于中南区土改委员会编印这部分资料的使用仅限于对其个别数据的引用，而没有对这些材料的详细研究。如张静在研究 20 世纪 50 年代初期土地使用权流转时引用了《中南区一百个乡调查统计表》中 1948 年中南区乡村租佃情况的统计数字，黄道炫在考察 20 世纪 20 ~ 40 年代东南地区的土地占有情况，苏少之和常明明在考察私人借贷关系，杨奎松在考察土改背景下的地主富农问题时都引用了《中南区一百个乡调查资料选集》个别数字。分别见张静《1950 年代初期农村土地使用权流转的实证考察》，《内蒙古社会科学》（汉文版）2005 年第 6 期；黄道炫：《1920 ~ 1940 年代中国东南地区的土地占有》，《历史研究》2005 年第 1 期；苏少之、常明明：《1952 ~ 1954 年湖北省农村私人借贷的历史考察》，《当代中国史研究》2005 年第 3 期；杨奎松：《新中国土改背景下的地主问题》，《史林》2008 年第 6 期。对于江西省土改委编印的调查资料，笔者还没有看到引用的文章。

② 这 35 个乡的土地改革时间各不相同，其中 1950 年 6 月《土地改革法》公布前就已进行土改的有 6 个，全部在河南省；1950 年秋冬土改的有 13 个（河南 3 个、湖北 1 个、湖南 3 个、江西 4 个、广东 2 个）；1951 年土改的有 6 个（湖北 3 个、湖南 1 个、江西 1 个、广东 1 个）；1952 年土改的 10 个，除 1 个在湖北外，其余全部属广东省。从自然地理环境看，被调查的 35 个乡中，属于山区的 5 个，河南、广东各 1 个；属于丘陵地区的 10 个；属于平原地区的 19 个；属于湖滨地区的 1 个。从主产农作物看，35 个乡中，产稻区 23 个，主要分布在南方，如河南省有 1 个乡以水稻为主，广东则有 11 个；小麦杂粮区 7 个，除 1 个在湖北省外，其余全部属于河南省；半粮半经济作物区 3 个，其中河南省 2 个；经济作物区 1 个，即广东省顺德县的外沙乡。参见中共中央中南局农村工作部《中南区一九五三年农村经济调查统计资料》，"说明"，内部资料，1954。

　　1953年底至1954年初的这次调查在各省调查统计的基础上形成了《中南区一九五三年农村经济调查统计资料》。该资料包括四部分：第一部分是各阶级比重及占有生产资料和收入情况；第二部分是农业生产及互助合作情况；第三部分是阶级变化及借贷、雇佣、土地买卖和租佃情况；第四部分是农家收支、商品粮、购买力及农村供销情况。每一部分都是分别按照河南、鄂湘赣、广东三个地区两年的情况综合统计的。

　　中共中央中南局农村工作部此次调查选择的是党的农村工作基础较好、经济上也较富裕的乡，且有的省（河南省）由于每一个乡仅调查了百户左右家庭，在某些方面可能不能反映全乡的情况。虽然如此，但它所形成的《中南区一九五三年农村经济调查统计资料》还是比较全面地反映了中南农村土地改革后的经济与阶级变动情况。其中的有些统计数据支持了学术界已有的观点（如土地改革后农村出现的中农化现象），有些却并不能印证传统的观点，甚至与之相悖。而且，由于当时的中南区所辖6省2市从华北、中原的河南到华南的广东和西南的广西（此次调查没有包含在内），地域范围非常广，农村的生产方式和农民的生活习俗相差都很大，故中南区的调查资料不仅具有研究区域经济社会变迁的学术价值，而且具有全国性的意义。特别是此次调查据以统计的数据来源于土地改革结束之后、统购统销政策颁布实施与大规模的合作化运动开展之前（湖北5个乡调查的时间虽在计划收购政策实施之后，但调查数据仍在此之前）这样一个时间虽短却极重要的时期，因此，该统计资料对于我们厘清土地改革的实际成效和合作化运动前的农村经济、社会的真实情况都有着不可替代的学术价值。但在过去很长一段时间里，该统计资料也没有得到学术界的重视，直到最近几年才逐渐引起关注。①

---

①　常明明利用该统计资料比较详细地考察了当时中国农村的私人借贷问题，并对中南区湘鄂赣三省的农民收支问题进行了探讨。张静在研究新中国成立初期长江中下游地区劳动力流动时引用了其中的一组数据。王瑞芳在研究苏南土地改革与乡村社会变迁时也注意到了该调研资料。分别见常明明《中国农村私人借贷关系研究——以20世纪50年代前期中南区为中心》，中国经济出版社，2007；常明明：《20世纪50年代前期中国农家收支研究——以鄂、湘、赣3省为中心》，《中国经济史研究》2008年第1期；张静：《20世纪50年代初期长江中下游地区乡村劳动力市场探微》，《当代中国史研究》2007年第5期；王瑞芳：《没收族田与封建宗法制度的解体——以建国初期的苏南土改为中心的考察》，《江海学刊》2006年第5期。

应该说，系统地利用上述统计资料进行学术研究的工作才刚刚开始。随着学术界对 20 世纪 50 年代研究的深入，这些统计资料所具有的重大价值必将得到深度的挖掘。本书即将其作为基础资料之一。

除了这种全区性的系统调查资料外，各省根据本地实际进行了一些调查，并编印了调研材料。如广东省财委统计处（统计局前身）于 1952 年 10 月到 1953 年 3 月组织人员深入 37 个县 106 个典型村，就全省农村所有经济类型和各类型的生产、消费和购买力情况进行访问和实测调查，并于 1953 年 9 月编印了《广东省百典型村调查报告》。此外，中南卫生部、教育部等部门也将各地及有关部门提供的材料汇编成册，形成了本系统的资料汇编，例如中南军政委员会卫生部编的《1950 ~ 1952 年中南区卫生统计资料汇编》、中南行政委员会卫生部编的《1953 年中南区卫生统计资料汇编》等。在社会改造的过程中，中南军政委员会和部分省份还编印了一些政策及宣传资料，出版政报，编写简报，用于指导实践，总结经验。如中南军政委员会土地改革委员会编印的《中南区土地改革手册》《土地改革重要文献与经验汇报》，中南军政委员会办公厅编印的《中南军政委员会法令汇编》《中南政报》，中南贯彻婚姻法运动委员会办公室编写的《中南贯彻婚姻法运动情况简报》，中南人民出版社编辑部编印、中南人民出版社出版的《土地改革后的中南农村》，广东省人民政府土地改革委员会编印的《土地改革政策汇编》，等等。当时一些全国性的书籍也收录了有关中南的文章，如人民出版社编辑部编、人民出版社出版的《新区土地改革前的农村》。这些资料，① 对于深入研究新中国成立初期的乡村社会以及中共对乡村社会的改造都具有重要的文献价值。

基于上述文献资料，以及当时形成的大量档案资料，本书从政治、经济、文化、组织、观念、教育、卫生等几个方面进行研究。主要内容包括以下五个方面。

第一，转型中的传统乡村社会。通过对中南区乡村土地占有关系、阶

---

① 在以后的历史过程中，尤其是改革开放后，为研究新中国成立后的这一段历史，一些部门也编辑出版过相关的资料，如中共江西省委党史征集委员会编辑、中央文献出版社出版的《江西土地改革》。

级关系、社会组织、权力结构以及民众的生产生活的分析，勾画出新中国成立前乡村社会的基本图景，揭示出乡村社会自近代以来尤其是 20 世纪三四十年代以来就处于从传统向现代的转型之中，不过其过程相当缓慢，且在社会生活的不同方面具有不平衡性。

第二，土地改革。土地改革是新中国成立初期最重要的乡村社会改造运动，是国家强势主导下乡村经济关系的重大革命（当然，土地改革的意义远超经济关系革命的范畴，但本部分着重于此）。邓子恢认为，土地改革有广义和狭义之分，广义的土改包括清匪反霸、减租退押和分配土地三个阶段；狭义的就是指以分配土地为中心的若干步骤。① 本书所指土地改革，主要就狭义而言，而把清匪反霸、减租退押看作土地改革的准备。因此这部分主要是通过梳理土地改革的一般过程，包括土地改革的准备、展开和土改后乡村经济关系的变化，进而分析它对传统乡村土地制度和经济关系的冲击，以及它对农民经济和农村生产方式的影响，探讨土地改革中的国家行为和土改后新的土地制度与国家工业化发展战略的相互关系。

第三，秩序重建。包括阶级关系的变化、社会组织的重构、乡村政权建设等方面。通过对文献资料的分析，考察中国共产党是如何发动下层民众掀起一场针对传统乡村上层权力系统的阶级革命，推翻国民党基层政权，破坏豪绅和宗族的权力文化网络；以及如何依靠党的外来干部和本地积极分子，创设了一整套组织机构，完成了自晚清以来国家权力持续向乡村扩张的过程，即不仅将国家权力延伸到乡村社会的基层，且通过组织体系，建立基层民众政治参与与日常生活的互动模式，实现国家与社会的一体化运作机制，从而为乡村社会的进一步改造奠定了政治基础和组织保证。

第四，文化重塑。主要考察农民教育、某些特殊群众的教育改造以及以婚姻改造为中心的传统社会习俗的变革，以说明新中国成立初期中共在乡村开展的社会改造是全方位的；农民教育、婚姻改造是乡村社会改造的

---

① 邓子恢：《关于土地改革的几个基本问题》，1950 年 12 月 26 日，《中南政报》第 9、10 期（合刊），1951 年 1 月。

重要措施，也是传统中国乡村社会迈向现代社会的积极步骤。虽然在文化重塑过程中，出现了这样那样的问题，但长远地看，这些社会改造的措施奠定了此后中国乡村社会发展进步的基础，在乡村社会从传统向现代的转变中起到了积极的作用。当然，传统观念形态与文化习俗的变革是一个随着生产方式、生活方式的改变而逐步变化的过程，不是通过一场运动就能改变的。历史地看，新中国成立初期的社会改造运动除了在政治信仰和政治意识形态上实现了转变外，传统的观念形态和习俗等文化根基并没有发生相应的变化，文化重塑任重道远。

第五，结论。通过对乡村社会改造的总体考察，探讨乡村社会改造后的变与不变问题，认为新中国成立初期的乡村社会改造，既有权力网络和土地制度上明显而巨大的转变，也有沉淀于社会深层的民众心理上若干方面的剧烈变化。但变化的速度、变化的程度，不同的社会层面各不相同。轰轰烈烈的乡村社会改造在土地制度、政治制度、政治意识、阶级阶层的变动上都是对传统的一次颠覆，但从现代社会的型式上看，在经过表面的震荡后，传统乡村社会中诸如落后的耕作方式、发展的封闭性以及生活观念、信仰与习俗等核心内容依然如故。从根本上说，生活于乡村的农民，其生产方式、生活方式，也即其存在方式并没有随着社会改造运动而实现现代转型。从自觉的社会改造及其成果来看，新中国成立初期的乡村社会改造为传统乡村社会向现代社会的转型提供了政治基础——当代中国的乡村建设就是在这个政治基础上展开的，经过改造的乡村社会实质上是处于传统与现代之间的过渡型社会。它启示我们，实现传统乡村社会向现代社会的全面转型，必须坚持经济发展是一切社会变革的终极原因这一历史唯物主义观点，把大力发展农村生产力放在首位，以人的全面发展作为最终目标。

美国乔治·华盛顿大学艾略特国际关系学院政治学和国际关系学教授、中国政策研究项目主任，布鲁斯金学会外交政策项目高级客座研究员沈大伟曾指出，有些学者在研究中经常引入某种分析和解释范式，或者干脆将其他领域的理论范式在中国研究中套用，结果，"这些范式都未能很好地'适用'于中国的现实，说明这种做法或许具有理论意义，却无法解释现实"①。笔者深以为然。其实，运用西方的理论范式不仅无法解释中国的现实，也难以清楚地解释中国的历史。因此，本书在方法上主要采取传统的史学方法，即以历史唯物主义为指导，以文献资料的分析为基础，结合社会学的方法，把宏观叙事、微观描述和理论分析结合起来，努力做到历史与逻辑、经验与实证的统一。

---

① 〔美〕沈大伟：《美国的中国研究 60 年》，《中国社会科学报》2009 年 7 月 2 日，第 17 版。

第一章　社会改造前的中南乡村

中南区地域辽阔，横跨南北。在漫长的历史长河中，各地都产生了某些具有地域特点的社会与文化现象。然而，两千多年大一统国家的发展，不仅使中南也使全国乡村具有相当的共性。所谓"地无分南北，封建制度的构成，从基本方面看实无二致"①。中南区虽内部也有明显差异，但作为一个整体，与北方相比，在土地占有、阶级构成、社会组织、权力结构以及民众的生产生活方面仍有许多共通之处。因此，了解传统中南乡村社会，既是对历史延续性的尊重，也是研究新中国成立初期中南乡村改造的前提和基础。

第一节　土地占有与社会阶级状况

在农业社会或小农社会，土地是农民最基本的生产资料和主要的财富，土地占有关系是最主要的生产关系。从阶级分析的角度看，土地占有状况是衡量一个社会分化的最重要指标，革命、改革有无必要及能否成功，在很大程度上源于土地占有关系造成的社会分化程度及革命者、改革者的动员能力与组织能力；土地占有关系也是决定阶级关系及其他一切社会关系的基础，深植于传统社会宗族内部乃至家庭成员之间的关系，都要服从于土地占有关系与阶级关系。因此，厘清土地占有关系以及与此相连的阶级状况不仅是深入分析土地改革的前提，而且也是深入研究社会改造的前提。

---

① 杜润生：《中南全区去冬今春土地改革的经过与主要经验及今后计划》，《长江日报》1951 年 4 月 18 日，第 2 版。

一　中国土地制度的主要特征

关于旧中国土地的占有状况，过去相当长一段时间内的主流观点是"土地高度集中"或"土地集中的趋势日益严重"。这一来自中共领导人的观点也是中共开展土地革命与土地改革的一个主要理论基础。毛泽东根据 20 世纪二三十年代在江西的调查，认为地主富农以不到 10% 的人口占有 70%～80% 的土地。1947 年 12 月 25 日，他在中共中央的会议上指出，"地主富农在乡村人口中所占的比例，虽然各地有多有少，但按一般情况来说，大约只占百分之八左右（以户为单位计算），而他们占有的土地，按照一般情况，则达全部土地的百分之七十至八十"。[①] 1950 年 6 月 14 日，刘少奇在人民政协全国委员会第二次会议上所作的《关于土地改革问题的报告》中，也赞同这一说法，即认为占乡村人口不到 10% 的地主和富农，占有 70%～80% 的土地；而占乡村人口 90% 以上的贫雇农、中农及其他劳动人民，总共只占有 20%～30% 的土地。[②] 此后，这一观点便广为流传，成为主流观点。

但实际上，即使是认同"土地高度集中论"的学者也对地主富农占有土地的比例有不同的看法。如薛暮桥在写于 1937 年的一本著作中就认为，在 20 世纪 30 年代初期，土地所有权在继续集中。他援引国民政府内政部发表的全国 17 个省的土地分配情况，指出 1.63% 的人家拥有 100 亩以上的土地，他们占有所有耕地的 18.52%；5.03% 的人家拥有 50～100 亩的土地，他们占有所有耕地的 19.22%；土地在 10 亩以下的家庭为 56.84%，他们占有的耕地只占所有耕地的 15.97%。他并以广东番禺 10 个代表村以及广西苍梧、桂林、思恩三县为例，说明商品生产愈发展，土地所有愈加集中，而且集中的趋势愈加迅速。但同时，他根据当时农村复兴委员会等机关对陕西、河南、江苏、浙江、广东、广西六省的 1933 年的调查报告，推算出各类村户土地分配的一般情形是：占户数总数 3.5% 的地主，占有全部耕地的 45.8%；6.4% 的富农占有 18% 的耕地；19.6% 的中农占有 17.8% 的耕

---

① 毛泽东：《目前形势和我们的任务》（1947 年 12 月 25 日），《毛泽东选集》（第四卷），人民出版社，1991，第 1251 页。

② 刘少奇：《关于土地改革的报告》（1950 年 6 月 14 日），《刘少奇选集》（下卷），人民出版社，1985，第 32 页。

地；而占总户数 70.5% 的贫农雇农，只占有 18.4% 的耕地。也就是说，占总户数 9.9% 的地主富农，占有的土地为 63.8%。[①] 李锐也认为，抗战前，地权日益集中（速度比较缓慢）是中国土地关系的一个基本趋向。抗战八年期间，由于伪法币的贬值，大批商业、官僚和金融资本都趋向于土地投机，致使国民党统治区土地兼并以前所未有的速度发展，土地也因此更加集中。但他根据湖南省委政策研究室对湖南若干地区的调查，指出湖南省占 3% 的地主，占有的土地为 47%，加上 8% 的公田，则为 55%（当然，他认为地主富农有瞒田情况，因此实际占有的比例应更高）。[②]

根据国家统计局的资料，土地改革前，占全国总户数 3.79%、总人口 4.75% 的地主占有全国耕地的 38.26%；占总户数 3.08%、总人口 4.66% 的富农占有全国耕地的 13.66%（见表 1−1）。[③] 也就是说，地主富农合计占总户数的 6.87%、总人口的 9.41%，占有全国耕地面积的 51.92%，这一比例也远低于 70%~80%。

改革开放后，许多学者在质疑地主富农占有 70%~80% 土地准确性的同时，也否定"土地高度集中论"或"土地集中的趋势日益严重"这一长期占主流的观点。如郭德宏认为，毛泽东之所以会得出地主富农占有 70%~80% 的土地这个结论，是把一部分小土地出租者当成了小地主，把富裕中农甚至一部分中农划入了富农。他通过对南方、北方、东北、西南几个农业区的分析，指出中国地域广阔，情况复杂，但就多数地区看，约占人口总数 10% 的地主、富农，占有土地总数的 50%~52%，约占人口总数 90% 的劳动人民，占有土地总数的 48%~50%。从趋势上看，在解放前几十年间，各地区地权变化的情况很复杂，但总的来说，地权是越来越分散，并非越来越集中。[④] 乌廷玉根据土地改革时期各省农村调查资料

[①] 薛暮桥：《旧中国的农村经济》，农业出版社，1980，第 19、23~24 页。

[②] 李锐：《湖南农村的状况和特点》，载人民出版社编辑部编《新区土地改革前的农村》，人民出版社，1951，第 58 页。

[③] 中国社会科学院、中央档案馆编《1949~1952 中华人民共和国经济档案资料选编（农村经济体制卷）》，社会科学文献出版社，1992，第 410 页。

[④] 分别见郭德宏《对毛泽东二三十年代农村各阶级土地占有状况的调查分析的重新研究》，《党的文献》1989 年第 5 期；《旧中国土地占有状况及发展趋势》，《中国社会科学》1989 年第 4 期。

及土改档案，认为旧中国占全国农户 6%~10% 的地主、富农占有全国 28%~50% 的耕地；虽然有范围很小的土地高度集中地区（9% 的地主富农占有 65% 的土地），但绝大部分地区都是土地不太集中地区。[①]

表 1-1　全国土地改革前各阶级占有耕地情况

	户数（万户）		人口（万人）		耕地			
	合计	占比（%）	合计	占比（%）	合计（万亩）	占比（%）	每户平均（市亩）	每人平均（市亩）
合　计	10554	100.00	46059	100.00	150534	100.00	14.26	3.27
贫雇农	6062	57.44	24123	52.37	21503	14.28	3.55	0.89
中　农	3081	29.20	15260	33.13	46577	30.94	15.12	3.05
富　农	325	3.08	2144	4.66	20566	13.66	63.24	9.59
地　主	400	3.79	2188	4.75	57588	38.26	144.11	26.32
其　他	686	6.49	2344	5.09	4300	2.86	6.87	1.83

　　原表注：1. 户数、人口、耕地总数是用 1950 年农业生产年报资料，各阶级数字是根据各地区土改前各阶级比重推算的。各阶级数字与过去公开发表的不一样，仅供内部参考。2. 土改前各阶级是指土地改革前三年的阶级成分。
　　资料来源：中国社会科学院、中央档案馆编《1949~1952 中华人民共和国经济档案资料选编（农村经济体制卷）》，社会科学文献出版社，1992，第 410 页。

　　有学者由此提出，旧中国的土地是既集中又分散。如杜润生认为，辛亥革命以来，由于中国处于半殖民地半封建社会制度之下，工商业发展畸形、缓慢，大部分农村中封建土地制度是稳定的，但军阀、官僚地主对土地的兼并又造成了土地占有的集中。抗日战争以后，民主革命斗争的开展也使部分地区土地相对分散。因此他认为，政权对封建地主所采取的政策，直接影响地权的集中或分散。[②] 陈旭麓在考察了中国历史上的土地关系后，指出土地集中是中国历史上的一种常态，"虽说不同的时期和不同的地域，土地分配的不平等程度会有张有弛，但在一个王朝的休养生息之期过去之后，土地集中日渐月积地成为南北东西的普遍现象"。然而，由于土地私有性质和可以自由买卖，以及分家析产的影响，土地在不断集中的同时又不断地分散。[③]

　　在笔者看来，旧中国土地占有关系有两个明显的特点，一是土地所有权总体上相对集中与土地使用权分散并存；二是不同地区土地的集中度差

---

①　乌廷玉：《旧中国地主富农占有多少土地》，《史学集刊》1998 年第 1 期。
②　杜润生主编《中国的土地改革》，当代中国出版社，1996，第 11 页。
③　陈旭麓：《近代中国社会的新陈代谢》，上海人民出版社，1992，第 4~5 页。

别比较大，土地所有权的集中与分散两种状况同时存在。造成这两种情况
出现的原因，既有地理的、经济的，也有社会的。

所谓土地所有权总体上相对集中，是指就全国而言，占人口少数的地
主富农阶层占有的土地相对于其他阶层要多得多。① 根据国家统计局的前
述统计，土地改革前，占全国人口 9.41% 的地主富农占有全国耕地的
51.92%，而占总人口 90.59% 的中农、贫雇农和其他劳动阶层，只占有
全部耕地的 48.08%。郭德宏在对各种材料进行研究后认为，地主、富农
在旧中国几十年间大致占总户数和总人口的 10%，他们占有的土地平均
在 50%～52%。中农、贫雇农及其他劳动人民，占总户数和总人口的
90% 左右，他们占有的土地平均在 48%～50%。地主、富农按户数或人
口平均占有土地的数量，仍有中农、贫农、雇农及其他劳动人民按户数或
人口平均占有土地数量的 10 倍左右。② 仅看地主的土地占有率，则占户
数 3.79%、占人口 4.75% 的地主占有全国耕地的 38.26%，地主户均占有
耕地是贫雇农的 40.6 倍、全国平均的 10 倍，人均占有耕地是贫雇农的
30.6 倍、全国平均的 8 倍。根据薛暮桥的上述数据，地主户均占有的耕
地则为贫雇农的 50 倍。这说明，地主富农尤其是地主所占土地相对于广
大贫雇农来说仍然高得多，也就是说土地所有权相对集中。③

---

① 学术界对于地主的定义有分歧，甚至对地主这一概念也有质疑。笔者无意在此对其进行
讨论，为研究方便，均依资料称谓之。
② 郭德宏：《旧中国土地占有状况及发展趋势》，《中国社会科学》1989 年第 4 期。
③ 杨奎松认为，将"地主"的概念与"土地集中"的概念等同起来，使用地主占有土地的
比例来说明土地的集中度，"简单地采用百分比的统计数据考察地主农民的土地占有关
系"，这种方法是不科学的，"它完全忽略了地主大小、占地多少及其由此带来的种种重要
差别"。在他看来，由于"分散的、个体的、以一家一户为生产和消费单位的小农经济，
和适应于这一社会生产方式的土地买卖、诸子均分、科举取士、宗族伦理关系等传统与制
度，最大限度地限制了以租佃关系为中心的中国地主土地占有制度的发展"，使在中国出
现的不是像欧洲多数国家那样的大批大地主，而是"和多数农民之间本质上并无多少差
别"的小地主。参见杨奎松《中华人民共和国建国史研究（1）》，江西人民出版社，
2009，第 112～114 页。这一观点无疑是有一定道理的。但作为一种历史现象的土地改革，
它是以打破地主的土地集中（虽然是相对的集中但大多数地主所占土地绝对数不大）、把
地主及富农的多余土地分配给无地少地的贫雇农为前提的。使用各阶层占有土地的百分比
一方面能够说明土地占有的相对集中，另一方面也不影响在实际操作中对大小地主的区别
对待。在土地改革中，无论地主占有土地是多少，一般只留给其当地平均数的土地。占有
土地多的大地主被没收的土地也多，占有土地少的小地主被没收的土地也少。

在土地私有的情况下，土地所有权的集中并不意味着土地使用权的集中。实际上，作为农民最主要的生产资料，土地的所有权与使用权在中国是高度分散的。有学者在考察土地改革前中国农村的土地利用方式时指出，一方面，由于地形地理的原因或地主获得土地的方式很大程度上是通过逼租逼债逼典，致使地主占有的土地虽然很多，但大部分分割成互不相连的小面积地块，连成大片的土地很少。另一方面，地主为了维持本地普通农民的生产和起码的社会秩序，也必然会把高度集中于其手的土地分散出租给许多人。由此造成了土地所有权的高度集中和土地使用的极端分散并存的局面。① 换句话说，所有权集中、租佃分散使用是 1949 年前（也是土地改革前）中国土地制度的基本特征。

旧中国的土地占有状况，不仅有高度集中的一面，还有不断分散的一面。土地改革之初，就有人提出，中国土地制度严重不合理的情况是就全国而言的，尤其是在北方。长江流域及珠江流域的情况，不同于黄河流域和东北。在这些地方，连年战争使地主破落了，土地更分散了。这种说法在当时虽然遭到了批驳，但反映了部分地区土地占有关系的真实情况。杜润生后来也指出，抗日战争后，土地占有关系变动的趋势是一部分地区趋于分散，一部分地区趋于集中。部分地区土地相对分散的主要原因，不是工商业投资的增加和农业集约经营的发展，而是民主革命斗争的结果。也就是说，政权对地主所采取的政策，直接影响地权的集中或分散。② 事实也确实如此，不独抗战期间及其以后，在土地革命时期也是如此。土地革命所到之处，都曾对地主进行过打击，旧有的土地占有关系纷纷瓦解。即便革命失败后旧势力恢复了对农村的统治，土地的集中度也今不如昔，土地相对于其他地区因此

---

① 朱秋霞：《中国大陆农村土地制度变革》，正中书局，1995，第 30、31 页。美国学者白凯在研究江南地区的土地占有问题时还注意到一种土地"分散"现象，即：在地主土地所有制堡垒的江南地区，一方面土地所有权日益集中于在外地主手中；另一方面同一所有权下的土地却相当分散，"在外地主很少占有连续成片的地产，他们的地产不过是分散在广阔地域内、时常还跨州连县的一小块一小块的土地"。参见〔美〕白凯著《长江下游地区的地租、赋税与农民的反抗斗争：1840～1950》，林枫译，上海书店出版社，2005，第 21～24 页。江南土地占有的这种状况，在城市经济欠发达的地区并不普遍。

② 杜润生主编《中国的土地改革》，当代中国出版社，1996，第 11 页。

更为分散。这一点在后文对中南区土地占有状况的实证分析中能够得到更充分的体现。

　　土地占有的这种状况，决定了旧中国乡村的阶级状况。

二　中南区的土地占有状况

　　20世纪50年代的调查统计资料根据土地占有状况的不同，一般将中南区划分为三类地区：比较集中地区、一般地区和相对分散地区。湖南的个别调查将该省分为滨湖地区、丘陵地区、山区三类；江西的个别调查则将全省分为白区、游击区、苏区三类。前者从地理上划分，后者从革命发生区域划分，两者都可对应以土地集中度划分的三类地区。

　　据1950年9月的统计，在整个中南地区，第一类即土地占有比较集中的地区，是占全区农业人口40%～50%的区域。在这类地区，地主只占农户的3%～4%，占农村人口的4%左右，却占有耕地（包括其操纵的公田）的40%～50%；富农占农户的5%，占人口的5%～6%，占有耕地的15%左右；中农占农户和人口的20%～25%，占耕地的25%；雇农、贫农占农户的65%～70%，占人口的65%以上，仅占耕地的10%～15%。第二类即土地占有集中程度一般的地区，覆盖4800万人口（占全区农业人口的40%）。在这类地区不到人口总数10%的地主、富农，占有耕地总数的30%～50%；中农的耕地和人口分别占总数的30%左右；贫雇农占户数的55%～65%，占耕地总数的20%～25%。从地域上，这类地区包括河南的大部（居住人口占全省人口60%以上）；江西的大部（居住人口约占全省人口的60%）；湖北孝感专区的大部，其他专区的一部（居住人口占全省人口的40%左右）；湘桂两省20%～30%的区域，其中湖南为湘西的山岳地带；广西的桂林、南宁、柳州等市北部和中部几个地区。第三类即土地占有相对分散的地区。这类区域有2000万人左右，占全区农业人口的15%～20%。包括河南的中部及北部沿陇海、平汉铁路两侧地区，居民约占河南省人口的25%；湖北长江两岸、汉水中下游的沔阳、黄冈、孝感、大冶等专区的部分地区，居民占湖北总人口的20%以上；江西的南部、东北部，居民占全省人口的20%以上；广西的西北、西南部山地，如龙州、百色等专区，居民约占广西人口的30%，其中个别县地主很少。①

对河南、湖北、湖南、江西、广东五省的农村调查，土地占有的集中情况与上述调查稍有差别，主要是因为广东的土地集中程度比广西为重。该调查显示，从人口上看，土地集中地区约占五省人口的 47.5%。在这类地区，占农村人口 3%～4% 的地主，占有的耕地约为耕地总面积的 50% 左右（包括被地主操纵的公田在内）；部分地区，地主占有耕地达 65% 以上。占农村人口 60%～70% 的贫农、雇农等，却仅占有耕地的 8%～12%。五省中土地集中程度一般的地区人口占五省人口总数的 39% 强。此类地区河南、江西最多，湖北次之。土地占有较分散的地区，人口占五省的 13%。此类地区主要分布在江西南部等革命老区。但就是在这种地区，占人口 60% 以上的贫农，占有的耕地也只有总耕地面积的 28%～33%；占人口仅 8%～10% 的地主和富农，占有的耕地为耕地总面积的 25%～40%。

从五省总的情况来看，占农业人口 3.5% 的地主，占有耕地为耕地总面积的 30%～40%；而占农业人口 90% 的中农、贫农和雇农，只占有 35%～50% 的耕地。据中南军政委员会农林部的统计，当时五省农业人口总数共为 9835.3 万余人（约占五省总人口的 80%），耕地总面积为 278278263 亩。按此核算，五省中地主人口约为 340 万，占有的耕地为 1 亿～1.4 亿亩，每人平均占有 30～40 亩。中农、贫农和雇农的人口为 7700 万～8760 万，占有耕地的面积却和在人数上只有农民 1/25 的地主阶级所积累的耕地大致相等，每人平均只有耕地一亩至一亩半。在中南地区，很多村庄一户地主所占有的耕地比全村农民的耕地还多。广东、湖南、湖北等省，拥有数千亩或数万亩耕地的大地主也不少。②

另据湘、鄂、赣、粤、豫五省 69 个村的调查，土地集中地区，从湖北黄陂新义村、河南潢川罗湾地村、江西南昌一个村及湖南湘阴县和丰乡等 23 个村的调查结果看，地主占人口的 3%～4%，土地（加公田）占 50% 以上，最多者至 90%。富农占人口的 5%，土地占 15%。中农、贫农、雇农及其他劳动人民则占人口的 90% 以上，只占土地的 20%～30%。

---

① 杜润生主编《中国的土地改革》，当代中国出版社，1996，第 5～7 页。

② 新华社：《中南区五省农村土地关系调查》，《江西日报》1950 年 8 月 10 日，第 2 版。

土地集中程度一般的地区，从湖北汉阳三区第一行政村和黄陂县石桥村、河南洛阳塚头村、江西宜春新坊村、湖南沅陵信平乡、广东龙川水背村等25个村的调查结果看，地主占人口的3%稍多，土地（加公田）占30%。富农占人口的5%~6%，土地占15%左右。中农、贫农、雇农及其他劳动人民则占人口的90%以上，拥有50%的土地。土地占有分散地区，从湖北沔阳县小河口村、武昌县黄土坡村和石山村、河南宝丰县孙官营村和洛阳县孙村、江西高安十个乡和弋阳县复兴乡等21个村的调查结果看，地主占人口的3%，土地（加公田）占15%以上。富农则占人口的5%，占土地的15%左右。中农、贫农、雇农及其他劳动人民则占人口的92%以上，占土地的60%左右。以此推算，土地集中地区人口占全区（只算农业人口地区）45%左右（约有6000万人口地区）；土地集中程度一般地区约占40%（约有5000万人口地区）；土地分散地区，占15%左右（约有1700万人口地区）。分别从五省来看，则湘、粤两省最为集中，有70%~80%为集中地区；其次，鄂省约40%；赣、豫则比较分散。①

上述三种调查资料，虽然其调查对象不尽相同，但得出的结论是相似的，即在中南地区，既有土地集中地区，也有土地分散地区。土地集中地区占全区农业人口40%~50%的区域（三种调查资料的数字分别是40%~50%、47.5%、45%），土地集中度一般的地区约占全区农业人口40%的区域（分别是40%、39%、40%），土地分散地区占全区农业人口13%~20%的区域（分别是15%~20%、13%、15%）。分省看，广东、湖南的土地集中度较高，广西、江西、河南和湖北的部分地区较为分散。但即使在土地分散地区，地主人均占有的土地也在中农、贫农、雇农的10倍以上。

对江西和湖南两省土地占有状况的进一步分析可以发现，中南区土地的集中度既与革命和战争有关，也与地理环境有关。

1950年上半年，江西省委常委、组织部长、省农协主席刘俊秀组织省委研究室、组织部等部门深入全省28个村对农村阶级关系与土地占有情况进行调查，并与江西省委党校学员中一部分农民干部座谈，写出了一

---

① 张根水：《中南区各省农村社会阶级情况与租佃关系的初步调查》，载人民出版社编辑部编《新区土地改革前的农村》，人民出版社，1951，第27页。

份重要报告。① 在这份报告中，他把江西全省分为苏区、游击区、白区三种不同地区（苏区约占30%，游击区约占20%，白区约占50%），所调查的28个村即分属于这三种不同类型的地区。28个村人口与土地占有总的情况是：地主占总人口（29354人）的3.85%，占总土地（61197.7亩）的17.8%；富农占总人口的5.2%，占总土地的12.6%；中农占总人口的28.8%，占总土地的32.2%；贫农占总人口的54%，占总土地的21%；雇农占总人口的2.53%，占总土地的0.4%；其他阶层占总人口的5.4%，占总土地的1.8%，另有12.8%的公田（详见表1-2）。对照中南其他地区，这28个村的土地集中度应该是属于土地比较分散一类的地区。但分类来看，白区的土地集中度不仅远高于苏区和游击区，而且接近于中南区土地一般集中区的水平。相反，苏区的土地却相当分散。这说明，土地革命确实对土地的集中度产生了较大的影响。②

表1-2　江西省三类地区各阶层土地占有情况比较表

	白区7个村		游击区9个村		苏区12个村	
	人口占比（%）	土地面积占比（%）	人口占比（%）	土地面积占比（%）	人口占比（%）	土地面积占比（%）
总　　数	6381人	12369.8亩	7725人	16609亩	15248人	32218.7亩
地　　主	5.18	25.06	3.53	18.26	2.85	10.1
富　　农	5.82	12.89	6.98	13.7	4.04	11.06
中　　农	34.45	33.85	29.4	32.37	22.55	30.42
贫　　农	46.05	19.5	52.65	17.6	63.29	29.35
雇　　农	3.7	0.77	2.43	0.12	1.18	0.18
其　　他	4.71	2.35	5.33	0.84	6.2	2.09
公　　田	—	6.73	—	17.11	—	15.8

　　资料来源：根据《刘俊秀同志关于江西农村阶级关系与土地占有的初步研究及对今后农村土改中应注意的几个政策问题》（1950年6月4日）制作而成，赣档X001-1-55号。

---

① 《刘俊秀同志关于江西农村阶级关系与土地占有的初步研究及对今后农村土改中应注意的几个政策问题》，1950年6月4日，赣档X001-1-55号。另见刘俊秀《江西农村阶级关系与各阶层土地占有的初步研究》，《江西日报》1950年9月3日，第1、2版。

② 但也有少数农村，土地革命后土地不但没有分散，反而更加集中。这主要是因为不少官僚及地主在革命失败后贪污、霸占了大批土地。据江西兴国四个村调查，4户大地主在红军撤出后就增加了6300石谷田的土地；浮梁北乡区一姚姓大地主，原有土地4000亩，后又陆续获占了7000亩，至土改前共有土地11000亩。参见张根水《中南区各省农村社会阶级情况与租佃关系的初步调查》，载人民出版社编辑部编《新区土地改革前的农村》，人民出版社，1951，第28页。

　　湖南省委政策研究室在调查中将全省土地按地理地貌特征分为滨湖区、丘陵区、山区三种类型，分别调查了湘阴和丰乡四个保（代表滨湖区），长沙黎托乡四个保、益阳一个保（代表丘陵区），邵阳震中乡三个保、益阳一个保（代表山区）。调查发现，滨湖区域土地最集中，占人口总数3%的地主占有土地为61%（因公田实际为地主和部分富农所垄断，故该段文字中地主的占有土地中包括公田）。湘阴全县地主只占户数的2%左右，占有土地甚至达71%。滨湖各县都有所谓"洲土大王"。1946年湖南省政府"滨湖洲土视察团"的一份调查报告称，滨湖地区拥有1万~7万亩洲土垸田者，就有20多人。山区的土地较为分散，在湘西等地，地主占有土地一般为30%~40%（调查地区包括公田为41%）。介于两者之间的是丘陵地区，地主占有土地为全部土地的45%左右。可见，就全省而言，湖南省的土地集中度主要与地理环境有关。[①] 当然，此外，是否靠近经济、交通发达的城市以及是否经过土地革命也影响到土地的集中度，如在大城市附近（如长沙、湘潭），土地就比较集中，偏僻山区比较分散。经过土地革命的老苏区，土地也比较分散。

表 1 - 3　　湖南省三类地区各阶层土地占有情况比较表

单位：%

地　区	滨　湖　区		丘　陵　区		山　区	
阶　级	人口占比	土地占比	人口占比	土地占比	人口占比	土地占比
地　主	3	60	4	33	3	27
富　农	4	8	7	20	5	14
中　农	34	26	28	26	23	26
贫　农	42	4	36	8	44	18
雇　农	9	—	5		16	
其　他	8	1	20	1	9	1
公　田	—	1	—	12	—	14

　　资料来源：根据李锐《湖南农村的状况和特点》制作而成，载人民出版社编辑部编《新区土地改革前的农村》，人民出版社，1951，第62页。

---

① 李锐：《湖南农村的状况和特点》，载人民出版社编辑部编《新区土地改革前的农村》，人民出版社，1951，第61页。

但是，由于土地分散地区占整个地区的比例并不很大，土地集中度的这种具体差异因而对各省乃至整个中南区的土地集中度的影响有限。而且，即便在土地分散地区，地主拥有的土地比占人口大多数的贫雇农来说还是多得多。如江西省弋阳县复兴乡，占全乡人口的 3.6% 的地主，占有的土地为 16%；而占全部人口 91.53% 的中农、贫农和其他劳动人民，只占有该乡土地的 73.6%。从人均占有田亩看，地主为 9.6 亩，中农 3.5 亩，贫农 1.7 亩，全乡每人平均 2.5 亩。这就是说，地主占有的土地是全乡每人平均数的 3 倍多，比贫农则多出 4 倍。苏区宁冈县三区沃壤村地主仅占总人口 2.4%，占有的耕地却占全村耕地的 43.3%；而占总人口 87.4% 的无地和少地的农民，只占有耕地的 40.13%。根据中共江西省委政策研究室对 12 个苏区村的调查材料推算，像此类土地"比较分散"地区，平均占农村人口 2.5% 的地主，仍占有土地 25%～30%。① 就全省范围来说，地主人口一般只占农村人口约 4%，占有土地为 30%～40%，有的地区则占 50%，个别地区甚至占到 70%～80%。公田约占总土地面积的 10%～15%，某些地区占到 30%～40%，个别地方占到 80%，这些土地也基本上为地主所把持操纵。而占人口 60% 以上的贫、雇农，则只占有 10% 左右的土地；占人口 30% 的中农，也只占有 25%～30% 的土地。② 另据湖北省 8 个专区 50 个村的调查，以地主、富农加公田占有全村土地 30% 以下者为土地分散村，30%～45% 为一般村，45% 以上的为土地集中村，则土地集中村约占全省村数的 50%，一般村约占 30%，土地分散村也只约占 20%。③ 从中南区全区来看，全区农业人口每人平均占有土地合 1.5～2 亩，而地主每人平均则有 10～20 亩，贫农每人平均占有土地却不过半亩。就是说，地主每人平均占有土地要超过全部农业人口每人平均数的 10 倍以上，比

---

① 金凯：《从土地占有和农民的要求看土地改革的正义性》，《江西日报》1950 年 8 月 27 日，第 2 版。

② 陈正人：《关于本省土地改革实施问题的报告（草案）》，1950 年 8 月 29 日，赣档 X 035-3-037 号。

③ 启贤：《湖北农村的封建土地制度》，载人民出版社编辑部编《新区土地改革前的农村》，人民出版社，1951，第 54 页。关于湖北省土地集中地区的比例，此处典型调查所得比上文中所提中南区估计的 40% 左右为高。

贫农人均占有土地则要多三四十倍。[1] 因此，无论是从土地分散地区看，还是从整体上看，土地的集中度仍然比较高，土地多数仍然是掌握在占人口少数的地主手里。

当然，上述对于土地占有状况的分析都将公田计入地主占有土地之内，且这部分土地所占比例甚高。如上所述，江西白区、游击区、苏区公田分别占到土地面积的 6.73%、17.11%、15.8%；从全省范围看，公田占到土地面积的 10%～15%。湖南滨湖区、丘陵区、山区三种类型地区公田分别占 1%、12%、14%；李锐估计全省包括官田、族田、寺田、学田等在内的公田占土地面积 10% 以上。这一比例与所谓公田较多、土地不算集中的苏南相比要高得多。[2] 若将公田剔除，则无论是土地集中地区还是分散地区，土地的集中度都要低得多。按照杜润生的说法，整个中南地区，地主、富农的土地加起来也只有 40% 多，[3] 远低于上文所示全国平均的 51.92%（地主占 38.26%，富农 13.66%）。

三　中南区的阶级状况

传统中国并没有阶级概念，也没有固定的社会阶层。"士农工商"的区分更多的是指其职业特点。而且，即便是最受人尊敬的士人阶层，也是开放的、流动的。周荣德在对云南昆阳县多年的调查后认为，中国的社会阶层结构是开放性的，"贫穷而有才华的青年靠自己的努力也能在一个人的有生之年或经过几代的努力升上来"，这种社会流动的进程虽然缓慢，但"依靠世袭贵族的原则占据顶层地位的制度却并不存在"[4]。至于在乡

---

[1]　张根水：《中南区各省农村社会阶级情况与租佃关系的初步调查》，载人民出版社编辑部编《新区土地改革前的农村》，人民出版社，1951，第 28 页。

[2]　据王瑞芳的研究，苏南 25 个县 973 个乡公地（即公田）占全部土地面积的 5.32%，苏南 20 个县 163 个区 1722 个乡土地改革前公地占有的比例为 5.9%。另据莫宏伟的研究，苏南包括学田、宗教土地、慈善团体土地、宗族土地、农场土地和其他公地在内的公地占全区耕地面积的 6.45%。分别见王瑞芳《土地制度变动与中国乡村社会变革》，社会科学文献出版社，2010，第 16、17 页；莫宏伟：《苏南土地改革研究》，合肥工业大学出版社，2007，第 12 页。

[3]　杜润生：《杜润生自述：中国农村体制变革重大决策纪实》，人民出版社，2005，第 9 页。

[4]　周荣德：《中国社会的阶层与流动——一个社区中士绅身份的研究》，学林出版社，2000，第 320 页。

村，占有大量土地的家庭往往被称为"大户人家"，次之的是"殷实之户"或"田多之家"，更次之的是"小户"。这种"大""小"户也不是一成不变的，俗语有"富不过三代"，即指大与小、贫与富的变动性。美国学者赵冈在论及"地主"一词时指出，在传统中国社会，地主绝不是一种定制，他们没有层级性的从属关系，不是一群固定的农户，更不是一种制度。由于"中国传统农村的土地市场相当自由，土地不但在运动，而且是多向运动，地权分配的变动性很大"，因此随时都有"很多贫穷的农民处于上升状态，很多的富裕农户则正处于下降状态，家道中落"。他认为，在传统中国，存在一个由社会内部机制所左右的土地分配周期：第一代创业地主"力田致富，开始累积田产"；富裕后本人及其后人的生育行为发生重大变化，他们娶妻纳妾，儿子也早婚，儿子成年后参加分家析产；分家后富农变成中农，中农变成小农；经过数次析产分家，就有子孙变为无地的贫农，"中国式的农地周期循环便完成了"。由此可见，"地主之家不待败家子出现，早晚会家道中落，这是受社会内部机制所左右的自然过程"①。还有学者进一步描绘了中国传统乡村阶层变动的景象，如一个农民家庭可能因一个儿子跻身士林谋得一官半职而为地主，一个大地主也可能在几十年内分化出一批中农、贫农户；讨饭二三十年而后成为富农、因赌博将房产地契一夜输光而成为贫雇农的人屡见不鲜。地主经济是小农经济的放大，同样受小农经济规律的支配，"地主并没有特殊的地主经济范畴和独特的思想，……贫雇农也没有特殊的与地主富农有差别的农民思想。地主是有土地有家资的小农，小农每日都梦想成为地主富农，只是手中缺少土地钱财。地主富农与中农贫农周期地永无休止地对流易位"②。社会阶层结构的这种特性，表明中国传统乡村社会具有稳定性与易变性双重特征，革命动员也因此具有天然的社会基础，这也就是中共在领导革命斗争中能够将舶来的阶级话语运用自如的重要因素之一。

虽然传统乡村社会阶层是流动的，阶级分野不明显，但阶级分析仍然是中共进行革命动员和开展土地革命、土地改革的理论依据。研究新中国

① 赵冈：《中国传统农村的地权分配》，新星出版社，2006，第6、140页。
② 唐致卿：《近代山东农村社会经济研究》，人民出版社，2004，第614页。

成立初期的土地改革，旧中国的阶级状况自然也就无法回避。

上文所述国家统计局提供的资料显示，土地改革前，全国农村各阶层的人口比例分别是：地主 4.75%、富农 4.66%、中农 33.13%、贫雇农 52.37%、其他阶层 5.09%。这说明，在中国农村，无产半无产的阶层人数居于多数。在中南区，根据该区各省典型村的调查及一般的统计材料，地主阶层的人口占全区人口的 3%~4%，富农占 5%~6%，中农占 30% 左右，贫雇农及其他劳动人民占 60% 以上。① 1951 年 11 月中南军政委员会土地改革委员会组织的中南区 6 省 97 县 100 个乡的调查表明，在解放前的 1948 年，全区各阶层中贫农所占人口最多，达 40.92%；中农次之，占 34.89%；地主再次之，占 5.69%；富农占 3.60%，位于雇农之后，排在第 5（详见表 1-4）。② 地主户口与人口占比均高于全国平均水平及该区典型调查的数据，而土地占有水平较低（在 100 个乡的调查中，地主所占土地也仅为 37.68%，低于全国水平），可见，中南区的地主主要是中小地主。

表 1-4　中南 100 个乡 1948 年各阶级户口、人口及所占土地比重表

单位：%

	地主	富农	农村工商业家	其他剥削阶层	中农	贫农	雇农	工人	贫民	游民	其他劳动人民	合计
户口占比	4.18	2.44	0.34	4.31	29.63	42.54	6.67	2.65	2.97	0.64	3.36	100
人口占比	5.69	3.60	0.42	3.19	34.89	40.92	4.16	1.92	1.77	0.39	3.05	100
土地占比	37.68	7.21	0.09	3.98	30.03	13.47	0.37	0.17	0.11	0.08	0.38	100

资料来源：根据《中南六省九十七个县一百个乡解放前和土改后各阶级比重及占有生产资料比例比较表》制作而成，载中南军政委员会土地改革委员会《中南区一百个乡村调查统计表》，内部资料，1953，第 228 页。

20 世纪上半叶发生在中国的历次革命与战争，特别是二三十年代开展的土地革命对中南区乡村阶层结构产生的影响是显而易见的。以江西省

① 中国社会科学院、中央档案馆编《1949~1952 中华人民共和国经济档案资料选编（农村经济体制卷）》，社会科学文献出版社，1992，第 6 页。

② 《中南六省九十七个县一百个乡解放前和土改后各阶级比重及占有生产资料比例比较表》，载中南军政委员会土地改革委员会《中南区一百个乡村调查统计表》，内部资料，1953，第 228 页。

为例。根据刘俊秀的报告，经过土地革命的苏区，地主、富农人口及户口显著减少，地主、富农户口仅占总户口的5%，人口占总人口的6.9%。游击区地主、富农也受到相当削弱，地主、富农户口占总户口的比例为6.95%，人口占总人口的10.5%。只有在国民党统治的白区阶层结构基本上维持现状，地主、富农户口占总户口的10.3%，人口占总人口的11%。也就是说，苏区的地主、富农户口与人口均少于游击区，而游击区又少于国民党统治区。中农与雇农阶层也显示了这种趋势，在苏区，中农只占人口的22.55%，雇农只占人口的1.18%；白区中农占34.5%，雇农占3.7%；游击区介于二者之间，中农为29.4%，雇农为2.42%。只有贫农呈现出相反的趋势，苏区多于游击区，游击区多于白区。三种地区贫农人口的比例分别为63.29%、52.65%和46%。三种不同地区的这种差异说明，土地革命打破了原有的社会结构：获得土地的贫雇农，其经济地位曾一度上升，许多雇农上升为贫农，贫农上升为中农，因此当时苏区中农多、贫农少。但在红军北上后，苏区群众遭受国民党政权的报复性的摧残，并在保甲制度的长期剥削与压榨下，遭受到更严重贫困，致使苏区的中农反而少于游击区、游击区少于白区，而贫农阶层的人数则产生相反的变化。

由于战乱及封建剥削的影响，中南区的赤贫人口也比较多。根据前引湖南省委政策研究室对13个保的调查，农村各阶层人口的比例分别是地主3%、富农5%、中农30%、贫农39%、雇农10%、其他阶层13%。其中13%的"其他"阶层多为手工工人、小商贩、担脚的和根本无职业的赤贫户等。可见，雇农和赤贫户在农村中实占人口在20%左右。以此推算，湖南全省贫雇农赤贫户总数在60%以上。①庞大的贫雇农赤贫人口的存在，客观上为新中国成立后的土地改革及其他社会改造奠定了群众基础。

此外，战争导致的征兵、逃难以及因灾荒造成的逃荒对农村阶层结构也有较大的影响。1935年，当时的中央农业实验所做了一个22省1001个县的离村调查，结果显示，全家离村的农家一共192万户，占总农户的4.8%；有青年男女离村的农家有350余万户，占总农户的8.9%。在全

---

① 李锐：《湖南农村的状况和特点》，载人民出版社编辑部编《新区土地改革前的农村》，人民出版社，1951，第60、64页。

家离村的农户中间，到城市去做工和谋生的占 36.7%，到城市或别村去逃难的占 21.9%，到别村去种田或开垦的占 21.8%，其他占 19.6%。在离村的青年男女中间，到城市去做工和谋事的占 47.8%，到别村去做雇农或开垦的占 28.5%，到城市去求学的占 17.5%，其他占 6.2%。① 在湖南省，大批壮丁被国民党征调，据统计，从 1937 年至 1945 年就有 178 万余人，其中虽有部分逃回，但其数量仍是惊人的。② 这些农村减少的巨量人口，主要是贫雇农。

由此可见，经过革命与战争洗礼的中南乡村，地主、富农或因被打倒、逃亡、阶层地位下降而减少，中农下降为贫雇农，贫雇农则难以为继或逃亡或死亡，整个乡村的社会阶层结构呈现出一种不断向下流动、沉落的走势，社会贫困化特征明显。

第二节　乡村社会组织与权力结构

群体性、组织性活动是人类社会生活的一种显著特性，社会组织是人类群体性、组织性活动发展到一定阶段的产物，是规范协调人们活动的重要机制。在许多方面，社会组织就是一个权力网络，"特定的社会组织和个人通过占有和分配各种短缺的政治、经济、文化、社会资源、利益和机会，造成一种依赖的社会环境，迫使社会成员不得不以服从作为代价换取短缺的资源、机会和利益，进而达到约束人们社会行为、实现整合目的"③。虽然不同的社会组织所具有的权力所及范围、权力集中程度各不相同，但都具有历时性和共时性特点。也就是说，社会组织都是历史的产物，都有消长兴亡；而在同一历史时期，不同的社会生活领域又有不同的社会组织。社会组织的这一特点在很大程度上决定了一个社会的权力结构状况，并由此使社会呈现出彼此不同的"特定"面貌。

---

① 薛暮桥：《旧中国的农村经济》，农业出版社，1980，第 91、93 页。
② 李锐：《湖南农村的状况和特点》，载人民出版社编辑部编《新区土地改革前的农村》，人民出版社，1951，第 64 页。
③ 李汉林、王奋宇、李路路：《中国城市社区的整合机制与单位现象》，《管理世界》1994 年第 2 期。

　　近代以来，中国传统乡村的社会历史变迁是与整个中国社会的转型相适应的。然而，由于中国地域辽阔，各地方情况千差万别，稻作区与小麦区，沿海与内地，平原与丘陵、山区，东南西北中，不同的区域生产方式、文化传统、风俗习惯乃至思想观念都有各自显著的特色。就中南区而言，六省内部也有差异，从耕作区划分，湖南、湖北、江西、广东、广西主要是稻作区，河南主要是小麦区；从地理位置上说，广东、广西属于中国南部沿海省份，其余属于中部内陆省份；从地势上看，河南以平原为主，其他省份以丘陵为主；从文化上看，各省都有自己的特征。这种内部的差异性甚至表现在同一省份不同县区，即所谓"十里不同风，百里不同俗，千里不同情"。因此，社会组织和权力结构的具体情况在各地也有所差异。换句话说，近代以来中国传统乡村社会的社会组织与权力系统及其历史演变既有共同之处，也有地域特色，既有共性又有个性，共性多于个性。

一　乡村社会的政权组织

　　美国学者罗兹曼在考察中国传统社会的组织状况时，按照从下到上的结构，将社会组织划分为家庭、中间组织和国家组织三个层次。他认为，在传统中国，除了最基层的家庭、宗族和村社组织以及最上层的国家官僚机构外，人们活动于其中的社会组织还有基层行政组织、教育组织、商业组织、宗教组织、公共事业社团以及非法会社等六类。① 这些组织，面向社会生产生活的不同方面，有些是常设的，如负责治安管理、税收和人口登记的基层行政组织；有些则是临时性的，如筹集资金或应付治水、修桥筑路等公共事业组织。有些是商业性的行会，有些是非法的会社。就广大乡村来说，传统社会组织"基本上都围绕着生存延续和秩序稳定两大需要组建起来，并因满足这些需要而得以存在和调整"②。从组织形式上看，主要是行政性组织保甲、家族组织宗族以及五花八门的会社组织。

---

① 〔美〕吉尔伯特·罗兹曼主编《中国的现代化》，国家社会科学基金"比较现代化"课题组译，江苏人民出版社，2005，第 151 页。
② 转引自刘斌、张兆刚、霍功编著《中国三农问题报告》，中国发展出版社，2004，第354 页。

　　作为传统乡村社会组织的保甲，源于北宋的乡兵制度。当时，王安石将募兵改为保甲，规定每10户为1保，5保为1大保，10大保为1都保。元朝出现了"甲"，以20户为一甲，设甲生。至清，形成了"牌甲制"，即以10户为1牌，10牌为1甲，10甲为1保。但各地的保甲组织，情况不一，名称也不尽相同。在广东"县以下大抵有都、堡、鄙的组织：10里立都，以都统堡，其堡多少不等；以堡统鄙，堡有大小，故鄙之大小亦不等；以鄙统甲，鄙编10甲，每甲百户。……这些都、堡、鄙相当于乡、里、堡、甲"①。政权组织的首领，乡称为乡长，里称里长，堡称堡正。而设都的称都统，设鄙的称鄙长或鄙董。乡长由县聘请士绅担任，里以下则由丁粮多者轮流担任。他们大多是殷实大户，只有在大户不愿担任的情况下，贫民下户才有机会充当。乡里的行政，有一部分掌握在乡长里长手中，另一部分则掌握在族长、绅耆、社学、团练手里，而乡里头目要办的事，往往还要通过后者才能执行。

　　起于北宋的"保甲"组织，实质与源于秦汉的"乡里"组织并没有什么本质区别，也是一个集行政、教化、司法、自我管理和监督于一身的基层组织，其主要职能都是编户齐民，并以此催征赋税和征用劳役，保证国家的经济来源。但与乡里制相比，保甲组织是一个更加严密的社会治安网络；而且它寓兵于民，注意加强对壮丁的军事训练，因而具有更多的军事和治安功能。

　　民初，由于受西方以个人为社会组织单位的政治观的影响，废弃了保甲制度。但地方实力派在自己所控制的地区内，仍实行着相类似的制度，如广东的"牌、甲制"，广西的"村、甲制"、云南的"团、甲制"，北方不少省份的"闾、邻制"等。为加强对中共军队的"围剿"和对社会的控制，20世纪30年代初期，南京国民政府将保甲制度作为一种基层行政组织加以推行，保甲制度不断得到强化。1932年，以蒋介石兼总司令的鄂豫皖三省"剿匪"总司令部颁布《剿匪区内各县编查保甲户口条例》，在鄂豫皖三省中共创建的革命根据地周边地区施行。1934年，国民

---

① 广东省地方史志编纂委员会编《广东省志·民政志》（光盘），广东省科技音像出版社，2006，第33页。

党"中政会"第 432 次会议议决由行政院通令各省市切实办理地方保甲。同年 12 月行政院通知各省，普遍实行保甲制度。保甲制度由此扩大到陕西、江苏、甘肃、宁夏、湖南、绥远、福建、浙江、山东、江西、四川等省份。1937 年 2 月行政院公布修正后的《保甲条例》，保甲制度推向全国。1945 年 2 月，为强化保甲制度，广东省政府还发出代电，谓"抗战八年，一切基层组织尽遭摧残，而以往时之保长甲长人选实不能肩负基层组织重任，要迅速健全保甲制度，以奠定建国之基础"①。

民国时期的保甲组织，由于是近代国家行政权力向乡村扩展，同时也是加紧军事"围剿"的结果，因此与历代封建王朝实行的"保甲制"相比，又有自己鲜明的特点。在组织上，保甲编组以户为单位，设户长；十户为甲，设甲长；十甲为保，设保长。② 各保就该管区域内原有乡镇界址编定，或并合数乡镇为一保，但不得分割本乡镇一部编入他乡镇之保。大乡镇得编组为若干保，设保长联合办公处，由保长互推一人为主任。户长基本由家长充任，保甲长名义上由保甲内各户长、甲长公推，但县长查明不能"胜任"，或认为有更换必要时，得令原公推人另行改推。户长须一律签名加盟于保甲规约，并联合甲内户长共具联保连坐切结，声明如有"为匪通匪纵匪"情事，联保各户，实行连坐。保甲长受区保长指挥监督，负责维持保甲内安宁秩序。联保主任受区长指挥监督，负维持各保安宁秩序总责，但各保应办事务仍由各该保长负责。保甲组织的基本工作是实施"管、教、养、卫"。"管"包括清查户口，查验枪支，实行连坐切结等；"教"包括办理保学，训练壮丁等；"养"包括创立所谓合作社，测量土地等；"卫"包括设立地方团练，实行巡查、警戒等。1939 年 9 月 19 日国民政府公布《县各级组织纲要》，增设副保长一人，规定保长兼任保国民学校校长和壮丁队队长，进一步强化保甲制度。③ 这就是说，在国

---

① 广东省地方史志编纂委员会编《广东省志·民政志》（光盘），广东省科技音像出版社，2006，第 35 页。

② 广西推行保甲制始于 1934 年，其具体内容与全国稍有不同，它以 6～10 户为一甲，8～15 甲为一村（街），8～15 村（街）为一乡（镇）。参见李富强《村政的现代化建设与壮族乡村权力结构变迁——以广西田林那善村为例》，《广西民族研究》1998 年第 3 期。

③ 曾业英：《保甲制度》，《中国大百科全书》（中国历史卷），中国大百科全书出版社，1993。

民党统治时期，保甲制"由民众的军事组织进而为国家内政之设施，再进而为社会事业、经济建设运用之枢纽，因为保甲制能延伸至每户，加强上下联系与互救互保"[1]。通过重建并强化保甲制度，国民党试图使国家权力延伸到基层乡村，从而实现近代以来国家对乡村社会控制的目的。

从职责上看，民国时期的保甲组织进一步强化了"连坐法"，即实行各户相互监督和互相告发；进一步强化了军事职能，即在"管""教""养""卫"四大职能中，加强了"卫"的职能，以具有准军事力量性质的地方村社武装（壮丁队、民团、自卫队等），用于维护地方治安和社会秩序。但随着国民党统治力量的不断削弱，保甲组织要么逐渐演变成了一个与乡村社会其他组织对立的组织被架空，要么依仗宗族等乡土组织乃至与宗族组织合流，从而又弱化了上述职能。即便如此，一直到1949年中共新政权的成立，保甲组织在形式上一直是中国乡村的基层行政组织。

二　乡村社会的宗族组织

宗族是由有男系血缘关系的各个家庭，在宗法观念的规范下组成的社会群体。它有四个基本要素：一是男性血缘系统人员关系，二是以家庭为单位，三是聚族而居或有相对稳定的居住区，四是有组织原则、组织机构和领导人进行管理。[2] 在广大农村中，宗族是与里社保甲并行的血缘组织，两者相辅而行，在地方上形成二元性的基层组织。[3] 宗族组织在中国由来已久，是中国传统社会的基本单元，尤其是在宋明以后，具有相当全面的社会功能，构成整个社会结构的基础。同时，宗族组织及其规范与中国封建社会里的正统文化——儒家文化又具有高度的、内在的精神与逻辑的合一性。[4] 这就使宗族组织在漫长的岁月里成为传统乡村社会中一个国家权力之外的、最重要的非正式组织，也是唯一兼有血缘与地缘两种基本特征的基层组织。

---

[1]　闻钧天：《中国保甲制度》，商务印书馆，1935，第55页。

[2]　冯尔康、阎爱民：《中国宗族》，广东人民出版社、华夏出版社，1996，第1页。

[3]　李文治、江太新：《中国宗法宗族制和族田义庄》，社会科学文献出版社，2000，第28页。

[4]　周大鸣等：《当代华南的宗族与社会》，黑龙江人民出版社，2003，第1～2页。

　　传统的宗族组织一般都是由房族构成。房是宗族内区别不同支系的分支单位，是传统宗族结构中的初级组织。在宗族组织内，凡是有关财产的分割，家庭和社会团体的分化，祀产利润的分配，年老父母的轮流供养，祀产的值年管理，祭祀义务的分摊及其他涉及宗族权利义务的事务，都是以房为单位来处理的。管理一房事务的负责人即为"房长"，可由一人，也可由两人担任。族是宗族单位，不同的姓氏有不同的族群，宗族的首领为族长。族长的产生往往先要经过各房房长的讨论、认可；族长空缺时，可由某一房长暂代；不合格的族长由各房房长的联席会议提出弹劾、撤换。在宗族组织内，族长具有的是"威权"，而房长往往具有"事权"。①家庭既是社会的最小单位，也是宗族的最小单位，户、房、族构成了枝叶繁多、职能多样的树状宗族组织网络。

　　宗族的发展经历了一个长期的历史过程，明中叶宗族庶民化以后，宗族成为乡村社会的普遍组织。近代以来，由于西方入侵的影响、乡村社会统治力量的分化重组以及国家政权在乡村社会的扩展，宗族组织内部支房的分化已基本终止，"宗族组织发展的固有机制因近代社会生活条件的变化已受到遏制"②，但宗族组织仍很强大，"为了安全需要而扩大其活动的血亲势力尤为如此"，"在很多地区，血亲和大地主拥有很大的控制权，家庭权威也依然没有受到削弱"③。从地域上看，中国境内的宗族组织发展并不平衡，江西、广东、湖北、福建和浙江等江南、华南地区比较发达，而在秦岭黄河以北则要薄弱一些。④ 就宗族组织本身的分布而言，由于中国乡村是一个个地缘相对封闭的生活圈，村际之间、乡村与外部社会的联系都比较弱。因此，随着宗族内部人口的增长、房支的增多，外迁的支房与宗族内其他支房的关系也日渐稀疏，甚至脱离宗族组织（只在族谱上有连续反映）。正如美国著名学者施坚雅所说："同一个市场体系内

---

① 钱杭、谢维扬：《传统与转型：江西泰和农村宗族形态——一项人类学的研究》，上海社会科学院出版社，1995，第62、63页。
② 钱杭、谢维扬：《传统与转型：江西泰和农村宗族形态——一项人类学的研究》，上海社会科学院出版社，1995，第62页。
③ 〔美〕吉尔伯特·罗兹曼主编《中国的现代化》，国家社会科学基金"比较现代化"课题组译，江苏人民出版社，2005，第338、350页。
④ 周大鸣等：《当代华南的宗族与社会》，黑龙江人民出版社，2003，第1页。

的宗族间的联系可能会永久存在，而在不同基层市场区域中地方化的宗族之间的联合常常受到时间的侵蚀"①。虽然如此，但在新中国成立前的江西许多乡村，宗族组织仍比较完善，宗族功能也较为突出，因而在乡村社会中，人们认同宗族权威，寻求与宗族的合作与保护，宗族成为人们对外交往的象征资源。②

与其他社会组织相比，宗族组织的一个突出特点在于，它以一个非行政组织的组织担负着治安、司法、户籍管理、赋税征收等诸多行政管理职能，是乡村治理的中坚力量。经济上，许多宗族都拥有大量的田产，并由此担负起助学、救济、修桥、筑路等公益性的责任。此外，在文化方面，宗族组织在延师设教、培养科举人才，举行祭祖等宗教仪式，组织庙会、社戏等民俗文化活动，以及推行道德教化和维护传统价值观念等方面发挥着重要作用，实际上承担了教育、文化传承的职责。③ 也就是说，宗族组织所具备的社会功能基本涵盖了乡村社会日常生活的方方面面，具有行政组织、经济组织、文化组织、教育组织、宗教组织的特点。

作为一种控制乡村社会的重要组织，宗族主要是通过血缘认同、族规家法和宗族公约，来对聚居于村庄的宗族成员强化自己的权力。具体地说，是通过编族谱、建祠堂、修祖墓和制定烦琐而严酷的族规家法，来行使自己的统治。④ 由于乡村社会特别是南方的许多乡村，一个自然村往往就是一个姓氏、一个宗族，宗族组织的这种行事方式就使乡村治理看起来更像是对家庭的管理，从而也使乡村天然地具有自治的特性，作为外来的行政权力欲要打破这种局面并非易事。另一方面，通过血缘认同、族规家法和宗族公约行使权力的方式，还使宗族组织表现出与国家正式组织不同的、具有传承性的文化权力特征。也即是说，宗族组织是美国学者杜赞奇

---

① 〔美〕施坚雅：《中国农村的市场和社会结构》，史建云、徐秀丽译，中国社会科学出版社，1998，第46页。

② 罗兴佐：《转型中的宗族与农民——以江西龙村为个案》，载肖唐镖、史天健主编《当代中国农村宗族与乡村治理——跨学科的研究与对话》，西北大学出版社，2002。

③ 刘劲峰：《从传统社会中走出来的中国乡村农民——对江西南部乡村的调查》，载肖唐镖、史天健主编《当代中国农村宗族与乡村治理——跨学科的研究与对话》，西北大学出版社，2002。

④ 卞利：《明清徽州乡村基层社会组织结构初探》，载田澍、王玉祥、杜常顺主编《第十一届明史国际学术讨论会论文集》，天津古籍出版社，2007，第347、348页。

所说的"文化的权力网络"① 中最重要的组成部分。它与国家赋予其合法身份的保甲组织一起，构成了中国传统乡村社会的两大基本组织体系和两大并非分离的权力体系。虽然近代以来国家权力竭力向乡村延伸、扩展，宗族组织对乡村的控制力受到很大的削弱，但在宗族势力比较强大的乡村，这种两大组织体系共管乡村事务的局面并没有根本改观。直到1949年中共新政权成立后，中共通过土地改革和阶级斗争，瓦解了宗族组织，彻底摧毁了传统乡村的权力体系，建立了新的社会组织和政权组织，完成了对乡村社会的权力构建，国家权力才完成了对乡村社会的全面控制。

三　乡村社会的会社组织

在传统中国乡村，还有一类组织也具有相当的影响力，这就是既非国家政权组织也非血缘关系组织的各种会社组织。会社组织既有公开的，也有秘密的；既有政治性、军事性的，也有文化性、经济性、宗教性的。秘密的特别是带有政治性与军事性的秘密会社组织往往跨越地界，它的存在通常是对现行秩序的一种冲击和挑战，因而为官方所不容，如哥老会、白莲教、红枪会、义和拳等。陈守实认为，"秘密会社都是现状的对立物，它的活动，是于现存制度对立的。它以集体的力量，挟制破坏着现存制度。"② 但在正常年份，这些秘密会社组织对乡村的日常生产生活影响不大，而且进入20世纪后，随着商品经济的发展和现代文明的传播，尤其是现代国家政权的建立，传统的秘密会社逐渐式微，影响力大为减弱，只有其中的诸如乌托邦式的平等主义思想和造反精神仍有一些市场。因此，

---

① "权力的文化网络"是美国学者杜赞奇在分析华北乡村权力关系时所使用的一个概念。文化网络是指存在于小到一家一户、大到数个村庄之间的各种等级组织和非正式相互关联网，包括"市场、宗族、宗教和水利控制的等级组织以及诸如庇护人与被庇护者、亲戚朋友间的相互关联"，如以地域为基础的有强制义务的团体（如某些庙会），自愿组成的联合体（如水会和商会），血缘关系、传教者与信徒等人际关系网。其中的"文化"，"是指扎根于这些组织中，为组织成员所认同的象征和规范"，包括宗教信仰、内心爱憎、亲亲仇仇等等，它们由文化网络中的制度与网结交织维系在一起。文化网络构成了施展权力和权威的基础。参见〔美〕杜赞奇著《文化、权力与国家——1900～1942年的华北农村》，王福明译，江苏人民出版社，2006，第3～4页、15页。
② 陈守实（遗稿）：《关于秘密会社的一些问题——在历史进程中一种运动形态的考察》，《学术月刊》1979年第3期。

在这里我们更加关注的是那些公开或半公开的、植根于乡土的经济与宗教性的会社。

经济性会社主要是在村落范围内以经济互助为目的的利益共同体。自古以来，中国民间就盛行互助之风，缓急相济、有无相通，有往必来、有施必报。在靠天吃饭的农耕时代，为了减轻高利贷的盘剥和抵御天灾人祸，基于互助目的的经济性会社组织大量出现。这些组织一般称之为合会，也叫蟠桃会，有的地方还叫集会、邀会、聚会、请会、做会、赊会等，又可通称为"义助会"。① 它们种类繁多，包罗范围极广，既有防卫的、水利的、修桥修路的，也有借贷的，还有保险的等等。据 1931 年江苏铜山县的调查，传统的类似合作的集会有摇会、青苗会、联庄会、防匪会、香火会、老人会、皮袍会、面会等 8 种。浙江衢州县，几乎村村都有青苗保护会、封山会、果树会、麦禁会等类的农禁会。近海的萧山县，则有防止水患的江塘会、王夫人社等。湖南醴陵县，有桥会、路会、义渡会等。② 19 世纪初出现于华北的青苗会也可以看作一种会社组织，虽然在 19 世纪中期后，它以应对征派差徭为契机，逐渐演变为担负村庄各项公务且结构严密的村落自治组织，③ 但其最初看青的经济功能始终存在。

不同的经济性会社组织其具体功能也不尽相同（如以借贷为宗旨的钱会，既因其优惠利率有利于减轻高利贷剥削的压力，又对农民的日常生活与生产起到一定的资金调剂作用），但它们都有一个共同的地方，即有助于解决入会社员的经济困难，防止家庭经济破产，促进生产发展，以及维护社会稳定。

在中国历史上，存在着许多反映民间信仰的宗教性会社。它们"或称'佛会'，借此吃素诵经；或借'白衣会'名目，联络本地民众的宗教感情；或结成'般若社会'，至时一起聚于寺院，念佛行善；或借'老僧衣社'之名，纠会结社，为贫僧募缘；或结'传经会'，借寺庵传讲释氏经典"④。

① 陈宝良：《中国的社与会》，浙江人民出版社，1996，第 161 页。
② 李金铮：《民间组织的一个类型：20 世纪上半期长江中下游乡村"钱会"解析》，载《中国现代社会民众学术研讨会论文集》，2003。
③ 周健、张思：《19 世纪华北青苗会组织结构与功能变迁——以顺天府宝坻县为例》，《清史研究》2006 年第 2 期。
④ 陈宝良：《中国的社与会》，浙江人民出版社，1996，第 358 页。

还有香会、香社，以及秘密的五斗米道、罗教、黄天教、长生教等等。"在早期，民间宗教结社主要依附于乡村地域聚落而生存发展，当属民间百姓一般性的农余宗教活动，因而其宗教生活的宗旨，大致不外乎劝人持斋诵经、导人行善、怜老惜贫、扶助孤苦这些下层社会宗教福利活动。"① 在这样的宗教性会社中，女性人数往往占多数，传统的性别观念尤其是男尊女卑、男女大防的观念在这里也比较淡薄。还有一类祭祖、祭先贤先圣的祭祀性会社在乡村也比较普遍，如安徽徽州有"社则有屋，宗则有祠"之谓。这些祭祀性会社具有一定的包容性，既有祖先崇拜，也信仰关帝、财神以及天、地、山、川、雷、电等自然神灵，有很强的适应性和变通性，对人们的影响往往根深蒂固。②

此外，在许多乡村，特别是在北方乡村，一些具有文化正统象征意义的文化性会社也比较普遍，如陕西有些地方的"社火会""自乐班会"等。

在乡村各种会社中，组织的结构不如政权组织与宗族组织那么复杂，也比较松散；会员之间往往具有平等性，且进出比较自由。但一般的会社组织也具有明确的规条和约章，以便指导会社开展活动，规范会员的行为，协调会社内部的各种关系。

如果说国家政权组织和宗族组织（近代以前主要是宗族组织）是权力结构中两条主干线的话，那么分布于乡村社会生产生活各个方面的各种会社组织就是一条条网线，它们与政权组织和宗族组织一起，交织起一张张乡村社会的权力之网。③ 这张权力之网，与杜赞奇所称"权力的文化网络"相比，其显著的特征是行政权力已占重要地位，政权组织与宗族组织一样，构成了乡村社会权力的一个主要方面。

统领这张权力之网的，往往是当地的士绅或宗族中的权势人物。这一点在近代以前表现得更为明显。因为在那一时期，国家没有能力直接把它

---

① 陈宝良：《中国的社与会》，浙江人民出版社，1996，第379～380页。
② 史五一：《明清徽州祭祀性会社述论》，《黑龙江史志》2010年第20期。
③ 近代以来，随着国家权力向乡村的延伸，这张权力的文化网络被撕开，国家政权在乡村社会的权力系统中占据越来越重要的地位。虽然此一过程充满波折，但总体趋势是在1949年以前，国家政权组织在乡村社会的权力网络上逐渐成为一根主干线。

的权力贯穿到地方社会，因而"地方与国家的权力关系是由绅士进行调节，绅士把政府的地方行政（最低一级的政府）与地方社会联系起来"①。民国时期，国家加强了乡村社会的控制，通过区划调整和县制改革，建立起了区、乡、保、甲四级基层政权制度的框架，士绅的权威地位一度受到挑战。与此同时，政府对各种会社组织特别是跨地区的社团组织进行了严格的管理，有些具有影响的会社组织甚至还有国民党党员直接参与并加以控制，这使国家行政组织成为超越于宗族与会社组织的权力系统。但由于缺乏必要的财政支持，在实际运作过程中，"往时之保长甲长"也往往不能肩负基层组织重任，致使政权的合法性在乡村受到严重的侵蚀，国家不得不重新主要依赖乡村士绅来行使行政职能，加之宗族组织和会社组织并没有彻底瓦解，故而乡村治理依赖于宗族及乡绅的局面没有根本改变，士绅在乡村中依然起着举足轻重的作用。

当然，民国时期的乡绅已与传统的乡绅有了很大的不同。这主要是由于随着城市化、工业化、市场化的发展，商品、资金和人员的流动已大大超越了传统的集市圈，乡村社会在很大程度上被纳入这一历史进程之中而不再如从前般封闭。在这种情况下，乡村精英外流相当普遍，地方劣绅化趋势明显，杜赞奇所说的"赢利型经纪人"在乡村占据主导地位。这些所谓的赢利型经纪人往往本身就是拥有田产或由此占据了田产后来又成为中共革命对象的地主。

地主在乡村权力结构中的统治地位在中南表现得更为突出。据李锐1950年7月2日在《新湖南日报》发的一篇文章，湖南乡村社会组织繁多，有政权组织保甲，准军事组织团防，教育组织公私学堂，宗族组织祠堂房支，会社组织（包括宗教组织）庙宇会门、圈子会门和国民党党团组织（包括参议会和特务组织）等六大类。这些组织，基本上都由地主阶级所控制。乡保长不是地主本人也是他们信任且能够操纵之人；团防也是由赋闲在家的军官兴办，这些军官家庭也大多是地主大户家庭；地主还利用宗族组织掌握的学田公产所获利益办学校、善堂，修桥补路、积谷防

---

① 转引自王铭铭《社区的历程：溪村汉人家族的个案研究》，天津人民出版社，1997，第94页。

饥，笼络人心；利用宗教组织和其他会社组织进行思想控制。李锐形容湖南地主阶级"既有北方地主野蛮的特性，又有南方地主狡猾的特性"，"说他们'能文能武'、'能屈能伸'、'半新半旧'、'亦官亦商'、'舞文弄墨'、'好事生非'、'上承曾左衣钵，下受蒋匪熏陶'确实是一点不错的"①。其实，这些由"能文能武""会打官司、善于告状"者和在乡村中分外受人尊敬的"读书先生"构成的所谓地主阶级，多是传统乡村社会中的乡绅，只是有的随着国家政权的侵入而依附于政权成为劣绅，有的甚至随利益范围的扩大出村落而成为一方之豪强恶霸。

江西省南昌县小蓝村，也被看作一个"被封建统治最厉害的地区，全村的一切权势（如土地租佃关系、公会庙产、地方纠纷问题）全部操纵在几个统治阶级手中"②。以该村为主体的小蓝乡，全乡36名地主，所拥有的土地占全乡的40%以上（包括其所控制的公田，则在60%以上）。先后有5位地主当过保长，有的甚至数次充任，直接把持乡村政治事务。在宗族方面，小蓝乡基本上是一个单一姓氏的村庄，宗族制度在此特别严密，其宗族组织有族会、房会、支会等大小会20个。这些族长、房长、支长由所属族、房、支选择辈分最高且年龄最老的人担任。但宗族组织的控制权实际在一两个居住在南昌市的官僚地主手中，族房会长每遇大一点的事情都需进城请示。各类会社组织如一贯道、青帮、皈依会、观音会、搭轿会、杨四会、兵坛会、九五会、萧公会、关爷会、哪吒会、赵云会、姊妹会、兄弟会等由于其成员众多，分布广泛，对当地的社会事务也有一定的影响，故而得到了地主权势阶层和宗族组织的默认、支持，并成为地主阶级麻痹、分化农民的工具。③ 概而言之，在小蓝乡，形成了一个以地主阶级尤其是官僚地主为中心，以行政组织、宗族组织及其他会社组织为框架的权力网络，地主阶级依托这一网络，获取权势并始终享有权威的地位。

---

① 李锐：《湖南农村的状况和特点》，载人民出版社编辑部编《新区土地改革前的农村》，人民出版社，1951，第67页。
② 《小蓝村农村经济调查工作总结》，1950，南昌县档案馆馆藏档案，县委档案，全宗号1，案卷号9，1950。
③ 江西省土委调研科编《农村典型调查之一——小蓝乡农村调查材料》，内部资料，1952。

第三节　民众生产与生活状况

近代以来，随着商品经济的发展，尤其是国门被打开，中国农村也逐步卷入了市场之中。资本对农村的侵入打破了乡村的自循环，加速了乡村的破产，乡村民众的生产、生活状况也因此每况愈下。乡村社会中由此蕴藏着一股改变现状的潜流，这为中国革命提供了广泛的群众基础，也为革命胜利后的土地改革奠定了坚实的社会基础。

一　农业生产资料普遍不足

以自给自足为主要特征的农业生产活动一直以来是中国乡村社会生产的主要形式，以家庭为中心的小农经济结构始终占据主导地位。农民与土地的紧密联系不仅限制了农民的眼界，使之年复一年、代代相继地把劳力、资本投入到有限的土地上，而且使得农村手工业难以蜕变为现代工业，农民的副业也难以摆脱补贴家用、服从于农业生产的归宿，以打破小农经济的结构。美国学者王国斌在谈及中国农村未能实现这一转变时指出："一方面，分家制度使得农民的田产一代少于一代；但另一方面，活跃的土地市场又意味着一些人可以透过交易扩大其田产（甚至超过他们前辈的规模），另一些人则依赖于租入土地或出卖劳力"，"农民能够在一生中，多次改变其土地使用占有地位和劳动力分配方式，并且在社会等级结构中，有限度地上下移动"。土地的可自由买卖、社会阶层的流动性以及人们对土地的依恋，使"中国农民把耕作与手工业结合在家庭内，这种结合有时可能被商业渗透所改变，但很少被彻底摧毁"[1]。

当然，这并不是说，中国乡村完全没有变化。事实上，正如罗荣渠指出的，"中国的小农经济体系从清代前半期以来即开始经历了长期的农业商品化以及伴之而来的阶级分化"[2]。大量的资料表明，这种商品化过程

---

[1] 〔美〕王国斌：《转变的中国——历史变迁与欧洲经验的局限》，李伯重、连玲玲译，江苏人民出版社，1998，第42页。

[2] 罗荣渠：《现代化新论——世界与中国的现代化进程》（增订本），商务印书馆，2006，第329页。

在近代以来更为明显。据统计，1921～1925 年，中国北方地区农民农产品的出售部分占全部农产品的 43.5%，中东部地区更是占到 62.8%；农民生活资料自给部分分别为 73.3%、58.1%，其余均须购买。[①] 对 20 世纪 50 年代初中南行政区 6 省的 62 县内 62 个乡的调查也表明，新中国成立前，农业收入占总收入的 73.97%，包括手工业、土特产、农村工商业和养蚕、养鱼、饲养家禽等家庭副业在内的副业收入占到总收入的 26.03%，[②] 农业收入中应还有相当一部分是用于出售。这说明，不仅农业的商品化有了发展，农村的商业化也有相当程度的发展。具体看广东省兴宁县。该县有 61 万余人，但以织布为生的就有约 10 万人。此外，男人大部分在外谋生，家里的农业生产主要依靠妇女。[③] 江西省南昌县小蓝村邻近南昌市区，土地少而人口多，土地收入只能维持简单的生活，丰年主要靠织布、做面、养猪、挖藕、打鱼等副业生产及其他一些小生意。[④] 黄宗智关于华北农村经济的研究也表明，在 20 世纪前期华北 32 个村庄中，有 5 个村庄，其中家庭手工业是农民家庭的重要收入来源。乔自强也认为，近代华北农村经济变迁有三个方面值得重视，即技术农作物的发展、亦农亦商趋向出现和以副业补贴农业的普遍存在。[⑤] 但无论商品化和农村副业生产有了多大程度的发展，就整体而言，在新中国成立前的乡村，农业生产仍然是主要的生产活动，也是农民的主要经济来源。

　　然而，无论是全国还是中南区，人多地少的矛盾都非常突出，无地少地的农民占有相当的比例。作为最基本生产资料的土地的缺乏，极大地制约了农业生产和农民生活水平的提高，是农民生活长期贫困化的主要因素。

　　据统计，抗日战争前，全国乡村无地户占总户数的比例高的地方如绥

---

① 卜凯：《中国农家经济》，张履鸾译，商务印书馆，1936，第 275、525 页。
② 中南军政委员会土地改革委员会：《中南区一百个乡村调查统计表》，内部资料，1953，第 251 页。
③ 婚姻法执行情况中央检查组中南分组：《广东省兴宁县婚姻法执行情况检查报告》，1951 年 11 月 28 日，粤档 235－1－76 号。
④ 《小蓝村农村经济调查工作总结》，1950 年，南昌县档案馆藏档案，县委档案，全宗号 1，案卷号 9，1950。
⑤ 见乔志强主编《近代华北农村社会变迁》，人民出版社，1998，第 66～71 页。

远临河达到 75.2%，低的如山东某县也有 9.1%。中南区河南省南阳、杞县、许昌、辉县、镇平 5 县 1932～1935 年无地户占总户数的 12.9%，广东番禺县 1933 年无地户占总户数的 52%，广西容县、藤县、桂平等 21县 1934 年无地户占总户数的 26.7%。[①]

若以佃入土地作为无地的一个标志，则根据国民政府中央农业实验所的农情报告和有关年鉴，可以看出，民初以后到新中国成立前，农民无地化趋势一直在稳步增长，即自耕农从 1912 年的 49% 下降到 1947 年的42%，下降了 7 个百分点；半佃农从 23% 增加到 25%，增加了 2 个百分点；而佃农增加了 5 个百分点，从 28% 增加到 33%（见表 1–5）。[②]

表 1–5 22 省农民无地化的趋势（1912～1947）

单位：%

年份	合计	自耕农比例	半佃农比例	佃农比例
1912	100	49	23	28
1931	100	46	23	31
1936	100	46	24	30
1947	100	42	25	33

原编者注：22 省系江苏、浙江、江西、安徽、河南、湖北、湖南、四川、云南、贵州、福建、广东、广西、陕西、河北、山东、山西、甘肃、绥远、宁夏、察哈尔和青海。1931 年缺宁夏。

资料来源：严中平等编《中国近代经济史统计资料选辑》，科学出版社，1955，第 276 页。

从地域看，根据中央农业实验所对包括浙江、江西、湖北、湖南、四川、河南、陕西、甘肃、青海、福建、广东、广西、云南、贵州、宁夏等15 省的统计，北方省份如河南、陕西、甘肃、青海的自耕农比例都超过了 50%，分别为 57%、58%、64%、59%，最高的宁夏达到 72%；南方省份浙江、江西、湖南、湖北、广东、福建、云南的佃农比例都超过了35%，分别为 39%、37%、41%、36%、46%、42%、37%，最高的四川达到 47%。[③] 这说明南方地少人多，人地矛盾更为突出；或者说土地更

① 严中平等编《中国近代经济史统计资料选辑》，科学出版社，1955，第 273 页。
② 严中平等编《中国近代经济史统计资料选辑》，科学出版社，1955，第 276 页。
③ 《国民政府主计部关于战时农村租佃关系状况的调查统计》（1948 年 6 月），载中国第二历史档案馆《中华民国史档案资料汇编》，第五辑第二编财政经济（八），江苏古籍出版社，1997，第 214 页。

为集中，无地而靠租种土地维持生计的农户更多。

从中南区看，1936 年河南（89 个县）、湖北（48 个县）、湖南（41个县）、江西（57 个县）、广东（55 个县）、广西（50 个县）6 省的佃农户数占农业总户数的比例分别为 20%、41%、50%、40%、46%、38%。① 即是说，中南区除了大部地处北方的河南省外，其他地处南方的省份也显示出人多地少、土地集中的特征。

另有调查表明，中南区的自耕农所占比例相对较小。全区除广西外，处在租佃关系中的土地，约占 5 省耕地总面积的 40%～50%，即15000 万亩左右。其中地主出租的占 50%～70%，最高达到 90% 以上；富农出租的占 10%～15%；其余是缺乏劳动力的农民或其他各阶层民众出租的。而租入这些耕地耕种的 80% 是贫农，中农占 10%～20%。②

其他的一些调查也表明，贫农因占有土地最少，承租地最多，是租入土地耕种的主力军。湖北黄陂县石桥村共 331 户，承租土地的农民有 158户，其中中农 39 户，贫农 128 户（注：原文如此。两组数字合计超过了158 户的总数），贫农占 81%。③ 对广西 22 个县 48 个村的调查则显示，完全靠租入土地耕作的佃农有 95% 是贫农，中农和富农分别为 4.8% 和0.1%。④ 当然，富农和中农中，也有相当一部分除耕种自己的土地外租入土地耕作。在湖南，中农中承租土地的佃中农占中农总数的 1/3 左右，滨湖区佃中农数甚至超过自耕中农数。该省佃富农也占有一定的比例，其中丘陵地区佃富农占富农人数的 1/5～1/4，山区和滨湖区约占 1/7。⑤ 但总体上看，若以阶层论，佃农中的绝大多数系缺乏土地的贫农。

占乡村人口多数的贫农和中农，尤其是贫农，一方面需要租入土地耕种以维持基本的生计，另一方面由于生活所迫还不得不将自己少

① 严中平等编《中国近代经济史统计资料选辑》，科学出版社，1955，第 262 页。
② 《中南区五省农村土地关系调查》，《江西日报》1950 年 8 月 10 日，第 2 版。
③ 张根水：《中南区各省农村社会阶级情况与租佃关系的初步调查》，载人民出版社编辑部编《新区土地改革前的农村》，人民出版社，1951，第 37 页。
④ 薛暮桥：《旧中国的农村经济》，农业出版社，1980，第 27、28 页。
⑤ 李锐：《湖南农村的状况和特点》，载人民出版社编辑部编《新区土地改革前的农村》，人民出版社，1951。

量的土地出卖。对广西灌阳一个村 1939 ~ 1946 年间土地买卖的调查表明，该村出现买卖土地 109 亩，卖出者 39 户全部为中农和贫农，即 80% 左右的中农、贫农在这期间出卖了土地；买入者主要是新兴地主官僚以及旧式地主和富农，三者分别购买了出卖土地的 63% 、25% 和 12%。[①]

除了最基本的生产资料土地的缺乏，其他生产条件也不如人意。以农业生产的主力中农为例。据中南区 6 省 68 县内 68 个乡 574 户普通中农生产条件的调查统计，耕畜头数为 531. 85 头，平均一户不到一头；水车 292. 65 部，犁 621. 25 把，耙 491. 76 把，禾桶 180. 28 个，其他农具 253. 44 件。[②] 也就是说，除了犁平均每户有一把外，其他的生产工具平均每户还不到一件，耕种时必有许多中农需要租借他人劳动工具。中农尚且如此，遑论贫农了。

二　租佃关系严重失衡

如果说农民缺乏土地耕种可以通过租入的办法来解决的话，那也只是有了维持生计的第一步，租额过高，租佃关系严重失衡，利益向地主倾斜，使贫困农民的生活难以有实质性的改变。

在传统乡村，存在多种不同的地租形态，实物地租、货币地租是其中的主要两种。从对全国 879 个县的调查看，1934 年实物地租与货币地租所占的比例分别是 78. 8% 、21. 2% 。其中河南、湖北、湖南、江西、广东实物地租分别占 83. 5% 、79. 8% 、92. 6% 、92. 9% 和 76. 1% ，除广东外，都高于全国水平。[③] 这说明，实物地租更受地主的青睐，因而在整个地租中占有绝对的地位。特别是 20 世纪 40 年代后，由于通货膨胀加剧，除了还有少数以银圆计价的货币地租外，一般都是实物地租了。

在中南区，实物地租通常以稻谷计算（有的也以棉花杂粮计算），其

---

① 严中平等编《中国近代经济史统计资料选辑》，科学出版社，1955，第 277 页。
② 中南军政委员会土地改革委员会：《中南区一百个乡村调查统计表》，内部资料，1953，第 254 ~ 255 页。
③ 严中平等编《中国近代经济史统计资料选辑》，科学出版社，1955，第 289 页。

具体的形式，各地有所不同，名称也不一致，如分租、预租、典当租、行租、额租、大批、转租、丢田、全租、水租等。但无论什么方式，一般地主收租，都占土地正产物 50% 以上，高者到 70%，若加上其他的额外剥削，实际佃户收入的百分之七八十要交给地主，自己剩余不过百分之二三十。据对湖南益阳箴言乡十六保的调查，租额按主佃对半者 4/10，主六佃四者 5/10，主七佃三者 1/10。而且不管天灾人祸，佃户都需按规定交租。该地契约普遍都是这样写的："立佃字人×××，今佃到××湾，××过弓田（或指望田）××石，当三面言定进庄钱（或谷）××，每年应交租××，不论天灾人祸，按季交纳，所交租谷晒干车净，送之归仓，不得短少升合，如拖延减少，任东仰庄扣除，收回自耕或另佃他人。空口无凭，立此为据。"①

　　湖北租佃形式的种类及租额，大致可分为以下数种。②

　　定额租：有固定年限和固定的交租额。一般有契约，平常年成租额不变。还有一种叫死租，也是定租之一种，特点是不问年成好坏，灾情如何，按数交纳，租额不准减少。这种租额的租率一般占农民正产物的 1/3，最高者占 60%。如麻城宋埠区一斗田产谷 3 石，交租 1 石；京山县一石田产谷 15 石，交租 5 石，租率为 30%～40%。远安县水田每斗田产量 1 石至 2 石，交租一石，租率为 50%～58%。

　　活租：活租在湖北比较普遍，数量很大。租额比定额租高，一般为产量的 50%，最高达 65%。每年到秋收前，农民请地主去看田验稞。请来后，要办酒席招待。如有招待不周，地主就把桌子推翻，加租甚至退佃。

　　分租：也称分谷田或分种田，即根据土地质量、种子、收成、耕牛之使用等关系而确定比例，无固定佃权，不要押金。一般对半分比较普遍，最高者为二八分，最低者为倒四六，即地主四，佃户六。

　　押租金制：俗称批田。农民向地主租入土地时，须付给地主一定数

---

①　张根水：《中南区各省农村社会阶级情况与租佃关系的初步调查》，载人民出版社编辑部编《新区土地改革前的农村》，人民出版社，1951，第 37～38 页。

②　启贤：《湖北农村的封建土地制度》，载人民出版社编辑部编《新区土地改革前的农村》，人民出版社，1951，第 54～56 页。

量的押金。押金有两种，一种是退佃时退还押金，一种是不退，俗称"烂利不烂本"或"连本烂"。这种制度湖北省也很普遍，地主拿此押金一方面可保证收租无虞，另一方面又可将此押金放高利贷，再去剥削农民。押金一般以田价的 50%～60% 为标准。抗战期间，由于货币贬值，地主借口物价波动，几乎年年加押金，有的几年过去，押金竟涨了数倍。

预租：有的叫押稞，即地主采取预收方法收租。如今年交不上租，下年就收回土地。嘉鱼一亩田要先一年交 4 斗芝麻，交不起请保，第二年加倍。天门有的每斗田先交粮食一石，银圆 6 元。

典当租：贫农由于生活贫困，需钱甚急，向地主借钱，将自己土地典当给地主，每年反向地主交纳租稞。以一年或三年为限，到期还本取田。如欠租过多或本利不交，则留下地。何时还清，何时赎田。

劳役租：就是给地主做工顶租。例如应城有些佃户以工代租，地主有事，必须随叫随到。沔阳租一亩田需给地主做 30～60 个工。

上述各种形式的地租中，劳役租与实物地租和货币地租也不相同，是一种不常见的地租形式。

无论是实物地租还是其他地租，在人多地少且又分配不均的传统乡村，租额都处于相当高的水平。对抗日战争前各省定额实物地租的考察发现，实物地租租率（占产量百分比）平均在 50% 左右，有些地方高到 70%～80%，云南昆明、浙江义乌、福建长汀等个别地方高到 100% 以上（见表 1－6）。在这里，佃户对地租的缴付，必须以一部分副产物抵补正产不足的部分。货币地租的租率就其对地价百分比而言，一般均在 10% 以上，有数县接近 20%～25%。至于个别地区存留的劳役地租，每亩所付劳役日数因地区而不同，有的地区折合实物地租率为 70%～75%。[①] 这就是说，农民一年辛苦劳作的大部分成果都交给了地主，有的甚至需要通过副产收入来弥补地租之不足，农民尤其是佃农试图通过租种土地维持生计应是相当艰难。

----

① 严中平等编《中国近代经济史统计资料选辑》，科学出版社，1955，第 304、305、301 页。

表1－6　抗战前各省定额实物地租租额及其所占产量的百分比

地区	资料时期	物租类别及单位	每亩租额	每亩产量	租额占产量的比例(%)	备注
云南昆明3村	1934	谷，斤	163.7	152	107.7	
浙江义乌		谷，斤	300	247.5	121.2	
湖南衡阳	1927	石	1.8	3.5	51.4	
衡山	1927	石	1.3	1.5	86.7	
株萍路	1927	石	2.0	3.5	57.1	
临湘	1927	石	2.63	4.13	63.6	原系石田租额，此处按每石田4亩折成每亩租额
永明	1927	石	1.2	1.5	80.0	
湘中	1929	谷，石	1.8	3.3	54.5	原系石田租额，此处按每石田6.3亩折成每亩租额
福建长汀	1929	担	2＋	2＋	100	
河南许昌3村	1933	秋谷，石	0.3	0.518	57.9	
辉县3村	1933	夏麦，石	0.3	0.825	36.4	
镇平3村	1933	麦，石	0.9	1.55	58.1	

资料来源：严中平等编《中国近代经济史统计资料选辑》，科学出版社，1955，第304～305页。

　　另据湖北6个专区中13个典型村庄的调查，不管定额租、活租或分租，租额一般都为土地正产物的40%到百分之六七十。湖南邵阳县的租额，通常都在土地正产物的60%以上，最高达到80%多。邵阳县的分租最低是两个陇下田，即主佃各分一半，一般是倒三一、四一甚至五一开，即佃户得一，地主得二、三甚至四。[①] 有的地方根据土地质量的差异、劳动力与肥料的消耗以及人多地少或地多人少等各种条件而决定租额。就是说凡土地质量好，所消耗的劳动力与肥料少，以及地少人多的情况下，一般的租额多为倒四六或倒三七、倒二八交租。相反地，如土地瘦，所需用的劳动力和肥料较多以及地多人少的情况下，一般都是四六或三七、二八交租。如江西永新礼田区，头等田一亩（夏秋两季）产量五石，还租二

————————

① 《中南区五省农村土地关系调查》，《江西日报》1950年8月10日，第2版。

石五，租额占 50%；中等田产量三石五，还租一石八，租额占 52%；下等田产量二石，还租一石一，租额占 55%。遂川县头等田（收一季）产量三石，还租二石，其租额占总产量的 66.7%。万安县中等田产量二石五，还租一石，其租额占总产量的 40%。赣县江后乡头等田产量三石，还租二石，租额占 66.7%；中等田产量二石四，还租一石五，租额占 62.5%；下等田产量二石，还租一石，租额占 50%。①

即便是在新中国成立后，土地改革前，在相当多的地区，这种高租率的局面并没有根本改变（见表 1-7）。

表 1-7 土地改革前中南部分地区实物地租租额及其所占产量的百分比

地 区	资料时期	物租类别及单位	每亩租额	每亩产量	租额占产量的比例（%）
湖北应城	1950	谷,石	1.0	3.0	33.3
远安	1950	谷,石	1.0	1~2	50~58
江西永新	1950	谷,石	1.8	3.5	52.0
遂川	1950	谷,石	2.0	3	66.7
万安	1950	谷,石	1.0	2.5	40.0
临川	1950	谷,石	1~2.5	4	65.0+
赣县	1950	谷,石	1.5	2.4	62.5

资料来源：根据《土地改革前各省实物地租租额及其所占产量的百分比》制作而成，严中平等编：《中国近代经济史统计资料选辑》，科学出版社，1955，第 306 页。

除了正租，许多地方的佃户还得负担押租和其他的附加租。据对全国 359 个县 1933 年的统计，有押租的县达 47.1%，其中东北为 45%，华北为 28.7%，华东为 64.8%，华中为 62.5%，西南为 84.6%，华南为 50%。而押租占正租的比例，各地从百分之几十到百分之几百不等，低的如广东番禺等地只有 64%，高的如江西九江达 750%（详见表 1-8）。②

---

① 《刘俊秀同志关于江西农村阶级关系与土地占有的初步研究及对今后农村土改中应注意的几个政策问题》，1950 年 6 月 4 日，赣档 X001-1-55 号；另见刘俊秀《江西农村阶级关系与各阶层土地占有的初步研究》，《江西日报》1950 年 9 月 3 日，第 1、2 版。

② 严中平等编《中国近代经济史统计资料选辑》，科学出版社，1955，第 292 页。

表 1 – 8　部分地区每亩租田押租额对正租额的百分比

地　区	押租额（元）			正租（钱）额（元）			押租占正租的比例（%）		
	上	中	下	上	中	下	上	中	下
湖北应城等6县	4.95	2.78	1.69	2.50	1.71	1.02	198.00	162.60	165.70
江西九江	3.30	2.20	1.10	0.44	0.33	0.22	750.00	666.66	500.00
广东番禺等10县	—	—	—	—	—	—	—	64.00	—
安徽宁国等4县	4.52	3.36	1.69	3.44	2.55	1.55	131.40	131.80	109.00
江苏靖江等21县	—	6.00	—	—	8.43	—	—	71.10	—

资料来源：严中平等编《中国近代经济史统计资料选辑》，科学出版社，1955，第292页。

　　当然，佃户对地主所索取的押租系于承租之时一次缴付，它与正租不同，理论上在退佃时仍须退回原佃，即退押。但对于佃户来说，它是一种额外的负担。佃户如不能一次将押金交清，地主就要年年加息，在租谷内扣交，有的地主更将押金再以高利贷放给农民。许多农民都是在交押金的时候背了债，长期甚至永远还不清。何况地主总是想尽办法，七折八扣，直至将押金化为乌有。

　　此外，佃户所需负担的额外地租还有：小亩出租（就是虚报田数，租约上的田数比实际要多），大斗收租，水租（佃户用地主塘里的水，每石田要交多少谷租），佃户代地主负担义徭赋税，佃户对地主的无价劳役（抬轿、舂米、挑水、晒谷、打鱼、修房、红白喜事，每年少则十几工，多则三四十工），地主对佃户的各项勒索（包括正租以外的各种附加租、承租交租时地主对佃户的各项勒索、佃户对地主的各种馈赠）等。据湖北的调查，佃户担负的地租外额外负担，要占其全年收获量的15%～20%。[①]

　　这些额外负担，大大提高了实际租率，农民往往90%以上的正产收获都被压榨去了。在这种严重失衡的租佃关系下，不但难以进行再生产，连生计都十分艰难。这是新中国成立后中国共产党进行土地改革的一个重要动因。

----

　　① 启贤：《湖北农村的封建土地制度》，载人民出版社编辑部编《新区土地改革前的农村》，人民出版社，1951，第56页。

三　农民生活十分艰难

地少人多，土地集中于少数地主手里，广大无地少地的农民不得不接受苛刻的租地条件向地主租种土地，加之时局不稳，社会动荡，由此造成了农民生活贫穷和农村经济破产的惨境。

农民的生活艰难首先从收支上可以看出。在旧中国，广大农民的家庭生活可以用"入不敷出"来概括。张稼夫在 20 世纪 30 年代对山西中部农家田内收支的调查表明，各种农作物每亩的平均收入为 1.656 元，每亩平均支出为 3.094 元，收支相抵每亩实亏大洋 1.438 元。如果除去自己的人工不计，每亩实际可获大洋 0.012 元。假定一个强劳动力全年可耕种最多 20 亩，除掉自己的人工不计，全年可在田内获得的收入为 0.24 元。而当地每人每年最低消费为 9 元，一个 5 口之家全年最低限度的实际消费为 45 元。如此之大的收支差距怎么填补呢？最基本的就是节衣缩食。调查发现，该处村民的主食是高粱面和小米，高粱面中午一顿，其余两顿为小米稀饭加南瓜之类的东西。且中午的高粱面也只限于劳作的人才能吃，女人小孩通常是吃汤面。有的贫农家里将高粱或玉蜀藤碾碎以代小米，有的一年中有 7 个月是喝高粱末儿的稀饭。衣服总是拆了改，破了补，小小的破布也要想法利用。[①] 北方如此，中南地区也不例外。湖北一般农民每年也都要缺几个月粮食。有许多农民没有盐吃，冬天穿不上一条棉裤。再加上政府在农村征兵派款，任意摊派勒索，更使农民生活陷于绝境。[②] 一项对河南舞阳农村的调查表明（1933 年），在所调查的 479891 人中，无衣无食者 43291 人，占总数的 9%，衣食不足者 148732 人，占 31%，勉强糊口者 239890 人，占 50%，衣食有余者 47978 人，占 10%。[③]大量的调查表明，在 20 世纪 30 年代，绝大多数农户入不敷出。"镰刀挂上壁，家中没饭吃"，是旧中国农民生活的真实写照。

---

① 张稼夫：《山西中部一般的农家生活——替破产中的农家清算的一笔账》（1935 年 7 月），载陈翰笙、薛暮桥、冯和法合编《解放前的中国农村》（第三集），中国展望出版社，1989，第 86~87 页。
② 启贤：《湖北农村的封建土地制度》，载人民出版社编辑部编《新区土地改革前的农村》，人民出版社，1951，第 54 页。
③ 章有义编《中国近代农业史资料》（第三辑），三联书店，1957，第 754 页。

表 1－9　各地农户收支情况

地区	资料时期	农户家数	盈余户（或所占百分比）	收支相当户（或所占百分比）	亏缺户（或所占百分比）
江苏江宁县土山镇	1933	286 户	71 户	—	215 户
湖北黄安县成庄	1935	24 户	3 户	—	21 户
安徽休宁县	1934	100 户	8 户	31 户	61 户
安徽宁国县	1934	—	5%	15%	80%
浙江 8 县	1929	—	14.10%	26.10%	59.49%
四川	1933	1556 户	21%	18%	61%

说明：1. 农户包括地主在内；2. 浙江 8 县是金华、慈溪、嵊县、绍兴、衢县、东阳、江山、崇德。

资料来源：根据章有义编《中国近代农业史资料（第三辑）》有关数据编制，三联书店，1957，第 749～759 页。

农民入不敷出，只有借债度日。从各类调查统计看，农民依靠借债来维持生计的情况在全国相当普遍，平均负债率在 50% 以上，贫农更是在 60% 以上，有的地方甚至高达 90%。

表 1－10　各地农村各类农户中负债户百分比（1934～1935）

单位：%

户别	平均	河南	湖北	安徽	江西
平均	71	66	74	80	57
自耕农	63	62	65	76	42
半佃农	72	66	77	82	58
佃农	78	71	82	82	72

说明：此调查数字涵盖上述省份 14 地区 852 户。

资料来源：严中平等编《中国近代经济史统计资料选辑》，科学出版社，1955，第 342 页。

表 1－11　抗战前后各地负债农户阶层比例

单位：%

地区	资料时期	合计	富农	中农	贫农
河北定县	1933	100	13.0	24.0	63.0
广东番禺	1933	100	11.0	21.6	67.4
广西苍梧	1934	100	1.7	8.7	89.6
广西思恩	1934	100	4.6	10.6	84.8

资料来源：严中平等编《中国近代经济史统计资料选辑》，科学出版社，1955，第 343 页。

　　从各地农民的借债来看，既有借款也有借粮的，还有既借款又借粮的。就全国而言，借款的比例稍多于借粮的，而在中南区借款与借粮的农民户数在农村总户数中的比例相差不大。1933 年，借款家数与借粮家数占总户数的比例，河南省分别为 41% 和 43%，湖北分别为 46% 和 51%，湖南分别为 52% 和 49%，江西分别为 57% 和 52%，广东分别为 60% 和 52%，广西分别为 51% 和 58%。① 这里有一种情况，即由于粮食存在很大的季节差价，许多地主商人不愿意直接借粮而情愿借款，这也是借款户所占比例在许多地方高于借粮户的原因。就各个阶层来看，生活越困难的阶层，越以借粮为主。以 1934 年广西苍梧农村各阶层借贷情况看，富农、中农、贫农三个阶层的借粮户分别为 33.3%、50.0%、71.6%，借款户分别为 66.7%、50.0%、28.4%。② 当然，借款也并非完全用于生产。对河南、湖北、安徽、江西 4 省 14 区 852 户的调查表明，在各类农户中，借款用于生产的只有 8.4%，而用于伙食、婚丧等非生产方面的占到 91.6%，其中用于伙食的为 42.1%。③ 这说明，对于大多数处于饥饿半饥饿状态的贫困农民来说，无论是直接借粮还是借款，首先都是用来维持最基本的生活。

　　无论是借款还是借粮，农民均需负担高额的债息，甚至是高利贷。据江西省的调查，农民所受的高利贷剥削，加起来有 20 余种，其中以钱利、谷利、油利最为普遍。钱利一般为月利二分三分，以至月利五分十分，到期不还，利上加利。这种高利贷一般需要借贷者有田产或其他财产作为抵押品。谷利油利每年普遍加利 50%，甚而有年利 100% 以上者，而且多数也是有抵押的。一旦农民不能如期偿还，土地财产即为地主夺去。④ 还有一种典当利也比较流行，这种高利贷通常是典当价低于买卖价的 30%，甚至 50%。

　　农民借贷，一般是冬春借夏秋收获季节还，来年冬春再借。一旦遇到

① 严中平等编《中国近代经济史统计资料选辑》，科学出版社，1955，第 342 页。
② 严中平等编《中国近代经济史统计资料选辑》，科学出版社，1955，第 343 页。
③ 严中平等编《中国近代经济史统计资料选辑》，科学出版社，1955，第 344 页。
④ 陈正人：《关于本省土地改革实施问题的报告》（草案），1950 年 8 月 29 日，赣档 X035－3－037 号。

天灾人祸还债不起，就还得再借，形成恶性循环。这样，农民身背的债务就会越来越重，最后深陷债务泥沼而不能自拔，只有把赖以养家糊口的命根子——土地抵押典当出去，或任由地主拿去抵债。

让农民雪上加霜的还有各种苛捐杂税。江西省永新县中农家庭每年要负担的税费计有壮丁费、电话费、桥梁派工费、运粮费、招待费、草鞋香烟费、乡公所办公费、屠税、柴草费、田亩捐、乡公所过节费、乡长到县开会及县长到乡开会的路费和其他费以及子弹费等，全年总负担占全家正产物总收入的 59.8% 强。星子县一贫农家庭，全年要负担壮丁费、保甲费、公粮、屠税、地方粮、"戡乱"税、采购费、修路费、招待费、开办费、请客费、乡公所地方粮、月捐、草鞋费、人头捐、门牌税、服装税、户口税、办公费等名目繁多的税费。据统计，江西全省各种苛捐杂税有 20 余项，农民所负占总产量的 51.9% 强。[1]

有很多农民因为耕种收入还交不足租和苛捐杂税，被迫抛弃土地，从事副业生产或手工业。但因战争损毁，交通断绝，商品资本的剥夺等原因，副业及手工业都很难维持。因此，许多农民无法保持最低的生活，离开故土，或流浪他乡，或到城市求生。有的地方，如广东兴宁县，农民由于生活异常贫困，每年劳动所得，不能维持生活。因此，男的大部分外出谋生，家里的农业生产主要依靠妇女。[2] 离村虽有商品化、城市化发展的内在规律在起作用，但从以上种种情况看，更多的是因为广大农民在乡村已难以维持最起码的生活而被迫逃离，有的贫困农民甚至在饥寒交迫中走向死亡。

物价上涨也加剧了农民的生活贫困，加速了农村的破产。据统计，衡量农民购买力的指数（农民所得物价指数除以农民所付物价指数的百分比）自抗战前 1933 年的 113，逐年降至 1937 年的 100，仅 1936 年稍高。抗战前期，农产品外运不易，价格上涨较缓；而日用品输入困难，价格剧

---

① 《刘俊秀同志关于江西农村阶级关系与土地占有的初步研究及对今后农村土改中应注意的几个政策问题》，1950 年 6 月 4 日，赣档 X001 - 1 - 55 号；另见刘俊秀《江西农村阶级关系与各阶层土地占有的初步研究》，《江西日报》1950 年 9 月 3 日。

② 婚姻法执行情况中央检查组中南分组：《广东省兴宁县婚姻法执行情况检查报告》，1951 年 11 月 28 日，粤档 235 - 1 - 76 号。

烈上升，致农民购买力指数在 1939 年暴降至 85。1940 年后逐步好转。但 1943 年后再次逐渐下降。① 抗战胜利后，因生产停顿、物资匮乏和财政收入失衡、通货膨胀等因素的影响，物价上涨"较战时尤甚，大涨小回，小回大涨……周期愈演愈短，物价愈涨愈烈"②，农民生活更是跌入痛苦的深渊。

在这种社会下，妇女的生活更为艰难。由于生活所迫，她们中的许多人特别是中南区湖北、江西、广东等省的许多农家妇女，除了要进行农业或手工业生产劳动外，还要遭受到传统婚姻制度的欺压。重婚、纳妾、童养媳在各地都很普遍，妇女不仅沦为生儿育女的工具和男人淫欲的对象，而且还过着牛马一般的生活，是旧中国最底层的社会成员。这预示着，要彻底改变广大农民被压迫和被剥削的命运，必须改变旧的政治制度、土地制度，进而对乡村社会进行根本的改造。

① 《国民政府主计部关于战时农村借贷关系与农民生活状况的调查统计》，1948 年 6 月，载中国第二历史档案馆编《中华民国史档案资料汇编》，第五辑第二编财政经济（八），江苏古籍出版社，1997，第 596、599 页。
② 《全国经济委员会关于战后物价狂涨情形的分析报告》，1948，载中国第二历史档案馆编《中华民国史档案资料汇编》，第五辑第三编财政经济（六），江苏古籍出版社，2000，第 504～505 页。

第二章　土地改革：乡村经济
关系的革命

　　传统中国乡村的政治经济与社会状况既与新中国的发展要求不相适应，也与作为一个现代政党的中共扩大与巩固执政的社会基础，进而领导人民建设一个崭新国家的宏图格格不入。尤其是其土地占有制度，更是被视为中华民族被侵略、被压迫、穷困及落后的根源，是国家民主化、工业化、独立、统一及富强的根本障碍。为改变这种状况，中共从土地改革着手，通过废除地主阶级封建剥削的土地所有制，实行农民的土地所有制，进而全面改造社会，实现社会的重新整合，为党领导的现代化建设奠定社会基础。无疑地，土地改革首先是一场乡村经济关系的革命，是两千多年来中国土地所有制的一次根本性变革。但从改革的深度和广度看，土地改革远远超越了经济变革的范畴，它在政治上对农村的传统统治势力进行毁灭性打击的同时，树立了中共新政权在广大农村的政治权威；并用阶级划分法改造了传统乡村的社会关系，因此土地改革还是一场深刻的政治革命和社会革命。可以说，土地改革的展开过程，也是一个社会改造的过程。

第一节　中南解放与土地改革的准备

　　1949 年 3 月 5 日，毛泽东在中共七届二中全会上就即将解放的新解放区党的工作任务指出："在乡村中，则是首先有步骤地展开清剿土匪和反对恶霸即地主阶级当权派的斗争，完成减租减息的准备工作，以便在人民解放军到达那个地区大约一年或者两年以后，就能实现减租减息的任务，造成分配土地的先决条件；同时必须注意尽可能地维持农业生产的现有水平不使降低。"① 根据中央的有关规定，原定新区在 1950 年全年都不进行土地改革，而只是进行土地改革的准备工作。即在解放后首先进行清匪反霸、减租减息，以及培养一支熟悉农村工作和当地农民情况，能够正确贯彻实行政策的干部队伍，动员和宣传群众，以为土地改革的准备。

一 中南解放与中南行政区的建立

打过长江去，解放全中国，是中国共产党 1949 年的战略目标。完成了辽沈战役、平津战役两大战役的中国人民解放军第四野战军，奉命向中南六省进军。他们跨黄河、过长江，实行大迂回，大包围，横渡琼州海峡，历时一年多，解放了中南全境。

1948 年 12 月 12 日，在人民解放军发起的淮海战役已取得决定性胜利的时候，中共中央军委在给淮海战役总前委的电报《对今后作战方针的意见》中，就东北野战军的任务指出：东北我军协同华北主力，于明年一二两月完成平津战役，休整两月后，五月沿平汉南下，六七两月执行江汉战役，八月渡江。第一步经营湖北南部、湖南全省及江西一部，包括夺取武汉、岳州、长沙、常德、宝庆、衡州、郴州、九江、南昌、吉安、赣州在内；第二步夺取两广。② 从此开始酝酿第四野战军向中南进军的问题。1949 年 3 月 17 日，根据中共中央 1 月 18 日政治局会议确定的 1949 年人民解放军的任务，中央军委致电林彪、罗荣桓、刘亚楼："东野所负攻击武汉及湘鄂赣三省国民党军之任务业已确定"，"你们主力应于四月一日以前完成出发准备，于四月一日至四月十五日的半个月内，全军出发完毕，争取于五月三十一日全军到达南阳、信阳、固始之线及其以南地区，完成兵力展开任务。"③ 随着战争形势的发展，尤其是渡江作战的胜利，5 月，中央军委又将第四野战军在 1949 年的任务扩大为进军并经营豫鄂湘赣粤桂 6 省。④

① 《毛泽东选集》（第 4 卷），人民出版社，1991，第 1429 页。
② 《毛泽东军事文集》（第 5 卷），军事科学出版社、中央文献出版社，1993，第 383 页。
③ 《毛泽东军事文集》（第 5 卷），军事科学出版社、中央文献出版社，1993，第 518 页。
④ 军事科学院军事历史研究部编著《中国人民解放军全国解放战争史》（第 5 卷），军事科学出版社，1997，第 323 页。

　　1949年5月9日，第四野战军领导机关进抵开封，野战军主力越过陇海线后继续沿平汉路及其两侧南进。在一年多的时间里，第四野战军根据中央军委的统一部署，在第二野战军第4兵团的配合和华南各游击纵队的策应下，先后进行了安新、宜沙、湘赣、赣西南、衡宝、广东、广西、海南岛、万山群岛等战役战斗，歼灭了白崇禧、余汉谋等部共43万余人，解放了豫鄂湘赣粤桂6省，使中南大陆和两广沿海岛屿，除了香港、澳门、西沙、东沙、中沙、南沙群岛外均获解放。[①] 圆满地完成了中共中央、中央军委赋予的光荣任务。

　　中南的解放为中南行政区的建立奠定了基础。早在1949年5月12日，为完成消灭中南地区之国民党军、解放并经营中南6省的任务，中共中央就决定以中原局为基础成立华中局，以林彪为第一书记，罗荣桓为第二书记，邓子恢为第三书记，李先念、黄克诚、王首道、谭政、程子华、萧劲光、刘亚楼、陶铸等为委员。5月下旬，中央军委决定第四野战军领导机关与中原军区领导机关合并，改称中国人民解放军第四野战军兼华中军区，以林彪为司令员、罗荣桓为第一政治委员，邓子恢为第二政治委员，萧克为第一参谋长，赵尔陆为第二参谋长，谭政为政治部主任，陈光、聂鹤亭为副参谋长，陶铸为政治部副主任。[②] 华中局成立后，一方面领导中南解放战争，一方面开始着手接管、经营中南地区的准备工作。

　　1949年6月，国民党政府湖南省主席程潜向中共递交了一份《备忘录》，表示愿根据中共提出的原则，谋求湖南局部和平。8月4日，程潜、陈明仁在长沙发表通电，宣布起义。通电提出在湘设立由程潜领导的"中国国民党湖南人民临时军政委员会"等临时机构。次日毛泽东、朱德回电表示同意，认为"湖南临时军政委员会不应为空洞名义，应行使必要职权"[③]。8月6日，毛泽东致电华中局并转湖南省委，明确提出要组织

---

①　军事科学院军事历史研究部编著《中国人民解放军全国解放战争史》（第5卷），军事科学出版社，1997，第451页。

②　军事科学院军事历史研究部编著《中国人民解放军全国解放战争史》（第5卷），军事科学出版社，1997，第324页。

③　中共中央文献研究室编《毛泽东年谱》（1893～1949，下卷），中央文献出版社，2002，第542页。

湖南军政委员会，作为统一战线的临时过渡机构。① 9 月 19 日，绥远和平解放，成立"绥远军政委员会"。从此，"军政委员会"正式确定为新解放地区的政权组织形式。

1949 年 9 月至 10 月，中南地区大部分解放。10 月 31 日，毛泽东致电林彪："华中须准备成立以我党为中心的军政委员会，以为管辖六省军事政治财政文化等项工作的过渡时期的最高权力机关。拟以林彪为主任，邓子恢程潜为副主任，委员须网罗六省党内党外重要人物。"② 1949 年 12 月 2 日，毛泽东主持中央人民政府委员会第四次会议，批准全国各大行政区人民政府和军政委员会主席的任命。

1950 年 2 月 5 日，中南军政委员会在汉口成立。它是中南地区最高政权机关，隶属中央人民政府，下辖河南、湖北、湖南、江西、广东、广西 6 个省的人民政府，驻地武汉市。

中南军政委员会等大行政区的设立是中共执掌全国政权，实现国家统一的必要环节，它主要是发挥军事管制的职能，作为在新解放区的过渡性政权机构，以重建新的社会秩序。有学者在论及大行政区的作用时指出，从某种意义上讲，军政委员会是各该区的军事管制委员会，是带有强烈军事色彩和具有临时过渡性的人民民主政权的最初形式，是地方各级人民政府中层次最高的，它既是权力机关又是行政机关，既是中央人民政府的派出机关又是地方一级政府，实行双重政府体制；它既是中共领导中国革命的逻辑延伸，又是中共政权建设理念的体现。③ 的确如此，中南军政委员会成立后，在稳定社会、巩固政权的同时，即开始着力对中南区社会进行改造。

要实行以土改为中心的乡村社会改革运动，首先的一项任务是要肃清国民党的残余势力。到 1950 年 4 月，中南区各地剿匪 39 万余人。④ 1949

---

① 中共中央文献研究室编《毛泽东年谱》（1893～1949，下卷），中央文献出版社，2002，第 544 页。

② 《建国以来毛泽东文稿》（第一册），中央文献出版社，1987，第 109 页。

③ 王树林：《新中国大行政区军政委员会的缘起与演变》，《中共党史研究》2010 年第 6 期。

④ 林彪：《关于中南工作情况的报告——1950 年 4 月 11 日在中央人民政府委员会第六次会议上》，《中南政报》1950 年第 2 期。

年 12 月到 1950 年 7 月，在湖南省南部零陵、郴州、衡阳、邵阳等 33 个县就歼灭残匪近 7 万人。[①] 此后，人民解放军的正规军与地方武装及公安部队，执行"首恶必办，胁从不问，立功受奖"的政策，采取重点清剿与分散搜捕的作战方法，配合地方行政机关、人民团体开展政治攻势，结合群众生产度荒、反霸、退租要求，动员群众，在半年之内歼灭残匪 21 万余人。[②] 其余残匪也在 1952 年底基本肃清。[③]

二 减租减息与退押废债

1949 年 9 月 29 日中国人民政治协商会议第一届全体会议通过的《中国人民政治协商会议共同纲领》第二十七条规定，凡是尚未实行土地改革的新解放区，"必须发动农民群众，建立农民团体，经过清除土匪恶霸、减租减息和分配土地等项步骤，实现耕者有其田"。这意味着，新解放的地区在土地改革之前，须经过剿匪反霸、减租减息的工作。据此，华中局在中南地区大部分已获解放的情况下，除继续进行对中南其余地方的解放战争外，开展了新解放区的剿匪反霸和减租减息工作。1949 年 11 月 1 日，华中局发出《关于减租减息的指示》。该指示首先肯定了新区开展的剿匪反霸工作，认为"一般新地区在我政权建立以后，以剿匪反霸为中心"是正确的，"剿匪反霸运动是有成绩的，这种运动是农运的第一步，是社会改革的第一阶段，不通过这一步，把土匪肃清恶霸（土豪劣绅）打倒，……要发动农民进入减租减息，有效的准备土改以至完成土

① 《湘南三十三县肃清匪患，今秋进行土地改革有了有利条件》，《人民日报》1950 年 7 月 21 日，第 3 版。
② 杜润生：《关于过去半年内全区准备与实施土地改革情况的报告》（1950 年 9 月 18 日），赣档 X035-2-094 号。邓子恢在 1950 年 9 月 17 日中南军政委员会第二次全体委员会议上作中南军政委员会成立半年来的工作报告时指出，半年来共歼灭匪特武装 213000 余人，俘获重要匪首 600 余人。尚有广西山区、广东南路及湘西少数县份的 9 万余残匪有待剿灭。参见人民出版社编《政府工作报告汇编》（1950），人民出版社，1951，第 728～729 页。
③ 杜润生在 1950 年 9 月 18 日的报告中指出，在广西、广东和湘西山岳地带尚有 10 万残匪。这一数字与邓子恢报告中的数字大致相同。但杜润生后来在《中国的土地改革》一书中指出，到 1952 年底，全国共歼灭土匪 261.59 万人，其中中南区 115 万余人，即是说，中南区后来剿灭的土匪数字实际上远大于 1950 年 9 月中南区领导人当时估计的尚存土匪数。参见杜润生主编《中国的土地改革》，当代中国出版社，1996，第 311 页。

改是不可能的"。但指示同时指出，各地对"双减"采取了消极的态度，没有积极领导农民进行减租减息运动。华中局认为，"不应把剿匪反霸与减租减息机械地划成截然不同的两个阶段，不应等到剿匪反霸完全结束之后，再来计划下一阶段的减租减息"，"而应在剿匪反霸过程中就同时宣布减租减息，使剿匪反霸成为减租减息的先行步骤"。为此，华中局要求，"要使减租减息与剿匪反霸贯串着进行，……特别在湘鄂赣粤几省更应如此"①。

在这个指示中，华中局分析了中南地区尤其是湘鄂赣粤地区与北方各省的不同特点，主要有四个方面：第一，农民中佃农占绝大多数，而北方则自耕农占相当大的比重；第二，这几省的农民在大革命时普遍进行过减租减息，农民普遍有了经验，地主也不会恐慌；第三，除某些地区（如湘西、鄂西南、广西、南路等）外，这几省的地主武装及为地主所利用的土匪武装在某种程度上不如河南山东厉害与普遍；第四，过去在北方是先占农村后占城市，而现在是先占城市后占农村，过去大敌当前，现在大局已定，这对农民的革命热情与地主的顽抗来说，也有很大不同。由于这些特点的存在，我们应大胆地积极地去领导农民在剿匪反霸中联系进行减租减息，克服各地存在的消极态度和机械的阶段论思想。

从这份指示看，在中南地区基本解放后，华中局就已考虑要把减租减息作为今后一个时期的一项中心工作来推动。

1949年12月，华中局改为中南局，同月中南军政委员会成立。1950年2月22日，中南军政委员会首次会议即通过《减租减息条例》。《条例》包括附则共5章35条，涉及减租、减息清债和特殊土地的处理。

关于减租，《条例》对减租对象、减租类型、减租年限、减租后的公

---

① 《中共中央华中局发出关于减租减息的指示》（1949年11月1日），《江西政报》1949年第5期。关于中南地区的土地改革，杜润生曾说："在林彪南下之前，我把同邓子恢、李雪峰商量过的一个意见告诉了他，即土改要分三步走，第一步：减租减息，清匪反霸，打开政治局面，树立政治优势，建立政权基础。第二步：分配土地，结合分地搞诉苦斗争。干部与群众同吃、同住、同劳动，发现积极分子。第三步：组织建设，制度建设，土改复查。林彪认为可行。"由此可见，中南区领导人实际上把清匪反霸、减租退押看作土地改革的一个阶段。参见杜润生《杜润生自述：中国农村体制变革重大决策纪实》，人民出版社，2005，第4页。

粮公款负担等问题做了详细的规定。《条例》指出，所有地主、旧式富农及一切公田、学田、祠堂、庙宇、教会所出租的土地，都要实行减租。钱租制、物租制、活租制、定租制，一律按原租额实行二五减租（原来应交租粮一石者，减去二斗五升）。减租后，租额最高不得超过土地正产物的 37.5%。对于包租制的租佃土地，可以低于二五减租原则，酌量少减。《条例》禁止二东家转租土地，取消押金制度。《条例》规定，原佃户交纳地主的押金，一律按交纳时实际价格，退还原佃户；一时无力全部偿还的，可以分期退还，或先退还最后一次佃户所交纳的押金。减租年限，从各该县人民政府成立之时起实行，人民政府建立以前之欠租，一律免交。在契约上或习惯上，有永佃权者，继续有效；无永佃权者，在契约有效期间，地主不得收回土地。契约期满后，地主招人承租，原佃户有承租之优先权。

对租地内的副产物和减租后的公粮负担问题，《条例》指出，租地内之一切副产物，全归佃户所有；但属于副业产物的（如茶、桑、木梓、桐子等），原全归农民所有的，仍按旧归农民；原主佃分益的，按原分配额二五减；原全归地主的，随减租后之租额，按成分配。减租后公粮公款的负担，依照合理负担原则，按主佃双方收益情况，由双方分担；未减租的，由地主负担；减租前地主已全部负担的，减租时按二五减租原则，酌情少减。土地税，由土地所有者负担。

《条例》主要是针对地主、旧式富农及公堂田的出租地，至于其他出租地，虽也有规定，但不在减租之列。如第十条规定，贫苦革命军人、烈属及革命职员的家属，城市工人、贫苦自由职业者与鳏、寡、孤、独等，因缺乏劳动力而出租之少量土地（不超过当地每人平均土地数 150% 者），可与人民政府及农民协会商议，酌情少减或不减。第十一条规定，中农与贫农之间的租佃关系，属于农民内部问题，由双方协议或由人民政府与农民协会调解处理。

关于减息，《条例》也规定其对象仅限于当地县人民政府成立以前农民所借地主、旧式富农、高利贷者的债款。县人民政府成立以后按照借贷自由、利息自定原则形成的借贷关系不在减息之列。清债是指清理当地县人民政府成立以前农民所借的旧债，该债务一律以原本按月利分半计息清理（即每元每月付息一分半）。旧债清偿后，农民抵押债务的土地、财产，应即交还农民。《条例》认为，以农产物预先定价的买卖贷款（如放青苗），实质也是高利贷，规定其先定之价无效，照交货时市价扣算。《条例》中债务清理的范围同样未包括中农、贫农之间的债务。

《条例》对为逃避减租而逃亡的恶霸分子及地主、富农的减租也做出了规定，指出对于这些人，"可限期令其回乡办理减租减息。过期不归者，除令其代管人依法减租减息、缴纳公粮外，对逃亡之恶霸分子及地主、富农，以违抗人民政府法令论处"。族田、社田、公田、学田等公堂田，依法减租后的收入，除缴纳负担外，原为充作办学费用的，照旧；其余经过公议，用作生产度荒或其他公益事业。

《条例》还明确了减租减息的领导与具体执行机构，规定农民协会及各级农民代表大会及其所选出的委员会，为进行减租减息的合法组织，农村中一切地租、高利贷债息等，均由农民协会调处，但最后决定权属于区级以上之人民政府。①

《中南区减租减息条例》是在原中原临时人民政府颁布的《新解放区减租减息条例》基础上制定的。由邓子恢主席、吴芝圃和李一清副主席签署颁布的中原临时人民政府《新解放区减租减息条例》包括总则和附则也为5章，共32节。② 与此相比，《中南区减租减息条例》除了没有《新解放区减租减息条例》规定的"不得预收地租"外，其余基本沿袭了后者的内容，且根据全区基本解放的实际情况，增加了贫苦革命军人、烈属及革命职员的家属，城市工人、贫苦自由职业者与鳏、寡、孤、独等特殊人群少量出租土地，以及关于减租后公粮公款负担的规定。

1950年2月28日，中央人民政府政务院发出新区土地改革及征收公粮的指示，要求所有新解放区，在实行分配土地以前，一律实行减租。根据政务院的这一指示精神及中南区的实际情况，次日，中南局、中南军政委员会和中南局机关报《长江日报》分别作出指示、发表布告和社论，号召开展减租退租运动。中南局在指示中指出，中南区正面临着严重情

① 见《中南区减租减息条例》，1950年2月22日，《中南政报》1950年第1期（创刊号）。
② 见《中原临时人民政府颁布新区减租减息条例》，《江西政报》1949年第3期。

况：春耕季节已经到来，但不少地区，群众生产情绪尚未安定；粮价高涨，许多农民缺粮缺种，无力加工施肥；受灾地区更是饥荒严重；豪绅、恶霸及特务分子则利用此种情况，煽动农民向公家以求贷借公粮，甚至抢分公粮，阻止公粮出境，并勾结散匪潜匪，图谋暴动，以扰乱社会治安，破坏生产建设。如何克服当前的危机？中南局认为，最关键的是依照中南军政委员会所通过的《减租减息条例》，迅速地、普遍地开展退租运动。①

在这里，中南局把退租看作关键一步。中南军政委员会的布告也提到了退租问题，而《长江日报》的五篇有关社论，从内容看，也主要是要求开展退租运动。为什么在政务院和中南区关于减租减息的有关指示下达伊始，减租减息运动就变成了退租运动？从中南局的指示看，是因为当时中南区正面临着严重的危机，这个危机包括经济生产、人民生活和社会稳定等方面。而这些方面，都与公粮负担过重有关。可以说公粮负担过重是导致中南区面临危机因而需要采取退租措施的一个直接因素。

由于当时战争还在继续，新成立的政府财政又相当困难，而农村可征取的资源又非常有限，只有加大公粮的征收，这就加大了农民的负担。中南局承认，当年中南区人民的公粮负担虽在总数上未超越人民的负担能力，但就战后条件讲，还是相当重的；某些地区，某些地主也存在负担过重情况。② 而地主的负担，一般都会想方设法转移到农民头上，中南区领导机关据此认为公粮负担问题主要是畸轻畸重，而一般都是农民较重，地

---

① 《中共中央中南局关于开展减租退租运动克服春荒准备生产的指示》，1950 年 3 月 1 日，《中南政报》1950 年第 1 期（创刊号）。

② 当时包括地主在内的农民公粮负担情况可从湖北的情况大致看出。据不完全估计，1949 年湖北粮食产量不少于大米 70 亿斤，地主富农占有的出租土地约为 40%，即地主富农出租土地所产粮食共 28 亿斤，加上地主富农自己经营土地所产粮食及其高利盘剥所占有的粮食，应该不下 30 亿斤；中农贫农各有粮食大约 20 亿斤。全省公粮负担为大米 12 亿斤，其中贫农负担以 6% 计算为 1.2 亿斤，中农负担以 15% 计算为 3 亿斤，合计 4.2 亿斤；地主富农负担为 7.8 亿斤，为地主富农占有粮食的 26%。参见社论《再论开展减租退租运动》，《长江日报》1950 年 3 月 7 日，第 1 版。这也就是说，地主富农、中农、贫农的粮食产量所占比例分别为 42.86%、28.57%、28.57%。总的公粮负担为 19.13%。这个公粮负担已经高于政务院 2 月 28 日指示中规定的 17%。而公粮负担占粮食总产量的比例，地主富农、中农、贫农分别为 26%、15%、6%。全部公粮负担，地主富农、中农、贫农分别为 65%、25%、10%。可见，整体公粮负担过重，且如果不计地主富农占有粮食的绝对数，则地主的公粮负担比例也大大超过了其产量所占的比例。

主逼租逼债已非个别现象，以致许多地区的农民缺粮、缺种，难以进行春耕，其中受灾地区尤为严重。①

实际上，严重的自然灾害也是中南区开展退租运动的重要因素。1949年是中国自然灾害十分严重的一年，各地旱、冻、虫、风、雹、水、疫等灾害相继发生，尤以水灾最重，仅中南地区受灾面积就达2266万亩，灾民875万人，尤以河南、湖北、江西水灾为甚。② 有的地方出现饿死人的现象，不少重灾区农民吃糠、吃菜甚至吃"观音土"。农民弃家逃荒、卖掉耕牛、农具以度日者更是屡见不鲜。③ 在这种情况下，开展退租运动，从相对宽裕的地主富农手里拿出粮食，就成为救灾度荒和发展生产的便捷途径。

减租减息运动之所以从退租运动开始，还在于有关减租减息的规定是从各地人民政府建立起开始执行的。而在中南区，许多地方的人民政府在减租减息条例颁布实施前就已经建立。因此，有相当一部分的退租也是符合减租减息运动精神的。

退租运动不仅仅是出于经济上、人民生活上的考虑，还被视为一场争取群众的阶级斗争。《长江日报》在社论中指出，当前的危机性质，乃是农民跟着共产党和人民政府走，还是跟着恶霸特务分子走的问题。社论说："如果我们忽视农民当前的迫切要求，忽视他们生活上的严重饥荒威胁，不去领导和组织他们渡过饥荒，进行春耕生产，那么，就要使得我们脱离广大群众，而使豪绅恶霸特务土匪得以逞其煽动诱惑的奸计，胁迫农民向政府要粮，甚至抢分公粮，阻止运粮，乘机制造暴乱，继而达到其破坏农民反封建改善生活的革命行动，分裂革命人民之间的

---

① 《中南军政委员会布告——关于减租、退租、生产、救灾等事宜》，1950年3月1日，《中南政报》1950年第1期（创刊号）。

② 见内务部研究室《救灾工作及其问题》，《解放日报》1950年1月18日。中南区认为本区受灾人口达到千万以上，其中重灾的450万人；受灾地区达71个县及南昌、九江两市，其中重者51县及1市。除去减租解决了相当大的一部分问题之外，各种贷粮（包括以工代赈、组织副业等）全区共达28650万斤，贷种达639万斤，中央批准救济粮1亿斤。参见林彪《关于中南工作情况的报告——1950年4月11日在中央人民政府委员会第六次会议上》，《中南政报》1950年第2期。

③ 见社论《开展退租运动渡过春荒》，《长江日报》1950年3月1日，第1版；《四论减租退租运动》，《长江日报》1950年3月17日，第1版。

团结的阴谋"，"因此，问题的本质便是，领导农民渡过灾荒，乃是在土
地改革之前，农民和地主阶级的一场严重的阶级斗争。同时，也就是我
们和反动力量争取农民群众的一个重大问题"。而"解决当前春荒，保
证春耕生产，最现实、最主要、最有效的办法，是认真领导广大农民，
迅速开展减租退租运动"①。

1950 年 9 月，在中南军政委员会第二次会议上，有关方面也对退租
运动进行了说明。杜润生在《关于过去半年内全区准备与实施土地改革
情况的报告》中指出，中南军政委员会当时分析了面临的严重情况后认
为，只有把以下三个工作做好，才能转变局面，完成春耕生产任务。这三
件工作任务是：第一，发动退租退押运动以解决贫苦农民生产生活困难；
第二，大力宣传人民政府发展生产政策，稳定各阶层生产情绪；第三，坚
决镇压组织暴乱的匪特首要分子，确保全区社会秩序，减少破坏。这三件
工作中又以退租退押为中心，因为只有满足了群众的迫切要求，才能有效
地打击敌人的阴谋活动，并创造进行春耕生产的物质条件。②

退租运动在短期内即取得了一定的效果，湖北黄陂县陂城、四陂、张
店三个区减回粮食 15000 余斤，所减粮食能解决减租农民两个月的吃粮。
江西兴国霞光村也减回 2 万多斤。③ 同时，减租减息也取得了初步的成
绩。据江西省南昌县的调查，该县 8 个区 1949 年有 286 个村 4043 户进行
减租，受益农户 7278 户，共计减租谷 16069.33 石，纱 104 把；1950 年有
215 个村 1181 户减租，受益农户 4563 户，共减租谷 4707.34 石、米
19.42 石、人民币 214200 元（旧币）、光洋 8 元及少量土布、粘饼、草
等。1949 年有 352 户进行了减息，受益农户 1039 户，减得稻谷 2560.5
石；1950 年有 269 户进行了减息，受益农户 627 户，减得稻谷 844.85
石。④ 截至 1950 年 5 月下旬，湖北省 90% 地区的 2000 万人口、湖南省
60% 以上地区的近 2000 万人口、江西 60% 以上地区、河南省未实行土改

---

① 社论《开展退租运动渡过春荒》，《长江日报》1950 年 3 月 1 日，第 1 版。
② 杜润生：《关于过去半年内全区准备与实施土地改革情况的报告》，1950 年 9 月 18 日，
赣档 X035－2－094 号。
③ 社论《再论开展减租退租运动》，《长江日报》1950 年 3 月 7 日，第 1 版。
④ 南昌县政府：《南昌县各区 1949～1950 年减租减息调查表》，1950 年 6 月，南昌县档案
馆馆藏档案，政府档案，全宗号 34，案卷号 35，1950。

的 39 县约 1300 万人口、广东 75 县、广西 50 县，总计包括中南区全区农业人口一半的 6000 万左右人口开展了退租运动，全区共退租谷 10 亿余斤。这一运动被视为新区第一个大规模的群众运动，[①] 它为中南区度过春荒乃至为后面土地改革的进行奠定了基础。

在退租和减租减息运动中也存在一些过火的行为，例如不是以理以法战胜地主，而往往采取肉刑的办法逼迫地主，要求在地主那里得不到满足时转而侵犯中农。为解决这一问题，顺利进行减租减息运动，开展春耕生产，度过春荒，中南局于 1950 年 4 月 1 日发出指示，要求各地纠正形式主义的错误，区别对待地主，对个别因公粮过重或其他原因实无余粮的地主，也可经过群众同意，酌予让步，或从减免的公粮中代付退租，并允许地主以银圆现款代偿租粮。同时要求对退押加以限制。[②] 中南军政委员会也随后在 4 月 6 日作出《决定》，推广全面退租。《决定》鉴于春耕季节已到而春荒困难仍未克服的情况，要求"除海南岛及个别股匪盘踞区外，全区各地无例外地将 1949 年秋季租粮，依照二五减租规定实行减租"；并为体念中小地主困难起见，规定各地执行减租法令时，应以退租为主。对退押则规定，即便佃农生活困难须实行退押时，也应采取分期退还办法，且在秋收以前，一般只准退回原押金额 2/10～5/10，只按原粮数折还不计利息。除此以外，《决定》还要求各地人民政府通过人民代表会或农代会，协同各地农民协会，将义仓积谷按低利贷给原地贫苦农民，将当地祠堂庙宇所属的公款、公产加以清理，除供给原有学校公益用费外，抽出一部分供给当地农民作为生产度荒之用。若尚不能度过春荒地区，可进行社会互济，号召贫富互助，劝富有之家量力借粮种帮助贫苦农民度过春荒；对确实无力退租退押的地主及出租少量土地之鳏寡孤独公教人员则查明实情，酌予调处，说服农民少退缓退分期退或不退。[③] 由此可以看出，减租减息运动不仅极大地冲击了地主，使许多地主特别是中小地主也出现了生产生活困

① 杜润生：《关于过去半年内全区准备与实施土地改革情况的报告》，1950 年 9 月 18 日，赣档 X035-2-094 号。
② 中共中央中南局：《关于减租运动二次的指示》，1950 年 4 月 1 日，《中南政报》1950 年第 2 期。
③ 中南军政委员会：《关于推广全面退租加紧生产救灾工作的决定》，1950 年 4 月 6 日，《中南政报》1950 年第 2 期。

难，而且也对《中南区减租减息条例》中规定的酌情少减或不减的少量土地出租者也进行了减租退租。当然，这与这一时期的春荒也不无关系。

杜润生曾把新区的减租退押运动分为两个阶段。第一阶段从1949年冬季到1950年6月《中华人民共和国土地改革法》公布以前，这一阶段的减租运动具有两个重要特点：一是在政策上有意识地不提出退押和清债等内容；二是减租斗争与农村救灾工作紧密结合。第二阶段从《中华人民共和国土地改革法》公布以后至1950年冬，这一阶段的减租退押运动，是作为土地改革运动准备阶段进行的，具有清算地主阶级封建剥削的性质，其直接目的是为土地改革准备先决条件。①从上文可以看出，1950年上半年中南区的减租减息运动确实主要在于退租减租，且退租减租甚至服从于救灾度荒保春耕这一工作。

1950年9月14日，中南军政委员会颁布《中南区减租条例》，经中央人民政府政务院批准的该《条例》与此前《中南区减租减息条例》相比，有几个明显的不同：一是减租对象除地主、富农外，明确了祠堂、庙宇、寺院、教堂、学校、机关、团体及其他公共所有的出租土地（包括出租的山地、山林）也一律实行二五减租，且取消了原《条例》中37.5%的限额。二是减租年限，从当地县人民政府成立时起改为当地解放时起，当地解放后地主多收的租粮，则应退交佃户，佃户则从1950年的的租粮中扣除。三是对退押问题做了更详细的规定，即考虑到部分地主确有困难，令其全部退清，实难办到，因而允许地主折半退押，折半也无法一次退清者可分期退还，不能全部清理者只退一部分，实在困难无力退出者可以免退。佃户在收获粮食后可先扣除应减租粮和部分押金，然后再交租。四是旧债由减息改为废除，即解放前农民所欠地主债务一律废除。②这份减租条例是在中南区度过最初的困难以后，各地局势已经比较稳定、农民组织已初步建立的情况下颁布的，也是符合《中华人民共和国土地改革法》的精神的，它为中南区乡村社会改造从减租退押过渡到以分配土地为中心的土地改革提供了政策指导。

---

① 参见杜润生主编《中国的土地改革》，当代中国出版社，1996，第325～326页。
② 《中南区减租条例》，1950年9月14日，《江西政报》1950年Z1期。

三　机构的建立与干部培训

如果说土地改革是乡村社会改造这幕大戏的主场，那么土地改革机构就是这个主场的指挥人员。早在 1950 年 1 月，中共中央就对土地改革的直接指导机关问题发出指示，指出"今后土地改革，以各级人民政府及其所组织的土地委员会和各级农民代表大会所选出的农协委员会来直接指导执行，比较由各级共产党的委员会来直接指导执行为好"，并认为"高级政府的土地委员会可以和应该包括各党派的民主人士，但主要领导应由我党及农民代表来掌握"①。6 月，中共七届三中全会决定刘少奇、彭德怀、习仲勋、王震、刘伯承、邓子恢、黄克诚、饶漱石、叶剑英、彭真、刘澜涛组成土改问题委员会，刘少奇负责。而在此前，中南军政委员会土地改革委员会就已成立，中央人民政府委员会在 1 月召开的第五次会议批准任命了该委员会组成人选，其中李雪峰为主任，杜润生、郝中士为副主任，孔祥桢、李先念等 22 人为委员。② 6 月 1 日，中南军政委员会就土地改革委员会及其工作机构的成立颁发通令，要求各地从清除土匪、反动恶霸，减租减息直至分配土地的请示报告，均须送交军政委员会或直接送至土地改革委员会；土地改革委员会对各级人民政府及其所属土地改革委员会颁发的各项有关土地改革工作的指示、决议及有关政策法令之解释，各级人民政府及其所属土地改革委员会均须遵照执行。③

1950 年 5 月，中南军政委员会发出指示，要求各省府及秋后进行分配土地地区的专署、县府在 7 月份以前建立各级土地改革委员会，以为经常指导机关。指示规定了土地改革委员会的职权、任务、机构设置和编

① 《中共中央关于在各级人民政府内设土改委员会和组织各级农协直接指导土改运动的指示》，1950 年 1 月 24 日，载中国社会科学院、中央档案馆编《1949～1952 中华人民共和国经济档案资料选编》（农村经济体制卷），社会科学文献出版社，1992，第 189 页。

② 《中央人民政府委员会第五次会议记录》，1950 年 1 月 7 日，载中国社会科学院、中央档案馆编《1949～1952 中华人民共和国经济档案资料选编》（农村经济体制卷），社会科学文献出版社，1992，第 188 页。

③ 见《中南军政委员会通令——本会土地委员会已正式成立，各级政府应与该会取得工作联系》，1950 年 6 月 1 日，《中南政报》1950 年第 4 期。

制。指示指出，土地委员会的职权和任务有六个方面，包括指导各该地区的土地改革工作，并对下级人民政府所属土地委员会颁发关于土地改革政策法令解释及执行性质的命令和指示，并监督其执行；向各该级人民政府和上级人民政府所属的土地委员会提出有关土地改革的报告和建议事项；土地改革的政策、方针、计划之拟定事项；有关土地改革的调查研究事项；有关土地改革的巡视检查事项；有关土地改革的宣传教育及资料编辑事项。在机构设置上，指示要求省级、专署级土地改革委员会下设办公室、调查研究科、宣传教育科、巡视检查科（巡视检查团或巡视检查组），县级按上述分工设组。其编制人数为省级 30～45 人，专署级为15～25 人，县级为 7～15 人。编制名额省级在机动人数中报销；专、县皆在土改工作队的数目中报销。① 7 月 30 日，中南局在介绍有关运用土地改革委员会开展工作的经验中，进一步细化了土改委员会的工作。具体包括 10 项，即订立土改细则，提出与审查土改计划，主持一般土改干部训练，解释各界对土地改革法的疑问并进行扩大宣传，检查土地改革法执行情况及执行中的问题，表扬良好经验、纠正某些错误，组织与领导各方面参加土改的人员（政府的、民主党派的、学校的等），调查统计事项，处理各方面人民提交政府处理的有关分配斗争的纠纷事项和某种有关要求，和一般社会团体进行有关土改问题的协商事项等。总之，"凡一切可以公开和适宜公开进行的事情，皆可由土委去办"②。

　　但各地似乎对建立土地改革的机构并不热心，大部分已确立为即将实行土地改革的县份，到 1950 年 11 月都还没有建立或充实土地改革委员会。而县级又是具体布置实施土地改革的单位，其重要性自不待言。为此，11 月 23 日，中南军政委员会作出《关于建立和加强县级土地改革委员会工作的决定》，要求加快建立和加强县级土改委。《决定》规定县级土地改革委员会的具体任务是：

---

① 中南军政委员会：《关于建立省、专、县土地委员会机构及其工作的指示》，1950 年 5 月 29 日，《中南政报》1950 年第 4 期。

② 中共中央中南局：《运用土委经验介绍》，1950 年 7 月 30 日，载中国社会科学院、中央档案馆编《1949～1952 中华人民共和国经济档案资料选编》（农村经济体制卷），社会科学文献出版社，1992，第 190～191 页。

第一，拟定全县实施土地改革的方针与计划。

第二，加强对土改运动的指导，及时对土改工作进行巡视、检查和总结。

第三，认真布置，掌握重点试验，切实地进行各种调查研究并总结经验。

第四，动员和组织各种力量，宣传法令。

第五，配合县农协，整顿和扩大区、乡农民协会。

第六，按照土改区人口的千分之一的标准，配合有关部门，选拔并训练土改工作队的干部。

第七，按时向上级政府及县人民政府汇报工作。

《决定》还对县级土地改革委员会的人员配置和工作方法、工作步骤作了具体要求。《决定》指出，土地改革委员会在布置一个阶段工作，或解决较重大问题时，可召开委员会议将各方面的意见加以统一。重大问题，还应首先提请县各界人民代表会议或县政府委员会作出决定，再由县土改委员会进行处理。土改委员会要组织力量开展宣传运动，训练土改工作队，重点试验，特别是于秋征减租中，结合整顿农民队伍，加强对土改行动的指导，以保障土地改革任务胜利完成。①

此后，各县的土地改革委员会都基本建立起来，从而为1950年冬1951年春的第一批大规模土地改革奠定了领导基础。

在土地改革的领导机构建立后，组织、训练土改工作队，解决土地改革中的干部缺乏问题就成为各级土改委员会的一项重要内容。

解放战争的提前胜利，使新解放区缺乏干部的情况非常严重。美国学者费正清认为，国民党地方旧官吏有200万人，而中共顶多只有75万人准备来接管他们的工作。② 也就是说，维持各级政府机构的日常运作就缺额100多万干部，而开展大规模土地改革运动需要更多的人深入乡村去直接面向群众，做群众的工作，则干部的缺口有多大也就可

---

① 中南军政委员会：《关于建立和加强县级土地改革委员会工作的决定》，1950年11月23日，《中南政报》第9、10期（合刊），1951年1月。

② 参见费正清著《伟大的中国革命》，刘尊棋译，世界知识出版社，2000，第330页。

想而知。

对于新区干部的缺乏问题，中共中央也早有认识，并采取了调派南下和当地培训的办法加以解决。早在 1949 年 6 月 1 日，中共中央在关于准备抽调干部问题的指示中就指出，粤、桂、滇三省约需干部 1700 人，由以下几方面负责筹派：（甲）原派华中之李楚离队 2900 人（2200 老的和 700 新的），全部用于上述三省；另由华中各省抽调 700 名老干部；武汉训练 3000 名新干部；再从南下工作团的 10000 名及华北局补充武光队的 2000 名学生中抽调 4000 人。（乙）由香港及粤、桂、滇三省的党及游击区自筹 5000 名老干部（县以上干部约 2000 人）。（丙）由东北局调派 400 名老干部（县级以上干部 200 人）。华北局调派 300 名老干部（县级以上干部 100 人）。（丁）其余不足之数由四野部队干部中（包括两广纵队）抽调。指示要求二野、四野应准备从本身抽出大批较强的干部来担负新区党务、财经、公安、宣传、民运等各方面的工作，并采取有效办法，大量召集训练培养并团结本地干部。同时着手加紧办理对工人、职员及大中学生的招收、训练工作。[1] 从抽调的南下干部看，根据《南下入湘干部名录》统计，仅湖南全省登记的就有 14741 人，其中男 12598 人，女 2143 人。[2] 东北 9 省到江西的干部有 6038 人，其中老干部 2124 人，新干部 3914 人。老干部中，省级干部 43 人，地级 88 人，县级 610 人，区级 1220 人，区以下 161 人。[3] 他们在新区最初的接管政权、稳定社会乃至开展剿匪反霸、退租退押中发挥了重要的作用。

对于面向基层、面向乡村、面向群众的大量干部，广大新区更主要的是通过培训产生。1949 年 8 月至 10 月，湖南省醴陵县就举办了 4 期"醴陵县地方干部训练班"，相继录用干部 530 多人。[4] 1950 年 2 月 28 日，政务院在《关于新解放区土地改革及征收公粮的指示》中要求各地，要

---

① 《中央关于准备抽调三万八千名干部问题的指示》，1949 年 6 月 11 日，载中央档案馆编《中共中央文件选集》（第 18 册），中共中央党校出版社，1992，第 327～328 页。

② 湖南省委组织部等编《南下入湘干部名录》，湖南人民出版社，1993。

③ 参见危仁晟主编《南下》，当代中国出版社，2013，第 3 页。

④ 参见陈益元《建国初期农村基层政权建设研究：1949～1957——以湖南省醴陵县为个案》，上海社会科学院出版社，2006，第 57 页。

"大量地训练土地改革的干部，迅速组织农民协会"①。之后，干部训练特别是土改干部的培训与农协的发展进一步得到重视。1950 年 7 月，江西省抚州专区地方干部学校已经办到第五期，袁州民运学校办到第四期，泰和、峡江、九江各县农干班也都陆续开办。② 1950 年前 10 个月，中南区曾计划训练新老干部 10 万人，其中包括土改工作队 5 万人。在 7、8 两个月中，各省通过整风会议整顿了县级以上主要干部，专区则以会议与集训的方式，整训了一般的县级干部与大批的区级干部。③ 但当年秋征结束、分田工作也将开始的时候，中南各地对于训练下层土改干部这项直接准备任务却大多未能如期完成计划。中南军政委员会土地改革委员会认为，训练土改工作队干部的工作，是关系今后土地改革成败的重大关键之一，也是关系今后做好一切工作、改善政府与群众关系的重大问题。为此，中南军政委员会土地改革委员会要求各地必须以县为单位立即开始训练土改工作队的工作，使之能够懂得政策与群众路线的工作作风，有效地去进行今后的土改运动。④

　　根据中共中央的指示和中南区的实际情况，中南区面向群众的土改工作队主要是由按人口 1‰ 的比例抽调的乡村农民积极分子和革命知识分子，以及失业工人中的优秀分子组成。尤其是那些在反霸、减租运动中经过考验的农民积极分子（包括妇女、青年积极分子）更成为土改工作队的重点培养对象而脱离生产，集中训练。集中训练的主要目的，是使土改工作队的干部，懂得土改政策与做法。集中训练的时间一般为 20 ~ 30 天；内容主要是学习土地改革的主要政策法令，特别是对地主、富农、小土地出租者、工商业者如何分地等问题，以及土地改革的方法步骤。

　　训练土改工作队的指示发出后，中南各地对土改干部的训练力度明显加大。

---

① 《中央人民政府政务院关于新解放区土地改革及征收公粮的指示》，1950 年 2 月 28 日，《中南政报》1950 年第 1 期（创刊号）。

② 《迎接土地改革，各地继续训练干部》，《江西日报》1950 年 7 月 11 日，第 2 版。

③ 见杜润生《关于过去半年内全区准备与实施土地改革情况的报告》，1950 年 9 月 18 日，赣档 X035 - 2 - 094 号。

④ 中南土地改革委员会：《关于训练土地改革工作队的指示》，1950 年 11 月 2 日，《中南政报》第 8 期，1950 年 11 月。

在集训土改工作队的同时，中南军政委员会还颁布了《关于干部在土地改革工作时期的八项纪律》，对干部作出了严格的纪律要求。这八项纪律是：

一、严格执行政府法令，认真掌握土地改革路线，依靠雇贫团结中农。

二、坚决保护农民利益，不得包庇地主，不得附和地主叫嚣。

三、依法严惩不法地主，坚决领导群众开展合法斗争，打击地主抵抗与破坏行为，防止乱打乱杀。

四、明确划清敌我界线，不得丧失立场、制造与参加乡村宗派纠纷。

五、绝对禁止贪污受贿，必须廉洁奉公，艰苦朴素，不得侵占斗争果实，不得假公济私。

六、切实服从农协决议，尊重农民意见，凡事要和群众商量，不要个人决定，强迫推行。

七、坚决服从上级指示，不得阳奉阴违，不得各自为政。

八、严格请示报告制度，不得虚报情况，不得报喜不报忧。①

随着新区群众运动以及各种建设工作的开展，提高老干部水平、培养训练新干部就成为各地领导机关的重大任务。除了加强在职干部学习外，各地普遍办了训练班，作为培养干部的重要方法。

中南区的干部训练主要有三种形式：一是业务性的，二是一般政治性的，三是通过总结工作进行学习的。其中以农民训练班、土改训练班较为普遍。训练对象包括党员干部、青年知识分子、一般公教人员以及工农积极分子。内容除河南部分已土改地区以生产教育、前途教育为主外，一般都是以党和革命的基本知识、阶级教育、政策教育、工作方法为教育的主要内容，以便提高政策思想水平，改进工作方法与作风。据豫鄂湘赣桂五省，武汉、广州二市，郑州、衡阳两路局，中南直属机关不完全统计，

---

① 中南军政委员会：《关于干部在土地改革工作时期的八项纪律》，1950年12月2日，《中南政报》第9、10期（合刊），1951年1月。

1950 年共举办了 887 期训练班，训练干部 241716 人，分布在 544 个单位，其中又以河南、江西、湖北三省训练的人数为最多。①

除了对机关干部进行训练外，对农民干部特别是农协干部的培训也是干部训练的一个重要内容。农协及其干部虽不是财政供养的机构与人员，但农协是具体执行土地改革的基层组织，因此在建立土地改革的领导机构，培训干部特别是土改工作队的同时，各地还加大了对农民干部的培养与整训。

根据《中华人民共和国土地改革法》第二十九条的规定，乡村农民大会，农民代表会及其选出的农民协会委员会，区、县、省各级农民代表大会及其选出的农民协会委员会，为改革土地制度的合法执行机关。由于农民协会在土地改革中的这种地位，它的发展十分迅速，1950 年 6 月以前，仅华东和中南两区，农民协会就发展了约 2400 万会员；② 湖南醴陵县在 1950 年前 4 个月就成立基层农民协会 180 个，会员达到 123111 人，占农村人口的 20.9%。③ 湖南省 5 月下旬统计，全省 14830 个村中，已有 9564 个村建立了农民协会组织；会员达 573 万余人。④ 1950 年 8 月，江西已建立村农协 113680 个，占全省行政村的 83.6%，拥有会员 130 余万人，其中有妇女会员 726491 人。⑤ 到 9 月，中南区凡开展了减租减息运动的地方，都建立了农民协会，会员人数达 2500 万人。⑥ 但农协的发展在各地并不平衡，有的地方还存在不少问题。湖南已经建立的农协组织，只有

① 柳倩：《中南地区一九四九年训练干部的基本情况与初步经验》，《长江日报》1951 年 1 月 4 日，第 3 版。从文中内容看，该文应是总结 1950 年中南区训练干部的基本情况与经验的，中南地区大部分 1949 年 6 月份才解放，而该文总结了"一年来"中南地区训练干部的基本情况与经验，故疑该文标题中的"一九四九"应为"一九五〇"。

② 刘少奇：《关于土地改革问题的报告》，载人民出版社编《政府工作报告汇编》（1950 年），人民出版社，1951，第 27 页。

③ 陈益元：《建国初期农村基层政权建设研究：1949～1957——以湖南省醴陵县为个案》，上海社会科学院出版社，2006，第 120 页。

④ 《湘鄂赣普遍整顿农会，清洗阶级异己分子，继续吸收会员，为土地改革创造条件》，《人民日报》1950 年 8 月 15 日第 2 版。

⑤ 陈正人：《关于江西省土地改革问题的报告》，1950 年 8 月 31 日，载人民出版社编《政府工作报告汇编》（1950 年），人民出版社，1951，第 853 页。

⑥ 杜润生：《关于过去半年内全区准备与实施土地改革情况的报告》，1950 年 9 月 18 日，赣档 X035－2－094 号。

20%～30% 较健全，而不够健全者达 50%～60%，还有 20% 严重不纯。从江西上饶、浮梁、南昌、九江土改试点情况看，多数农民已组织起来、涌现出大批积极分子并掌握了农村政权及农会，树立了农民优势、封建势力受到了严重打击的地区，占 20% 左右；地主组织的假农会或以各种形式操纵的农会并能影响多数群众的地区，占 10%～15%；还有 2/3 的广大地区农会中积极分子少，领导成分不够纯，甚至有会无员，有员无会，或有员有会无主任、委员等。有的地方，规定开过会的就算农协会员；有的把地主富农以外的都算作会员，逐户登记，单纯追求会员人数，实际是有名无实。另一方面，有的地方又对加入农协提出过高、过严的要求，如规定只有户主才算会员；或规定一个干部只允许介绍 1 人，5 人介绍才能入会；也有的规定入会要有候补期；不让给地主家当长工的参加农协，怕暴露秘密；有的甚至规定脾气不好的也不让参加；开会不到就要开除。还有的地方甚至排斥中农，中农表现不积极，就拒绝其入会或开除出会。有的地方中农在开会时发表不同意见就会受到"中农就会捣乱"的指责，被轰出去，引起中农不满，因之会员中中农数量很少。如江西南康龙迂乡农协会员中，中农只占 8%。① 同时，有不少地方，不重视依靠农协组织和培养当地农民干部与乡村积极分子，工作依靠少数外来干部组成的工作队去"包干"，工作队代替农协成了当地土改运动的执行机关。什么事都是他们出面干，什么问题他们都管，或者把当地的乡村干部当作"通讯员"使用，只要他们"打锣开会、送信叫人"，结果工作队在时就有"运动"，工作队一走，把"运动"也带走了。②

　　由此，各地在训练干部时，也把农协的整顿和农协干部的整训作为一项重要内容。有的地方还特别制定了农协干部应遵守的规范。如江西省在 1950 年 7 月的第一届农代会上就通过了一个《各级农协干部应遵守的八项公约》。这八项公约即八项纪律包括：严格执行人民政府的土地法令；坚决拥护土地改革，不准包庇地主；廉洁奉公，不准贪污浪费、私吞果实或接受贿赂；尊重人民民主权利，倾听意见和批评，不准欺压人民；一切

---

①　社论《进一步整顿农协迎接土改》，《江西日报》1950 年 10 月 28 日，第 1 版。
②　参见铁夫《在土改工作中注意培养干部》，《长江日报》1951 年 1 月 30 日，第 3 版。

重要问题和大家商量决定，然后推行，不要个人决定，强迫推行；依法律手段办事，不准乱捕、乱打、乱杀；坚决服从上级指示，不准阳奉阴违；严格执行请示报告制度，不准虚报情况，各自为政。① 江西省农代会通过的这一公约与后来中南军政委员会颁布的干部八项纪律基本相同，这说明，土地改革时期对农协干部的要求与其他干部是统一的。

干部训练的成绩是明显的。第一，广大干部通过训练班的教育，政治觉悟、政策水平都有所提高，工作方法也有了转变；第二，充实了各级组织机构（特别是基层组织），给干部地方化创造了条件。同时，通过教育，对开展各种社会改革、土改运动、生产建设，起了很大的推动作用。

当然，短期的干部训练并不能解决所有问题，如外来干部不重视本地干部、外来干部与本地干部不团结的问题，干部中的某些宗派倾向，干部队伍特别是新干部的成分不纯、作风不纯问题。在干部培训中也有选派学员不严格、训练班有冒名顶替、中途卷席逃跑和不法分子钻空子等现象。湖南湘潭第一期土改训练班，事先就没有进行动员，而是凑人数，结果13 岁的小女孩也被选派到了训练班。有的地区欺骗学员说是召开农代会，至多三天就回来。还有的强迫受训，规定不去罚谷五斗。江西个别县的土改训练班，由于成分不纯，有的学员在训练期间就开小差。② 但总体上说，通过训练为土地改革准备了干部基础。正因为有了大量这样经过训练，基本掌握了土地改革政策、方法、步骤的干部，土地改革才能够很快地得以实施，而且在土改展开以后能够顺利进行。

四　宣传动员与摸底调查

《中华人民共和国土地改革法》指出，土地改革的根本目的是要"废除地主阶级封建剥削的土地所有制，实行农民的土地所有制，借以解放农村生产力，发展农业生产，为新中国的工业化开辟道路"。这说明，土地改革"不仅仅是一场深刻的经济变革，而且是一场深刻的政治革命和社会革命。……不是单纯地分配土地，还要着眼于根本改变农村社会结构、

① 《各级农协干部应遵守的八项公约》，《江西日报》1950 年 7 月 17 日，第 1 版。
② 柳倩：《中南地区一九四九年训练干部的基本情况与初步经验》，《长江日报》1951 年 1 月 4 日，第 3 版。

政治结构"，"建立起一种有利于国家向现代化发展的新的、民主的、自由的社会关系"①。这样一场伟大的社会变革，仅仅依靠中共自身及其领导的农协干部是难以完成任务的，必须获得广大人民群众的认同、拥护和参与。因此动员农民、向农民进行宣传教育就成为土地改革前乃至土改中的一项重要工作。

动员群众的工作之所以必要，还在于传统乡村社会是一个以血缘和地缘关系为纽带联结起来的社会。传统农民的宗族意识、乡土观念强烈，礼教思想浓厚。相反，他们对外来干部带来的阶级观念、斗争意识感到陌生，对于斗争曾为邻居、族人甚至可能为同情、帮助过自己的"好人"的地主也在思想、道德和感情上顾虑重重。农民群众的这种思想状况要求必须首先充分发动群众，摧毁以地主为代表的旧政权和族权的统治，解除传统思想、意识、观念对农民群众的束缚，明确树立阶级观点，掌握阶级分析和阶级斗争的方法。

如果说清匪反霸、减租退押是为土地改革做准备的话，那土改动员实际上就标志着土地改革即将开始或已经开始。虽然在1949年中央还规定1950年全年新区不进行土地改革，但在《土地改革法》颁布实施后，各地就在紧锣密鼓地进行土地改革的实际准备。而从1950年冬起，拥有3.1亿人口的新区就开始分期分批实行土改。中南区在《土地改革法》颁布后，在土地改革方面主要做了三件工作，一是利用生产空隙，训练干部，整顿与健全农协组织，加强土改的执行机关；二是广泛深入地宣传土地改革政策；三是制定了本区土地改革的初步计划。1950年9月，中南军政委员会土地改革委员会就已将自己的注意力转向推动土改的实施方面了。②

按照中南区领导的设想，在土地改革试点的基础上，1950年冬1951年春要在全区5000万人口的地区进行土改。1950年9月20日，中南军政委员会土地改革委员会主任李雪峰在中南军政委员会第二次会议上认为，这是一件极为复杂与艰巨的工作，也是一场系统的激烈的阶级斗争。因此不但要有政策上的具体规定，思想上的明确性，而且还要善于运用适当方

---

① 杜润生：《中国的土地改革》，当代中国出版社，1996，"导言"。
② 杜润生：《关于过去半年内全区准备与实施土地改革情况的报告》，1950年9月18日，赣档X035-2-094号。

式动员群众、团结多数，这就必须运用各种方式进行土改地区的宣传。李雪峰强调，土改宣传对于群众来说是一个动员与教育的运动，对于地主阶级来说既是教育运动也是一个政治攻势运动。他说，我们已经在某些城市，进行了较有系统的宣传工作，宣传了一批宣传者，教育了一批教育者，现在主要的是要"组织一切宣传力量，深入已定的土改地区的乡村，将宣传工作组织成一条巨大的思想斗争的战线，从准备土改到完成土改一直贯彻下去"①。在此前后，随着土改试点的进行和全面土改的即将展开，中南各地通过报纸、广播对土地改革的宣传显著增多。

1950 年 8 月，中共中央宣传部就土地改革的宣传问题作出规定，要求在实行土地改革的地区，应宣传土地改革的利益和必要性，宣传土地改革的方针政策、计划、办法及经验，而对于这一工作的进行状况不要在报纸上多作宣传，以免引起那些不参加土改工作的城市居民不必要的震动，以及那些不成熟的甚至错误经验的盲目传布。在已经完成土地改革的地区和 1950 年不准备进行土地改革的地区，不要多宣传土地改革，以免引起党内外不必要的注意和纷扰。② 据此，8 月 26 日，中南局就土改宣传问题致电华南分局，指出土改必须宣传，但"宣传的内容应着重政策解释和良好的带有总结性的经验报导、某些错误纠正情形的通告，而不可登载如何斗争"等类消息。③ 1950 年 8 月底 9 月初，《江西日报》刊登了《从土地占有和农民的要求看土地改革的正义性》《江西农村阶级关系与各阶层土地占有的初步研究》等多篇署名文章，论证土地改革的合理性、正义性；同时开辟了《继续广泛深入宣传土地改革政策》等专栏，报道各地农民诉苦挖穷根、算细账比好处以及划分阶级的情况，进行舆论宣传教育。《长江日报》更是利用中南局机关报的优势，刊发中南局、中南军政委员会和土地改革委员会的有关规定、指示，宣传土地改革的政策措施，介绍土改试点地区的经验教训，对有关土改中的具体问题进行解答。仅在11 月上旬就登载了中南军政委员会《关于土地改革法实施办法的若干规

---

① 李雪峰：《为完成今冬明春土地改革计划而斗争》，1950 年 9 月 20 日，载人民出版社编《政府工作报告汇编》（1950 年），人民出版社，1951，第 773 页。
② 《中宣部关于土地改革宣传中几项问题的规定》，1950 年 8 月，粤档 204 - 1 - 438 号。
③ 中南局：《对宣传土改之指示》，1950 年 8 月 26 日，粤档 204 - 1 - 245 号。

定》，中南军政委员会土地改革委员会《关于训练土改工作队的指示》，报道《江西袁州专区不法地主破坏秋征土改，农民奋起进行反破坏斗争》《有关土改问题的解答》，中南局指示《在土地改革运动中注意加强妇女工作》《江西土改试点中妇女工作经验》，中南军政委员会关于《吸收民主党派民主人士参加土改》的规定以及《派来中南区参加土改的民主党派干部等学习后分赴湘鄂等地工作》的报道等 10 来篇各类文字。

1950 年 12 月 26 日，中南军政委员会副主席邓子恢在中南人民广播电台专门就土地改革问题发表了广播讲话。讲话就土地改革的政治意义，土地改革的基本内容、基本方法和基本步骤，以及土地改革运动的规律作了比较详细的说明。邓子恢指出，土地改革不仅是为了发展生产，而且是中国人民完成革命任务，立国于现代世界的根本大计；认为土地改革仅仅是为了发展生产，只是简单地分配土地，把分配土地当作单纯的技术工作，都是不对的。土地改革是"为了雇贫，依靠雇贫"，因此是否满足贫雇农的土改要求是衡量土改成绩的标准。依靠贫雇农就要放手发动群众，所谓放手，是要放雇贫农之手，而不是放流氓之手；放广大群众之手，而不是只放少数积极分子与干部之手；放干部去发动群众之手，而不是放强迫命令包办代替之手；放反封建之手，而不是放反资本之手；放合法斗争之手，而不是放非法斗争之手。邓子恢说，各地试验的经验证明，凡不敢放手发动雇贫农的，那里就出现和平土改，就出现土改不彻底，就出现与地主妥协的现象，或者就无力克服村与村、族与族、房与房之间的宗派纠纷。他强调，土地改革要依靠当地贫雇农、中农与地主面对面的阶级斗争，离开当地农民内在的阶级斗争而想单纯依靠行政力量用外力来改变这种优势，官办土改，那是不可能的。[①]

在这篇广播稿中，邓子恢把剿匪反霸、减租退押和分配土地看作广义的土地改革的三个阶段。而单就分配土地这个阶段来说，又分为"三反"（反破坏、反分散、反抵抗）、划分阶级、分配财产和土地、确定地权等四个步骤。

[①]　邓子恢：《关于土地改革的几个基本问题》，1950 年 12 月 26 日，《中南政报》第 9、10 期（合刊），1951 年 1 月。

舆论的宣传固然有利于提高干部和群众的思想认识, 但对于乡村社会绝大多数为文盲的淳朴农民来说, 他们实际上难以接收到这些媒体所发出的信息, 即便有所了解也难以理解。因此, 在舆论宣传的同时, 更重要的是直接面向群众、发动群众、教育群众、说服群众。而以往群众运动的经验表明, 访贫问苦, 扎根串连, 以及诸如农民代表大会、群众大会、座谈会、诉苦会等都是动员群众的有效办法。

为切实掌握新解放区农村的土地、阶级状况, 为土地改革做好更充分的准备, 各地还开展了大规模的农村调查。1950 年 5 月, 中南军政委员会专门发出《关于举行农村经济调查的指示》, 要求各省、专区、县财委组织好农村经济调查。指示指出, 在全区性的普遍调查之前, 先在 5、6、7 月三个月中进行典型调查。各省财委必须选择 5 ~ 7 个能代表全省各种经济情况 (如滨湖、滨江、特产区、丘陵、山地等)、社会秩序已较稳定、民主政权已初步建立且减租退押运动中群众发动较好的地区作为典型。指示要求各地要挑选熟悉农村情况且较有能力的干部组织调查组, 在搜集原有材料 (如人口、地亩、产量、负担等)、了解一般概况的基础上, 采取个别访问、开小型座谈会的方法, 正面调查与侧面调查 (尤其典型户) 相结合, 进一步深入调查。[①] 之后, 各省就农村阶级关系与土地占有情况进行了初步的调查, 这些调查的结果除了报纸刊登 (如 1950 年 8 月 10 日《江西日报》刊登了《中南区五省农村土地关系调查》) 和收入《新区土地改革前的农村》《两年来的中国农村经济调查汇编》等书内以外, 集中反映在各省和中南区土改委编印的资料集中。

包括农村阶级结构、土地与生产资料占有与使用情况, 以及属于江南农村特殊问题的调查研究, 为因地制宜地制定土地改革的具体政策措施、预防土改中出现偏差提供了第一手资料, 对土地改革的顺利进行起到了重要的作用。当然, 土改前的农村调查还只是初步的。1950 年 12 月, 江西省土地改革委员会主任刘俊秀在该省土改试点工作会议上还承认, 进入江西虽已逾一年, 但对于农村阶级关系、土改关系及新区社会情况进行深入的调查研究是很不够的, 同时对过去一年来的工作基础, 也没有深刻的考

---

① 中南军政委员会:《关于举行农村经济调查的指示》, 1950 年 5 月, 粤档 235 - 1 - 58 号。

察。他因此结合江西土改试点的情况强调，在进入土改前，首先要对农村阶级关系、土地占有、过去工作基础（包括反霸、减租、退押、废债等斗争，农协组织与干部积极分子的数量与质量），地主恶霸、反革命的活动，各阶层思想动态，特别是贫雇农的迫切要求等基本情况，作必要的调查。[①] 这说明，中南地区的领导已充分认识到调查研究的重要性。对土地改革前农村的政治、经济、社会情况进行比较全面的调查，也因此成为做好土地改革的一项重要准备工作。

第二节　土地改革的逐步展开

以分配土地为核心的土地改革是一个逐步展开的过程。按照中共中央和政务院的要求，1950 年秋收以后，江苏、浙江、安徽、福建、江西、湖北、湖南、广东、陕西九省，甘肃、宁夏、青海三省之汉人地区，准备工作已经充足、群众的觉悟与组织已达应有水平的地区，可以开始实行分配土地的改革。中南 6 省 514 县约 12000 万农业人口中，河南有 43 县约 1500 万人口的地区已于 1950 年春完成了土地改革。按照计划，中南区的土地改革分期进行。1950 年冬开始在 164 县、人口约 5000 万的地区进行，分别是河南 43 县，人口 1200 万；湖北 23 县，700 万；江西 44 县，700 万；湖南 31 县，1700 余万；广东 3 县，200 余万；广西 20 县，400 余万。其余还有约一半农业人口的地区，待减租生产及肃清土匪、反对恶霸的工作完成后再进行。[②] 而为顺利完成土地改革的任务，在《土地改革法》颁布后，许多地方就根据以往的经验和中央的指示，开始了土地改革的试点工作。

一　土改试点

在中南地区，最早实行土地改革的是河南省。该省辖 10 个专区 87 县

---

① 刘俊秀：《土改试点的基本总结及今后土改运动指导中的几个问题——在全省土改试点工作会议上的总结报告》，1950 年 12 月 7 日，赣档 X001 - 1 - 55 号。
② 李雪峰：《为完成今冬明春土地改革计划而斗争》，1950 年 9 月 20 日，载人民出版社编《政府工作报告汇编》（1950），人民出版社，1951，第 766 页。

（原 86 县，汝南县划为汝南、兴平两县），以及郑州、开封两个市，农村人口近 3200 万，城市人口 200 万，共 3400 万。1949 年冬和 1950 年春，河南先后在 11 个县 360 余万人口和 33 个县 1400 余万人口的地区实行了土地改革。[①] 河南部分地区先行土改为中南其他地区的土地改革提供了许多新鲜的经验教训。当时中南军政委员会土地改革委员会副主任杜润生对河南的土地改革评价甚高，认为取得了良好的效果。最主要的是，经过约两年的剿匪反霸减租运动，土改区的群众有了相当充分的发动，传统乡村社会的统治力量受到了相当大的削弱与打击，并培养了一批当地的干部，这为土改的顺利推进打下了一定的政治基础、群众基础和干部基础。另外，反复训练干部、制订土改实施细则、事先充分地进行宣传动员，以及典型试验等都是成功的因素。杜润生认为，河南的土改也有一些教训可以汲取。这就是有少数地区（15% ~ 20% 的村庄）准备既不充分，布置又比较晚，干部有急于土改的思想，领导机关又过高估计了工作基础，过低估计了工作的困难，在群众尚无准备的条件下，仓促发起分田。在遇到地主的激烈抵抗、破坏的情况下，出现了农会组织不纯、错划阶级、错征收、分田不公道，地主留好田、多留田，贫农少分田、分坏田，贫农不满、中农顾虑，生产不积极等现象，造成了"夹生饭"。[②] 河南先行土改区的经验，为中南其他地区的土改起到了示范作用，但其出现的"夹生"现象[③]，在许多地方的土改试点乃至土改中也未能避免。

对于重要政策的推行，先试点取得经验，再大面积推广，这是中共被证明行之有效的工作方法，也是群众路线的具体体现。虽然在新中国成立

---

① 韩劲草：《河南土地改革运动的经验和教训》，《长江日报》1951 年 6 月 7 日，第 2 版。

② 杜润生：《关于过去半年内全区准备与实施土地改革情况的报告》，1950 年 9 月 18 日，赣档 X035 - 2 - 094 号。

③ 所谓"夹生"，按照《长江日报》的解释，就是指土改之后，乡村的政治情况还没有得到根本的改变，农民特别是广大贫雇农，还没有得到政治上的优势，其思想和政治觉悟还未得到应有的提高，农民组织还不够强大甚至队伍不纯，农村人民民主专政还未根本确立或不巩固；同时地主阶级尚未被彻底消灭，一部分地主还在捣乱破坏，有的还向农民反攻倒算，妄图复辟。因而农村中没有出现土改后应有的新气象，农业生产也没有得到土改后应有的发展。见短评《切实防止土改中的"夹生"现象》，《长江日报》1951 年 1 月 11 日，第 3 版。

前，大片的解放区已经进行了土地改革，但这些地区主要在北方。对于经济社会状况与北方相比明显不同的南方新解放区来说，过去的经验不一定完全适应。因此，在新区土改中，试点仍被普遍认为是必要的。1950 年 6 月 14 日，刘少奇在人民政协全国委员会第二次会议上所作的《关于土地改革问题的报告》中指出，在普遍进行土地改革之前，县以上的领导机关应在少数区乡进行典型试验，以便取得成熟的经验，作为训练干部和指导土地改革之用。① 据此，中南军政委员会决定在 1950 年 10 月到 11 月中旬进行土地改革的典型试验。但实际上，许多地方的土改试点工作在 6 月份已经展开。以江西省为例，该省在 1950 年七八月的第二次党代会期间提出在两年内完成土地改革。② 1950 年秋征后全部进行土地改革的县份有南昌、九江、宜春、万载、万年、乐平、鄱阳、余干、浮梁、临川、崇仁、南城、横峰、上饶、弋阳、铅山、莲花、宁冈、吉安、永新、兴国、瑞金、宁都、于都、赣县、南康、上犹 27 个县，部分进行土改的县有萍乡、贵溪、泰和、万安、安福、会昌、信丰、大余、崇义 9 个县，合计36 个县，土改区人口 6974214 人，占全省农业人口 13825651 人的 50.3%，面积占全省土地面积的 45%～50%。③ 但从 6 月到 9 月，就在包括万年、上饶、南昌、九江、兴国、南康、吉安、永新、宜春、万载等 10 个县 14 个区 82 个乡的大约 30 万人口的地区进行了土改试点工作。④ 湖南省也从 1950 年 7 月开始在 47 个乡进行土改典型试验，这些乡分布在长沙、益阳、常德、邵阳、衡阳、零陵 6 个专区，包括滨湖、丘陵、山地、老苏区、特种作物区和塘坝及水利设施较多的地区。⑤ 在土地改革大规模展开前，河南在当年实行土改的 43 个县的 426 个乡先行进行了试点；

---

① 刘少奇：《关于土地改革问题的报告》，1950 年 6 月 14 日，载中共中央文献研究室编《建国以来重要文献选编》（第一册），中央文献出版社，1992，第 303 页。
② 《为实现土地改革与生产建设而斗争——中共江西省委第二次党代会决议案（草案）》，1950 年 7 月，赣档 X001 - 1 - 043 号。
③ 陈正人：《关于本省土地改革实施问题的报告（草案）》，1950 年 8 月 29 日，赣档 X035 - 3 - 037 号。
④ 刘俊秀：《土改试点的基本总结及今后土改运动指导中的几个问题——在全省土改试点工作会议上的总结报告》，1950 年 12 月 7 日，赣档 X001 - 1 - 55 号。
⑤ 光军：《湖南土改典型试验即将完成，将取得成熟经验指导全省土改》，《人民日报》1950 年 10 月 19 日，第 2 版。

湖南的重点试验乡为 50 个。①

土改试点的结果让人感到鼓舞，也说明土地改革的政策得到绝大多数农民的欢迎。华东局 1950 年 12 月 8 日向中央作的关于土改试点的总结报告称，试点地区土改完成后，"贫雇农得地开心，中农有利放心，富农不动定心，地主劳动回心。"② 在中南区，河南省委政策研究室的一份报告也说，土改结束后的乡村呈现了新的气象，农民树立了自己的政治优势，分得了土地及其他生产资料。河南省淮阳县刘楼、马营两个乡，农民分得土地 1193.6 亩，刘楼一个乡农民就得到耕畜 24 头，农具 308 件，房子 178 间，粮食 1491 斤，场、园、宅基地 40.3 亩，树 180 株。通过土改运动，农民队伍也得到壮大，马营乡农协会员发展到 1788 人，占全乡人口的 35.3%；刘楼乡农协会员发展到 1458 人，占全乡人口的 30.6%。土改结束后，农民生产情绪大为高涨，青年农民纷纷要求学文化，争着买工农识字课本。③ 在江西土改试点区，据不完全统计，农民分得土地 44 万亩，耕牛 800 余头，农具 1500 多件，房屋 800 多间。④ 该省南昌县小蓝乡，在土改试点中依法没收的土地有 1418.24 亩，房屋 520 间，农具 56 件，家具 1732 件，粮食 52 担。⑤ 总体上看，土改试点区特别是其中的部分地区在土地改革结束后，乡村中的政治、经济和社会状况发生了根本的变化。另外，对于土地改革的推动者来说，通过试点，也进一步了解了各阶层的土地占有情况，认识到了新区土地改革的复杂性，对土改中的一些具体做法、步骤以及可能出现的问题做到了心中有数。

---

① 分别见《河南未土改区四十三县普遍进行重点试验土改，土改结束的乡已呈现新气象》，《长江日报》1951 年 1 月 7 日，第 3 版；李俊龙：《战斗中的湖南农民》，《人民日报》1951 年 2 月 10 日，第 2 版。李俊龙报道中提到的湖南土改试点分为 50 个，比上文光军的报道多 3 个，是否为后来增加不得而知。
② 薄一波：《若干重大决策与事件的回顾》（上），中共中央党校出版社，1991，第 134 页。
③ 《河南未土改区四十三县普遍进行重点试验土改，土改结束的乡已呈现新气象》，《长江日报》1951 年 1 月 7 日，第 3 版。
④ 刘俊秀：《土改试点的基本总结及今后土改运动指导中的几个问题——在全省土改试点工作会议上的总结报告》，1950 年 12 月 7 日，赣档 X001－1－55 号。
⑤ 《江西省南昌县小蓝乡解放后的社会改革运动调查报告》，载中南军政委员会土地改革委员会调查研究处编印《中南区一百个乡调查资料选集》（社会改革部分），内部资料，1953，第 138 页。

　　但各地在土地改革的试点中，也出现了许多问题。有的地方表面上土改搞得轰轰烈烈，但真正深入检查就发现许多情况与领导基于过去的经验所作的估计有很大出入。所谓农民在政治上确立优势的村庄，只是极少数。在广大乡村，地主仍能左右逢源。农会组织形式上是建立起来了，但缺乏广泛的群众基础，上级干部去则应付一下，办点事情，干部一走，则陷于消沉，经不起风吹草动，或者只有几个积极分子包办一切，成为旧日的"办公人"。①

　　各试点地区普遍存在一种现象，就是"和平土改"。所谓"和平土改"，是指没有充分发动群众与广泛地组织群众，依法彻底没收地主阶级的土地和征收富农多余的土地，从政治上坚决打倒地主恶霸，严厉镇压反革命，将土改误解为离开当时当地社会条件的、单纯的分配土地工作。按照中南局的观点，"和平土改"表现在三个方面：一是单纯分田、片面生产观点与静止地讲土改条件。认为"只要分了田，只要不影响生产，土改就算成功"；"只要群众敢要地，就可以扩大土改"。二是单纯而孤立地讲法令，讲"有秩序"。还没有讲反封建，就讲照顾封建；还没有讲发动群众，就讲这不能动那不可动。群众说："咱们不行，毛主席的规矩太多"，"只听见响声，看不见下楼"（只听楼梯响，未见人下楼），"只见水动，不见鱼跳"。三是脱离群众行动，只讲究工作步骤，等于演戏走过场，发生严重的形式主义。② 有的地方，在没收地主财产时，对地主的农业副产物，如棉花、油类、烟叶、蓝靛等，一般都没有算细账，甚至有的给地主多留口粮房屋，以致留好房屋，过分照顾地主；对富农出租的土地，也多数未动。这种"和平土改"一般都难以满足贫雇农的土地要求。因此虽然分了田，按既定步骤走了过场，但是应斗争的未斗争，应惩办的未惩办，应镇压的未镇压，群众没有真正发动起来，各种群众组织还没有发展为一种有效的政治力量，形成土改的"夹生"现象。以致有些地方的群众说："土改成功了，地主解放了，干部不过瘾"。在南昌县小蓝乡，土改后，"田分了，革命成功了"的论调很盛，都说："不用开会了，可

---

① 《中南局关于土改问题的指示》，1950 年 11 月，粤档 204 - 1 - 445 号。
② 《中南局关于放手发动群众彻底完成土改计划的指示》，1950 年 12 月 1 日，粤档 236 - 1 - 1号。

要好好生产了。"少数年纪大一些的群众说："地主斗也斗了，关也关了，分也分了，过去的事就算了吧！"一般群众也认为："有干部党团员就行了，用不着我们了。"① 江西上饶横山乡，土改工作队甚至让国民党时期的联保主任当征收没收委员会主任，保长、副保长当积极分子，认为能工作，不能一脚踢开。②

土改试点暴露出了许多土改干部本身的指导思想不够明确，对政策的理解与把握不够透彻，这是产生"和平土改"的重要原因。江西省土改委主任刘俊秀在总结该省土改试点工作的经验时指出：土改干部对什么叫土改彻底与不彻底，土改达到什么目的，何谓左，何谓右，对这些问题还不够清楚，有的同志怕犯"左"而表现右了。有许多干部对地主阶级缺乏敌情观念，思想麻痹，对地主的公开反抗与破坏表现出束手束脚。上饶某乡一个地主，在划他阶级时，指使他人公开用刀杀人相威胁，而没有被扣押起来。另外一乡有个地主，当群众划他地主成分时，该地主立即到山上砍掉了300多棵茶树，也没有受到人民政府法办。有的干部认为政策规定反对乱打乱杀，就认为是一个不捉不杀。③ 在上饶横山乡，有人甚至扬言要打土改工作队。这种现象出现后，干部又没有采取有效的措施加以应对，结果进一步助长了地主的反抗行为，群众情绪则受到很大的压抑。群众反映说："工作队还叫人家打了，咱有什么办法？"④ 河南在土改试点中也同样出现了执行镇压反革命政策"宽大无边"的偏向，乡村组织不少被地主篡夺，干部束手无策，农民不满。⑤ 某些干部对放手发动农民群众，依靠贫雇农，团结中农向地主阶级开展斗争认识不足，对地主的破坏行为熟视无睹，进村先单纯讲解如何照顾地主限制群众。群众要求先斗争

① 《江西省南昌县小蓝乡解放后的社会改革运动调查报告》，载中南军政委员会土地改革委员会调查研究处编印《中南区一百个乡调查资料选集》（社会改革部分），内部资料，1953，第139页。
② 中南土委会：《（江西上饶地区土改试点中的几个问题）通报》，1950年12月3日，粤档236-1-1号。
③ 刘俊秀：《土改试点的基本总结及今后土改运动指导中的几个问题——在全省土改试点工作会议上的总结报告》，1950年12月7日，赣档X001-1-55号。
④ 中南土委会：《（江西上饶地区土改试点中的几个问题）通报》，1950年12月3日，粤档236-1-1号。
⑤ 裴孟飞：《河南省的土地改革运动》，《长江日报》1951年5月25日，第2版。

恶霸，干部甚至阻止说"别打乱土改步骤"，结果造成农民群众对土改的消极情绪。①

除了对土改的指导思想、对土改政策本身的不甚明了，干部思想上还存在一种盲目乐观的情绪，就是认为国民党蒋介石政权已被打垮，在全国胜利的形势下，"地主已是个死老虎"，"地主阶级和平投降"了。而事实上，在这样一场从政治、经济、社会等各个方面来说都是翻天覆地的社会变革面前，原先的统治阶层和土地所有者岂会心甘情愿地让出自己的权益。可以说，地主的破坏、抵抗土改是普遍的，有些还是严重的。江西上饶清水乡35户地主中有18户在土改中自始至终抵抗。除了上述所说的公开威胁他人、砍掉自家山林外，各乡地主的造谣和分散隐藏都很普遍。其他的如组织假农会，指使亲信混入党员干部队伍内，挑拨宗派矛盾，利用帮会分化农民团结，收买利用农民积极分子，等等。

在湖南，也主要是由于干部问题而出现了"和平土改"的现象。截至1950年12月，湖南参加土地改革的干部有二万二三千人，每乡有二三十人。这些干部中，93%是新干部，而其成分有百分之七八十是地主富农家庭出身的知识分子，百分之二三十是农民。他们参加革命工作的时间，最长的不过一年，最少的仅十天半月。老干部仅占百分之七八，而且并不都是有土地改革工作经验的。许多干部在政治上没有阶级方向，也缺乏群众工作的方法，因此大都持有"和平土改"的观念。②

在土改试点中，当初被认为比较成功的南昌县小蓝乡，后被看作"和平土改"的典型。该乡土改涉及的1004人中，被认为落后的有590人，达半数以上；先进的有276人，中间的有138人；农民协会也被认为有名无实，有些会员连自己是不是会员也忘了；农协的委员们认为土改后再没事做，因此要求换班回家生产。在发展农民协会会员方面也被认为很不慎重，因为发展了便衣队10人、青帮4人、保长2人。另外，该乡还有30多户农民和地主合伙做生意。还出现了地主逃亡（36个地主中有8

① 《河南未土改区四十三县普遍进行重点试验土改，土改结束的乡已呈现新气象》，《长江日报》1951年1月7日，第3版。

② 李俊龙：《战斗中的湖南农民》，《人民日报》1951年2月10日，第2版。

个逃亡）、分散和变卖财产、破坏器具、收买干部的情况。① 上饶地区 12 个土改试点乡的 42 个行政村中，则只有 40% 至 50% 是搞得比较好的，有 30% 左右是一般的，有 20% 以上是坏的、"夹生"的。乡村干部也很不纯，根据 5 个乡的统计，254 个干部中，有 5 个地主富农分子，有 63 个伪乡保人员，而且是干部中的主要人物。② 可见，地虽然分了，但旧势力并未打垮，农民在政治上思想上也还未彻底翻身，经济上的要求也满足得很不够，农民抱怨这种土改是"改了是半斤，不改是八两"。③

中南局根据是否造成大量的严重"夹生现象"、土改后乡村面貌是否发生了根本的变化这一标准，把土改试点工作划分为比较好的、不很好的和很不好的三类。在检查了湘、鄂、赣 3 省 100 个乡的土改试点工作后，中南局认为，土改试点工作做得比较好的只有 20% 的乡，有 50% 的乡工作不很好，而有 30% 的乡试点工作则很不好。④这说明，土改试点中"和平土改"确实是一个普遍存在的现象。

如果说"和平土改"是右的话，那么在土改试点中也出现了与之相反的"左"的现象，即在某些地方，没有按照阶级划分的标准来划分阶级成分，而是随意提高阶级成分，将小土地出租者和富农划为地主，将富裕中农划为富农。只是由于这种情况在土改试点中相对较少，特别是它无碍于贫雇农积极性的发挥，无碍于满足贫雇农这个土改所依靠阶级的经济利益，所以没有受到重视而已。

针对各地试点中出现的"和平土改"现象，中南局于 1950 年 12 月 1 日发出《关于放手发动群众彻底完成土改计划的指示》。《指示》指出，必须放手发动群众开展革命斗争，掀起一个大规模的农民反封建的革命运动。具体地说，就是要从当时当地情况出发，从群众当前最迫切的要求着

---

① 《江西省南昌县小蓝乡解放后的社会改革运动调查报告》，中南军政委员会土地改革委员会调查研究处编印《中南区一百个乡调查资料选集》（社会改革部分），内部资料，1953，第 139、138 页。

② 中南土委会：《〈江西上饶地区土改试点中的几个问题〉通报》，1950 年 12 月 3 日，粤档 236 - 1 - 1 号。

③ 《中南局关于放手发动群众彻底完成土改计划的指示》，1950 年 12 月 1 日，粤档 236 - 1 - 1 号。

④ 《中南局关于放手发动群众彻底完成土改计划的指示》，1950 年 12 月 1 日，粤档 236 - 1 - 1 号。

手，组织一系列的群众斗争，彻底打破地主阶级的政治优势，打倒所有旧势力的领袖人物，废除他们的一切经济特权，使农民从政治上、经济上、思想上都得到翻身，真正变成乡村的统治阶级。《指示》特别强调，在群众尚未发动起来之前，不要过早和过分地强调防"左"，形成设"防"；而应首先鼓励群众勇敢地向封建作斗争，争取反封建的胜利。个别"左"的偏向，只可以个别纠正，群众的某些过火行动，只应诱导改正，而不应给他们泼冷水。《指示》再次强调，放手是指有领导地放手，"是放反封建之手，而不是放反资本主义之手；是放雇贫中农群众之手，而不是放流氓分子之手；是放广大群众之手，而不是放少数勇敢分子之手"。不依靠贫雇农就无法中立富农、消灭地主阶级，也无法团结好中农；没有广大贫雇农积极起来进行土改，土改一定改不好，一定改得不彻底。在这份《指示》中，特别强调要照顾贫雇农的利益，认为对"雇贫的土地要求及当前的吃饭问题，直至所需生产资料与其政治要求，都须尽可能地予以满足。如果雇贫农坚决要求征收富农的出租土地，即使所得无多也可予以征收"①。由此也可以看出，"和平土改"被看作土改试点中一个相当严重、必须加以批判的现象。防止"和平土改"在大规模土地改革中出现，也是土改试点中得到的主要经验。

土改试点中得出的经验还有：要加强阶级教育、政策教育与时事教育，把思想发动与政策教育、时事教育，特别是与群众的诉苦运动、阶级教育密切结合起来；从斗争中去扩大农协组织，在扩大与巩固的基础上继续深入斗争，把整顿农协组织、扩大农民队伍，贯彻到整个土改运动中去；贯彻由点到面、点面结合的工作步骤与工作方法；等等。这些经验，在后来的土改中基本得到了应用。

事实上，在1950年冬季的新区土改中，"和平土改"的现象依然存在，这也引起了中共中央的重视。1951年1月17日，毛泽东致电华

---

① 《中南局关于放手发动群众彻底完成土改计划的指示》，1950年12月1日，粤档236－1－1号。实际上，由于"左"的行为没有被制止，而"和平土改"受到广泛的批评，以至在大规模土地改革开始后，不少地区发生了"单纯经济斗争、追浮财、挖底产、提高阶级成分，以至发展到乱捉、乱吊、乱打的严重'左'的偏向"。参见刘俊秀《土改试点的基本总结及今后土改运动指导中的几个问题——在全省土改试点工作会议上的总结报告》，1950年12月7日，赣档X001－1－55号。

东、中南、西南、西北、华北、华南等地负责人，强调对于反革命分子必须打得稳打得准打得狠。他指出，华北新区有 2000 万左右人口是在 1949 年及 1950 年两年内用比较和平的方法分配土地的，匪首恶霸特务杀得太少，至今这些地方的地主威风还有很多没有打下来，贫困群众不敢抬头，所以现在还须重新提出镇压反革命的问题。他对比华北老区和东北老区，说那里因对反革命镇压彻底，人民高兴，生产积极，匪患绝迹。[①] 据此，1951 年 1 月 6 日，中南局就放手发动群众、防止"和平土改"倾向专门向江西省委发出指示，23 日再向江西和湖南省委发出指示，强调土改必须放手发动群众。中南局指出，土改中的重要任务是充分发动群众尤其是贫雇农进行有步骤有策略的斗争，打击敌人，而不是束手束脚消极地去防群众过火，更非停止斗争而和平分田；因此土改必须要个锣鼓，没有群众的土改锣鼓，就不会有真正的土改，就不会收到土改在经济上并且在政治上、思想上的预期目的。[②] 当然，这一时期反复强调防止和纠正"和平土改"、严厉打击和镇压地主阶级的反抗，与 1950 年 12 月开始的镇压反革命运动是密不可分的。

二　划分阶级

划分阶级成分是土地改革的重要步骤，只有划分好了阶级成分，才能公平合理地分配土地；也只有划分好了阶级成分，才能明确在土地改革乃至整个社会改造中依靠谁、团结谁和改造谁。因此，从中央到各地方，都非常重视划分阶级的工作。刘少奇在全国政协一届二次会议上所作的报告中特别强调，由于土地改革中划分农村中的阶级成分是一件复杂的而又极其重要的工作，各级领导机关必须认真地加以处理。事实上，各级领导对土地改革中划分阶级的重要性有着共同的认识。1950 年 8 月 29 日，中共江西省委书记陈正人在关于该省土地改革实施问题的报告中指出，划分阶

① 毛泽东：《关于对反革命分子必须打得稳打得准打得狠的电报》，《建国以来毛泽东文稿》（第二册），中央文献出版社，1988，第 36 页。
② 分别见《中南局关于纠正土改偏向的指示》，1951 年 1 月 6 日；《中南局关于放手发动群众防止和平土改倾向给江西和湖南省委的指示》，1951 年 1 月 23 日，赣档 X001 - 1 - 093 号。

级是贯彻政策和顺利进行土改的"一个重要关键，万不可草率从事"。① 9
月 20 日，李雪峰在中南军政委员会第二次会议上所作的报告中也指出，
严肃慎重地正确划分农村阶级成分，是正确执行土地改革法的关键，也是
实行土地改革中一个极其紧张的斗争。② 1951 年 2 月，《长江日报》发表
署名文章，再次强调正确划分阶级的重要性。文章说，整个土地改革运动
的过程，就是一场尖锐的系统的阶级斗争过程，而划分阶级又是土地改革
中的一个重要环节，在这一个环节里，要分清敌友我界限，划清敌人，团
结朋友，加强自己，为下一步的没收征收分配打下基础。③

　　那么如何正确地划分阶级呢？在土地革命时期，中华苏维埃共和国临
时中央政府曾公布过《怎样分析农村阶级》和《关于土地改革中一些问
题的决定》两份指导性文件。前者将中国农村的居民分为地主、富农、
中农、贫农、工人等 5 个阶级，并对如何划分这 5 个阶级作了详细说明。
后者在原来划分阶级的原则基础上，又在中农中划一个富裕中农阶层，并
对反动富农、破产地主、游民、宗教职业者、知识分子作了界定，特别是
还对当时红军战士中的地主富农出身的分子、家庭是富农或地主的工人、
不同阶级成分的人通婚后的成分、地主富农兼工商业者等种种复杂的情况
进行了细致的分析。1950 年 8 月 4 日，中央人民政府政务院第 44 次政务
会议通过《关于划分农村阶级成分的决定》并于 8 月 20 日公布实施。这
个《决定》实际上是在前述两份文件的基础上稍加删改并根据新的情况
补充形成的。补充的内容主要包括：半地主式富农的界定、地主家庭中家
庭成员的成分划分；大家庭中劳动家庭的界定、主要劳动的性质对成分划
分的意义，职员、高级职员和革命军人的界定，以及对不同阶级的成员通
婚后其地主、富农、资本家成分的认定等。与此同时，政务院还在此基础
上出台了一个《政务院的若干新决定》，就小手工业者、手工业资本家、
手工工人、自由职业者、小商小贩、商业资本家或商人、开明士绅、革命

①　陈正人：《关于本省土地改革实施问题的报告（草案）》，1950 年 8 月 29 日，赣档
　　X035－3－037 号。
②　李雪峰：《为完成今冬明春土地改革计划而斗争》，1950 年 9 月 20 日，载人民出版社编
　　《政府工作报告汇编》（1950 年），人民出版社，1951，第 772 页。
③　石挺：《正确划分农村阶级成份》，《长江日报》，1951 年 2 月 22 日，第 2 版。

烈士家属、恶霸等 9 类成分作了明确的界定。此外，新的《决定》还对少年儿童和青年学生的家庭出身和地主成分的改变作了说明。[①] 应该说，这两个《决定》尽可能地考虑到了农村中出现的各种职业，对划分农村阶级成分中可能出现的一些复杂问题加以规范指导，因此各地在划分阶级时，主要的依据就是政务院的这两份《决定》。在这里，也可以看出，划分阶级成分是一个相当复杂的工作。

正是由于划分阶级成分的复杂性，中南区对此采取了非常慎重的态度。中南军政委员会土地改革委员会要求，划分阶级成分应经过农协发动群众深入讨论，先行试划，分清敌我友的界限，在一切干部会、训练班中反复学习与随时查考划阶级文件，以便正确地帮助农民群众。由于政务院的上述两份文件公布较晚，各地尚未好好组织学习，中南土改委因此特别强调，必须迅速加以弥补，要向包括地主在内的所有人进行深入宣传；同时允许任何人就自己成分或帮助别人发表意见与反复申辩。在经过当地群众讨论审议后，再行榜示与批准手续。仍有争议者，由人民法庭判决。

划分阶级工作的复杂性主要在于对地主成分的划分。对于农村中占绝大多数的穷苦成员来说，他们的阶级成分是明确的，是比较容易划分的，而且成分的认定至少不至于使他们的利益受损。而对于地主来说，则完全不同。一旦被划为地主，则其土地和其他生产资料乃至财产都将被没收。因此，在实践中，有一些土地所有者为了在划分阶级时能降低成分，往往分散隐藏财产、分散隐瞒田产、将出租土地送给佃户、说自己有劳动等。此外，对于部分土改干部尤其是新干部及广大群众来说，对划分阶级还不够熟悉，以致往往把一些小土地出租者划分为富农或地主。

为了预防土改中出现这些偏向，刘少奇在《关于土地改革的报告》中曾提出，在划分阶级成分时，要首先确定那些阶级成分是明朗的，容易划分的，也不会有多少争论的人的阶级成分；另有一小部分阶级成分不明朗的，难以划分的，有争论的，摆在后面，多加研究，并请示上级，然后去划分，而不要急于去划分这些人的阶级。《长江日报》的署名文章还就

---

① 《政务院关于划分农村阶级成分的决定》，载中央人民政府法制委员会编《中央人民政府法令汇编》（1949～1950），法律出版社，1982，第 85～107 页。

如何正确划分阶级进行专门的说明。文章指出，正确进行阶级划分首先要使农民群众了解划阶级的意义和目的，掌握划阶级的政策与标准，即首先要向农民讲清划阶级的原则，解除部分农民对划分阶级的各种思想疑虑和困难，以使农民特别是贫雇农民真正从思想上接受了划阶级的政策。对于那些隐藏瞒报的地主，要发动农民与之说理算账，举出人证物证，揭他的底子，使他哑口无言，低头服罪，而对于个别坚决狡赖顽抗分子，就交由人民法庭予以依法制裁。遇到个别人的阶级成分不明朗，难以划分，有争论的，应该摆在后面多加研究，并请示上级，然后去划分，免得划错，引起他们不满。或因这个别户的胶着而影响整个划阶级的进行。① 总之，为防止划分阶级时出现错误，从中央到地方都要求在实际工作中，既要广泛发动群众，坚决反对分散、隐藏的行为，又要按照先易后难的方法，以免错划。

从各地的实践看，划分阶级一般都经过宣传、划分（自报）、评定（公议）与批准四个步骤。在划分时多数是先划地主后划农民，少数地方先划农民后划地主。在划分地主成分时，采取发动群众诉苦算细账、挖穷根的办法；对于那些隐藏的恶霸分子、匪首，则通过查政治压迫，查反动组织和反动武装加以清查。在划阶级前或划阶级中，还结合了丈量土地、评产量、查黑田，以便利划阶级分田。但在有些前期的准备工作没有做好的地区，特别是农协、民兵等组织为地主或同情地主的农民所控制的地方，把地主、恶霸划成"富农"或"中农"、把农民划成"富农"或"地主"的错划现象仍时有发生。

更多的问题出在小地主与小土地出租者的划分上。《土地改革法》和《政务院关于划分农村阶级成分的决定》都曾明确规定，小量土地出租者，不得以地主论。《土地改革法》第五条指出："革命军人、烈士家属、工人、职员、自由职业者、小贩以及因从事其他职业或因缺乏劳动力而出租小量土地者，均不得以地主论。其每人平均所有土地数量不超过当地每人平均土地数200%者（例如当地每人平均土地为2亩，本户每人平均土地不超过4亩者），均保留不动。超过此标准者，得征收其超过部分的土

---

① 石挺：《正确划分农村阶级成份》，《长江日报》1951年2月22日，第2版。

地。如该项土地确系以其本人劳动所得购买者，或系鳏、寡、孤、独、残废人等依靠该项土地为生者，其每人平均所有土地数量虽超过200%，亦得酌情予以照顾。"① 这里明确了小量土地出租者不得划为地主，并规定了其土地的处理方式。政务院的《决定》重申了这一点，并规定其成分应"依其职业决定，或称为小土地出租者"②。这就是说，小土地出租者的土地和小地主的土地在法律上将以完全不同的方式进行处理，小土地出租者受到法律一定程度的照顾。

从上述两份重要文件来看，是不是小土地出租者决定于两个要素，且这两个要素缺一不可。一是自身从事的是"其他职业"即非农业，或缺乏、丧失农业劳动力而将土地出租；二是出租的是"小量土地"。如果只具有第一个要素中的第一种情况，即从事其他职业，有其他职业的收入，但出租的不是少量的土地，而是达到当地地主每户所有土地平均数以上，这种情况，政务院的《决定》规定，可定为地主，依其主要收入来源，或称为其他成分兼地主，或称地主兼其他成分。换句话说，这种情况的土地出租者将得不到法律的照顾。同样，如果既非革命军人和烈士家属，也不从事其他职业，有劳动力而不是丧失或缺乏劳动力，但又不耕种自己的土地，靠剥削或亲友接济为生，对于这种人，即使他出租的土地并不是大量的，根据《土地改革法》和政务院的《决定》，也不能称为小土地出租者。问题在于什么是小量出租土地，什么又是大量出租土地？这个问题在《土地改革法》等有关文件中没有明确规定，而且政务院的《决定》在规定"地主每户所有土地平均数"时，使用的是一个模糊的概念，即"各地地主每户所有土地平均数，以一个或几个县为单位计算"③。而在土地改革未完成前，各地很难掌握这一数字。而且，有些地方地主每户所有土地平均数比较高，如果把无其他职业收入又出租一定量土地的划为地主，而把有其他职业收入又出租高于前者但不超过地主每户平均数不划为地主

---

① 《中华人民共和国土地改革法》，载中央人民政府法制委员会编《中央人民政府法令汇编（1949~1950）》，法律出版社，1982，第49页。

② 《政务院关于划分农村阶级成分的决定》，载中央人民政府法制委员会编《中央人民政府法令汇编（1949~1950）》，法律出版社，1982，第86页。

③ 《政务院关于划分农村阶级成分的决定》，载中央人民政府法制委员会编《中央人民政府法令汇编（1949~1950）》，法律出版社，1982，第87页。

兼其他成分或其他成分兼地主，而是划为小土地出租者，那显然是不公平的。正是对上述这些问题没有明确规定或有规定但不合实际，导致各地对小土地出租者与小地主的标准与界限很不一致，有的地方为此搁置不划。有的地方划分时不是按照土地占有情况与剥削数量、是否有劳动力这一硬性条件，而以生活条件或政治条件为标准，将一些生活富裕或过去当过乡长或保长，或管过公堂，或政治上有劣迹的小土地出租者划为地主；有的为了农民多分果实，废掉旧债，而故意将小土地出租者提升为小地主。1951年初，江西省委根据各地的情况反映及省委8个巡视组的报告，认为乡村富农及小土地出租者被划为地主，没收财产、被捉被打的事实不断发生，提升阶级现象相当普遍。[①] 当然，也有个别地方出现将一些小地主降为小土地出租者的情况。

针对这种情况，1950年11月，刘少奇在为中央起草的《中央对小地主出租问题的解释和指示》中提出，由各地根据当地土地占有情况，提出一个适当的小土地出租者每户占有和出租土地的最高数。这个最高数须在当地最小地主每户占有土地数之上，也须在当地富农平均占有土地数之上（富农一般占有每人平均土地数的300%），但又不能太高。在设定这样一个标准之后，对有其他职业但又出租土地在此标准以下者，可划为小土地出租者。但有其他职业而又出租土地，在此标准以上者，有些人可以划为地主兼其他成分，或其他成分兼地主，或依其职业决定其成分。[②]

据此，江西省根据本省的土地占有和地租剥削情况，提出了区分小地主和小土地出租者的办法，规定如下。

第一，有劳动力自己不参加劳动，或只有附带劳动；占有土地相当于当地小地主土地的平均数，其土地全部出租，或出租土地占全部土地的2/3；在解放前连续剥削三年，而依靠剥削收入作为维持生活的主要或全部来源，其生活程度超过中农水平以上者，应划为小地主。反之，如土地占有、剥削收入与剥削年限不合乎上述条件，则一般应划为小土地出租者。

---

① 《江西省委关于纠正土改斗争中某些地方若干偏差的指示》，1951年春，赣档X001-1-093号。

② 《中央对小地主出租问题的解释和指示》，1950年11月30日，载中共中央文献研究室、中央档案馆编《建国以来刘少奇文稿》（第二册），中央文献出版社，2005，第570页。

第二，有劳动力而不参加劳动，又不从事其他职业，而以土地出租并依靠其他剥削（如放高利贷、请雇工）或靠亲友接济，维持全部或主要生活来源，其生活程度超过中农以上者，虽其土地占有数量少于当地小地主土地平均数，也应划为小地主。

第三，从事其他职业，如教职员、医生、独立劳动者、工程师、小工商业家等，有小量土地出租，但主要依靠其他职业收入维持全家生活来源者，应根据其主要职业，划定其成分，而不应划为小地主。

第四，过去属于劳动人民成分，但因有劳动力的人发生衰老、疾病、死亡或鳏寡孤独而丧失劳动力，或因参加人民解放军与革命工作，其家属无人参加劳动，因而将小量土地出租者，应划为小土地出租者。①

从该指示看，江西省的规定在遵循《土地改革法》原则和中央有关精神的基础上，还将生活水平是否高于中农作为一个重要的衡量标准。

在划分农民内部的阶级时，也出现过贫雇农为了多分果实而提高中农成分、中农为了多分果实而降低自己成分的情况。但总体上说，中农、贫农之间的阶级划分要顺利得多。

三　分配土地

没收地主阶级的土地、征收富农多余的土地分配给无地少地的农民，实现耕者有其田的千年梦想，是土地改革的出发点，也是土地改革中最为关键的步骤。《中华人民共和国土地改革法》全文共 6 章，除了总则和附则以外，其余 4 章中有 3 章都是关于土地的没收、征收和土地分配、土地处理的。《土地改革法》明确规定，没收地主的土地，征收出租大量土地的半地主式富农出租的土地，祠堂、庙宇、寺院、教堂、学校和团体在农村中的土地及其他公地，以及工商业家在农村中的土地，由乡农民协会接收，统一分配给无地少地及缺乏其他生产资料的贫苦农民所有。但在土地没收征收和分配过程中，由于干部对政策的领会不透、农民中广泛存在的

---

① 《江西省委关于纠正土改斗争中某些地方若干偏差的指示》，1951 年春，赣档 X001 – 1 –
　　093 号。

传统道德观念与宗法思想、各地土地占有状况和人均耕地不一，尤其是由于地主的抵制，也出现了许多问题。

分配土地，必须首先没收或征收土地。而早在土地改革法颁布实施前，中南区就发现，各地都出现了地主、富农故意出卖、分散土地，以逃避公粮、抵抗减租、反抗土改的情况。有的地主、富农借口无粮假卖田地；有的强行把田地分给佃户，登记土地时，则称系佃户自耕田；等等。为此，中南军政委员会民政部通知所属各省市，要求禁止地主、富农将己所有土地出卖及典当、抵押、赠送等方式分散土地，凡以上述方式分散出去的，均应宣布无效。① 在此之前，湖北省为防止地主、富农分散土地，也曾于 1950 年 1 月发出布告，规定解放后所有地主、旧式富农出卖、典当田地的，除曾经区以上政府正式批准者外，一律为非法。② 江西省还明确，在 1949 年征粮中政府工作人员及农会干部许可地主出卖的土地也一律无效，同样没收。③ 但这些禁止性的规定各地并没有严格地执行。土地改革法颁布后，曲解土改法令、非法夺佃、拆卖房屋、砍伐山林、宰杀耕畜、破坏农具、转移粮食、贿赂干部等各种情形不断发生，特别是分散土地的现象依然存在。各地政府对于此种现象均采取了发动群众、严厉打击的方针，湖北省还出台了《惩治匪霸不法地主破坏土地改革的紧急办法》，严令所有地主切实遵守人民政府的法令，不得破坏与抵抗，违者依法严惩，并要求农协民兵严格监视地主的活动，不得使其破坏、隐藏、分散、出卖土地。④ 江西省则对地主提出"四要五不准"。四要是：遵守人民政府法令；依法交出应没收的全部土地财产；真正向人民低头；积极参加劳动生产，改造自己。五不准是：不准破坏分散变卖土地财产；不准私藏武器弹药；不准勾结土匪特务，进行反革命活动；不准造谣生事或挑拨

---

① 中南军政委员会民政部：《（严禁不法地主、富农出卖土地及以典当、抵押、赠送等方式分散土地）通知》，1950 年 3 月 5 日，鄂档 SZ67－2－47 号。
② 湖北省人民政府：《为报告地主、富农非法出卖田地已行布告禁止由》，1950 年 3 月 10 日，鄂档 SZ67－2－47 号。
③ 《（江西省首届各界人民代表会议）大会土改委员会对各代表团所提有关土地改革法实施问题的解答》，1950 年 8 月，赣档 X035－2－097 号。
④ 湖北省人民政府：《（惩治匪霸不法地主破坏土地改革的紧急办法）布告》，1950 年 9 月 10 日，鄂档 SZ67－2－47 号。

干群关系；不准自由行动。① 经过政治上、肉体上的打击后，地主、富农隐藏、分散土地的现象才得以制止。

有些地方由于对没收与征收不加区别，导致被征收对象产生很大的意见。因此，江西省强调要掌握政策，严格区分没收与征收。对于敌对的地主阶级的土地与其他财产，不应采取谈判协商的办法，而是直接没收，只有在其交出应没收的全部土地财产后，才能在后续的统一分配中分给其一份土地财产。而对于富农、小土地出租者、工商业家等应征收的土地，则与地主有原则的区别，尽量采取协商的方式解决。同时要求在没收地主的土地财产时要实行"七要三不准"，即要土地，要耕畜，要农具，要多余粮食，要多余房屋，要随房走的家具，要废除旧债；不准挖底产，不准动地主的正当工商业，不准乱打乱捉乱杀。在依法进行征收小土地出租者及工商业家在农村的土地房屋时，要坚决贯彻保护小土地所有者，保护城市工商业及保存富农经济的政策。②

实际上，在中南农村，地主之间占有的土地也是极不平均的，大多数地主占有的土地并不多。以南昌县小蓝村为例。该村共有 479 户，土地 2763 亩，其中地主 32 户，土地 1103.448 亩。表面上看，占全村总户数 6.68% 的地主占有全村 39.94% 的土地，似乎占比很高。但这 32 户地主中，占有土地最多的有 132.341 亩，最少的只有 2.4 亩，前者是后者的 55 倍。在这些地主中，如果排除在外村占有的土地，则土地在 10 亩以下的有 4 户，在 10～20 亩之间的有 3 户，50 亩以上的有 6 户，其余 19 户在 20～50 亩之间（见表 2-1）。这些地主中，有 6 户全家逃亡，他们占有的土地共计 393.174 亩，占 32 户地主土地的 35.63%。剩余的 26 户地主共有人口 151 人，土地 710.274 亩，人均占有 4.7 亩。而土地在 20 亩以下的 7 户地主中，共有人口 38 人，土地却只有 67.469 亩，人均不到 1.8 亩。③ 如此之少的土地占有之所以还会被划分为地主，主要原

---

① 《刘俊秀关于土改试点的基本总结及今后土改运动指导中的几个问题》，1950 年 12 月 7 日，赣档 X001-1-55 号。
② 《刘俊秀关于土改试点的基本总结及今后土改运动指导中的几个问题》，1950 年 12 月 7 日，赣档 X001-1-55 号。
③ 《小蓝村没收地主土地逐户调查表》，1950 年 8 月 25 日，南昌县档案馆馆藏档案，县委档案，全宗号 1，案卷号 56，1951 年。

因在于除了个别地主外，他们的土地不是自己耕种，而是全部或大部分用于出租。

表 2 - 1　江西省南昌县小蓝村地主占有土地情况表

占有土地面积	10 亩以下	10～20 亩	20～30 亩	30～40 亩	40～50 亩	50～60 亩	60～70 亩	100 亩以上
地主户数	4	3	11	5	3	3	2	1

　　资料来源：根据《小蓝村没收地主土地逐户调查表》制作而成，南昌县档案馆馆藏档案，县委档案，全宗号 1，案卷号 56，1951 年。

　　在分配土地中，除来源于没收地主所有的全部土地外，尚有很大一部分来自征收的各类公田，以及部分富农的土地。在江西南昌县小蓝村，公田、庙田有 626.25 亩，占全村土地的 22.66%。该村因富农本身户数很少，占有土地不多，征不征收对土地分配没有影响，故没有征收；小土地出租者的出租田，超过该村每人平均数 200% 的仅有 3 户（共 4 人，出租土地共 21.9 亩），且均无劳动力，因而也没有确定征收（按照土地改革法及有关说明，一般不予征收）。所以，就小蓝村而言，实际上能用于分配的土地是地主占有的土地和公田、庙田。这两项合计达 1729.68 亩，占全村土地面积的 62.6%。① 由此可见，地主内部虽占有土地有多有少，但没收其土地和征收各类公田，对于分配土地仍有具有关键性意义。

　　土地的重新分配，既考验干部掌握政策的水平，也对乡村社会的传统道德观念和宗法观念造成很大的冲击。在 1950 年冬 1951 年春的土地改革中，中南局就注意到，湖南的有些地方干部深入发动群众不够，干部产生自满情绪，深入不下去。长沙县罗祥乡在没收征收时只由几个人组织了专门“说理组”，多数人只搬东西，不参加斗争。在广大贫雇农、中农群众中，大多数存在着命运“八字”“阴德”、情面、家族、变天等思想问题。有的农民用同情的态度劝说本姓地主说，“你不拿出来，人家会说我们在包庇你”②。

---

① 《小蓝村关于征收没收土地情形》，1950 年 8 月 25 日，南昌县档案馆馆藏档案，县委档案，全宗号 1，案卷号 56，1951 年。

② 中南局：《土改总结经验通报》，1951 年 5 月 24 日，粤档 204 - 1 - 177 号。

对于土地的分配，刘少奇在《关于土地改革问题的报告》中指出了一个基本的原则，就是"在原耕基础上用抽补调整方法来分配土地，以及适当地照顾原耕农民"，以有利于生产。各地按照这一原则都有一些具体的规定。如江西省就要求，在分配土地时，一般应以村为单位，以乡作调剂，并以产量为主，适当照顾数量。在量质相等的地区，可以数量为主，适当照顾质量。在分配耕牛、农具、粮食、房屋、家具时，应按填坑补缺、照顾需要、以利生产的原则。但必须将耕牛、农具、粮食、房屋，首先分给雇农贫农及贫苦的军烈属与干部家属。对缺乏生产资料的中农，在土地与其他生产资料、生活品中给以适当的照顾。[①] 然而在许多地方，对分配土地（也包括其他斗争地主得来的生产资料或生活用品）还是采取了人分等、物估价、比穷、比历史、比积极、站队排号等办法，甚至有的地方用抓阄、抽签、碰运气的办法，造成了负面影响。在这种情况下，江西省就如何公平合理地分配土地专门作出了指示。

1950 年 3 月 6 日，江西省土地改革委员会在指示中强调，在分配土地时，必须贯彻填坑补缺、照顾需要、有利生产的原则，必须首先满足贫雇农与贫苦烈军属的要求，适当照顾中农。为贯彻上述原则，指示还要求所有土改斗争的成果，应根据其种类与数量，如耕牛、农具、粮食、房屋、家具等，以及各应分户的具体情况与需要分别处理。其具体办法如下。

第一，耕牛随分的田走。即以乡或以村为单位，将没收征收与分配的土地亩数和耕牛的数量、耕种力的强弱，再加上各分田户自有土地的亩数与自有耕牛的数量和耕种力，合计得出全乡或全村分田户的土地总面积及耕牛的总数，并按耕牛的大小、耕种力的强弱，按填坑补缺的原则及分进土地的需要分配。换句话说，凡分得土地的农民，尤其是贫雇农，按耕种需要与客观条件的可能（包括耕牛与可购买耕牛的款项在内），无者分，缺者补，自有够用者不分。

第二，主要农具，随分的耕牛走。所没收的犁耙，随着所没收的耕牛分配而分配。考虑到耕牛使用犁耙的时间有先有后，即都是先犁后耙，故

---

① 《刘俊秀关于土改试点的基本总结及今后土改运动指导中的几个问题》，1950 年 12 月 7 日，赣档 X001 - 1 - 55 号。

在没收犁耙少的情况下，按两头牛共一张犁，三头至四头牛共一副耙，并按居住相近、便利生产的条件进行分配。禾桶、水车、风车，根据当地习惯，一件也可分给几家。

其他如没收征收的粮食，主要按无粮缺粮的人口分配，以缺粮的总数除以全乡或全村所没收粮食的总数，求出百分比，然后按无粮缺粮比例数分配。但在没收粮食少的情况下，首先分给无粮和缺粮最多的贫雇农。依法没收的房屋，除不适合农民居住和必须留给公用之房屋外，应首先分给无房的贫雇农与贫苦的烈军属住用。家具及其他生活资料，同样按照填坑补缺的原则首先分给贫雇农与贫苦烈军属，同时适当地照顾中农。而依法没收或赔偿的金银款项，全部用于生产。首先是集中款项，购买耕牛、农具，然后在可能条件下解决粮食困难。

指示强调指出，绝不能以工作积极作为多分配土地等斗争成果的条件，任何土改干部也绝不得私自动用土改斗争成果。在分配中，如发现中农、小土地所有者被错划为地主而将其财产没收的，除订正成分外，对没收的财产要全部退还，如已经分配的，必须在其他成果中给予补偿。富农错划为地主且财产已被没收者，除改订成分外，也应给予适当补偿。至于地主，在依法交出全部土地财产之后，如无其他职业维持生活，也应分给与农民同样的一份土地与生产资料，使之也能依靠自己的劳动维持生活，并在劳动中改造自己。

指示还规定了分配的具体程序，即首先召开全乡贫雇农代表会，讨论后规定具体分配办法，经乡农代会批准；以农协小组或贫雇农小组为单位进行自报；然后再召开全村或全乡群众大会进行公议，民主评定，经多数群众通过后进行分配；分配后应将所分配之斗争果实列榜公布，由群众审查，并及时总结经验，报告上级。[①]

从江西省的有关规定看，对于土地及其他生产资料的分配，基本上是按照有利于生产的原则进行的，也是力求公平的。但这种有利于生产，实际上是有利于劳动者有机会参加劳动。跳出阶级的范围，从社会生产的角

---

① 《江西省土地改革委员会关于贯彻公平合理分配土改斗争果实的指示》，1951 年 3 月 6 日，赣档 X001 - 1 - 093 号。

度看，或许这种将原本就已比较分散的小规模生产通过国家政权力量、人为因素进一步细分化、零碎化、小农化，实质上是不利于社会生产、商品生产的。随后的事实就证明，土地改革后，粮食等农产品的商品化率很低，国家因此不得不采取统购统销的办法来调节购销。毛泽东由此也抱怨农民把分土地的好处忘了。①

在分配土地的过程中，还涉及两个问题，一个是机动田的问题，一个是各类被判定为犯罪分子的土地分配问题。

对于前一个问题，中央人民政府内务部曾得到反映，说有的地方革命烈士本人和革命军人未按土地改革法的规定分给与农民同样的一份土地和其他生产资料，个别的乡村在分配土地时也没有留出全乡土地1%以下的数量，以备本乡情况不明的外出户和逃亡户回乡耕种，因此引起烈、军属不满和还乡人员安置的困难。内务部认为，这种情况对巩固军队与稳定社会秩序都是不利的，为此提起各地注意。② 但有的地方在执行中发现，由于人多田少，机动田不分，可以用来分配的土地就更少，农民可得土地不多，因此要求处理。中南局曾于1952年4月9日就土改中所留机动田的处理办法问题致电中共中央。4月23日，中央复电同意中南局关于将多留的机动田分给农民，最后做出只在田多人少地区保留少数的机动田，而一般地区不留的意见。同时告诫，在处理中，切勿将为建设铁路、公路、河道、飞机场等而保留的土地当作机动田分掉。为克服地方上多留机动田的现象，中共中央的复电还指出，机动田的公粮负担，应与一般田地一样，根据法令统一作为国家收入，而不作地方收入。③

对于后一个问题，中南军政委员会也曾专门作出规定。规定要求，对

① 1953年10月，毛泽东在中共政治局扩大会议上说，现在是青黄不接，分土地的好处有些农民已经开始忘记了。毛泽东认为，小农经济不好，农村的进一步发展要靠互助合作，农民的基本出路在社会主义。他并把互助合作、粮食征购看作对农民的改造，同时把配售看作解决城市粮食需要年年增长的、势在必行的措施。当年年底，统购统销政策开始在全国范围内推行。参见毛泽东《关于粮食统购统销问题的讲话提纲（注释）》，《建国以来毛泽东文稿》（第四册），中央文献出版社，1990，第385页。
② 中央人民政府内务部：《关于土地改革问题的通知》，1951年11月19日，《中南政报》第一卷，1951年第6期（周刊）。
③ 《中央对中南局复江西留机动田问题的指示》，1952年4月23日，赣档X001-1-131号。

于家居乡村的汉奸、卖国贼、战争罪犯、罪大恶极的反革命分子，不论在逃或已逮捕，均不得分给土地。但国民党军队中的一般士兵及为其工作的一般工作人员，在其脱离敌方返回家乡后，以及一般逃亡地主还乡后，有劳动力又愿意从事农业生产以维持生活的，应分给一份土地。对于家居乡村，按土地改革法属分给土地而因从事反革命活动或有恶霸行为，或有破坏土地改革行为，而经人民政府判处死刑、死刑缓期执行、无期徒刑或十年以上徒刑的，均不分给土地，但被判刑期不满十年的，可分给一份土地。上述犯罪分子的家属，只要未参与犯罪行为而有劳动能力又愿意从事农业生产以维持生活，应分给与农民同样的一份土地。但汉奸、卖国贼、战争罪犯、罪大恶极的反革命分子以及坚决破坏土改的犯罪分子的家属，只有在无其他职业维持生活的情况下，才能分配土地。对于家居乡村，按土地改革法分给土地，只因普通刑事案件而被判处有期徒刑的，则不论其刑期长短，均应分给一份土地。①

土地的分配不是简单的耕田的重新划分，而是从经济上根本改变了中国两千多年来的生产关系，即推翻了封建的土地所有制。在 1950～1951年的土地改革中，据不完全的统计，中南区没收、征收的土地约有 1.5 亿亩，分配给了 8000 万左右的贫苦农民。② 仅江西省在 1950 年冬 1951 年春就没收和征收了 712.2 万多亩土地，占当时土改区耕地面积的 40%～45%。共有 137 万户 588.9 万无地少地的农民分得了土地，占当时土改区总人数的 65.4%，总户口的 65%，包括自有土地在内，每人平均获得了两亩多地。没收后分配的耕牛 61750 头，农具 39.3 万余件，粮食 2 亿余斤（谷），房屋 45.8 万余间，各种家具 385.7 万余件。另有黄金 15598 两，银 30882 斤，人民币 25 亿元（旧币），衣服 248 万余件。③ 通过土地及其他生产生活资料的分配，大部分地区的农民尤其是贫雇农的困难暂时得以解决。但由于土地与人口分布的不平衡，在斗争地主的过程中获得的其他生产生活资料也有多有少，因此农民分得的土地有多有少（少的每户只

---

① 中南军政委员会：《关于土改中处理犯罪分子分配土地问题的规定》，1952 年 3 月 31 日，粤档 236－1－1 号。
② 廖鲁言：《一年来的土地改革运动》，《人民日报》1951 年 6 月 30 日，第 1 版。
③ 《省委关于去冬今春土改运动的基本总结》，1951 年 7 月 30 日，赣档 X001－1－094 号。

有几分地，多的平均每人三四亩），在很多地方，农民的生活生产困难仍未得到适当解决。将地主土地没收后分配给农民，将相对集中的土地重新分散化，虽然能够在短期内激发农民的生产积极性，解决农民生活上的暂时困难，但从长远看，实际上是固化了传统小农经济的土地所有制，不利于农业生产力的提高。

四 斗争地主

推翻封建地主阶级的统治，是中共成立伊始就确立的革命目标。在民主革命时期，作为封建统治代表的地主阶级就是中共革命的主要对象，是敌对阶级。新中国成立后，为了恢复和发展生产，新政权在短时期内曾对地主经济及地主阶级采取了相对宽容的态度，即在经济上实行减租退押、在政治上只是对那些反对新生政权的地主进行了镇压（主要是解放前作恶多端和解放后抢劫、杀人、强奸的犯罪分子，以及少数国民党、三青团、一贯道等反动黑恶分子，如南昌县1950年即枪毙了34名上述各类人员。南昌县的情况可见附表《南昌县被镇压反革命分子及恶霸罪恶登记表》）。土地改革后，由于土地分配、实现耕者有其田的千年梦想，其前提就是直接剥夺地主阶级的土地，这就必然引起他们的抵制和反抗。因此，斗争地主，对其从政治上打击乃至从肉体上消灭，就成为顺利进行土地改革的一个关键步骤。

刘少奇在《关于土地改革的报告》中指出，虽然《土地改革法》颁布后，对于地主的处理与过去比是要宽大得多，但地主中的许多人还是可能要坚决反对与破坏土地改革，对于这些坚决的反动的地主分子，应该坚决地加以惩办，而不应该宽容和放纵。他并提到地主的一些破坏行为，如宰杀或弄死耕畜，砍伐树木，破坏农具、水利、建筑物、农作物和家具，或将其隐藏、分散、出卖。事实上，这些情况在各地确实也有大量发生。

如前所述，早在1950年1月，湖北省人民政府就发布布告称，有些反动地主和旧式富农，故意出卖、分散田地，以期逃避负担，抵抗减租，反抗土改。为此决定自1949年7月1日起，所有地主、旧式富农出卖、典当田地者，除曾经区以上政府正式批准者外，一律非法无效。中南军政委员会民政部在当年3月5日的通知中也指出，对于出卖土地及以典当抵押、赠送等方式分散土地的地主富农要依法惩处。①

《土地改革法》颁布后中南区开展的土改试点中，地主各类的抵抗活动更为普遍。编造谣言，曲解土改法令，分散土地，非法夺佃，拆卖房屋，砍伐山林，宰杀耕畜，破坏农具，转移粮食，贿赂干部等破坏土改法令的行为不断发生。以湖北省为例。该省沔阳县杨林嘴大地主唐某，指使人到毛家桥村要租说："他家真无吃的呀！你们还种他田，就说不种，因为是亲邻也得帮帮忙，十块八块不嫌多，三角两角也不嫌少。"结果佃户每户出几角钱，被骗去40块光洋。黄陂县（今黄陂区）金银乡余六家地主余某为逼佃户吴某的租，在吴家睡了三天，吴没有办法，只得交了租谷两石。安陆县循店区西河乡古周村地主古某向佃户周某强迫夺佃五斗半田，转卖给中农周某，引起佃户周某与中农周某互相殴打，造成流血事件。罗田县桑家冲地主张某等人大肆砍伐树木，说："没吃的，砍树卖钱糊个口。"该县方志村两个地主砍了300多棵树，农会武装委员不准他们砍，他们仍照样砍伐，说："共产党准许劳动吃饭，你算个毬。多管闲事！"南漳县武安镇柏家村地主柏某有两头牛，偷着卖给贫农一头，说："穷人们再不买牛，分田时又不分牛，有了田用啥耕呀？"该县武镇区桐园村地主崔某将一佃户住的六间房上的瓦全部拆下卖掉了，并说："土改房子没有了，叫你们改个毬。"远安县凤凰村地主刘某破坏农具烧房子，苏某拆毁房屋出卖。罗田县北丰二村地主童某将粮食藏在一户中农家里，威胁说："共产党不动中农，你若漏风叫农会查去，就要赔我两倍。"南漳县柏家村地主涂某将逼收来的租稞拿到馆子里大吃大喝，并扬言："吃一点算一点，不能叫穷人得便宜。"此外，该省有些地区还发生不满土改分子烧谷现象。沔阳县四区五保，两个佃户被烧了稻谷300石；一区一个佃户被烧50石。广济县城关区施家村三户，被烧稻谷2500斤；盘村一户农民被烧稻谷5000斤。汉川县南河区高庙村甚至发生地主毒死农会干部的事件。② 地主的诸如此类的

---

① 中南军政委员会民政部：《〈严禁不法地主、富农出卖土地及以典当、抵押、赠送等方式分散土地〉通知》，1950年3月5日，鄂档SZ67－2－47号。

② 湖北省人民政府：《通报〈为最近各地发现不法地主逼租夺佃分散盗卖粮食财产土地损坏房屋耕牛农具甚至毒杀我干部等阴谋破坏活动仰切实注意防止由〉》（鄂民政特字第263号），未注明日期（据文应在1950年即将秋征、土改前夕），鄂档SZ67－2－47号。

反抗活动，引起了农民的不满，也使农民对土改产生了怀疑。

为了防止和惩处地主的不法活动，在土改试点中，湖北省出台了《惩治匪霸不法地主破坏土地改革的紧急办法》，要求在土地改革完成以前，所有地主都应切实遵守人民政府的法令，不得破坏与抵抗，违者依法严惩。匪特恶霸反动地主，如组织武装，杀害人民，毁坏交通，阴谋暴乱，抢劫仓库，破坏土地改革及减租运动的，要严加法办，对其首恶分子处以极刑；制造谣言，曲解法令，挑拨农民宗派斗争，破坏农民团结，甚或烧毁山林，破坏水利建设，故意损毁农作物、生产工具，影响人民国家财富的不法地主，交人民法庭审判处理，罪情严重者依法严办；出卖、出典、赠予或以其他方式转移分散房屋、土地和应没收的粮食、耕畜、农具的地主，除勒令收回、赔偿农民的损失外，必须接受人民法庭的判处。①

对地主采取严厉的打击措施，除了地主本身的猖獗反抗外，还由于一些地方出现的"和平土改"没能打掉地主的威风，以致新政权的威信没能树立起来。1949 年和 1950 年，在有约 2000 万人口的华北新区是用比较和平的方法分配土地的，这种较为和平的土改方法在党的七届三中全会上受到称赞，认为不声不响就改了，是好经验。在 1950 年中南等新区的减租退押和土改试点中，有的地方出现了对地主大开杀戒的情况，还有的地方农民到城市乱抓乱捉逃亡地主（如江西省新建县一个工作人员，不带任何手续，也未经公安局批准，私自查封逃亡地主在城市的住宅②），影响了农业生产和城市正常的生产生活秩序。有鉴于华北新区土改的经验和稳定生产、恢复社会秩序的需要，一段时间内各地都强调要依法开展对地主的斗争。直至 1951 年 1 月，江西省委在关于纠正和平分田、放手发动群众的指示中还批评有的地方没有扭转追浮财、挖底产、吊打、用刑的偏差，要求停止吊打用刑、开展合法斗争。③ 但在 1 月 17 日，毛泽东致

---

① 湖北省人民政府：《〈惩治匪霸不法地主破坏土地改革的紧急办法〉布告》，1950 年 9 月 10 日，鄂档 SZ67 - 2 - 47 号。

② 南昌专署：《〈为禁止农民到城市中乱抓乱捉封地主住宅影响社会秩序由〉通知》，1950 年 4 月 9 日，南昌县档案馆藏档案，县政府档案，全宗号 34，案卷号 56，1950 年。

③ 《江西省委关于纠正和平分田放手发动群众的指示》，1951 年 1 月，赣档 X001 - 1 - 093 号。

电华东、中南等地负责人，强调对于反革命分子必须打得稳打得准打得狠，并指华北新区的土地改革因匪首恶霸特务杀得太少，地主威风没有打下来，贫困群众不敢抬头，以至于还须重新提出镇压反革命的问题后，对地主的斗争就进入一个更为残酷的阶段。中南局随后在给江西和湖南省委的指示中就指出，现在看来，土改是必须要个锣鼓的，没有群众的土改锣鼓，就不会有真正的土改，就不会收到土改在经济上并且在政治上、思想上的预期目的。① 所谓的土改锣鼓，就是要放手发动群众，大张旗鼓地对地主开展政治上的斗争，去打击敌人，而不是消极防止群众的过火行为。

1951 年 12 月，中南局在一份指示中再次指出，要按照先稳后狠、以稳求狠、狠而又准、既准又狠的原则，集中火力斗争地主中的恶霸分子、反革命分子、倒算分子、暗中组织破坏的分子、逃亡在外的大地主；要使所有统治集团人物，都一一由群众面对面地斗争一次至数次，并在斗争中分别发落。坚决顽抗者，交人民法庭惩办，该杀的杀，该关的关，该管的管，该没收的没收。在斗倒封建集团的统治人物之后，对于乘势反攻的地主，还要在查霸、查反攻、查破坏、查隐瞒、查服不服的口号下，再次反复实行斗争。指示认为，没有这么一阵连续而又彻底的狠斗，土地的分配和群众的发动是绝难办好的；只有斗倒一切反攻者，压服一切不服者，群众优势才能确立。② 在发动群众方面，各地都采取了访贫问苦、个别串联的方式，将诉苦、追根、回忆、对比、讨论、总结、反省、批评等各种形式贯穿到斗争地主的全过程中，使斗争不仅成为一个政治上打倒地主阶级甚至肉体上消灭敌对分子的有效手段，而且成为教育群众、树立新政权威信的有效手段。

江西省委也指出，要克服那种认为"已经斗够了，斗不出什么名堂"，"恶霸有的已办了，有的逃跑了，从经济上再彻底搞一下中小地主就行"的想法，深入进行反霸、"打垮封建堡垒"的斗争。对于恶霸势

---

① 《中南局关于放手发动群众防止和平土改倾向给江西和湖南省委的指示》，1951 年 1 月 23 日，赣档 X001 - 1 - 093 号。
② 中共中央中南局：《对当前农民运动中几个问题的指示》，1951 年 12 月 28 日，《中南政报》第一卷，1951 年第 12 期。

力，逃亡的要抓回来，逮捕未处理的即处理，单纯行政镇压的要发动群众控诉，达到彻底打倒恶霸势力的要求。[①] 在未土改地区的土地改革和已土改地区的复查即将展开之际，江西省委宣传部还要求各地负责土改的干部不能被地主表面"老实了"的假象所迷惑因而放松了政治斗争，而是要强调斗争。[②] 1952 年春，江西省委针对各地仍存在地主在春耕期间破坏活动的情况指出，在今后工作中要继续深入斗争，打击敌人，对为首作乱的地主给予镇压；并在适当时间抓住突出典型的例子，将斗争锋芒引向一些有严重的包庇地主、恶霸作风、贪污腐化、敲诈勒索行为的干部。[③]

在这种高压态势下，各地对地主的斗争如火如荼地开展起来。截至 1951 年 1 月，江西全省有七八百人自杀，多为小地主和小地主中的妇女，有的地方的地主甚至上山为匪。1951 年冬 1952 年春，该省斗争的地主更达 40212 人，其中判处死刑的 3215 人，有期徒刑的 6231 人，交给群众管制劳动生产的 12753 人。除此之外，瓦解了反动组织 8480 个，争取了会众 314503 人。[④]

有两则材料能够反映当时斗争地主的情况。南昌县档案馆的一则材料反映清算地主的斗争：

> 有人问地主："你看看场子，拿不拿？"地主不承认。有说："你这样顽固，脱衣服，吊起来！"结果把地主的衣服脱了，并要放在冷水中冷。地主即改变花样，随口答应，限期交款。但斗争后到现在，一粒米未交。在清算材料上也不够确实，存在严重不合法现象。如地主李某一年请四个长工，每个长工一年要被剥削 20 担谷，清算时也算在内，（有干部）说："算不清只算他一个就行。"地主应某解放前实际贪污积谷 16 担，清算时听说有 90 担，便算他 390 担。清算地主邬某时，有的干部说："他家有 50 担谷，就算他 50 担吧！"工作同

<hr/>

① 《江西省委关于深入斗争的几个重点的指示》，1951 年 1 月，赣档 X001 - 1 - 093 号。
② 《省委宣传部关于加强土地改革宣传工作的指示》，1951 年 11 月 2 日，赣档 X001 - 1 - 107 号。
③ 《江西省委关于土改给各地委的通知》，1952 年春，赣档 X001 - 1 - 131 号。
④ 江西省委：《去冬今春土改运动基本总结》（初稿），1952 年 8 月 1 日，赣档 X001 - 1 - 131 号。

志也说："是。"但却没有材料。在清算地主李某时，该乡乡长说："29 块钱，放了 28 年，头利一算共 2268 元，马马虎虎算他 70 担谷。"又他的儿子结婚花了 15 担谷，乡长说："不准买卖婚姻，违反了婚姻法。算他 15 石。"①

从材料可以看出，当时斗争地主时的随意性相当大。该材料也承认存在非法斗争与违法乱纪的现象，但认为上述斗争只单纯追经济，没有开展对地主的政治斗争，因此要求"适当补火，以进一步彻底的消灭地主阶级残余势力"。

另一则材料讲述了江西省奉新县土地改革时斗争地主的场景：

> 一天下午，刮着刺骨的寒风，在山头一大户人家的晒谷场上搭了个台，乡里就在这里召开闹土改、斗地主的大会。农会的队伍陆续来到会场，梭镖队的民兵和妇救会的妇女，分别走在队伍的前面。另外有押解任务的民兵，手持梭镖、砍刀，将划成了地主、恶霸的人用绳子捆着，跪在台上。……所有被欺压过的都上台去出气，叔公也上台去拳打脚踢，还把地主的衣服都脱光了。"直到打累了才下台来"。
>
> 爷爷知道叔公是一根光棍，牛大气粗，没有地主恶霸惹得起他，也没有欺负过他，爷爷不理解他为什么也要去"欺负"他们。等叔公下台之后，爷爷走过去问叔公。
>
> "你与他们有仇？"
>
> "没有。"
>
> "他得罪过你？"
>
> "没有。"
>
> "那你为什么打他们？"
>
> "好耍呗！"②

---

① 萧佐尧、尚方元：（无题），1953 年，南昌县档案馆馆藏档案，县委档案，全宗号 1，案卷号 6，1953 年。

② 徐春林：《爷爷与土改》，《浔阳晚报》2009 年 6 月 11 日第 16 版。

在斗争地主中，一个突出的问题是如何处理逃亡地主或城居地主的问题。解放后，许多地主为逃避减租退押和财产被没收，寄希望于"美蒋"再来，纷纷逃往城市或他乡躲避。有许多地主则早已在城市就业或从事工商业，是城居地主。但无论是逃亡地主还是城居地主，只要家乡还有土地，被划为地主后，都面临被捉拿或逮捕回乡斗争的问题。1950 年 3 月，湖北省蕲春县人民政府就曾两次向江西省弋阳县、九江县人民政府发出公函，介绍该县三渡区农民到弋阳、九江两县去拘拿地主方某（逃亡在弋阳县）和沈某、童某等 5 人（逃亡在九江县），希望两县政府予以协助。[①]但由于《土地改革法》颁布后至 1950 年底，各地在土地改革中对待地主相对来说还比较温和，[②] 有的民主党派还要求其成员写信，劝说家乡地主拥护土改。如民革湖北分部筹备委员会于 1950 年 11 月发出通知，要求全体会员每人至少写两封信给自己在乡村的家属或地主成分的亲友，劝说他们守法。通知指出，信中要劝说地主家属及地主亲友们要死心塌地明白，中国革命胜利的局面会永远继续下去，任何"美蒋"再来的变天思想和谣传不应有、不应信；只要遵守法令，死心塌地拥护土改，并起带头作用，转劝其他地主也拥护土改，那就是开明地主，对于他们自己是大有好处的。[③] 因此，这一时期，农民到城市捉拿逃亡地主或城居地主的问题还不突出。

[①] 湖北省蕲春县人民政府：《（为拘拿不法地主恳祈予以协助的）公函》，1950 年 3 月 16 日（致弋阳县人民政府）、1950 年 3 月 18 日（致九江县人民政府），赣档 118 - 2 - 055 号。但显然，当时蕲春县政府未能如愿将这些逃亡地主拘押回当地，因为直到当年 12 月 22 日，江西省民政厅还函至九江、弋阳、东乡三县人民政府，要求其协助蕲春县农民缉拿方某等逃亡在弋阳县的 3 人、逃亡在东乡的方某和逃亡在九江县的沈某。

[②] 对地主的温和政策除了来自华北的经验外，与刘少奇在《关于土地改革问题的报告》中的政策说明也有关系。刘少奇说，除了没收地主的土地、耕畜、农具、多余的粮食及其在乡村中多余的房屋外，地主的其他财产，包括地主所经营的工商业在内，不予没收。……根据过去的经验，如果没收和分配地主这些财产，就要引起地主对于这些财产的隐藏分散和农民对于这些财产的追索。这就容易引起混乱现象，并引起很大的社会财富的浪费和破坏。这样，就不如把这些财产保留给地主，一方面，地主可以依靠这些财产维持生活，同时，也可以把这些财产投入生产。这对于社会也是有好处的。在今后的土地改革中，对于地主这样处理，和过去比较，是要宽大得多了。参见《刘少奇选集》（下卷），人民出版社，1985，第 37 页。

[③] 民革湖北分部筹备委员会：《（关于会员写信下乡劝告地主遵守法令的）通知》，1950 年 11 月 23 日，鄂档 SZ58 - 2 - 16 号。

　　为了避免各地农民随便进城直接捕捉地主，规范农民到城市捉拿地主的行为，1950 年 12 月，中南军政委员会制定了《关于土改中到城市逮捕不法地主的手续规定》。《规定》指出，凡不法地主为了违抗和破坏土地改革，逃匿在城市或外地市镇，不依法履行回乡申报土地清理手续者，经原乡农民或农民协会向县人民政府或人民法庭控告，经县人民政府审核与县以上人民政府批准，经批准后可以予以逮捕。具体手续视逃匿地不同而不同：逃匿在本县县城及其他市镇的，经县人民政府批准后，由县公安局负责逮捕交回农民协会或人民法庭依法处理；逃匿在本县范围以外，本省范围以内的城市或市镇的，经本县人民政府审核批准，持县人民政府介绍信（如系省会所在地，则应通过省府，持省府介绍信）直接去与该市或县人民政府接洽，经当地市、县人民政府同意后，由该市、县公安机关逮捕，交派去之人带回；逃匿在本省以外中南区以内各大城市和其他县城的，经本县人民政府审核转报专署、省人民政府批准后，持省人民政府介绍信，直接去与各该市或县人民政府接洽，经该市、县人民政府同意后由该市、县公安机关逮捕交与派去之人带回，如系邻县，则按第二项邻县办法办理；逃匿到本区以外其他大行政区城市，经所属省人民政府审核批准后，持省人民政府介绍信去与当地人民政府接洽，经当地人民政府同意后，由该市公安机关逮捕带回。《规定》还指出，被逮捕回乡村的地主均须由当地人民政府或人民法庭公开依法处理，并公布处理结果，如系从大城市逮回的，还应将其罪状及处理结果通知原逃匿居住的城市人民政府，在城市中用报纸或出公告予以公布，以免只见捕人不见处理结果，引起各界疑虑。[①] 此《规定》明确了到城市捉拿逮捕逃亡地主的前提条件，即须由乡农民或农民协会向县人民政府或人民法庭提起控告，然后再经县级以上人民政府批准。

　　此《规定》出来后，即有抚州区行政督察专员公署致江西省人民政府主席邵式平，介绍该区临川县一区村干部两人前去省府，请求开具介绍信往南昌市府，请其协助逮捕该县一逃亡到南昌市的地主归案；上饶区行

---

① 中南军政委员会：《为颁发〈关于土改中到城市逮捕不法地主的手续规定〉令》，1950 年 12 月 1 日，《中南政报》第 9、10 期合刊，1951 年 1 月。

政督察专员公署致信江西省人民政府，介绍该区上饶县沙溪区双塘乡农民、民兵刘某等两人前往省府，请求支持、协助其到南昌市逮捕逃匿在市贸易公司工作的地主刘某以及另一刘姓地主；江西省人民政府致函湖南省湘潭县人民政府，请其协助上饶县姜村乡群众逮捕该乡逃匿到湘潭县株洲车站某酒店的地主姜某逮捕回乡清算。① 应该说，多数地方还是履行了相关手续的。

但随着土改运动中强调放手发动群众、彻底打倒地主阶级的威风，不按照规定进城捉拿地主的情况开始不时出现。1951 年 3 月，江西省人民政府在一份命令中指出，近来各地干部或民兵为逮捕逃亡地主还乡清理手续，持专署或县府文件，来府请求批准介绍，常有不附材料者。命令认为，此种情形不仅不符合审核批准的规定手续，即便到达目的城市后要求当地政府协助完成任务也有困难。命令因此强调，以后凡有赴他地逮捕逃亡地主案件，务须着该区农协造具材料，经审查后备文附来呈请介绍。②8 月 15 日，上海市公安局致函江西省人民政府，谓其介绍南昌专署丰城县民兵甘某等两人到沪侦捕逃亡地主甘某不合规定，按照华东军政委员会公安部的批复，主要是"材料不足，手续不合"，因而不予逮捕。函件并指，到友邻地区侦捕人犯，应按中央指示办理。江西省人民政府接获此函后，即对南昌专署提出批评，要求专署转饬各县嗣后去友邻地区侦捕逃亡恶霸地主必须按规定办理，否则徒劳往返，耗费时间而不能完成任务，并引起友邻地区政府对我们不满。省政府还指出，地主潜匿的地址应事先调查确实，不要没有弄清前就轻易派员前去逮捕。由此，省政府还规定，今后到外省或省会所在地与地主清算或逮捕事件，全部归省土改委员会具体掌握执行。③ 这实际上剥夺了专署对农民到省会城市和外省（不管是否在

---

① 抚州区行政督察专员公署：《（为派人到南昌市捉拿逃亡地主给邵式平的）函件》，1951年 1 月 5 日；上饶区行政督察专员公署：《（派人到南昌捉拿地主的）介绍信》，1951年 1 月 10 日；江西省人民政府：《（为协助逮捕恶霸地主给湖南省湘潭县人民政府）函》，1951 年 2 月 17 日，均见赣档 118 - 2 - 055 号。

② 江西省人民政府：《（为逮捕逃亡地主须附材料以凭审核批准的）令》，1951 年 3 月 17日，赣档 118 - 2 - 055 号。

③ 江西省人民政府：《（为逮捕与清算地主应注意事项的）指示》，1951 年 9 月 19 日，赣档 118 - 2 - 055 号。

中南区行政管辖范围内）逮捕逃亡地主的批准权，而将其统一于省级专门机构之手。

　　到城市捉拿或逮捕地主，还有另外一个问题，即地主本身的身份比较特殊，或者是工商业者，或者是专业技术人员。遇到此种情况，乡村农民一般很难将其带走回乡参加斗争。以南昌县为例。1951年12月，南昌县公安局曾向县土地改革委员会申请，要求其向南昌专区报请批准逮捕该县小蓝乡工商业兼地主罗某玉、罗某芳和地主罗某梅、罗某桃。12月26日，南昌专区土地改革委员会复函指出，到城市逮捕工商业兼地主或其他成分兼地主，要坚持着重在政治方面打击当权首恶分子，对大中地主或工商业兼地主在经济上清算不彻底者，可到所在城市通过有关机关进行清算。但对小工商业者兼小地主，在土改中已经过五项没收，大抵交清者，一般可不再清算。工商业兼地主罗某玉一案，不但不能逮捕，清算问题亦可作罢。工商业兼地主罗某芳不能代表工商业兼地主，如其与地主罗某梅、罗某桃确系反革命分子或有反革命活动，应进一步收集材料，慎重调查，经县公安局审批，送专区公安处办理审批手续。① 次年2月江西省土地改革委员会对小蓝乡农民要求逮捕地主罗某梅一事作出批示，认为罗为南昌大学教授，且根据农民的反映材料，没有血债，在外也没有分散财产的行为，因此逮捕到乡下斗争，"恐将来亦难处理"。省土委指出，如果不能在政治与经济上再追查出什么材料，即不必逮捕至乡下。可将此材料转至南昌大学，让学校行政方面给予处理，并令将其检讨在《江西日报》上公布。若经济上须要赔偿，可让农民按手续准备材料，派代表进城，经南昌市城乡处理委员会解决。② 由此可见，对地主的斗争重点乃是在乡地主，而对于逃亡地主特别是在城市有职业或从事工商业的城居地主，乡村农民要将其逮捕回乡斗争则并非易事。这说明，斗争地主本身并不是主要目的，而是为了打倒旧的统治势力的威信，树立新政权的权威，进而巩固中国共产党执政的群众基础和阶级基础。

---

① 南昌专区土委：（无题）土秘字第一号，1951年12月26日，南昌县档案馆馆藏档案，全宗号1，案卷号44，1951年。

② 南昌专区土委：（无题），（52）土秘字第39号，1952年2月，南昌县档案馆馆藏档案，全宗号1，案卷号44，1951年（该档归1951年，实应为1952年）。

五　土改复查

土改复查，是土地改革的最后一个环节，也是土改深入与巩固土改成果的必不可少的阶段。由于土地改革是分批进行的，所以土改复查也有先有后；有的地方在复查后可能仍没有达到上级有关部门的要求，还进行了第二次复查。

土地改革不仅仅是土地的重新分配，也不仅仅是剥夺地主阶级的财产，而且要从政治上彻底打倒地主阶级的统治，乃至从肉体上消灭新政权的敌对者，从文化上消除旧的统治阶级的影响，剥夺其话语权。也就是说，要推倒乡村从经济基础（主要表现为土地等生产资料）到上层建筑的一切领域内传统的东西，按照新的蓝图彻底改造乡村，建立中共新政权的经济基础、阶级基础和社会基础，使广大乡村民众产生对新政权新国家的认同。然而，虽然经过了剿匪反霸、减租退押、划分阶级、斗争地主、分配土地，但由于种种原因，上述目的在很多地方并没有达到。特别是各地的土改运动发展不平衡，有的地方出现了土改"夹生"现象。很多农民甚至干部都认为，土地分配结束了，农民翻了身，土改也就结束了，阶级斗争也就宣告终结。有的农民说，共产党领导农民翻身不就是分田吗？田已分了，还开会干啥？今天开会，明天开会，也没有东西得，又耽误生产。[①]有些农民认为地主所谓剥削就是土地，土地被分掉就和贫雇农一样，对地主阶级的仇恨不够深。而有的地主则心有不甘，仍不时地想方设法挽回、弥补失去的土地、财产和权势。换句话说，土地分配后，旧制度、旧势力并没有被彻底摧毁，新制度、新权威也还没有完全建立，因此，土改复查也就势在必行。

土地分配后，各地都根据本地的具体情况对土改工作进行了评估，一般地将其分为先进、一般和"夹生"三种类型。据率先进行土地改革的河南省许昌专区在许昌、舞阳、郾城、长葛、临颍、鄢陵六县的统计，存在土改"夹生"现象的大约有20%的地区。[②]江西省1950年冬1951年春

---

① 《南昌县第四区小蓝乡复查工作总结》，1950年12月5日，南昌县档案馆藏档案，县委档案，全宗号1，案卷号9，1950年。
② 《许昌专区舞阳等六县在部分土改"夹生"村开展土改复查运动》，《长江日报》1951年1月11日，第3版。

的土改区，"夹生"地区则占到 1/4～1/3。① 据中南军政委员会土地改革委员会所进行的对 100 个乡调查的结果，全区有 20%～30% 的乡处于"夹生"或"半夹生"状态，农民的大多数还没有获得政治上的优势与经济上的适当满足，地主阶级统治势力还没有被打倒，基本上还保持着旧的封建秩序。另外，在大约 70% 的乡，地主作为一个阶级已被消灭了，但有 20% 左右的地主，仍有违法活动。农民的土地问题基本上解决了，但有 30% 左右的雇贫农，对于土地的分配表示不满。② 当然，土改复查绝不仅仅是"夹生"地区，而是所有土改区都要经过复查，因为"夹生"地区存在的问题其他土改地区也不同程度地存在。

在土改"夹生"地区，首先是土改遗留问题比较多，突出的是土地分配不公、基层组织不纯。特别是在宗族现象普遍存在的乡村，这一问题更为严重。广东省英德县涵光乡，由于土改时干部的群众观念薄弱，对群众发动得不够充分；农民群众中的本姓、外姓、本村、外籍（移民，客籍），大村、小村的本位主义与宗派观点未加认真教育、克服，因而对于那些尚未发动起来的雇贫农（所谓老实农民、"落后"农民）的呼声与利益，没有加以注意，被干部"冷眼看待"或"另眼看待"了。根据该乡22 个小乡（等于行政村）的检查统计，在分配土地中，3000 多户中有289 户雇贫农分的是坏田和离村远的田；有 25 个长工、婢女没有分到田；有许多雇贫农分了田但不知在什么地方；有 134 户应该照顾的雇贫农（单身汉）没有得到照顾，群众为此认为土改是"改了几等于没改"。在组织建设方面，当时干部所培养与依靠的乡村干部，有 3 个小乡是土匪、特务分子；13 个小乡是地主、恶霸、流氓、狗腿子；4 个小乡是伪保长；2 个小乡是"忠义堂"等坏分子。③ 这种基层组织不纯洁、不巩固，土地分配中分田不公等问题，不只是"夹生"乡存在，而是一个比较普遍的问题，只是不同类型的乡村程度不同而已。

---

① 《江西省委关于如何做好土改区复查工作的指示》，1951 年 7 月，赣档 X001－1－093号。
② 社论《全面结束土地改革的工作既须做完，又须做好》，《长江日报》1952 年 12 月 9日，第 1 版。
③ 《中南土改简报》社论《土地改革复查中必须足够重视与认真解决的两大问题》，《长江日报》1952 年 2 月 4 日，第 2 版。

湖北孝感县鲁岗乡是土地改革的一般乡（二类乡），该乡 38 户地主中，带恶霸性质的地主 10 户，其中主要权势人物有 3 个，号称"三阎王"。土地改革中只打倒了一个恶霸地主（是"三阎王"之一）和两个匪首。其他罪恶较大的逃跑了。经济上，38 户地主中 4 户未依法交出余粮和其他应被没收的财产，只有 9 户交清，25 户拖欠。总计地主拖欠的总数目，达到土地改革应依法清算出来的果实的一半。政治上，发现进行破坏活动的不法地主就有 17 户，主要是威吓农民，夺回斗争果实。有的地主说："现在分田分屋，将来××（指已逃亡的恶霸地主）回来，你们就得尝尝味道"。其次是破坏庄稼、破坏水利。再就是抵抗管制，装穷要饭。严重的还编造谣言，收买干部，利用宗族会门挑拨农民内部团结。如八村不法地主把女儿嫁给农民协会小组长，再利用他拉拢农民协会主席。该村还有一个不法地主在土地改革中以土地及财物拉拢他的亲房 11 户，逃避了斗争。

在群众的组织与思想方面，该乡农民协会会员共 1200 多人，只占全乡人口的 26%，而且许多是形式主义的，不少村的农民协会只有招牌而无会员，有的村则是会员与非会员不分，除地主富农外都是会员。有的农民说："田已经分了，果实已经不用保管了，还要农民协会做么？"思想上，有的农民与地主分不开家，同情怜悯地主；有的农民对别村别房的地主敢反映，对本村亲房地主就少说。也有害怕逃亡恶霸地主回来报复的，干部和农民群众几乎普遍都存在"不把他们抓回来法办，总觉不安心"的想法。还有一种情况就是对地主麻痹。认为土地改革完成了，地主被斗了，没有什么事了，因此埋头于生产，不问政治。总体上看，农民群众发动程度很差。

从乡村干部的情况看，该乡干部从成分上说绝大多数是雇贫农。但实质上掌握领导的主要干部问题很严重。乡农民协会有委员 13 名，乡长包庇某地主；每村的主要领导干部或是与地主有勾结并包庇地主的，或本身就是假冒雇贫农成分的兵痞流氓。其他的乡村干部，大多数怕误生产，不想当干部，想"换班"。如四村农民协会主席说："我在当主席时，工作同志说：当干部六个月一期。现在过了三个月了，应该换人，让我歇歇，好生产。"

　　此外，该乡土地改革中遗留的一个突出问题是分田分得不公，干部普遍分好田、近田。①

　　即便在土改的一类（先进）地区，也还存在不少问题。如"对敌警惕性不高"，继续加强团结、巩固人民民主专政的思想不明确，妇女和中农发动较差，中贫农之间不够团结，中农有离心倾向，有一些有小恶迹的分子不老实，未很好处理，甚至还有落后村，等等。② 而且，随着土地分配的结束，此前一些土改工作先进乡村还出现了"回生"的现象。湖北大冶专区有一个村，是土地改革的一类村，群众纷纷反对土地改革复查，认为误生产，添麻烦，开会根本不去，干部也说该村无"查头"，说群众80%已觉悟了。村干部只有两个还在工作，其余的10个农协委员有的到砖瓦窑厂当工人去了，有的调走了。③ 可见，即使在土地改革进行得最好的乡村，干部和普通群众对土改的认识与党的要求都还有很大的差距，新的基层政权还没有完全建立，已经建立的也还不巩固，党和新政权的权威还没有形成。因此，在党看来，对土改区进行全面的复查就显得十分必要。鉴于土改复查也要经历一系列的步骤，需要一个比较长的时间，且其内容非常广泛，这就使得土改复查实际上成为分配土地后一个具有相对独立性的运动。

　　对于在分配土地后再开展一次大规模的土改复查运动，相当多的干部和农民表示不解。他们认为，"斗争果实已经分了，地主被打垮了，复查没有搞头"，"再斗争也没有油水了，何必得罪人"。不同阶层的人对此的反应很复杂。地主怕复查，不摸底，有的说："共产党办法多，土改后又复查，不知什么时候才结束！""不知究竟要把我们怎么办"。富农、富裕中农主要怕在复查中提升阶级，怕"改了地主改富农"，有的听到复查十几个夜晚睡不着。有的因此自动"献田"，或大吃大喝，分散变卖财产，也不顾冬耕，让田地荒芜。湖北鄂城县尼咀乡共有6517亩田，在冬耕中

<hr>

① 钟铮：《从孝感县鲁岗乡土地改革复查中所看到的问题》，《长江日报》1951年8月28日，第2版。

② 刘西尧：《湖北各地土地改革复查重点试验的基本情况和主要经验》，《长江日报》1951年9月8日，第2版。

③ 袁振：《湖北大冶专区土地改革和土地改革复查的情况》，《长江日报》1951年12月24日，第1版。

只种了 1050 亩；武岗县十一区，全区共有 92390 亩田，仅有 25% 种了小麦。湖南省湘潭县一位中农不种田，并请干部喝酒，干部没去，他就说："坏了，一定要划成地主了。"① 有的中农认为复查分不到东西，采取事不关己的消极态度，下中农都希望在复查中划为贫农；大多数贫雇农普遍认为复查就是向地主再斗些东西分配，分果实少的贫雇农想要重新分配，分了好东西的怕再重分。还有的贫雇农听说"今年改地主，明年改富农，后年改中农，最后一锅煮"，"复查是二次土地改革，田地要打乱另分"，"复查时都要提升阶级，贫农升中农，中农升富农，富农升地主"，而不敢与复查工作队见面。有的乡村干部认为"土改完成，革命成功"，没有什么可复查的。有的干部认为"复查是专门整干部"，特别是那些在土改中分好田、多占果实，办事不公、贪污腐化等有毛病的干部，更是怕复查整自己。历史成分不纯的干部怕复查时被清洗，过去被撤职下台的干部想乘复查之机整在职干部。许多工作队干部认为复查就是搞经济斗争，认为经济上没有什么油水，复查便没有劲头，有些区级干部认为土改时地主都已被斗过了，觉得复查不好搞。② 这说明，即使是干部对于复查的认识也与党的要求存在差距。他们认为复查就是把原来被斗争过的地主再重新斗争一遍，解决一些遗留问题。具有讽刺意味的是，许多基层干部也和地主一样，摸不着底，心怀疑惧，惴惴不安。

　　针对这些情况，中南区和河南、江西、湖北、湖南等省领导机关，先后发出关于加强土地改革和复查政策宣传的指示，有的地方还颁布了关于土地改革和复查的宣传提纲。广西宜山县德胜乡等地，在宣传中还运用了山歌、读报组、黑板报、墙报等方式。③

　　中南区最早开展土改复查运动的是河南省。该省从 1950 年冬就开始了土改复查，因此，其经验对于中南区其他省份的土改复查有一定的借鉴

---

① 《中南区不少地区注意宣传土地改革和复查政策》，《长江日报》，1951 年 12 月 18 日，第 1 版。

② 《江西省委关于贯彻土改复查的指示》，1951 年 10 月 12 日，赣档 X001 - 1 - 093 号；《中南区不少地区注意宣传土地改革和复查政策》，《长江日报》1951 年 12 月 18 日，第 1 版。

③ 《中南区不少地区注意宣传土地改革和复查政策》，《长江日报》1951 年 12 月 18 日，第 1 版。

作用。根据河南省土地改革委员会的报告，该省土改后，地主的破坏现象相当严重。尤其是在群众发动不充分，土改不彻底的三类地区，拆房、伐木、放毒、纵火、不腾房屋、策动骚乱、暗害和殴打干部积极分子，以及公开倒算、夺回土地是普遍的现象。如上蔡县复查中就发现有 43 户地主，倒算土地 790 亩；商丘沙集区被地主倒算去的土地占被分土地的 1/10。因此，该省在复查中，对于原来土改不彻底的，进行补课；对于原来土改较彻底的，主要是对地主进行"五查"（查恶霸、查阶级、查土地、查倒算、查破坏）、"五反"（反霸、反地主、反隐瞒、反倒算、反破坏），同时整顿组织、动员群众。复查结果，一是获得的经济果实远超于土改（三类乡多两倍、三倍于土改，最少一倍于土改），二是严厉打击了地主的破坏活动。当然，在复查中，也出现了侵犯中农利益的现象，如许昌斗争了所谓中农恶霸 118 户，其中有 80 户在复查后期被发现是斗错了的；有些地方还发生了乱逼乱吊和死人现象。①

　　江西省的土改复查始于 1951 年冬 1952 年春（个别地方的复查在土改完成后就曾进行过，称为第一次土改复查，如南昌县小蓝乡），当时全省有 2008 个乡进行了土改复查。1952 年冬到 1953 年春，该省又分两期复查了 7994 个乡。第一期自 1952 年 11 月中旬展开，共 3915 个乡，1953 年 1 月上旬结束。第二期 4079 个乡于 1953 年 1 月中旬铺开，当年 3 月中旬结束。至此，除赣州专区 17 个乡未进行土改复查外，全省 82 个县 9893 个乡的土改复查全部完成。在复查运动开始之前，各地都召开了三级干部会议，整顿了干部思想，举办了乡村干部训练班。全省共训练了干部 72982 人（包括一部分区干部，第一期区干部有 42582 人，每乡平均 11 人，第二期 30400 人，每乡平均 8 个半人）。参加三级干部会议的人数，据 68 个县的统计，共有 26183 人，其中县级干部 368 人，区级干部 2298 人，一般干部 7155 人，三千分之一干部 4826 人，乡干部 11536 人。该两期投入的干部总数分别为 43689 人、32581 人（见表 2－2）。② 同时充实与健全了各专、县土改委员会办公室机构。

---

① 河南省土地改革委员会：《河南省土改复查运动的报告》，1951 年 4 月 4 日，《中南政报》1951 年第 14 期。

② 《江西省土改复查运动情况及解决问题之程度》，1953 年，赣档 X006－2－035 号。

表 2 - 2　江西省土改复查运动期间投入的干部人数

	县级干部	区级干部	一般干部	三千分之一干部	乡干部	总数	平均每乡
第一期	281	2049	9834	8782	22774	43689	11
第二期	254	2815	8350	8186	12080	32581	8

说明：表中的四类干部合计数并不等于投入的干部总数，原文件如此。

资料来源：根据《江西省土改复查运动情况及解决问题之程度》制作而成，1953 年，赣档 X006 - 2 - 035 号。

如何进行土改复查？1951 年 7 月，江西省委曾在一份指示中指出，土改复查应以进一步反封建的阶级斗争，即以贯彻反霸等政治斗争为主，以充分发动农民的大多数，彻底打倒地主阶级，巩固农村人民民主专政，彻底解决土改问题为基本内容。其中主要是两个方面。一是查田查阶级。通过查田查阶级，发现敌人，深入斗争，特别是要以此提高农民觉悟，消灭宗族对立，瓦解反动组织。二是开展民主团结运动。通过民主团结运动，做到充分发动农民，调整与改进干群关系及农民内部关系，展开干群之间、群众内部之间的批评与自我批评，真正达到巩固与健全农村各种组织，系统地进行更深入的反封建的阶级教育和反帝抗美援朝的教育，镇反与巩固人民民主专政的教育，进一步提高群众的思想觉悟。[①] 也就是说，土改复查绝不是简单的解决土改中的所谓遗留问题和发完地照了事。1951 年 10 月 12 日，江西省委就土改复查再次发出指示，在指出复查的主要内容是查田查阶级、查政策查果实、深入教育的同时，将民主团结运动具体化为整顿农协及其他群众组织，加强农民内部的民主团结，展开民主运动，建立经常的代表会议制度，改造与建设乡村政权。并认为复查一般应有以下四个步骤。

一是深入了解与分析当地具体情况，宣传党的政策，教育群众，打消各阶层的顾虑，从而团结多数群众，孤立与暴露敌人。

二是整顿农协组织与人民武装组织，结合深入的访贫问苦诉苦串联，由小到大地组织群众队伍，研究斗争对象与斗争方法，进行发动斗争。

---

① 《江西省委关于如何做好土改复查工作的指示》，1951 年 7 月，赣档 X001 - 1 - 093 号。

三是进行查田查阶级，进一步揭露并彻底摧毁各种反动组织（如青红帮、会道门、地下军等），依法惩办反动首领，斗争漏网地主恶霸，对一般地主也应适当分工管制，进行劳动改造。

四是展开民主运动，加强农民内部的团结，巩固与建设乡村政权，开展大生产运动。①

1951年11月，中南局在批转江西省委关于贯彻土改复查的指示中更明确地指出，土改复查必须经过查田查阶级、民主团结和群众自我总结教育的三步骤。这三个步骤也即复查阶段三个突出的主题。指示认为，这三个步骤实际上可能有交错，难以整齐划一、机械分开。但是因其反映群众在一定时期的突出要求，所以如此划分是必要的，切不可划分许多细小步骤把这几个主题冲淡。② 在这里查田查阶级，是处理土改的遗留问题，而民主团结和群众教育，则是对土地改革运动的扩展，是借土改复查以在乡村培养出一大批对党对新政权忠诚的干部队伍和群众队伍。

在具体的做法上，各地一般都是先召开乡干部座谈会，在初步酝酿和准备后正式召开乡干部会议；会后，干部分头向农民作检讨，主动征求群众意见。再结合选举代表，召开雇贫农代表会，布置整个复查工作。在查田查阶级开始后，召开被管制人员会议，向其讲明政策；然后通过农民代表会、农民协会小组会，进行讨论，研究对地主分类和定案情况，再召集地主宣布定案，宣布管制名单，对不应管制的地主宣布解除管制。

在复查运动的每一个阶段，都出现过不同程度的偏向。在查田查阶级中，一方面是为了单纯追求经济上的利益，为此而抬高阶级，扩大打击面，盲目进行非法斗争。江西省靖安县某乡查出漏网地主11户，经县委审查，实际只有1户够划地主。清江县万树乡对地主以"分类定案"作为经济斗争的手段，说"先交者先定案，后交者后定案，不交者不定案"。定南县桥水乡为了追经济搞非法斗争，导致包括2名贫农、1名中农、1名富农和1名地主在内的5人自杀。据南昌专区7个县的统计，复查中地主已自杀26人。另一方面的偏向是，在强调运用斗争策略之

---

① 《江西省委关于贯彻土改复查的指示》，1951年10月12日，赣档X001－1－093号。
② 《中南局批转江西省委关于贯彻土改复查的指示》，1951年11月30日，赣档X001－1－093号。

后，不敢放手，放松了对不法地主的斗争和镇压。① 针对查田查阶级中出现的偏向，江西省委提出了几个要注意的事项，要求各地掌握。例如土改中确实错划为地主的，要在排队分类中，首先纠正，摘下帽子，根据不同情况适当加以照顾补偿。查漏网要慎重控制，可划可不划者不划，已划者必须调查审核报区或县批准，在未批准前不准斗争。对地主要分类定案，分别发落（所谓分类定案，即将地主划分为守法户、半守法半违法户和违法户）。对于守法户，不斗争不清算宣布结案，令其争取五年内改变成分；对半守法半违法户予以警告或斗争；对违法户要发动群众揭发其违法行为，并依法惩办。分类定案中，对地主本人与家属，要有所区别。已经判刑参加劳改队的，一般不再翻案，也不可拉回乡去斗争。对于城市工商业者兼地主，已清算的也要求不再清算，宣布结案；不许农民私自进城清算，或扩大事实重复清算，或捕人下乡。同时，进一步明确将杀人批准权收归省。②

在民主团结阶段，由于过去各个时期忙于搞中心工作，对乡村干部使用多，教育少，因而部分干部强迫命令的工作作风相当严重，少数干部有多占斗争果实、贪污浪费、包庇地主、立场不稳等错误。因此，在复查中，许多干部背上了怕"三反"、怕复查、怕群众提意见、怕政府撤职的思想包袱，工作消极，等待下台。③ 针对干部中存在的思想问题，中南区要求，开展民主运动要做到三条：一是干部一定要向群众认真作自我批评，二是一定要充分发扬民主，使群众敢于批评干部，三是民主运动后，普遍实行一次民主选举。同时，明确指出，除了对成分纯洁（雇贫农、中农及其他劳动人民中的优秀分子）而只是思想不纯（觉悟不高、自私自利等）、作风不纯（强迫命令、不民主等）的乡村干部，要本着治病救人的干部政策，以教育提高为主、纪律制裁为辅外，应通过民主团结运动，充分发扬民主，经由群众揭发批判，将那些阶级异己分子、地主阶级

① 江西省土改委：《省委土改复查问题座谈会纪要》，1952 年 11 月 28 日，赣档 X001 - 1 - 131 号。
② 江西省土改委：《省委土改复查问题座谈会纪要》，1952 年 11 月 28 日，赣档 X001 - 1 - 131 号。
③ 南昌县土地改革委员会：《在土地改革复查试点工作中对依靠原有干部原有组织进行工作的几点体会》，《长江日报》1952 年 12 月 27 日，第 2 版。

的代理人和农民中的少数不纯分子清理出去，以达"留好去坏，纯洁基层"的目的。①

在土改复查中，甚至有些复查工作队下去工作时，都躲躲闪闪，说是来帮助夏征和生产的，不敢说是复查，不敢大胆宣传复查政策。② 有些地区不问原来工作情况，对原来乡干部积极分子一律弃而不用，一律重新扎根串连。③ 而在扎根串连中，有的地方又对串联对象提出严苛的标准，如给地主当过长工的不要，当过兵的不要，搞过"皮绊"的不要，当过甲长的不要，年节赌过小钱的不要，与地主同姓的不要，会说话的不要。④这造成农民群众惶惑不安，干部积极分子消沉不满、地主阶级普遍顽抗的现象。

土改复查也遭到了地主的反抗。1952 年春节前后，湖北浠水县关口区发生封建会门"斗母坛"暴乱案，汉川县发生放火案件 21 起。湖南常德专区一星期内发生 4 个农民被暗杀现象；常德县腰六乡发生放火事件 4起。该省安化县五区复溪乡在举办民兵训练班时，遭到地主放毒，致 90余民兵中毒；保靖县发生暴动案 2 起，放火案 9 起，农民被暗杀者 7 人。广东省澄海县 1952 年 1 月发生投毒案 2 起，放火案 11 起；潮阳县 1 月下旬发生放火案 3 起，放毒案 1 起。在广西，上林县龙林小乡地主周某某，与其子各持大刀，杀死农民儿童 2 人，杀伤 6 人，放火烧屋 11 间，其三子将自己妻子和儿子共 6 人全部杀死，然后自缢。⑤

中南区的土改复查于 1953 年春基本结束。经过复查运动，不仅解决了土地改革前一阶段遗留的问题，调整了少数土地和阶级成分，进一步打击了地主阶级，而且整顿了农民协会组织和乡村干部，教育了广大农民群

---

① 《中南土改简报》社论《土地改革复查中必须足够重视与认真解决的两大问题》，《长江日报》1952 年 2 月 4 日，第 2 版。
② 钟铮：《从孝感县鲁岗乡土地改革复查中所看到的问题》，《长江日报》1951 年 8 月 28日，第 2 版。
③ 刘西尧：《湖北各地土地改革复查重点试验的基本情况和主要经验》，《长江日报》1951年 9 月 8 日，第 2 版。
④ 袁振：《湖北大冶专区土地改革和土地改革复查的情况》，《长江日报》1951 年 12 月 24日，第 1 版。
⑤ 《各地发现少数恶霸不法地主反革命分子，疯狂破坏土地改革和复查运动》，《长江日报》1952 年 3 月 22 日，第 2 版。

众，树立了党和新政权的权威。具体体现在以下几个方面。

在经济上，进一步清查出大量的财产。例如，江西省南昌县小蓝乡在土改前面阶段没收了地主大量财产的基础上，1950 年第一次土改复查时，又从地主手中查出各种东西将近 8000 件，其中稻谷 471 斤，耕牛 2 头，水车 15 架；金子 4 两多，银子 8 两多，被子 42 床，银圆 4059 块。[①] 1951 年 12 月至 1952 年 3 月 10 日该乡又进行了第二次土改复查，此次斗争了地主 13 人，获得果实 13000 余万元（旧币，一万相当于新币 1 元），另有银圆若干（见表 2 - 3）。[②]

表 2 - 3　南昌县小蓝乡第二次土改复查所获果实表

类　别	户　数	清算果实数（斤）	实交果实数（斤）	尚欠果实数（斤）	备　注
捉回地主	6	135200000	93888400	41311600	1. 外有黄金 1 两、银圆 297 元；2. 尚欠果实数中，大部已准予免拿或减拿
在乡地主	4	96400000	3840000	92560000	
在外乡地主	3	6000000	3200000	2800000	
合计	13	237600000	100928400	136671600	

资料来源：根据《江西省南昌县小蓝乡解放后的社会改革运动调查报告》制作而成，载中南军政委员会土地改革委员会调查研究处编印《一百个乡调查资料选集》（社会改革部分），内部资料，1953 年，第 146 页。

在组织上，通过复查，清理了少数阶级异己分子，纯洁了干部队伍，培养了一批乡村领导干部骨干，发展了各类组织。湖北省武昌县清潭乡共发展了共产党员 9 人、青年团员 18 人，提拔了农民协会和乡政委员会的干部 8 人，组长以上干部 52 人。[③] 江西省萍乡县登岸乡党、团组织经过

① 《南昌县第四区小蓝乡复查工作总结》，1950 年 12 月 5 日，南昌县档案馆藏档案，县委档案，全宗号 1，案卷号 9，1950 年。根据 1954 年的一份调查报告，此次复查所获果实为房屋 250 间，农具 1500 件，耕牛 3 头，家具 3000 件，粮食 3126 担，人民币 75000000 元，金子 5 两，光洋 5600 元。见《江西省南昌县小蓝乡解放后的社会改革运动调查报告》，载中南军政委员会土地改革委员会调查研究处编印《一百个乡调查资料选集》（社会改革部分），内部资料，1953 年，第 140 页。

② 《江西省南昌县小蓝乡解放后的社会改革运动调查报告》，载中南军政委员会土地改革委员会调查研究处编印《一百个乡调查资料选集》（社会改革部分），内部资料，1953 年，第 146 页。

③ 中共湖北省委政策研究室：《湖北武昌县清潭乡土地改革复查的情况和做法》，《长江日报》1952 年 10 月 31 日，第 2 版。

整顿后，吸收了 25 名青年积极分子入团，成立 4 个团小组，选举了团的领导；发展了党的宣传员 12 名。① 据江西省 61 个县 1 个市 5859 个乡的统计，复查后，好的与基本好的乡干部由 55051 人（占乡干部的 78.56%）增至 103118 人，占现有乡干部总数的 97.22%；好的与基本好的村干部由 118086 人（占村干部的 80.885%）增至 180227 人，占现有村干部总数的 96.38%。同时清理了乡干部 2924 人，村干部 5225 人，基本清除了阶级异己分子和蜕化变质分子。另据 6 个典型乡的调查，每乡培养了 3～6 个领导骨干。南昌市郊 30 个乡，每乡均有 3～5 名领导骨干；抚州专区 93 个乡，每乡甚至有 9 名领导骨干。全省已有 30% 的乡建立了党的支部，90% 的乡建立了团支部。与此同时，农民协会、妇女会、民兵等农民组织也有很大的发展。据江西省 62 个县 1 个市 6095 个乡的统计，已组织起来的群众 4732078 人，占总人口 9711147 人的 48.73%，占应组织群众 6146298 人的 76.99%。② 这说明，经过一系列的社会改革，党团组织已初步建立，劳动群众的政治优势已经确立，党执政的组织基础进一步扩大，阶级基础进一步巩固。

在教育上，经过土改复查，农民的阶级觉悟与政治觉悟有了很大提高。据江西各地的材料，在复查中发动起来的群众占应发动的 80% 以上，涌现出了大批积极分子。据 6095 个乡的统计，原积极分子 182321 人，复查中培养了 160968 人，现有 350589 人。③ 这些在社会改造中觉悟起来的群众，与涌现出的积极分子一起，成为发展生产、建设新农村的一支宏伟的力量。

总之，从土改复查所投入的人力、所花的时间和其繁杂的步骤看，从其内容的广度看，土改复查运动不啻一场土改运动，而且其内容更为广泛，且更侧重于组织重构、干部整顿和群众的教育。如果说，复查之前的社会改造主要目的在于"破"的话，那么，土改复查运动的

---

① 江西省土地改革委员会：《江西萍乡县登岸乡土改复查的作法与经验》，《长江日报》1952 年 12 月 5 日，第 2 版。
② 以上均见《江西省土改复查运动情况及解决问题之程度》，1953 年，赣档 X006－2－035 号。
③ 《江西省土改复查运动情况及解决问题之程度》，1953 年，赣档 X006－2－035 号。

目的则主要是"立"。经历了土改复查运动，以土地改革为中心的社会改造任务才基本完成，中国社会从此将进入一个以建设为中心的新阶段。

第三节 乡村经济生活的新变化

土地改革，是对农村社会的一次历史性革命，这一革命不仅没收了地主阶级的土地，废除了经由土地租佃关系产生的封建剥削关系的基础，而且从政治上对农村的传统统治势力进行了毁灭性的打击，从而树立了中共新政权在广大农村的政治权威。土地改革后，中国乡村的土地所有制关系发生了根本性的变化，农民尤其是贫雇农的生活水平在短期内得到明显的改善，生产积极性也有很大的提高，一时，中国乡村社会呈现出过去从未有过的崭新面貌。

一 个体农民所有制的确立

废除地主阶级封建剥削的土地所有制，实行农民的土地所有制，是《土地改革法》确立的基本原则，也是土地改革的主要目的。土地改革在中国历史上第一次真正实现了"耕者有其田"的千年梦想，完成了革命先驱者提出的"平均地权"的夙愿，确立了个体农民的土地所有制。

如前所述，土地改革前，中南区五省（不包括广西）虽然各个省份情况不同，但地主土地所有制的特征还是相当明显的。占农业人口3.5%的地主，占有耕地为耕地总面积的30%~40%；而占农业人口90%的中农、贫农和雇农，只占有35%~50%的耕地。土地改革中许多乡村的调查也表明，地主占有的土地远远高于其他阶层。例如，据中共湖北省委政策研究室的调查，土地改革前，湖北省武昌县七区清潭乡共有602户2289人，有田地855095石。其中地主35户人口165人，占全乡总户数的5.82%、总人口的7.2%，但占有土地为总田亩数的30.7%。雇农、贫农分别为24户63人、356户1274人，占全乡总户数的比例分别为3.99%和59.1%，占总人口的比例分别为2.75%和55.6%，占有的土地却分别只有全乡总田亩数的 0. 54% 和 22. 4% （具体见表 2 - 4）。仅仅在土地改革中就没收了 104236 石产量的土地分配给贫雇农，每人分得 930 斤左右产量的土地。①

表 2 - 4 湖北省武昌县清潭乡土地改革前各阶层土地占有情况

阶　层	户　口		人　口		占有土地（%）
	户　数	占比（%）	人　数	占比（%）	
地　主	35	5. 82	165	7. 2	30. 7
富　农	18	2. 99	97	4. 24	8. 55
中　农	154	25. 4	651	28. 4	34. 5
贫　农	356	59. 1	1271	55. 6	22. 4
雇　农	24	3. 99	63	2. 75	0. 54
其　他	5（户）	—	—	—	—

资料来源：根据中共湖北省委政策研究室《湖北武昌县清潭乡土地改革复查的情况和做法》制作而成，《长江日报》1952 年 10 月 31 日第 2 版。

土地改革后，地主的土地所有制被彻底废除，以乡或等于乡的行政村为单位，重新统一分配给了包括地主在内的农民手中，从而确立了土地的个体农民所有制。据湖北省农委 1952 年 12 月对 20 个乡的一份调查，534 户地主在土地改革中共减少 34392. 91 亩土地，34 户半地主式富农和 335 户富农分别减少土地 242. 97 亩、2613. 93 亩。而 6075 户贫农、583 户雇农分别获得了 32221. 18 亩、3233. 84 亩土地，平均每户贫农获得土地 5. 3 亩，每户雇农获得土地 5. 55 亩。另有 3819 户中农也增加了 7295. 18 亩土地。土改复查后，该 20 个乡各阶层合计人均占有土地为 2. 29 亩，其中地主 1. 92 亩，半地主式富农 3. 04 亩，富农 3. 3 亩，贫农 1. 9 亩，雇农 2. 28 亩，中农 2. 35 亩。② 另据江西省南昌县七区 14 个乡 1953 年的调查，土地改革后，地主、半地主式富农、富农、中农、贫农、雇农的人均占有土地分别为 1. 47 亩、2. 41 亩、3. 12 亩、2. 27 亩、1. 99 亩、1. 92 亩，而各阶

① 中共湖北省委政策研究室：《湖北武昌县清潭乡土地改革复查的情况和做法》，《长江日报》1952 年 10 月 31 日，第 2 版。

② （湖北省）农委：《土改复查后 20 个乡各阶层生产资料统计表》，1952 年 12 月，鄂档 SZ18 - 1 - 33 号。

层合计人均占有土地2.04亩。[①]

　　不同区域更大范围的调查都表明，土地改革后中南五省人均占有土地已相当平均，只有中农和富农稍稍多于平均数；而且各阶层劳动力人口比例与其所占土地的比例也大致相当（见表2－5）。总之，大量的数据证明，土地改革后，作为农业生产最主要的生产资料，也是农民赖以生存基础的土地，其占有形式已从过去较为集中的地主占有制彻底转变为相对平均的个体农民占有制。

表2－5　中南五省若干乡1953年土地占有情况

地　　区		贫农	中农	其他劳动人民	富农	地主及其他剥削阶层	其他	全部阶层合计人均占有土地
河南9乡	劳动力（％）	12.60	79.64	0.04	2.85	4.87	—	
	平均占有土地（亩）	2.29	3.03	4.40	2.92	2.74	—	2.92
	占有土地（％）	10.42	81.82	0.03	2.97	4.75	—	
湘鄂赣10乡	劳动力（％）	29.55	59.99	1.62	3.95	4.89	—	
	平均占有土地（亩）	2.01	2.29	1.01	2.56	2.14		2.21
	占有土地（％）	27.96	60.45	0.74	4.69	5.28	0.88	
广东12乡	劳动力（％）	34.53	55.06	2.86	2.61	4.93	—	
	平均占有土地（亩）	1.73	2.09	0.67	2.48	1.39		1.89
	占有土地（％）	32.59	58.41	1.25	3.48	4.14	0.13	

　　说明：湘鄂赣三省的"其他"土地包括公田和机动田、外出户与绝户、外乡业主寄庄田；广东省的"其他"土地系指公田及机动田。

　　资料来源：根据《河南省九个乡一九五三年各阶级劳动力及占有生产资料统计》《鄂湘赣三省十个乡一九五三年各阶级劳动力及占有生产资料统计》《广东省十二个乡一九五三年各阶级劳动力及占有生产资料统计》制作而成。参见中共中央中南局农村工作部编《中南区一九五三年农村经济调查统计资料》，内部资料，1954，第8、16、24～25页。

二　农民生活的显著改善

　　土地改革后农民的经济状况究竟怎样，学术界有着不同的认识。多

---

① 《江西省南昌专区南昌县七区14个乡复查后阶层情况统计表》，1953年，南昌县档案馆馆藏档案，县委档案，全宗号1，案卷号6，1953年。该统计表中，"户数""人口"系指在家的，久居城市的没有计入。

数人认为，土地改革激发了农民的劳动积极性，解放了农村生产力，改善了农民的生活；通过土地改革，挖掉了我们民族贫困落后的一条重要根子，为国家工业化创造了有利条件。[1] 但也有观点认为，土地改革没有解决经济问题，它对生产力的消极影响与积极影响大体相抵，[2] 没有在农业增产上取得明显的成功。[3] 还有学者从 1953 年夏秋国家粮食供应危机出发，认同中共关于粮食购销矛盾是因为农民惜售和自身消费扩大，而其实质在于小农经济与国家计划经济及工业化建设之间的矛盾这一说法，认为土地改革造成了农村向城市提供商品粮机制的破坏；土改后乡村消费扩张，从而降低了粮食的商品率，导致了城市商品粮供应危机。[4] 那么，实际情况到底怎样呢？在这里我们以广东和河南两省 1952 年和 1953 年富农、富裕中农、中农和贫农四个阶层若干典型户的收入、投资和土地买卖关系变化为中心进行比较分析，[5] 结果表明土地改革在短期内改善了大多数贫困农民的生活，激发了农民生产投资的积极性，对农村经济产生了积极的影响，但在最初的热情消退后，农村的经济状况更多地还是受制于自然条件和国家政策；土地改革对粮食的商品率并没有决定性的影响，1953 年城市商品粮供应危机的根本原因也不在于土地改革。

首先分析农民的生活状况。

土地改革完成后，农民的实际生活究竟在多大程度上和多长时间内得

---

① 分别见薄一波《若干重大决策与事件的回顾》（上），中共中央党校出版社，1991；杜润生：《中国的土地改革》，当代中国出版社，1996。

② 〔美〕德·金·珀金斯：《中国的农业发展（1368～1968）》，宋敏等译，上海译文出版社，1984。

③ 〔美〕吉尔伯特·罗兹曼主编《中国的现代化》，江苏人民出版社，2005，第 253 页。

④ 相关观点分别见金观涛、刘青峰：《开放中的变迁——再论中国超稳定结构》（香港中文大学出版社，1993）和《历史的真实性：试论数据库新方法在历史研究中的应用》（归来书院网站，2008 年 4 月 19 日）；李放春：《北方土改中的"翻身"与"生产"——中国革命现代性的一个话语—历史矛盾溯考》，载黄宗智主编《中国乡村研究》（第三辑），社会科学文献出版社，2005，第 231～292 页。

⑤ 由于从土地改革到合作化、集体化的时间很短，我们无法从一个比较长的时期来判断1949 年以后土地改革对农村经济社会的影响程度，因此只能将这两年的情况进行比较。在中南区，各地土地改革完成的时间不尽相同，如河南大部分地区在 1950 年即已完成土改，广东大部分地区则迟至 1952 年才完成，所以将这两个省的情况作一比较，或许能够在某种程度上反映土地改革后农民经济的变动情况。

以改善与提高？对比河南和广东两省的不同阶层典型户的收入，[①] 我们发现不仅不同地区而且同一地区的不同阶层情况都各不相同。

表 2-6 1952~1953 年河南广东两省各阶层典型户人均总收入情况

阶层	河南 9 个乡 220 户					广东 7 个乡 164 户				
	1952 年	阶层差距	1953 年	阶层差距	年度比较(%)	1952 年	阶层差距	1953 年	阶层差距	年度比较(%)
富农	648	100	625	110.6	-3.55	1463	121.5	1881	143.4	28.57
富裕中农	1060	163.8	934	165.3	-11.89	2443	202.9	2853	217.5	16.78
中农	838	129.3	685	121.2	-18.26	1747	145.1	1922	146.5	10.02
贫农	723	111.6	565	100	-21.85	1204	100	1312	100	8.97
总 计	876		739		-15.64	1741		1961		12.64

说明：1. 本表年份收入以市斤为计算单位（河南以小麦市斤，广东以稻谷市斤），不同物资按市价折合计算。2. 阶层差距以当年最低收入者为 100。3. 年度比较系 1953 年与 1952 年相比的增减比例。（表 2-7 同）

资料来源：根据《河南省 9 个乡 1952 年各阶级 220 个典型户收支情况》《河南省 9 个乡 1953 年各阶级 220 个典型户收支情况》《广东省 7 个乡 1952 年各阶级 164 个典型户收支情况》《广东省 7 个乡 1953 年各阶级 164 个典型户收支情况》计算、制作而成。参见中共中央中南局农村工作部编《中南区一九五三年农村经济调查统计资料》，内部资料，1954，第 95、97、107、109 页。

先看人均总收入的变化情况。与 1952 年相比，1953 年，河南 220 户典型户人均总收入都比上年出现较大幅度下降，四个阶层合计人均总收入下降了 15.64%；而广东 164 户典型户都大幅度增加，合计人均增长 12.64%。何以两省农民收入会出现这种截然相反的变化？这里有 1953 年河南部分乡因遭受自然灾害导致农业生产下降的因素，[②] 然而更重要的原因可能是两地土地改革完成的时间不同，广东的土地改革完成得比河南

[①] 对于阶级阶层的划分，中央人民政府政务院 1950 年 8 月 20 日公布的《划分农村阶级成份的决定》已作了明确的规定。一般而言，地主与富农都被视为剥削阶级，中农、贫雇农属于劳动阶级。但为行文方便，此处将来将富农作为阶级看待，而与富裕中农、中农、贫农、雇农一样，看作农民阶级中的一个阶层。富裕中农本为中农之一部分，但鉴于它与其他中农在几乎所有的数据统计中都有较大差别，故也将其从中农中分离出来单独计算分析。

[②] 1953 年，河南受调查的 9 个乡中有 6 个遭受自然灾害，导致农业生产减产。见中共中央中南局农村工作部《中南区一九五三年农村经济调查统计资料》，内部资料，1954，第 4 页。

晚。土地改革完成的先后所造成的结果是：土改中分配的果实直接提高了
大多数农民的生活水平，[①] 而土地和生产资料的获得则激发了他们的生产
积极性。但因土地改革并没有带来生产力的实质性提高，也没有改变传统
的农业生产方式，因此随着时间的推移，农民的生产生活又逐步步入一个
主要依靠客观自然条件和劳作习俗的正常轨道中。[②]

　　从不同的阶层来说，两地各阶层的收入差距都比较明显。1952 年河
南省可比的四个阶层中，人均总收入从高到低依次为富裕中农、中农、贫
农和富农，最高的富裕中农与最低的富农相差 63.8%。1953 年，由于贫
农总收入下降幅度较大，而富农总收入下降较少，故各阶层人均总收入排
序发生了一些变化，从高到低依次为富裕中农、中农、富农和贫农，最高
的富裕中农与最低的贫农差距高达 65.3%。

　　在这两年中，广东各阶层的人均总收入位置没有发生变化，从高到低
依次为富裕中农、中农、富农和贫农。1952 年，最高的富裕中农与最低
的贫农相差 102.9%，1953 年这种差距进一步扩大，二者相差 1541 斤，
幅度为 117.5%。

　　单纯从上述人均总收入的水平看，收入最高的阶层与最低阶层相比，
差距似有拉大的迹象。这是否说明土地改革后出现了新的贫富分化呢？就
河南而言，1952 年，富农的收入水平最低，贫农次之；1953 年各阶层收
入都出现下降，贫农下降幅度最大，成为收入最低者。下降幅度排在第

---

① 据中共中央中南局农村工作部办公室推算，土地改革中仅没收征收多余的粮食每人平均
数，河南 18.60 斤、湖北 51.32 斤、湖南 75 斤、江西 103.72 斤（报告数字）、广东
56.88 斤、广西 95.52 斤。这些没收征收中的多余粮食一般都分给了缺粮少粮的农民。
参见中共中央中南局农村工作办公室《中南区土地改革果实统计表》，内部资料，1954。
实际上，在土地改革的每一阶段，都进行了果实的分配。例如江西省南昌县小蓝乡在土
地改革的准备阶段即清匪反霸减租减息时，按照"谁斗谁得"的原则，个别人得到近百
石的粮食；土改及第一次复查采取平均分配的原则，中农、贫农都分到了果实；第二次
复查中按阶级分等评级，贫农每户最高分得 55 万元（旧币，下同），最低 85000 元（一
个人的家庭），中农则每户分得 15 万元或 10 万元。参见中南军政委员会土地改革委员
会调查研究处《中南区一百个乡调查资料选集（社会改革部分）》，内部资料，1953，
第 159 页。
② 20 世纪 80 年代农村改革的实践也印证了这一点：实行家庭联产承包责任制的最初几年，
农民生产积极性空前释放、农业生产连续获得丰收、农民生活持续改善；但随着时间的
推移，制度变革带来的动能逐渐衰竭，农业生产和农民生活水平随之进入一段徘徊不前
的时期。

二、第三的是收入较高的中农和富裕中农，富农下降幅度最小。在广东，1952 年收入最高的是富裕中农和中农；1953 年，各阶层收入都有所增长，但增长最快的却是富农，其次是富裕中农。表面上看，富农在这两个地区都似乎相对更富了，但实际上，无论是在河南还是在广东，富农仍然是人均总收入最低的阶层之一，土地改革中对富农多余土地的征收及政治上的歧视，也制约了富农经济在土改后的进一步发展。对收入结构的进一步考察可知，影响总收入差距拉大的原因来自非农领域，也就是说，与土地改革没有直接关联。

表 2 - 7　1952～1953 年河南广东两省各阶层典型户人均农业收入情况

阶　层	河南 9 个乡 220 户					广东 7 个乡 164 户				
	1952 年	阶层差距	1953 年	阶层差距	年度比较（%）	1952 年	阶层差距	1953 年	阶层差距	年度比较（%）
富农	520	100	483	111.0	-7.12	804	109.8	1194	139.5	48.51
富裕中农	856	164.6	714	164.1	-16.59	1335	182.4	1515	177.4	13.48
中农	664	127.7	557	128.0	-16.11	976	133.3	1113	130.3	14.04
贫农	555	106.7	435	100	-21.62	732	100	854	100	16.67
总　计	697		583		-16.36	982		1135		15.58

资料来源：根据《河南省 9 个乡 1952 年各阶级 220 个典型户收支情况》《河南省 9 个乡 1953 年各阶级 220 个典型户收支情况》《广东省 7 个乡 1952 年各阶级 164 个典型户收支情况》《广东省 7 个乡 1953 年各阶级 164 个典型户收支情况》计算、制作而成。参见中共中央中南局农村工作部编《中南区一九五三年农村经济调查统计资料》，内部资料，1954，第 94、96、106、108 页。

农民的总收入由农业收入（主要指粮食收入，下同）、副业收入和其他收入三块构成，其中农业收入占主要地位。1952 年、1953 年，两省各阶层典型户农业收入占总收入的比重均超过了 50%，河南分别为 79.58% 和 78.82%，广东省为 56.43% 和 57.88%。从人均农业收入看，各阶层合计的人均农业收入与总收入在这两年中的变化基本是一致的，即河南有较大幅度的减少，而广东有较大幅度的增加。但具体到不同阶层，其变化则并不完全同步，农业收入的高低差距小于总收入的高低差距，且两省不同阶层的农业收入差距均出现了下降。河南最高阶层与最低阶层之间的差距从 1952 年的 64.6% 下降到 1953 年的 64.1%。广东最高的富裕中农与贫农的差距也从 1952 年的 82.4% 缩小到 1953 年的 77.4%。

作为农民主要收入来源的农业收入，各阶层之间的差距不仅小于总收入，而且也不像总收入一样 1953 年与 1952 年比进一步扩大，而是有所缩小，也说明人均总收入的差距拉大并非由土地改革时包括土地在内的生产资料的重新分配所引起，人均总收入的差距扩大必然另有原因。

这些原因中，有一个就是副业等非农收入的影响。1953 年，广东省中农的人均农业收入低于富农，但人均总收入却高于富农，就是因为其副业等其他收入占有更高的比例。当年中农的副业等非农收入占到总收入的42.99%，而富农只占 36.52%。就地区而言也是如此。一般来说，在农业依赖度高的地方，总收入的变化主要取决于农业收入的变化，而且收入差距还维持在一个比较稳定的状态；而农村商业、手工业等比较发达的地方，由于农业本身的重要性不如前者，且农业收入相对稳定，故其总收入的变化更多地取决于非农收入的变化。

对更长时间段的考察也反映出这一趋势。据对中南区 6 省 68 县内 68个乡 574 户普通中农的调查，解放前（1948 年）的农业收入合计折谷为3058495.56 斤，土改后（1951 年）升至 3232222.51 斤。但由于副业收入减少（从 931870.06 斤减至 853519.67 斤，占总收入的比例从 22.25% 下降为 19.93%），导致人均总收入也出现大幅度下降，从 1219.88 斤下降至 935.55 斤。[①]

实际上，影响个体农民收入的因素是多方面的。[②] 即便不考虑土地改革的先后而在政策上出现的调整变化和制度变迁本身具有的动能逐渐衰减的特点，也不考虑副业收入和实际投资的差异，单纯从劳动能力和劳动意愿上看，不同的群体都是有差别的，而且这种差别足以导致收入

---

① 中南军政委员会土地改革委员会：《中南区一百个乡调查统计表》，内部资料，1953，第282、283 页。

② 其中之一是生产资料与劳动力对收入的影响，但本书在此不作考察。原因在于：第一，土地改革后各阶层占有的土地和耕畜等是一定的，而其他生产资料（包括新增耕畜）的变化情况实际上已在生产投资中有所反映。第二，劳动力的多寡确实能对总收入产生影响，但由于各户劳动力在短短的两年中处于一个较稳定的状态，所以它对总收入的变动所能产生的影响几乎可以忽略不计。此外，一般地，劳动力多的家庭、阶层，人口也多，更多的劳动力增加的收入被人口摊薄抵消了，故人均收入与劳动力的多寡也不存在直接的关联。

的分化，这一点马克思早已从理论上进行了充分的阐述。[1] 已有的研究也表明，在中国这样一个社会内部阶级流动性较强的乡村，有些人沦为贫农、雇农，往往是因为其生产技术不高、劳动能力或劳动意愿不强；[2] 即便是在集体化和人民公社时期，劳动能力的差异导致的收入差别也是客观存在的。[3]

在此我们顺便考察一下土地改革后的粮食商品率问题，因为这个问题不仅与农民的生活有关，更与土改后很快实施的统购统销密切相关。有一种观点从 1953 年夏秋开始的国家粮食收购危机出发，认为土地改革消灭了地主经济、限制和打击了富农经济，造成了商品粮机制的破坏，结果降低了粮食的商品率，引起了商品粮短缺，进而导致了与国家工业化的矛盾。[4] 诚然，1953 年中共制定粮食统购统销政策时，一个主要的事实依据，如陈云所说，就是国营部门购少销多，国家掌握的商品粮远低于需求量，商品粮占粮食总产量的比例有所下降；一个主要的理论依据就是小农经济商品率极低，与国家计划经济存在着矛盾。[5] 但不能因此就认为土地

---

[1] 马克思在《哥达纲领批判》中阐述了人的劳动能力差异的存在是社会主义社会实行"按劳分配"的重要原因之一。马克思说，在社会主义社会，生产者的权利是和他们提供的劳动成比例的，这是一种平等的权利，而这种平等权利是默认"劳动者的不同等的个人天赋，从而不同等的工作能力，是天然特权。所以，就它的内容来讲，它像一切权利一样是一种不平等的权利"。这就是说，劳动能力的不同以及由此导致的收入差别是一种客观的存在，"按劳分配"的实行正是以此为前提的。另外，马克思在此还指出，家庭人口的多寡也会导致劳动者之间的收入差别。参见《马克思恩格斯选集》第三卷，人民出版社，1995，第 305 页。

[2] 黄道炫在《洗脸——1946～1948 年农村土改中的干部整改》一文中引用一则当时的材料表明，"最穷的人，又绝大多数是怕劳动、不务正业或失去劳力的人"（《通城两区土改工作的总结及今后生产、救灾、整党工作的意见》，1947 年 12 月 16 日至 1948 年 3 月 16 日，载《解放战争时期陕甘宁边区财政经济史·资料选辑》，第 258 页），载《历史研究》2007 年第 4 期。

[3] 有学者对革命后乡村社会的分化研究表明，虽然在集体化和人民公社时期集体制度表现出种种对抗分化、无法容忍分化的特征，但主要以体力、劳动技能和劳动态度为标准的工分制所产生的人均收入差距，最富的家庭仍为最穷家庭的 3 倍左右。参见卢晖临《革命前后中国乡村社会分化模式及其变迁：社区研究的发现》，载黄宗智主编《中国乡村研究》第一辑，商务印书馆，2004。

[4] 金观涛、刘青峰：《开放中的变迁——再论中国超稳定结构》，香港中文大学出版社，1993，第 419～421 页。

[5] 中共中央文献研究室编《建国以来重要文献选编》（第四册），中央文献出版社，1993，第 446、478 页。

改革导致了粮食商品率降低或破坏了商品粮供应机制。这里我们姑且不论1952年开始露头、1953年夏秋出现的国家粮食收购危机及其原因,[①] 仅就土地改革后粮食的商品率作一简单的考察，并与土地改革前进行比较。从表2-8可以看出，1953年，河南省农民人均总收入虽有较大的下降，可提供上市的余粮与实际流通商品粮比上年都有所减少，但实际卖出的商品粮仍有8.29%，加上买进的粮食，实际流通商品粮仍高达17.87%。广东省由于土地改革进行得较晚，农民的积极性刚开始释放，加之其公粮负担实际上还有所下降，故其可提供上市的余粮数量大幅度增加，从6.88%增加到17.16%；可提供的全部商品粮从23.25%增加到32.27%；实际卖出的商品粮也从20.29%增加到23.78%，若加上买入的粮食，实际流通商品粮则达34.97%。从全国来看，1952年7月至1953年6月粮食年度与上年同期比较，国家掌握的商品粮食，包括公粮和市场上的收购

表2-8　1952～1953年河南广东两省各阶层典型户商品粮合计统计表

单位：原粮市斤

		可提供商品粮					实际流通商品粮			
		公粮负担	占全年收入粮数（%）	余数	占全年收入粮数（%）	合计	占全年收入粮数（%）	买进	占全年收入粮数（%）	卖出	占全年收入粮数（%）
河南省220户	1952年	107359	13.64	89699	11.4	197058	25.04	81624	10.37	72780	9.25
	1953年	78882	11.02	53796	7.52	132678	18.54	68573	9.58	59377	8.29
广东省282户	1952年	193105	16.37	81087	6.88	274193	23.25	146387	12.41	236895	20.29
	1953年	202862	15.11	230414	17.16	433276	32.27	150291	11.19	319419	23.78

说明：影响余数的开支中包括主食、副食、种子、饲料、酿造。

资料来源：根据《河南省9个乡1952年各阶级典型户粮食收支及商品粮数量》《河南省9个乡1953年各阶级典型户粮食收支及商品粮数量》《广东省12个乡1952年各阶级典型户粮食收支及商品粮数量》《广东省12个乡1953年各阶级典型户粮食收支及商品粮数量》制作而成。参见中共中央中南局农村工作部编《中南区一九五三年农村经济调查统计资料》，内部资料，1954，第110～113、142～143、146～147页。

---

① 关于1953年国家粮食收购危机产生原因的分析，参见汤水清《上海粮食计划供应制度与市民生活（1953～1956）》，上海辞书出版社，2008，第35～37页。

粮，上升了 7.4%，但因当年粮食增产幅度较大，商品粮占粮食生产量的比例反而降低了 2.3 个百分点，从 20.4% 降低为 18.1%，但与 1950～1951 粮食年度的 18.7% 几乎持平。[①] 这说明，粮食商品率的高低与土地改革没有必然的联系。

我们再简单考察一下解放前的粮食商品率问题。吴承明估计，中国农村的粮食商品率 1840 年约为 10%、1895 年约为 16%、1920 年约为 22%、1936 年约不足 30%。[②] 苑书义、董丛林认为，由于中国幅员辽阔，各地经济发展水平不平衡，农村的粮食商品率参差不齐，就全国范围说，20 世纪二三十年代保持在 20%～30% 的水平。[③] 曹幸穗根据满铁的调查资料，认为旧中国商品经济比较发达的苏南农村，粮食的商品率平均而言在 25% 左右。[④] 所以，与解放前相比，至少就河南广东两省典型户的调查来看，土地改革后粮食的商品率并没有因土地分散到农民手中而降低（遭受自然灾害的地区、年份除外）。[⑤] 当然，农民的粮食消费增加是一个不争的事实，特别是过去无地少地的贫雇农，通过出卖劳动力或其他方式获取货币收入以便从市场买粮来维持生计（这实际上也提高了粮食的商品率），在土地改革后首先需要满足的便是自身的粮食需求。但这并不意味着粮食商品率的必然下降，因为随着生活的改善，在满足自身消费、生存需要得到保障的基础上，农民必然出卖粮食这一主要商品以换取货币收入、满足其他方面的需求。在粮食的销售方面，因当时私商与国营粮食部门争购粮食，且国家收购的牌价与市价形成倒挂，出于经济理性，农民

① 曾凌：《第一个五年计划初期的粮食问题和增产薯类作物的重要作用》，中国财政经济出版社，1957，第 12 页。
② 吴承明：《中国资本主义与国内市场》，中国社会科学出版社，1985，第 272 页，转引自苑书义、董丛林《近代中国小农经济的变迁》，人民出版社，2001，第 422 页。
③ 苑书义、董丛林：《近代中国小农经济的变迁》，人民出版社，2001，第 426 页。
④ 曹幸穗：《旧中国苏南家庭农场农产商品率研究》，《中国农史》1992 年第 3 期。
⑤ 事实上，中南区除广东外，湘鄂赣三省典型户的调查也显示，1953 年的粮食商品率也比 1952 年要高，1952 年为 24.13%，1953 年为 31.28%。这说明，在中南区，土地改革后由于农民分得土地积极性提高，粮食商品率反而提高了。参见《鄂湘赣三省十个乡 1953 年各阶级典型户粮食收支及商品粮数量》《鄂湘赣三省十个乡 1953 年各阶级典型户粮食收支及商品粮数量》，载中共中央中南局农村工作部《中南区一九五三年农村经济调查统计资料》，内部资料，1954，第 123、125 页。

惜售的心理自然也是存在的。① 但由于农民收入渠道有限（特别是主要依靠农业收入的北方农民），这种惜售心理并不会成为商品粮短缺的关键因素。简言之，无论是农民自身消费的增加还是农民惜售心理的存在都不是影响粮食商品率的决定性因素（粮食生产的发展和需求的增加对于粮食的商品率更具有决定性的意义）。因而不能因此认为土地改革造成了商品粮机制的破坏从而成为 1953 年粮食收购危机的原因，更不应因国家粮食的收购危机而断定土地的个体农民所有制是国家推行工业化的一个主要障碍。②

三 乡村投资生产的新变化

农民的投资行为，包括生产投资占总收入的比重和投资结构，既可以反映出土地改革后农民对待生产劳动尤其是农业生产的态度，也可以反映出这一时期党的农村政策的倾向性。

将河南和广东两省典型户 1952 年与 1953 年的投资进行比较，我们可以发现，整个生产投资（含农业投资即粮食种植方面的投资、副业投资和其他投资）占总收入的比重，两地都有所增加，河南从 14.95% 略增至 15.38%；广东增加较大，从 19.50% 增至 23.13%。从阶层看，土地改革完成较早的河南只有富裕中农有所增加，从 14.24% 增加到 16.46%；而广东四个阶层全部出现较大增幅，分别从 1952 年的 13.25%、23.98%、18.6% 和 15.13% 增加到 16.34%、27.81%、22.62% 和 19.81%。这表明，刚刚完成土地改革后的农民，生产热情很高，更愿意在生产上进行投

---

① 不独农民惜售，即使是国营粮食部门也存在着保守惜售思想。河南省财委 1953 年 3 月在给省委的报告中就自我检查说：由于对粮食的重要性认识不足，对广大农民的需要问题熟视无睹，没有从计划储存调度上做到对特产区、灾区缺粮户的充分供应，反而采取保守惜售措施，使缺粮农民争购愈急，囤粮农民越发多囤（参见赵发生主编《当代中国粮食工作史料》（上卷），当代中国出版社，1990，第 64～65 页），实际上形成了国营粮食部门与农民争相惜售的局面。

② 事实上，土地改革后作为工业原料的农产品商品率还有了较大程度的提高。据广东省粤西区党委办公室 1953 年 8 月的一次调查，廉江县定珠墩村土地改革的 1951 年作为工业原料的农产品商品率为 29.48%，次年该比例上升到 37.31%，提高了 7.83 个百分点。参见粤西区党委办公室《粤西区农村经济调查》，1953 年 8 月 15 日，粤档 204－5－10 号。

入。在四个阶层中，生产投资占总收入比重高的阶层，河南和广东都是富裕中农，则显示包括富裕中农在内的中农，无论在刚完成土地改革的地区还是在早先完成的地区，生产积极性最高。[①]

从生产投资的内部结构看，两地显示出很大的不同，河南农民的农业投资比例远高于广东。与1952年比，1953年河南各阶层的农业投资比例都有较大程度的增加，四个阶层合计从82.40%提高到88.03%，尤其是富农和富裕中农，分别从85.95%、79.83%提高到91.39%、93.11%。而广东农业投资占比则不升反降，从46.86%降至37.39%。四个阶层中，只有富农有所增加，最低的富裕中农该年的农业投资占总投资的比例只有28.93%。对商业、手工业等副业的投资则出现了与之相反的情况：河南四个阶层全部下降，特别是富裕中农和富农，下降幅度最大，分别从占总生产投资的20.17%、14.05%下降到6.89%、8.61%，副业投资其实已变得无足轻重。而广东除了富农下降外，其他阶层都增加了8个百分点以上，四个阶层合计的比例从52.06%增加到60.80%。也就是说，在广东农民的生产投资中，大部分都是投向商业、手工业等副业领域。

两地农民投资结构的这种差异，表明农民经济行为受到传统产业分工和土地改革后政策变动的双重影响。传统上，河南农民严重依赖粮食生产，商品经济和商品交换都很不发达。近代以来，随着外部资本主义的侵入，棉花和烟草等种植业虽得到一定程度的发展，但并没有突破以农业为主的传统发展模式，国民收入中农业仍占主导地位。[②] 直到1983年，河南农业产值中耕作业产值仍占71.8%，仅比1949年下降了3.5个百分

---

① 但也不能过夸大土地改革后中农的生产积极性，毕竟在土地改革中中农的土地及其他生产资料并没有大幅度增加，因为重新分配的土地和生产资料的受益者主要是贫雇农。中南6省68个乡574户普通中农的调查表明，中农的生产投资占总收入的比重，在抗日战争前的1936年、解放前的1948年和土地改革后的1951年分别为4.58%、4.92%和5.13%（该调查统计的生产投资包括购买肥料、雇工工资、修购农具和其他投资，是否包括商业、手工业等副业投资不得而知。但从三个时期的比较仍可以说明中农生产投资的变化），也就是说，在比较稳定的环境下，中农的生产投资一个时期以来都在增加，但幅度有限，土地改革并没有改变这种增长的趋势或节奏。从另外一个角度讲，中农一直以来就是农业生产的最积极力量。参见中南军政委员会土地改革委员会《中南区一百个乡调查统计表》，内部资料，1953，第268～281页。

② 贾贵浩：《河南近代农作物种植结构的调整与商品化发展》，《南都学坛》2005年第3期。

表 2 - 9   1952～1953 年河南广东两省各阶层典型户投资情况比较

投资类别	阶层	河南 9 个乡 220 户		广东 7 乡 164 户	
		1952 年	1953 年	1952 年	1953 年
生产投资占总收入的比重(%)	富　农	11.63	11.35	13.25	16.34
	富裕中农	14.24	16.46	23.98	27.81
	中　农	15.89	15.19	18.6	22.62
	贫　农	14.99	14.58	15.13	19.81
	各阶层合计	14.95	15.38	19.50	23.13
农业投资占总生产投资的比重(%)	富　农	85.95	91.39	37.61	44.11
	富裕中农	79.83	93.11	38.10	28.93
	中　农	83.93	84.19	48.33	39.09
	贫　农	82.35	83.26	67.21	53.06
	各阶层合计	82.40	88.03	46.86	37.39
副业投资占总生产投资的比重(%)	富　农	14.05	8.61	62.15	55.89
	富裕中农	20.17	6.89	61.07	70.16
	中　农	16.07	15.81	50.08	58.14
	贫　农	17.65	16.74	32.29	44.93
	各阶层合计	17.60	11.97	52.06	60.80

说明：广东农业投资和副业投资的合计不足生产投资的 100%，是因为还存在少量的农业与副业以外的投资，例如雇工、修理农具所支付的工资等的投资。

资料来源：根据《河南省 9 个乡 1952 年各阶级典型户粮食收支及商品粮数量》《河南省 9 个乡 1953 年各阶级典型户粮食收支及商品粮数量》《广东省 12 个乡 1952 年各阶级典型户粮食收支及商品粮数量》《广东省 12 个乡 1953 年各阶级典型户粮食收支及商品粮数量》制作而成。参见中共中央中南局农村工作部编《中南区一九五三年农村经济调查统计资料》，内部资料，1954，第 94～97、106～109 页。

点；工副业只占 17.6%，其余林牧渔合计占 10.6%。① 而广东农村副业和工商业比较发达，到清代，"自来多谷"的广东已经走上了一条主要致力于蚕桑、塘鱼、果品、甘蔗等生产以至"民富而米少"的道路，米粮生产已不占据农业的主要位置，不再是农村中的主业。② 从政策上看，新中国成立后，党和政府号召"发家致富"，鼓励农民积极发展生产，改善生活，投资政策因而相对宽松。例如 1950 年 3 月 10 日政务院通过的《关于春耕生产的指示》中提出要"提倡劳动发家、生产致富"；1950 年 11 月 8 日，农业部在《关于开展冬季农业生产工作的指示》中提出，"已经实

① 常剑桥：《河南省地理》，河南教育出版社，1985，第 204、205 页。
② 高王凌：《传统模式的突破——清代广东经济的发展》，《清史研究》1993 第 3 期。

行土改的地区和今冬不实行土改的新区，均应以生产工作为中心"，"开展农村手工业、副业，增加农民收入，活跃农村经济，积累农业资本"①，这都体现了新中国成立伊始国家对个体农民从事各种生产劳动的鼓励。甚至迟至1953年春，党对新近完成土地改革的地区仍然采取同样的政策。当年3月14日，在中央的一份文件中指出，"一切才结束或结束土地改革不久的地区，都应将主要注意力放在端正地贯彻各项社会政策和经济政策，以解除群众对发展生产的疑虑"。② 但对于那些较早完成土地改革的地区，由于受到早期合作化运动的影响，政策在生产、贷款和税收等方面更多地向互助合作组织倾斜。1952年1月25日农业部、中国人民银行在《关于一九五二年农贷工作的指示》中，明确地把群众组织作为优先对象，"对于组织起来者可优先扶助，在利息上亦可酌予优待。"③ 该年6月16日，政务院在《关于一九五二年农业税收工作的指示》中指出，在老解放区采用比例税制，在新解放区已经完成土地改革的地区施行统一的全额累进税制（以人均全年农业收入原粮作为标准，税率从7%到30%）。④政策的这种倾向性实际上预示着较早完成土地改革的地区个体农民在投资方面受到了限制。

四　土地买卖与合作组织的兴起

按照《土地改革法》第三十条的规定，土地改革完成后，土地所有者有自由经营、买卖及出租其土地的权利。土地改革后，土地买卖和租佃关系重新出现，于是，有些人开始担心新的封建剥削抬头，因而热衷于推行合作化，合作组织由此大规模出现，乡村生产关系面临再次变革。

土地自由买卖和租佃关系的存在是传统中国农村社会的一个典型特

---

① 中央人民政府法制委员会编《中央人民政府法令汇编》（1949~1950），法律出版社，1982，第554、545页。
② 中共中央文献研究室编《建国以来重要文献选编》第四册，中央文献出版社，1993，第80页。
③ 中央人民政府法制委员会编《中央人民政府法令汇编》（1952），法律出版社，1982，第158页。
④ 中央人民政府法制委员会编《中央人民政府法令汇编》（1952），法律出版社，1982，第116页。

征，也是中国农村社会阶级具有流动性的最根本的原因。但同时，在中国马克思主义的意识形态中，土地买卖自由和租佃自由，也被视为地主阶级土地所有制的显著标志和产生封建剥削关系的主要根源。土地改革的目的，就是要铲除地主阶级的土地所有制，消灭封建的剥削制度。因此，虽然《土地改革法》中明确规定了允许土地改革后的农民有买卖土地和租佃土地的自由，但一旦出现这些现象，尤其是土地买卖现象，一部分党的干部还是表现出了高度的敏感，并因而急于用合作社来取代个体农民的土地所有制，用合作生产方式取代个体农民的生产劳动。

1951 年 4 月，江西省委在批复袁州地委关于土地改革后土地的租佃问题时明确指出，在土改区提出租佃自由，是不合适的，土地改革后，除了无劳动力的鳏寡孤独、自身无劳动力或从事其他职业的小土地出租者、确实没有劳动力的地主等特定条件者外，一般不得出租土地；手工业者分得的土地，应鼓励他们自己耕种，逐渐学会生产。① 由于各地基本上禁止土地买卖和土地租赁，土地改革后这种情况并不多见。在此，我们仍以河南和广东两省典型户的土地买卖来加以分析。

据统计，1952 年，河南省 9 个乡 891 户农民中出现了 28 起卖地案例，占总户数的 3.14%；13 户买地案例，占总户数的 1.45%。这些耕地买卖主要发生在富裕中农、中农和贫农中，其中卖出耕地的富裕中农 7 起、中农 15 起、贫农 6 起，分别占这三个阶层总户数的 3.8%、3.13% 和 3.90%；各卖出耕地 7.62 亩、39.83 亩和 16.3 亩，分别占各该阶层耕地总面积的 0.21%、0.56% 和 1.12%；总共卖出耕地 63.75 亩，占全部耕地总面积的 0.48%。三个阶层分别买入耕地 1 亩、25.44 亩、8.6 亩，占各该阶层耕地的 0.07%、0.36%、0.24%，总共买入耕地 35.04 亩，占总耕地面积的 0.27%。

1953 年，耕地买卖的阶级阶层、户数和面积都有所增加，共有 32 户卖出耕地 96.64 亩，占总户数的 3.53%、总耕地面积的 0.73%，分别比上年提高了 0.39 个百分点和 0.25 个百分点。其中有 1 户地主及其他剥削

---

①　《江西省委对袁州地委关于土改后提出租佃自由问题的批复》，1951 年 4 月 29 日，赣档 X001 - 1 - 093 号。从这里也可以看出，在某些人的认识中，土地改革的重要目的就是使劳动者固定在土地上。在他们看来，只有农业劳动才是劳动。

阶级、2户富农加入到卖地行列，他们分别卖地2.5亩和3.5亩。但耕地买卖仍主要发生在富裕中农、中农和贫农之间，这三个阶层的卖地户数占总卖地户数的90.58%，卖出耕地占总卖出耕地的93.79%。1953年，买入耕地的户数和面积也有所增加，有23户买入了66.57亩耕地，分别占总户数和总耕地面积的2.52%和0.51%，比上年分别提高了1.07和0.24个百分点；这些耕地买入仍然全部发生在富裕中农、中农和贫农中。

表2-10　1952~1953年河南广东两省各阶级（含地主）耕地买卖情况表

		河南省9个乡		广东省12个乡	
		1952年	1953年	1952年	1953年
总户数		891	892	5935	6037
总耕地（亩）		13183	13171	43588	48203
卖出	户数	28	32	4	1
	占总户数(%)	3.14	3.53	0.07	0.02
	耕地(亩)	63.75	96.64	4.69	1
	占总耕地(%)	0.48	0.73	0.02	0.002
买入	户数	13	23	3	无买入
	占总户数(%)	1.45	2.52	0.05	
	耕地(亩)	35.04	66.57	3.12	
	占总耕地(%)	0.27	0.51	0.01	

资料来源：根据《河南省9个乡各阶级耕地买卖情况》《广东省12个乡各阶级耕地买卖情况》制作而成。参见中共中央中南局农村工作部《中南区一九五三年农村经济调查统计资料》，内部资料，1954，第84、86页。

广东省因土地改革较晚，1952年仅有4户发生了卖地案例，其中地主及其他剥削阶级1户，卖出0.8亩；中农2户，卖出3.17亩；贫农1户，卖出0.72亩，共卖出耕地4.69亩。仅有3户发生了买入耕地现象，其中富裕中农1户，买入0.72亩；中农2户，买入2.4亩。1953年也仅有一户其他剥削者卖地1亩。

从上述的数据中我们可以看到，土地改革后的确出现了土地买卖的情况，尤其是土地改革进行得比较早的河南省，土地买卖还有增多的趋势。但是，这一时期土地买卖与解放前甚至土地改革前相比有很大的不同：第一，无论是发生土地买卖的农户户数还是面积，占各阶层户数和总户数、各该阶层耕地面积和耕地总面积的比例都是极小的；第二，土地买卖主要发生在劳动者阶层之间，其中以中农最多；第三，河南省1953年土地买

卖现象比 1952 年有所增加，可能还与当年发生的自然灾害致使农民生活
水平下降有关。

如何理解这种土地买卖情况？高岗早在 1949 年 12 月 10 日在东北农村
工作座谈会的发言中提到，土地改革后农民经济生活大部分上升，上升户
中有一小部分雇了长工，买进或租进了土地，另有一部分人因缺乏劳动力
或疾病灾害，或因缺乏生产资料或好吃懒做，经济生活下降，他们中一小
部分人已开始向前一部分人出卖出租土地。① 这种情况应该说是真实存在
的，但并不全面。有研究表明，卖出土地的农户中，有 56% 是因疾病、自
然灾害、负债等严重困难而卖出的，40% 是因调换、妇女出嫁、地多、职
业变动等属于调剂性质的。②薄一波认为，土地改革后出现的土地买卖等现
象，"大部分是由于社会分工的发展和调整生产引起来的。例如：农村劳动
力进城当了工人，土改中分给他家的土地无人耕种了"③。而张闻天当时就
指出，土地改革后，"阶级分化趋势已经开始，农业人口向城市转移，土地
的所有与使用有更趋于合理的新调整，这是农村生产力与社会生产力要求
向上发展的不同表现"④。应该说，这种认识是符合当时农村的实际情况
的，也是建立在对中国农村生产力发展趋势的准确把握基础之上的。

但并不是所有的党的领导干部都有这种认识。事实上对土地买卖的恐
慌和限制性的行政措施已经在一些地方出现，特别是在华北和东北地区，
其表现之一就是鼓励农业生产互助合作，即采取合作化的方式来避免土地
买卖、租赁及所谓由此导致的两极分化。1952 年 2 月，政务院在《关于
一九五二年农业生产的决定》中提出，"老解放区要在今、明两年把农村

---

① 薄一波：《若干重大决策与事件的回顾》（上），中共中央党校出版社，1991，第 195 页。
② 高化民：《农业合作化运动始末》，中国青年出版社，1999，第 25 页。另有学者考察了
苏南土地改革后土地买卖的情况，指出土地买卖存在七个方面的原因，包括顾虑"二次
土改"、好吃懒做不愿种田、地多劳力少生活差、生老病死负债多、转业等等。并认为
落后的生产力和生活保障系统不能保证农民在遭遇自然灾害或者疾病、死亡、年老等丧
失劳动力的特殊情况下所产生的生产上和生活上的困难全部得到解决，所以出卖、出
租、抵押土地等情况的发生就不可避免。但另一方面，土地买卖虽然没有法律限制，然
而社会环境及农民的购买力限制了土地买卖的数量，所以发生的土地买卖现象为数并不
多。参见莫宏伟《苏南土地改革研究》，合肥工业大学出版社，2007，第 281～284 页。
③ 薄一波：《若干重大决策与事件的回顾》（上），中共中央党校出版社，1991，第 208 页。
④ 参见薄一波《若干重大决策与事件的回顾》（上），中共中央党校出版社，1991，第
200～201 页。

百分之八、九十的劳动力组织起来，新区要争取三年左右完成这一任务”；“在群众互助经验丰富而又有较强骨干的地区，应当有领导、有重点地发展土地入股的农业生产合作社”①。同年 6 月 9 日，中共中央在一份指示中更明确地指出，“土地改革后，……党在农村的农业政策，基本上是‘组织起来’实行农业生产互助合作运动”②。据统计，在生产上已统一经营并参加秋收分配的农业生产合作社，1951 年全国有 130 个，1952 年猛增到 3644 个，1953 年更是增加到 15068 个。农业生产互助组 1951 年为 467.5 万个，1952 年增加至 802.6 万个，1953 年为 745 万个；参加的农户分别为 2100 万户、4536.4 万户、4563.7 万户，互助组大部分为临时性的季节组。③ 合作社，绝大部分分布在老解放区的东北、华北，中南区农业生产合作社极少（河南稍多），更多的农业生产合作组织是生产互助组（包括常年互助组和临时互助组）。④

当时，中共中央中南局对农业生产合作组织（尤其是合作社）的发展持比较谨慎的态度，合作社也还处于试办阶段。中南区领导人认为，土改之后，农民才从地主那里获得土地，成为自己的财产，自然要求独立自主地经营发展；贫农是有不少困难，但不会由于有困难，就愿意把自己的私有权拱手相让。⑤ 根据中南局 1953 年 2 月 21 日给中央的报告，1952

---

① 中央人民政府法制委员会编《中央人民政府法令汇编》（1952），法律出版社，1982，第168 页。
② 《中共中央关于处理农村中富农成分的党员的党籍问题的新规定》，载中共中央文献研究室编《建国以来重要文献选编》（第三册），中央文献出版社，1992，第 203 页。
③ 高化民：《农业合作化运动始末》，中国青年出版社，1999，第 426 页。
④ 农村合作社在解放前就有较大的发展。20 世纪 30 年代初，国民政府实业部颁布《农村合作社暂行规程》，印发合作运动方案，积极提倡合作运动。据实业部的统计，1935 年12 月，全国各种合作社发展到 25842 个，参加的社员人数为 992578 人。但主要是信用合作组织，生产合作社只占全部合作社的 8.82%，参加生产合作社的社员只占全部社员的 10.63%。至 1942 年 6 月底，全国合作社增加到 162814 个，社员数达 10167078 人，其中互助社有 9874 个，社员 428249 人。分别见中国第二历史档案馆编《中华民国史档案资料汇编》第五辑第一编，财政经济（七），江苏古籍出版社，1994，第 331、332页；《中华民国史档案资料汇编》第五辑第二编，财政经济（八），江苏古籍出版社，1997，第 126~129 页。这些合作社中，以换工为主要形式的劳动互助社是基于农民自愿互助形成的，这种互助社在解放后大量发展成临时互助组。
⑤ 杜润生：《杜润生自述：中国农村体制变革重大决策纪实》，人民出版社，2005，第31 页。

年，全区只试办了农业生产合作社 117 个（包括原平原省划过来的 27 个县试办的 148 个，共 265 个），其中河南最多，为 102 个，江西 9 个，湖南、湖北各 3 个。[①] 从河南广东两省各阶层典型户的统计数字上看，参加农业生产合作社的农户很少。1952 年，土地改革进行得比较早的河南也只有 8 户农民参加，占总户数 819 户的 0.98%；[②] 参加互助组的农民多一些，为 390 户，占总户数的 47.62%，其中常年互助组 203 户，临时互助组 187 户。而在土地改革完成较晚的广东，参加常年互助组的农户只有 55 户，只占总户数的 1% 左右；参加临时互助组的也只有 400 户（包括 1 户其他劳动人民），占总户数 5432 户的 7.37%。

到 1953 年，参加农业生产合作社的农户有所增加，河南从 8 户增加到 27 户，占总农户的 3.3%；参加互助组的农户比上年有所减少，从 390 户减少到 356 户，占比下降到 43.47%。广东参加互助组的农户数略有增加，从 400 户增加到 524 户，占总户数 5630 户的 9.31%。

中南区湘鄂赣三省的情况也与此类似。据三省 10 个乡的调查，1952 年，参加农业合作组织的户数为 2017 户，占参加农业合作组织阶层的 45.3%。其中中农 1115 户、贫农 899 户、其他劳动人民 3 户，分别占各自阶层的 48.04%、44.33% 和 2.91%。这个比例看似比较高，但从其参加的合作组织看，绝大多数是临时互助组（许多季节性的临时互助组在 1949 年前就已存在），即在 45.3% 的参合比例中，33.98% 是参加临时互助组，10.89% 是参加常年互助组，只有 0.43% 是参加农业生产合作社。1953 年，参加农业合作组织的农户不增反减，降为 1931 户，占比为 42.86%，其中参加临时互助组的降为 28.75%，参加常年互助组和生产

[①] 见《中南局关于纠正试办农业生产合作社中急躁倾向的报告》（1953 年 2 月 21 日），载中共中央文献研究室编《建国以来重要文献选编》（第四册），中央文献出版社，1993，第 81～82 页。

[②] 此处农业生产合作组织中的总户数均不包括地主和富农。在陕西，曾出现过"地主富农是否可以参加互助组"的问题，1952 年陕西省委对此作出了否定的回答，认为"不能允许地主参加农民的劳动互助组织"，也"不应吸收富农加入互助组"。中共中央同意陕西省委的意见，并将其意见转发各地。参见《中共中央转发陕西省委〈关于地主、富农能否参见互助组的意见〉》，载中共中央文献研究室编《建国以来重要文献选编》（第三册），中央文献出版社，1992，第 149～150 页。互助组尚且如此，遑论合作社了。

表 2 – 11　河南 9 个乡与广东 12 个乡参加农业合作组织户数统计表

			农业生产合作社			常年互助组			临时互助组		
			富裕中农	中农	贫农	富裕中农	中农	贫农	富裕中农	中农	贫农
1952年	河南	户数	2	6	—	49	117	37	54	101	32
		占本阶层总户数(%)	1.09	1.25	—	26.63	24.38	24.03	39.35	21.04	20.78
	广东	户数	—	—	—	9	29	17	49	166	184
		占本阶层总户数(%)	—	—	—	1.72	1.27	0.74	9.39	7.29	7.97
1953年	河南	户数	10	14	3	38	109	34	48	99	28
		占本阶层总户数(%)	5.40	2.89	2.01	20.54	22.52	22.82	25.95	20.45	18.79
	广东	户数	—	—	—	12	43	28	55	215	171
		占本阶层总户数(%)	—	—	—	2.26	1.85	1.19	10.38	9.25	7.29

资料来源：根据《河南省 9 个乡 1952 农业生产互助合作组织户口人口及收入情况》《河南省 9 个乡 1953 农业生产互助合作组织户口人口及收入情况》《广东省 12 个乡 1952 农业生产互助合作组织户口人口及收入情况》《广东省 12 个乡 1952 农业生产互助合作组织户口人口及收入情况》综合计算、制作而成。参见中共中央中南局农村工作部编《中南区一九五三年农村经济调查统计资料》，内部资料，1954，第 28 ~ 31、44 ~ 47 页。

合作社的比例略有提高，分别为 12.2% 和 1.9%。[①] 由此可见，中南区的农业合作组织尤其是农业生产合作社的发展还是比较缓慢的。这其中的原因，从根本上说，在于无论是合作社还是互助组，除了在劳动组织形式上（一些农业生产合作社还要求土地和其他生产资料入社，从而改变了个体农民的所有制，改变了生产关系）的变化外，并没有带来耕作技术或者说生产力方面的变化。其次，农业生产合作组织内农民的收入水平也没有随着劳动组织形式的变化而朝着农民所期望的那样得到明显提高。[②] 再次，许多合作组织成立时违背了农民自愿加入的原则，存在强迫加入的情

[①] 《鄂湘赣三省十个乡 1953 农业生产互助合作组织户口人口及收入情况》《鄂湘赣三省十个乡 1953 农业生产互助合作组织户口人口及收入情况》，载中共中央中南局农村工作部《中南区一九五三年农村经济调查统计资料》，内部资料，1954，第 36 ~ 39 页。

[②] 1952 年，河南 9 个乡加入农业生产合作社、常年互助组、临时互助组的农户收入占各该阶层平均数的比例，分别为 84.08%、100%、102.59%；1953 年分别为 97.71%、94.35%、95.69%。1952 年，广东 12 个乡加入常年互助组和临时互助组的农户收入占各该阶层平均数的比例分别为 103.27%、100.07%；1953 年分别为 104.48%、101.57%。参见中共中央中南局农村工作部《中南区一九五三年农村经济调查统计资料》，内部资料，1954，第 28 ~ 31、44 ~ 47 页。

况，内部管理也比较混乱，结果即生即灭。除此以外，土地改革完成时间不长，农民对自己来之不易的土地怀有深厚的感情，个体劳动的积极性仍然很高。最后，中南区领导人对合作化态度比较稳健也起了重要作用。虽然如此，从趋势上看，中南区参加农业生产合作组织农户还是有所增加。至 1953 年 11 月，中南区有 1139 万多农户参加了互助合作组织，占全区农户总数的 31% 左右，比 1952 年同时期增加了 10%，其中数量最多的是临时互助组。但增长最快的是农业生产合作社，经正式批准的有 520 多个，也比 1952 增加了一倍多。① 实际上，从政策的取向（和党的意识形态）也可以看出，合作化、集体化乃是农村经济社会发展的一种趋势，后来的历史更是证明了这一点。

　　总之，土地改革在短时期内确实改善了大多数贫困农民的生活，个体农民所有制的确立也激起了农民的生产积极性，但以运动方式进行的改革影响了农民积极性的持续发挥，单纯的制度变革也难以从根本上提高农民的经济水平，土地改革后农民的经济状况更多的还是受客观自然条件和国家农业生产政策的影响，而他们之间的差距变化则一如过去般依赖于个人劳动技术与劳动意愿。

　　此外，土地改革后的土地买卖虽然是国家法律所允许的，但也只是极个别的现象。农民买卖土地的原因，或者是遭受自然灾害等天灾人祸，生活艰难；或者无力耕作、不愿耕作；或者人已城居而无须土地。无论哪种情况，都具有合法性与合理性，不存在因扩大再生产而产生所谓封建剥削的问题。恰恰相反，在今天看来，土地流转（所有权和使用权）在国家进入大规模工业化建设时期后，是完全必要的，也是符合工业化、城市化发展规律的。把土地买卖与土地租佃一起看作小农经济自发产生资本主义的一种表现，看作新的封建剥削重新抬头的一种表现，因而急于用合作社来取代个体农民的土地所有制，实际上吞噬了土地改革带给农民的主要成果，也表明党的土地改革政策本身实质上已经蕴含了后来在中国农村盛行的平均主义。

---

　　① 《中南农村一千多万农户组织起来后比单干户多打了粮食》，《长江日报》1953 年 11 月 20 日，第 1 版。

第三章　秩序重建：国家与社会
一体化机制的初步形成

有学者指出，一个一体化的全国政治制度"需要国家以以前政权从未尝试过的方式向社会渗透，而这种渗透转过来需要谨慎地发展组织才能和认真地进行群众动员，以促使社会各阶层摆脱它们的狭隘观点"①。近代以来，随着工业化、市场化的发展，传统乡村社会秩序逐步瓦解，国家权力开始向乡村社会渗透、延伸。但直至1949年中华人民共和国成立前，这一进程尚未完成，表现在某些宗族组织比较强大的传统乡村，在面对国家权力侵害到其具体利益时依然能够有效表达其意志，并抵制国家权力的侵入。② 新中国成立后，中共在初期的一系列社会改造运动中，通过彻底消灭原有乡村社会的统治阶级和权力体系，瓦解传统社会的组织，建构新的社会组织体系和建设乡村政权，重建乡村社会秩序，确立了党在乡村中的领导地位，实现了对基层社会的控制。在这个过程中，不仅基层民众被广泛地动员起来，加入到一个巨大的政治网络，因而在客观上空前地扩大了民众的政治参与；而且开启了基层民众日常生活组织化、政治化的进程，从而初步实现了国家与社会的一体化。

第一节　阶级关系的新变化

"亲不亲，阶级分"。新中国成立初期社会改造运动的一个突出特征，

---

① 〔美〕R. 麦克法夸尔、费正清编《剑桥中华人民共和国史：革命的中国的兴起：1949～1965年》，谢亮生等译，中国社会科学出版社，1998，第70页。

② 这方面的研究可参见拙文《施压与抵制——从"窃线"案看1940年代后期国家权力与乡村社会的关系》，《近代史研究》2013年第4期。

就是不仅将中共的意识形态话语植入到乡村民众的日常生活中，而且打破了乡村社会原有的社会结构，用阶级这一崭新的话语体系将乡村社会成员进行了重新划分。从这个角度看，社会改造尤其是土地改革后，阶级关系出现了前所未有的巨大变化。经济上，过去的剥削阶级地主阶级失去了存在的基础，它作为一个阶级已经消亡，整个乡村出现了中农化的趋势。政治上，地主作为反动的、敌对的分子而受到管制和劳动改造，一批贫雇农积极分子登上乡村政治舞台。这种变化，为乡村社会秩序的重建以及国家与社会的一体化发展奠定了阶级基础。

一 地主阶级的消亡

土地改革不仅剥夺了地主阶级的土地，而且通过公开的斗争在政治上打击了地主阶级的威风，剥夺了他们参与乡村社会政治事务的权利，地主阶级的一些人甚至在肉体上被消灭了。实际上，作为一个阶级，地主阶级在土地改革后就已经消失，留在这一阶级成员身上的只有一个随时可以拿来批斗的政治标签，即地主的成分。虽然在《政务院关于划分农村阶级成份的决定》中曾明确承诺，地主在土地改革完成后，完全服从政府法令，努力从事劳动生产，或作其他经营，没有任何反动行为，连续五年以上者，就可以改变成分。① 但直到 20 世纪 80 年代初，"地主"这一沉重的标签才被摘除。

作为一个敌对阶级，中共执政后，地主阶级自然就失去了生存的空间，注定了消亡的命运。刘少奇在《关于土地改革的报告》中谈到土改的目的时明确指出，"当作一个阶级来说，就在社会上废除了地主这一个阶级"，"废除他们的封建的土地所有制，废除他们这一个社会阶级，而不是要消灭他们的肉体"②。关于对地主阶级经济与政治斗争的过程，上文已有比较详细的论述。在此就土地改革中地主阶级在政治上受打击的程度再作一点考察，以此说明无论是经济上还是政治上，地主阶级在土地改革后都消亡了。

---

① 见《政务院关于划分农村阶级成份的决定》，载中央人民政府法制委员会编《中央人民政府法令汇编》（1949～1950），法律出版社，1982，第 107 页。

② 刘少奇：《关于土地改革的报告》，1950 年 6 月 14 日，《刘少奇选集》（下卷），人民出版社，1985，第 32、34 页。

　　土地改革开始后，许多地主尤其中小地主认识到亲自劳动的重要性，他们开始参加劳动，并表示愿意重新做人，争取五年期满后改变成分。[①]但在土改过程中，特别是在强调要放手发动群众，反对"和平土改"后，对地主的斗争就超出了恶霸地主的范围，而且斗争手段极其残酷，有的地主因此而自杀，有的以各种方式逃避打击，破坏土改，甚至上山为匪。以广东省为例。该省增城县有权势的地主有9户共53人，一般地主31户共176人。土地改革中，前者有8户12人逃亡（1人后被捉回），被杀1人，被关押4人，自杀1人。后者6户17人逃亡（也有1人后被捉回），被关押11人，4户6人自杀。16岁以上的地主，均被实行管制。[②]海南行署陵水县有地主614户3295人，在土改前的镇反和退租减息、清匪反霸运动中有63户72人被杀，其他原因死亡24人，被关押管制的地主为298人。在土地改革中，虽然只有8户中的8人（每户1人）被杀，但其他原因死亡的人数却大大增加，涉及74户，共75人（见表3-1）。这说明土改中没有经过审判而被吊打致死和自杀等非正常死亡的现象非常突出。

表3-1　广东省海南行署陵水县杀关管情况统计表

			地主	富农	中农	贫雇农	其他	合计
原有		户数	614	177	2769	7279	2771	13610
		总人口	3295	1080	13997	28211	10513	57096
土改前	杀	户数	63	4	8	9	9	93
		人数	72	4	8	9	9	102
	关	户数	87	11	25	22	35	180
		人数	93	11	25	22	35	186
	管	户数	62	1	6	3	3	75
		人数	205	1	44	7	3	260
	其他死亡	户数	23	1	3	9	3	39
		人数	24	1	3	9	3	40
	全户死亡	户数	1					1

[①] 杜润生：《关于过去半年内全区准备与实施土地改革情况的报告》（1950年9月18日），赣档X035-2-094号。
[②] 《（广东省增城县）土改时斗争及处理地主恶霸匪特情况统计表》，1952年8月14日，粤档236-2-102号。

续表

			地主	富农	中农	贫雇农	其他	合计
土改中	杀	户数	8		1			9
		人数	8		1			9
	关	户数	35		1		1	37
		人数	35		1		1	37
	管	户数	74					74
		人数	74					74
	其他死亡	户数	74	4		2	4	84
		人数	75	6		2	5	88
	全户死亡	户数	2				2	

　　说明：1. 表中户口、人口数字系土改时期数字，该县所属各少数民族乡村户口人口数字未计入内。2. 土改前栏内的数字包括解放后镇反和"八字运动"的数字。

　　资料来源：海南专区《广东省海南行署陵水县杀关管情况统计表》，1953 年 4 月 15 日，粤档 236 - 2 - 110 号。

　　土地改革后，也有一些地主心怀不满，或者不愿意劳动改造。据湖北省京山县一个乡的调查，利用各种借口不进行改造的地主，占地主总户数的 30%。广西省荔浦县荔城镇在 1952 年 7 月一个月内，突然出现 100 多个"乞丐"，其中绝大多数是抗拒劳动改造的地主。有的地主甚至利用女色勾引乡村干部和农民积极分子。河南省确山县大黑刘庄乡在土地改革结束一两年后，101 户地主中，就有 32 名地主利用女色引诱干部，收买民兵认干亲的地主有 29 人。① 在这种情况下，各地都加强了对地主的劳动改造和管制。

　　剥夺地主阶级的政治权利乃至限制地主个人的人身自由实为中共建政的一贯思路。早在全国解放前，毛泽东在《论人民民主专政》一文中就毫不含糊地指出：对于地主阶级，"只许他们规规矩矩，不许他们乱说乱动。如要乱说乱动，立即取缔，予以制裁"，"在他们的政权被推翻以后，只要他们不造反，不破坏，不捣乱，也给土地，给工作，让他们活下去，让他们在劳动中改造自己，成为新人。他们如果不愿意劳动，人民的国家就要强迫他们劳动"②。中国人民政治协商会议通过的《共同纲领》第七

---

　　① 《中南区各地广大农民积极对地主进行管制工作》，《长江日报》1952 年 8 月 20 日，第1 版。

　　② 《毛泽东选集》（第四卷），人民出版社，1991，第 1475、1476～1477 页。

条也明确规定："对于一般的反动分子、封建地主、官僚资本家，在解除其武装、消灭其特殊势力后，仍须依法在必要时期内剥夺他们的政治权利，但同时给以生活出路，并强迫他们在劳动中改造自己，成为新人。假如他们继续进行反革命活动，必须予以严厉的制裁。"① 这就是说，在废除地主阶级这一阶级后，对地主个人必须实施改造。而要改造，又须实行必要的管制。土地改革完成了废除地主阶级这一步的工作，第二步是将地主成分在新社会再实行改造，改变其成分。依据这一思路，中南区强调，不仅在乡村社会改革运动之中要向地主阶级进行系统的、激烈的斗争，而且在实施社会制度改革之后还必须对地主阶级进行有系统的改造工作，以确保土地改革的胜利，巩固新社会新制度的基础。② 为此，在全区土地改革基本结束后颁布了《中南区管制、改造地主暂行规定》。

《暂行规定》首先重申了土地改革后必须在必要时期内剥夺地主的政治权利，并比较详细地规定了需要对地主进行管制的具体情形、管制办法和采取管制的程序。《暂行规定》规定，地主有下列情形之一的，除因依法惩治者外，予以管制：一是在土地改革完成后进行反攻倒算；二是既不从事劳动改造，又不从事其他正当职业，游手好闲，为非作歹；三是有恶霸行为及反革命活动；四是经上级人民政府和人民法庭依法判决并交群众管制。管制办法主要有三种，即规定一定时期之内不经准许，不准会客，不准远出；定期向农民协会报告其劳动生产状况，怠工者实行必要的强迫；呈报县以上人民政府批准，移送他县或他省，由当地人民政府予以管制和强迫劳动改造。但具体的管制办法视情况而不同。《暂行规定》规定，对于实施管制的地主，应先经过农民协会提出名单和分别管制期限，交乡人民代表会议讨论审议，县人民政府批准，而后再实施管制。管制和改造地主的工作，由乡人民政府和乡农民协会协同负责，并委托治安委员会、民兵实施具体管制。③

① 中共中央文献研究室编《建国以来重要文献选编》（第一册），中央文献出版社，1992，第3页。
② 《长江日报》社论《认真贯彻〈中南区管制、改造地主暂行规定〉》，《长江日报》1952年8月20日，第1版。
③ 《中南区管制、改造地主暂行规定》，《长江日报》1952年8月20日，第1版。

　　根据中共政策和《暂行规定》，并非所有地主都要进行管制，有些地主只需要劳动改造。如何区分这两种情况呢？这就是对地主进行分类定案、分别处理，即将地主划分为守法户、半守法半违法户和违法户。要加以管制的，是违法地主和半守法半违法地主。从湖北省35个乡土改复查中地主阶级在政治上的表现情况来看，地主中守法和半守法半违法的占有大多数，只有小部分地主违法。如沔阳县二区杨步乡，12户地主中，守法户6户，占50%，半守法半违法户3户，占25%；公安县第一区中和乡36户地主中，守法户17户，占47.22%，半守法半违法户14户，占38.89%。其他乡的情况也与此相类似（具体见表3-2）。

表3-2　湖北省8个乡土改复查地主阶级在政治上表现情况统计表

地　区	守法户	半守法半违法户	违法户	合计	备　　注
沔阳县二区杨步乡	6	3	3	12	
监利县余埠区吴桥乡	5	9	4	18	
京山县一区熊滩乡	9	3	5	17	绝5户，逃亡1户
天门县九区接官乡	5	10	6	21	
公安县一区中和乡	17	14	5	36	
鄂城县一区邓平乡	6	12	2	20	绝1户，逃亡2户，漏网6户，自杀（小地主）2户
咸宁县一区周严乡	6	2		8	3户工商业兼地主、2户绝户未统计政治表现
恩施县十三区高桥乡	10	1	1	12	

　　资料来源：根据（湖北省）农委调研科《湖北省35个乡土改复查地主阶级在政治上表现情况统计表》（1952年12月）制作而成，鄂档SZ18-1-30号。

　　从包括复查运动阶段的整个土地改革过程来看，管制地主特别是劳动改造只是政治上打击地主的一个温和手段，而且主要是在复查阶段后。从表3-3可以看出，在土地改革中，被镇压、判处徒刑、自杀的不在少数。

表 3-3　湖北省 35 个乡土改复查地主阶级在政治上表现情况统计表

地区序号	户数	人数	镇压		判刑		管制		自杀	
			户数	人数	户数	人数	户数	人数	户数	人数
1	13	85	7	9	0	1	1	1	3	6
2	36	160	3	3	5	5	2	2	2	2
3	18	118	5	5	2	2	3	3	1	1
4	12	62	—	—	—	—	4	4	—	—
5	35	158	2	2	1	1	13	23	3	4
6	21	82	3	3	4	4	4	4	4	4
7	21	77	5	5	1	1	8	23	2	2

说明：1. 地区序号 1 为恩施县十三区高桥乡，2 为公安县一区中和乡，3 为监利县余埠区吴桥乡，4 为沔阳县二区杨步乡，5 为鄂城县一区邓平乡，6 为天门县九区接官乡，7 为京山县城关区（一区）熊滩乡。2. 上述地主户数与人数与前表有差异，系该表地主户数、人数为土地改革前的数字，前表中只计算了复查阶段的地主户数与人数，有的乡未将逃亡地主、绝户地主、兼业地主等计算在内。3. 个别乡（如京山县熊滩乡）被镇压的地主除了是在土改中被镇压外，也包括在镇反和减租中被镇压的。

资料来源：根据湖北省农委调研科《湖北省 35 个乡土改复查地主阶级在政治上表现情况统计表》（1952 年 11 月）制作而成，鄂档 SZ18-1-23 号。

　　实际上，对地主的打击从中共新政权成立伊始就已经开始。通过清匪反霸、减租减息、退租退押和土地改革，彻底打倒了把持乡村政治、经济大权的地主阶级。以江西省南昌县小蓝乡为例。该乡 36 户地主，在政治上被斗争 60 次，最多的一人就被斗 8 次。其中 14 户大地主被斗争 31 次，斗争后判死刑的 2 人，被关押的 4 人；18 户中地主共斗争 25 次，斗争后被判刑的 1 人，被关押的 2 人；4 户小地主中 1 人被斗 4 次。经济上，地主土地被全部没收，地主绝大多数多余的、包括房屋在内的家庭财产在反复的斗争中变成了农民的斗争果实，仅动产部分就折合人民币 6.7 亿多元（旧币）。在土地改革中，有一半的地主因各种原因自己不要田或没有分田，另外一半虽然分了田，[1] 但原属于地主的土地减少了 92.4%，[2] 地主已经失去了剥削农民的经济基础。

---

[1]　没有分田的 11 户，占 30.6%，其中包括 2 名逃亡地主（官僚）、4 名在外经商的地主、5 名在外有职业的地主；自己不要土地的 7 户，占 19.4%，其中有职业的 2 户、经商的 3 户、做小生意的 2 户。分到土地的 18 户中，12 户自己劳动，6 户土地仍出租。出租者中一人被处决，一人病逝，一人已在外地另置家业，这三户在本乡已无男劳动力；两人从事非农业劳动；还有一人在附近地区开荒种田。

[2]　见李学谦《土地改革后的小蓝乡》，《长江日报》1952 年 7 月 12 日，第 2 版。

表 3 - 4　江西省南昌县小蓝乡地主政治上被打击情况表

等级	政治上打倒的		不彻底的		未打击	
	斗争斗倒的	举手投降的	人数	原因	人数	原因
大地主	6	1	5	本人参加工作2人，家庭意见不一致、藏匿他人钱财、舍命抵制、拖延各1人	2	逃亡2人，南昌大学教授及在外经商不回来斗争各1人
中地主	13	2	1		2	
小地主	1	3				
合 计	20	6	6		4	

资料来源：根据江西省土委调研科《农村典型调查之一——小蓝乡农村调查材料》（1952年）制作而成，内部资料，第69~71页。

　　经过一系列打击，土地改革后，原有的在乡地主都转变为自食其力的农民，有些原来有职业的则几乎与土地失去了联系。整个地主阶级在小蓝乡已经完全丧失了原有的政治、经济地位，变成了身份卑微的、从事不同职业的劳动者（见表3-5）。从这个意义上说，土地改革不仅消灭了在中国存在了两千多年的封建地主阶级，促进了乡村社会结构根本性转变；而且也改造了地主个人，改变了他们的思想、生活和习惯，改变了他们的灵魂。

表 3 - 5　江西省南昌县小蓝乡地主土地改革后所从事职业情况表

等 级	土地改革后所从事职业情况							
	务农	经商	技术	文教	小生意	参加工作	逃亡	合计
大地主	5	1	1	2	1	1	1	12
中地主	7	5	5				1	18
小地主	1	2			1			4
合 计	13	8	6	2	2	1	2	34

说明：被处决的两个大地主，一个其所分土地由其儿子耕作，一个没有分配土地，其子从事技术工作。此处皆没有将他们统计在内，故合计地主为34户。

资料来源：根据江西省土委调研科《农村典型调查之一——小蓝乡农村调查材料》（1952年）制作而成，内部资料，第73~75页。

二　中农化趋势的出现

　　土地改革后阶级关系的另一个变化就是社会阶层中农化的趋势十分明

显。对于这一点，学术界已基本达成共识。例如杜润生就认为，土改后，中农在农村中所占的比重迅速增大。他指出，老解放区的中农大约占农村人口的80%，新解放区的中农占农村人口50%以上，个别经济发展较快的地区，这种中农化的趋势上升更快。据苏北南通县三余区海晏乡团结、改兴、合作3村的统计，土改后，中农已占农村人口的89%～96%。[①] 另据高化民的研究，到1951年8月，东北地区农民上升到战前中农生活水平的，有60%～70%；在上升户中，约有20%已成为富裕中农。1950年在老解放区武乡县6个村所做的典型调查发现，中农户已占总农户的86%，也出现了部分富裕中农。[②] 这里笔者利用中南区的统计资料，对中南区这一新解放区土地改革后农民的阶级分化进行分析，以进一步证明中农化不仅限于老解放区，而是土地改革后的一个普遍趋势。需要说明的是，由于土地改革后不久就开始了农业合作化运动，个体农民所有制存在的时间不长，所以我们只能从一个较短的时间（具体来说就是从土地改革到1953年）来考察这种变化的趋势。

如上所述，地主在土地改革中失去了他们的土地和政治权利，但他们的阶级身份并没有改变。因此，在中南区调查统计的各省乡村中，从土改到1953年这一段时间内（因中南各省土地改革有先有后，这一时间有一至三年不等），地主的户数变化不大。例如：土地改革时地主在河南9个乡为46户，湖南4个乡为109户，江西5个乡为79户，到1953年时这些数字依然如是；只有湖北和广东统计的乡中出现因地主分家而户数增加的情况（湖北5个乡地主从87户增加到88户，广东12个乡从197户增加到201户）。[③] 除此以外，各阶层户数都发生了变化，而且基本上都属于上升变动。

---

① 见杜润生主编《中国的土地改革》，当代中国出版社，1996，第569页。
② 高化民：《中国农业合作化运动始末》，中国青年出版社，1999，第24页。
③ 见《河南省9个乡各阶级自土改时至1953年升降变化》《湖北省5个乡各阶级自土改时至1953年升降变化》《湖南省4个乡各阶级自土改时至1953年升降变化》《江西省5个乡各阶级自土改时至1953年升降变化》《广东省12个乡各阶级自土改时至1953年升降变化》，载中共中央中南局农村工作部编《中南区一九五三年农村经济调查统计资料》，内部资料，1954，第54、58、60、62、64页。本小节数字未注明者皆来自这5张统计表。

　　就富农阶层看，土改时，河南省 9 个乡、湖南省 4 个乡、江西省 5 个乡、广东省 12 个乡的富农分别为 17 户、66 户、80 户、124 户。至 1953 年，河南有 6 户中农上升为"严重富农剥削分子"，富农户数由此增至 23 户；湖南有 1 户中农、3 户贫雇农上升为"严重富农剥削分子"，富农户数增至 70 户；江西有 2 户富裕中农和 1 户中农上升为"严重富农剥削分子"，富农户数增至 83 户；广东有 1 户富裕中农和 1 户中农上升为"严重富农剥削分子"，富农户数增至 126 户。只有湖北的富农总户数保持未变。

　　变动最大的是中农和贫雇农，从表 3 - 6 可知，富裕中农和中农的户数大幅增加，而贫雇农的户数显著减少。

表 3 - 6　中南区五省若干乡自土改时至 1953 年阶级变动情况表

		地主	富农	其他剥削阶层	中　农		贫雇农		其他劳动人民	总计
					富裕中农	中农	贫农	雇农		
河南省 9 个乡	土改时户数	46	17	3	18	347	455	5	1	892
	1953 年户数	46	23	4	185	484	149	0	1	892
湖北省 5 个乡	土改时户数	87	88	36	118	670	1387		13	2399
	1953 年户数	88	88	35	386	1059	762		18	2436
湖南省 4 个乡	土改时户数	109	66	63	139	604	1379		120	2480
	1953 年户数	109	70	64	281	1001	873		82	2480
江西省 5 个乡	土改时户数	79	80	96	40	621	1288		80	2284
	1953 年户数	79	83	120	198	903	811		92	2286
广东省 12 个乡	土改时户数	197	124	220	87	1024	3726		553	5931
	1953 年户数	201	126	180	530	2324	2346		330	6037

　　说明：1. 表中部分省份土改时各阶级总户数与 1953 年比出现差距，主要是统计了分家户数所致。2. 河南省土改时将贫农与雇农分别统计，其他省份没有作这种区分；1953 年各省的贫雇农统计中均只有贫农。

　　资料来源：根据《河南省 9 个乡各阶级自土改时至 1953 年升降变化》《湖北省 5 个乡各阶级自土改时至 1953 年升降变化》《湖南省 4 个乡各阶级自土改时至 1953 年升降变化》《江西省 5 个乡各阶级自土改时至 1953 年升降变化》《广东省 12 个乡各阶级自土改时至 1953 年升降变化》制作而成（总计数字为笔者所加）。参见中共中央中南局农村工作部编《中南区一九五三年农村经济调查统计资料》，内部资料，1954，第 54～55、58～65 页。

　　在河南 9 个乡，有 105 户中农上升为富裕中农，占原中农户数的 30.26%；62 户贫农上升为富裕中农，317 户贫农上升为中农，分别占原贫农总户数的 13.63%、56.04%，即有 317 户贫农上升为包括富裕中农在内的中农，占原贫农总数的 69.67%，加上有 2 户雇农上升为中农，计有 70.1% 的原贫雇农加入到中农队伍中。这使中农总户数（包括富裕中农）占全部各阶级总户数的比例从土改时的 40.92% 增加至 75%。

在湖北 5 个乡，有 181 户中农上升为富裕中农，占原中农总户数的 27.01%；88 户贫雇农上升为富裕中农，570 户上升为中农，分别占原贫雇农总户数的 6.34%、41.1%，贫雇农上升为包括富裕中农在内的中农户数达 658 户，占原贫雇农总户数的 47.44%。中农总户数（包括富裕中农）占全部各阶级总户数从土改时的 32.85% 增加到 59.32%。

在湖南省 4 个乡，有 118 户中农上升为富裕中农，占原中农总户数的 19.54%；12 户贫雇农上升为富裕中农，495 户上升为中农，分别占原贫雇农总户数的 0.87%、35.90%，贫雇农上升为包括富裕中农在内的中农户数为 507 户，占原贫雇农总户数的 36.77%。中农总户数（包括富裕中农）占全部各阶级总户数从土改时的 39.96% 增至 51.69%。

在江西 5 个乡，有 128 户中农上升为富裕中农，占原中农总户数的 20.61%；32 户贫农上升为富裕中农，420 户上升为中农，分别占原贫雇农总户数的 2.48%、32.61%，贫雇农上升为包括富裕中农在内的中农户数为 452 户，占原贫雇农总户数的 35.09%。中农总户数（包括富裕中农）占全部各阶级总户数的比例从 28.94% 升至 48.16%。

在广东 12 个乡，有 152 户中农上升为富裕中农，占原中农总户数的 14.84%；281 户贫雇农上升为富裕中农，1401 户上升为中农，分别占原贫雇农总户数的 7.54%、37.60%，贫雇农上升为包括富裕中农在内的中农户数达 1682 户，占原贫雇农总户数的 45.14%。中农总户数（包括富裕中农）占全部各阶级总户数的比例从 18.73% 升为 47.27%。

由此可见，土改时占户数最多的贫雇农阶层，到 1953 年时有相当一部分生活水平有了比较大的提高，特别是土地等生产资料的分配使他们有了一个脱贫的基础。因此到了 1953 年，中农（含富裕中农）户数超过贫雇农成为占比最大的阶层。这说明，土地改革带来了乡村阶级中农化的变化。

但另一方面，从中南区的情况看，新解放区土改后的中农化并没有老解放区明显。5 省中有 4 省中农比例仍在 60% 以下，其中还有 2 个省在

50%以下。这或许是因为北方土地平坦、相对来说人少地多（尤其是在东北地区，至今人均耕地仍远高于南方地区），土地改革后农民分配的土地使之更易于达到中农的标准；且种植经济作物占比总体上也比南方更大，这也更有利于农民收入的增加和生活水平的提高。在中南区的不同省份之间、同一省份的不同地域之间，同样也表现出这种不同。北方的河南省，中农的比例高达75%，稍南的湖北中农的比例为59.32%，省域全部在长江以南的湖南、江西中农分别占51.69%、48.16%，而华南的广东只有47.27%，呈现出越往南越低的现象。在河南省内部，9个乡中豫北3个乡的中农（含富裕中农）比重为84.56%，黄河以南6个乡中农比重只有69.88%。而这6个乡中的2个是经济作物区，其中农比重又为75.14%。广东12个乡中，平原产粮区5个乡的中农（含富裕中农）比重为47%，山区2个乡中农比重为50%，而经济作物区的一个乡中农比重为64%，沙田区一个乡中农比重更高达72%。这也充分说明，中农的比例在不同地区及不同的作物区有很大的不同，北方平原地区高于南方丘陵山区，经济作物区明显高于产粮区。当然，这种区别在一定程度上还受原有社会结构和土地改革进程的影响，在有些地方（如广东省）原有中农占比就比较低，土地改革进行得又比较晚，在短时间内中农还没有得到充分发展，但即便如此，中农也有很大的增幅。所以，无论从中农占各个阶级的比例看，还是从中农增长的趋势看，土地改革后的阶级呈现中农化的趋势应该是无疑的。

第二节　社会组织的重构

传统中国乡村的社会组织大多是游离于国家体制之外，以地缘、血缘关系为纽带建立起来的。虽然其组织目的、活动方式各不相同，但它们是形塑传统乡村社会权力结构、维护传统乡村社会秩序并使之正常运转的重要力量。在以彻底改造社会为使命的中共新政权面前，这种旧的社会组织被视为一种障碍。因此，在新中国成立初期的社会改造运动中，中共一方面采取措施瓦解原有的社会组织，一方面加快新组织的构建，并将其纳入党的统一领导下，成为乡村社会权力体系的重要组成部分。

一　传统社会组织的瓦解

在传统乡村社会，地主乡绅对当地政治经济社会事务的把持很大程度上依赖于以宗族组织为核心的各类民间社会组织。因此，要彻底打垮地主阶级的统治，建立新的基层政权，巩固党执政的社会基础，在从经济上剥夺、政治上斗争乃至肉体上消灭地主的同时，有必要瓦解传统乡村的原有社会组织，尤其是带有政治性的反动会道门组织。

在社会改造的过程中，一方面是各地都出现旧的统治势力利用保甲、宗族、会门、反动党团、特务组织，反抗改造、破坏改造的现象。他们借此散布谣言，迷惑并恐吓群众，以引起社会不安，甚至利用会门等社会组织制造暴乱。如湖北平江袁氏掌握国民党、三青团、帮会、旧军官等组织，制造宗派斗争，威胁骚乱。湖北省麻城县东河区地主陈某某勾结匪首周某某，以看病为掩护，威逼利用农民，参加其组织的反动"道德经会门"，图谋暴乱。浠水县关口区，会门"斗姆坛"，集会员200多人于1952年2月21日晚发动暴乱，杀害区政府工作人员。河南许昌县小王店乡，会门"跪香道"迷惑群众彻夜烧香拜神，破坏农民生产。[①] 另一方面是广大乡村民众被这些组织控制着，不敢起来开展反对地主的斗争。作家萧乾在参加湖南省岳阳县筻口乡的土地改革中发现，地主阶级通过上溯几十代的宗祠和五花八门的会门，对贫苦农民施以残酷而严密的统治。[②] 在近代以来国家政权下乡的过程中，国民党和地主阶级曾利用封建宗族关系与部分农民的落后性，组织了各种党团与封建会门团体，以此挑拨与分化农民内部的阶级团结。新中国成立之初，大多数普通农民仍被这些组织控制着，甚至有的基层团组织也为会门等组织所掌握，致使在许多地方，发动群众遭遇相当大的困难。在这种情况下，打击、瓦解这些社会组织就势在必行。

对传统社会组织的打击首先针对的是各类会门等封建组织，因为这些

---

① 分别见《各地在春耕生产运动中普遍发现不法地主破坏生产》《结合各种社会改革和生产运动，中南各地民兵组织日益壮大》《中南许多地区继续展开对敌斗争，镇压不法地主破坏生产活动》，《长江日报》1952年5月23日第2版、7月29日第3版、7月6日第1版。

② 萧乾：《在土地改革中学习》，《人民日报》1951年3月1日，第3版。

会门被认为既是与新社会不相符合的封建迷信组织，更是被地主阶级利用来进行反革命、反人民的反动工具。这类组织有它的历史性与一定的群众性。江西在土地改革开始前的农村调查研究中就注意到会门问题。调查表明，江西的会门种类特别多，内部的成分与活动方式非常复杂。在该省抚州，就有青红帮、大刀会、金蓝社、荆公社、育群社、半山社、大同社、正风社、同济社、正义社、砥砺社、晓阳社等10多个会门，参加者在临川市占18岁以上青壮年男子的百分之七八十，乡村农民也占百分之六七十。永新的地方封建派系与封建会门，有新建会、金蓝社、中秋会、元宵会、狗肉会、吊牛团（偷牛团）、兄弟会、姊妹会、烧香会、香炉会等五六十种，参加者占青壮年男子的百分之五六十，有少数乡村占百分之八九十。这些帮会的首领往往就是地主、恶霸或土匪、特务头目，除他们外，绝大多数会众都是被欺骗参加的普通农民。① 实际上，不仅江西如此，中南其他省份的情况也大体相当。

为改变这种状况，中央、中南区颁布了严厉镇压反革命、惩治不法地主暂行条例等法令，各省也制定了相应的政策。如江西省规定，对一切反动会门及带政治性的反动组织，或已被反革命利用的迷信团体，要彻底分化瓦解其组织，孤立与打击其会首，争取与改造其会众。具体地说，就是对大刀会、同善社、一贯道、青帮、红帮等反动会门的头目，均加以逮捕与严厉镇压；对被其欺骗且无反动活动的基本群众，作为农民内部问题处理，对他们进行耐心的教育，只要他们向农民协会声明脱离反动会门的组织即可。② 1951年1月30日，中南局机关报《长江日报》就江西省宜春县新田乡在土地改革运动中摧毁反动会门"昌山会"的消息发表评论文章，重申了上述原则。文章指出，土地改革是农民群众向地主阶级进行的系统的激烈的全面斗争，摧毁地主阶级用以压迫农民的反动会门组织，应成为土改斗争的一个内容。要通过"诉苦""算剥削账""挖穷根"等方法，反复深入地教育广大农民，提高农民的阶级觉悟，特别是通过揭发地主阶级利用反动会门，制造械斗，压榨农民的具体事实，使广大农民群众

---

① 《刘俊秀同志关于江西农村阶级关系与土地占有的初步研究及对今后农村土改中应注意的几个政策问题》，1950年6月4日，赣档X001-1-55号。
② 《江西省委关于土改斗争的指示》，1951年1月，赣档X001-1-093号。

真正在思想上与地主阶级划清界限，使参加反动会门的农民，能自动脱离这种反动组织，以便孤立和打击反动的地主恶霸分子。文章要求各地按照"首恶必办，胁从不问，立功受奖"的原则，对那些组织反动会门阴谋暴乱、破坏土地改革的反革命分子，主动加以逮捕，运用人民法庭进行审判；对罪大恶极群众痛恨的地主恶霸分子、反动会门头子，坚决予以镇压；对广大被欺骗利诱的胁从分子，只要向人民政府登记自新，脱离会门组织，并保证以后不再参加的，予以宽大。① 1951 年 2 月 20 日中央人民政府委员会第十一次会议批准、21 日公布的《中华人民共和国惩治反革命条例》第八条更明确规定，利用封建会门，进行反革命活动者，处死刑或无期徒刑。② 这就是说，要通过严厉惩办会首、解散组织、教育会众来彻底瓦解会门这一组织体系。

对国民党及依附于国民党的党团组织和特务组织的瓦解也是采取为首者与普通成员分别处理的原则。除了对那些首要的、怙恶不悛的、在解放后特别是经过宽大处理后仍然继续与新政权作对者加以镇压外，1950 年 10 月 10 日中共中央在关于镇压反革命活动的指示中还要求，对那些罪恶较轻而又表示愿意悔改的一般特务分子和反动党团的下级党务人员，实行管制，加以考察。江西省委在关于土地改革斗争的指示中也指出，为瓦解农村中的反动党团特务组织，对反动党团、特务人员进行登记时，可只登记国民党区分部委员、三青团分队长、青年党民社党分部委员以上的人员，一般被欺骗参加了反动党团的分子，过去和现在无反动行为者，不要登记，以免使一切参加过反动党团的人员（农村中许多是农民）发生恐慌。③ 这使普通成员得以从这些组织中解脱出来，从而有利于争取多数，瓦解其组织。

根据这些政策，1950 年 11 月至 1951 年 4 月，江西省在全省 72 个县 375 个区 3812 个乡 900 万人地区的土改中，瓦解会道门及其他各种封建组织 6300 余个，争取会众 381000 余人，收缴枪支 4700 余支。④ 在 1951 年

---

① 《深入发动广大农民，摧毁各种封建组织》，《长江日报》1951 年 1 月 30 日，第 3 版。
② 见《人民日报》1951 年 2 月 22 日第 1 版。
③ 《江西省委关于土改斗争的指示》，1951 年 1 月，赣档 X001 - 1 - 093 号。
④ 《省委关于去冬今春土改运动的基本总结》，1951 年 7 月 30 日，赣档 X001 - 1 - 094 号。

秋季的土地改革中，该省 362 个乡又瓦解了封建会门与反动组织 3077 个，会众 62229 人，收缴枪支 202 支，子弹 45087 发。① 上高县上梅乡瓦解了反动党团、特务组织和封建反动组织 6 个，交出证据 18 件，会众×××人自动脱离反动组织，收缴枪支 6 挺，子弹 400 发，武装了民兵基干班。②

在土改复查运动中，各地在开展查田查阶级时，继续清查反动会道门、反动党团组织等情况，对包括恶霸、土匪、特务、地下军、反动党团骨干以及反动会道门头子在内五个方面的反革命首恶分子进行捕杀，展开反动党团登记与取缔反动会道门的工作。及至 1953 年春，取缔反动会道门仍是当时农村工作的所谓四大中心之一（其余为土改复查、生产救灾、贯彻婚姻法）。③此后，作为旧社会遗留下来的社会组织，其组织体系基本上不复存在。

还有一些组织，它们的政治性不强，但群众基础广泛，如绝大多数宗族组织和所谓一般的迷信组织。以宗族组织而论，有学者考察后认为，1949 年以前，由于宗族具有存在的合法性与正当性，政府及主流意识对其并不排斥而是利用扶持，因而在村治中居主导地位。④ 这说明，这些组织的存在同样不利于中共新政权对乡村社会的全方位控制，因而自然也在取缔、瓦解之列。下面以江西省南昌县小蓝乡为例，具体考察一下这些组织的瓦解过程。

小蓝乡位于南昌市南 15 公里，离南昌县城莲塘镇 2 公里，交通便利，农业和手工业都比较发达。全乡有 400 多户，人口 2000 多人，绝大部分为罗姓。乡内既有国民党基层政权组织，也有宗族组织和其他会社组织。这些组织多为地主阶级把持或有其参与，他们（尤其是官僚地主）享有很高的威望。

小蓝乡有大小地主共 36 户。以其从事的职业划分，从政的 4 人（一

---

① 刘俊秀：《江西省秋季土改基本总结》，1951 年 11 月 5 日，赣档 X001－1－094 号。

② 江西省土地改革委员会：《江西省上高县上梅乡的土地改革运动》，《长江日报》1951 年
12 月 31 日，第 2 版。

③ 中南贯彻婚姻法办公室党组：《中南区贯彻婚姻法运动情况的报告》，1953 年 3 月 20 日，
见中南局《转发中南贯彻婚姻法委员会关于"贯彻婚姻法运动情况的报告及今后意
见"》，1953 年 3 月 21 日，粤档 204－1－315 号。

④ 肖唐镖、戴利朝：《村治过程中的宗族——对赣皖 10 个村治理状况的一项综合分析》，
载肖唐镖、史天健主编《当代中国农村宗族与乡村治理——跨学科的研究与对话》，西
北大学出版社，2002。

人为原国民党中委候补委员、江苏省秘书长、军事委员会侍从室秘书，一人为天津直接税局局长，一人为原县参议员、法官），从商的 14 人，从事文教工作的 4 人（一人为留洋博士、南昌大学教授），从事技术工作的（包括技师、旧军官）6 人，伪保长 2 人，土地主 6 人。以占有土地多寡划分，则占有土地 50 亩以上，并在外放出较多高利贷的大地主有 14 人；占有土地 20～50 亩，贷出有较高高利贷的中地主 18 人；占有土地 20 亩以下，有高利贷剥削的小地主 4 人。他们拥有田地 1103.448 亩，占全村 2763 亩的 39.94%。[①] 这些大小地主通过政权、宗族和其他社会组织控制了小蓝乡的经济与社会生活，是小蓝乡的权势阶级。

表 3-7　江西省南昌县小蓝乡地主所从事职业及等级情况表

职　业	从　政	从　商	文　教	技　术	伪保长	土地主	合　计
大地主	2	5	3	2		2	14
中地主	2	6	1	4	2	3	18
小地主		3				1	4
小　计	4	14	4	6	2	6	36
恶霸地主	3（其中 2 个大地主）	3（大地主）		1（中地主）			7

资料来源：根据江西省土委调研科《农村典型调查之一——小蓝乡农村调查材料》（1952年）制作而成，内部资料，第 3～4 页。

在宗族方面，如前所述，小蓝乡基本上是单一的罗姓村庄，宗族制度特别严密，有族会、房会、支会等大小宗族组织 20 个。处于宗族最高地位的是族长（1 人），其下是房长（9 人），他们加上掌管族会账目的 2 人，谓之"12 老人"。房长下面还有支长 38 人。他们由所属族、房、支选择辈分最高且年龄最老的人担任。但宗族组织的控制权实际在少数几个居住在南昌市的官僚地主手中。这些宗族组织的主要任务是主持祭祀活动，组织修桥修路建庙等公益性事业，在名义上掌管公产，对赌、淫、贼执行封建家规等。

① 《小蓝村关于征收没收土地情形》，1950 年 8 月 25 日，南昌县档案馆馆藏档案，县委档案，全宗号 1，案卷号 56，1951 年。此处地主以 32 户计。1950 年的调查工作总结中，小蓝村土地面积 2397.97 亩，35 户地主占有 43.36%。参见《小蓝村农村经济调查工作总结》，1950 年，南昌县档案馆馆藏资料，全宗号 1，案卷号 9，1950。

而地主阶级则通过宗族组织一方面培植宗派势力，镇压农民，另一方面又培养家族意识、"大村思想"。

经济上，在小蓝乡的宗族中，族会有族产，大多数房、支也有会产，各会土地合计就有 505 亩，[1] 它们是宗族组织的经济基础。会产的主要用途是年关时分配年货、修谱、开祠堂设宴、津贴有婴儿出生的家庭、资助读书人以及出公款等。这些会产名义上是族、房、支长管理，但因他们中大多不识字，因此必须在族房内轮流推选管账的人，而这样的人多半为地主，故会产的实际管理权也在地主之手。地主阶级就是这样借宗族组织及其会产将农民束缚在宗族之内，牢牢控制着小蓝乡的经济、社会、文化事务。

在小蓝乡，除了国民党基层政权组织和传统的宗族组织外，还有国民党党员 13 人、三青团团员 10 人，但他们在本地没有组织机构，也无组织活动，故对小蓝乡的权力运作几乎没有影响。黑社会组织一贯道和青帮，虽有少数农民参加，但对小蓝乡的社会秩序也没有构成什么威胁。民间带有宗教性质的会社组织繁多，成员和目的也各不相同，如皈依会、观音会，参加者多为老年农民及妇女，主要是吃斋、修心；搭轿会、兵坛会、关爷会、哪吒会等，主要是农闲时组织娱乐活动。其他的组织还有以感情为纽带联结起来的群众性姊妹会、兄弟会等。

这些社会组织（国民党、三青团除外）虽然自身不具有政治、经济权力，但因其成员众多，分布广泛，因而对当地的社会事务也有一定的影响，故而得到了地主权势阶层和宗族组织的默认、支持，并成为地主阶级麻痹、分化农民的工具。

总体上看，在小蓝乡，形成了一个以地主阶级尤其是官僚地主为中心，以宗族组织及其他社会组织为框架的"权力的文化网络"。地主阶级依托这一网络，获取权势并始终享有权威的地位。

1949 年 5 月小蓝乡解放后，原来的权力体系和社会组织开始瓦解。

---

① 江西省土委调研科：《农村典型调查之——小蓝乡农村调查材料》，内部资料，1952，第 25 页。小蓝乡的公庙会田具体数字有不同的说法，有说 626.25 亩、占全村土地 22.66% 的，也有说占 21.75% 的。分别见《小蓝乡关于征收没收土地情形》，1950 年 8 月 25 日，南昌县档案馆馆藏档案，县委档案，全宗号 1，案卷号 56，1951 年；《小蓝村农村经济调查工作总结》，1950 年，南昌县档案馆馆藏资料，政府档案，全宗号 1，案卷号 9，1950。

首先，宗族因会产被征收、没收分配给贫雇农而失去了维系其组织的经济基础。其次，在土地改革中，工作队和农会分房分支对农民进行教育，谈宗族制度之危害，开展对地主的斗争，促使农民对宗族的忠诚转变为阶级忠诚。那些黑社会帮会组织和会社组织，虽无明显的破坏性活动，仍然通过算细账、挖穷根、新旧对比、典型控诉及组织成员批评与自我批评而趋于瓦解。例如，有 200 多名参加搭轿会的农民自觉自愿地进行了彻底忏悔；80 多名皈依会会员忏悔后缴出证明书 32 份，证章 8 枚，方印两颗；锣鼓会等组织的群众也作了检讨。① 有些组织本来就无固定负责人且多半是春节期间进行一些与生产有关或单纯的文化娱乐活动，它们在运动中最后都自然而然瓦解了。也就是说，对于这些还够不上"反动"的传统社会组织，也通过大会斗争、没收组织（宗族）财产、群众教育、批评与自我批评等，将其瓦解了。

总之，经过一系列的改造运动，不仅彻底摧毁了地主阶级的政权体系，瓦解了原有的社会组织，打击了旧的权威；而且摧毁了这一政权及其权威赖以存在的经济基础、社会基础和文化基础。② 而随着新的社会组织和新政权的建立，乡村社会结构由此也发生了根本性的转变。

二　新社会组织的建构

美国著名政治学者亨廷顿认为，复杂社会里的政治共同体依赖于该社会政治组织和政治程序的力量。而这种力量的强弱则又取决于这些组织和程序获得支持的广度及其制度化的程度。③ 在新中国成立初期清匪反霸、

① 《江西省南昌县小蓝乡解放后的社会改革运动调查报告》，载中南军政委员会土地改革委员会调查研究处编印《中南区一百个乡调查资料选集》（社会改革部分），内部资料，1953，第 148 页。

② 这里所说的文化基础的"文化"主要是在"权力的文化网络"这个意义上说的，即存在于传统社会组织中、为其组织成员所认同的象征和规范。在 20 世纪 50 年代初期的社会改革运动中，承载这些"象征和规范"的组织被瓦解了，自然意味着这种文化的基础被摧毁了。当然，任何一种文化，都不可能在一两次运动中被彻底摧毁，尤其是根深蒂固的中国传统文化。那些轰轰烈烈的社会改造运动过后，仍然可以看到传统文化以不同形式的回归。

③ 〔美〕塞缪尔·P. 亨廷顿：《变化社会中的政治秩序》，王冠华、刘为等译，上海人民出版社，2008，第 10 页。

减租退押和土地改革等系列运动中，中共及其领导下的、以贫雇农积极分子为主体的基层组织逐步建立起来。农民协会、青年团、民兵、妇代会等这些新的社会组织体系构成了乡村社会新的权力系统，并逐渐显示出了自己的力量，党在乡村社会的权威也由此逐步确立。考虑到农民协会在土地改革中实际上在相当大的程度上行使了基层政权的功能，党则在基层政权的建立及其运作中处于领导地位，故将其放在政权建设一节内加以考察。

对于新社会组织或者说群众组织的建立及其作用，各地都非常重视。1951 年 1 月 26 日，《长江日报》发表署名文章，提出把建团工作当成发动青年完成土改的重要任务，当作土改中的胜利果实之一。认为团组织起着团结青年的作用，它的建立为今后在农村生产运动中及各种中心工作中发动与团结广大青年打下有力的基础。因此应该抓住时机，进行建团工作，并在团组织建立后加强领导，进一步巩固。文章同时指出，在建团的宣传上要克服不敢公开大胆宣传（所谓"秘密建团"）、生吞活剥的宣传、单纯空洞的宣传等三种偏向，根据不同对象、不同思想情况，结合时事、政治教育进行团的宣传。① 广东省政府还专门就农村组织建设问题作出决定，要求把加强组织建设作为巩固农民内部的民主团结，加强人民民主专政的中心环节。认为青年团在组织整顿后，应普遍发展，吸收反封建斗争中的优秀青年参加，使之在农村成为群众性的先进青年组织。对民兵组织，省政府提出了具体的发展目标和组织结构，要求在土改后两三年内在巩固的基础上将民兵逐步扩大到全体 18～30 岁的男性劳动人民，为实行义务兵役制打下基础；掌握武器的民兵基干队，要保持贫雇农的绝对优势，使之成为农村专政的有力武器。省政府还要求各地在土改以后更加注意妇女与青年的特殊要求，进一步加以争取与发动，以加强农村专政与生产运动的力量，适时召开县、区、乡的妇女、青年代表会议。② 这些都表明，在新中国成立初期社会改造的历史过程中，虽然中共的中心工作在不同的时期有所不同，但各地对发展新社会组织仍给予了高度的关注。事实上这些组织在此期间也取得了很大的发展，以致成为新政权下联系和团结最广大乡村民众的基层网络。

---

① 陈生：《在土地改革中建团的几个问题》，《长江日报》1951 年 1 月 26 日，第 3 版。
② 广东省人民政府：《关于土地改革完成以后农村组织建设问题》（初步草案的提纲），1951 年，粤档 236－1－18 号。

表 3 - 8　江西省南昌县各区农村群众组织情况调查表

区别	青年团			妇女会		自卫队（民兵）		儿童队		识字班	
	村数	支部数	团员数	村数	会员数	村数	队员数	村数	队员数	村数	人数
一区				115	3811	87	3008	66	722	6	58
三区	3	2	31	22	2082	3	199	2	179	2	85
五区	6	2	6	59	1661	19	286	30	534	10	512
六区		2	36	53	2409	46	900	37	493	7	267
七区	1		1		299		119				246
八区	4	1	19	60	1055	29	496	47	722	15	503
十一区	2		2	72	2373	51	1848				
合　计	16	7	95	381	13690	235	6856	182	2650	40	1671

说明：1. "村"是指原有的村农会，有组织的才算，非算总数。2. 缺少二、四、九、十这四个区的材料。3. 原表合计项中有部分统计错误，已根据各区数订正。

资料来源：根据《南昌县各区农村群众组织情况调查表》（1950 年 6 月 2 日）制作而成，南昌县档案馆馆藏档案，政府档案，全宗号 34，案卷号 35，1950 年。

青年团是中共领导的先进青年的群众组织，是党联系青年群众的桥梁和纽带，是中共的得力助手和后备军，也是乡村社会改造和生产建设的主力。但团组织的发展与土地改革一样，各地的发展并不平衡。土改开展得较早的土改模范乡江西省南昌县小蓝乡是发展得比较早也比较好的乡。该乡 1949 年 10 月 12 日开始建团试点，成立了中国新民主主义青年团小蓝乡支部。当时申请入团的有 50 人，被批准入团的有 10 个贫农，4 个中农，1 个手工业者，共 15 人。随着运动的深入，团员人数不断增加，组织不断扩大。自 1950 年 1 月至 1951 年 9 月，发展团员 11 批，60 人。其中 31 个贫农，20 个中农，其他成分 9 人。这 60 人中，后脱离生产调外工作 18 人，加入党组织 11 人（内有 4 人脱产参加县区工作），因各种原因被开除团籍 5 人，留在小蓝乡的 27 人（包括脱产团员）。他们分为四个小组，每组 6～9 人不等。团支部由支部书记、副书记、组织委员、宣传委员、妇女委员、少儿队委员组成。① 在工作中，一方面，青年团紧紧抓住民兵这个在社会改革运动中对地主阶级实行专政的主要工具，要求团员加入民兵。另一方面，青年团通过上团课、开青年座谈会、召开支部大

① 见《江西省南昌县小蓝乡解放后的社会改革运动调查报告》，载中南军政委员会土地改革委员会调查研究处编印《中南区一百个乡调查资料选集》（社会改革部分），内部资料，1953，第 169～170 页。

会或举行入团仪式（邀集非团员青年列席参加）、唱歌、演戏、跳舞等文化娱乐活动，吸引群众、凝聚力量。这些工作、活动的开展，对于团结青年，保证各种斗争和社会改革的顺利进行起到了重要的作用。同时，也为上级部门和党的组织培养、锻炼、输送了大量的人才。

　　作为青年组织，团特别重视民兵的工作。1950年8月5日，中共中央中南局在《关于民兵建设的指示》中指出，由于土改以前党在农村一般地停止发展，在此时期，青年团应成为党领导武装的助手。帮助党建设民兵武装，应当作为团在乡村工作中的主要任务。民兵应当成为团在乡村中活动的主要阵地。所有参加民兵的团员，皆应有组织地高度发挥其积极的核心的作用，以巩固民兵，并保证民兵建设的政治方向。[1] 1951年1月，青年团江西省委在给各级团组织的指示中也强调指出，各级团委必须抓紧民兵阵地，在斗争中加紧民兵的整顿巩固和发展壮大工作，将现有民兵加以审查整顿，求得思想上、组织上、作风上的纯洁与统一，然后在巩固的基础上发展壮大。[2] 在这种思想指导下，江西南昌县小蓝乡27名在乡团员中，有13人加入了民兵，其中担任分队长的2人，担任班长的6人，成为基层民兵组织的领导骨干。

　　青年团还特别注重在社会改造运动中加强自身建设。土地改革运动中的青年团就是要在土改中建设一支与群众密切联系、有战斗力的青年团。上述青年团江西省委的指示指出，各级团的干部及组织员必须树立以土改为自己中心任务的思想，在党的统一领导下为土改服务；要在发动广大青年的基础上，将运动中涌现出来的青年积极分子（特别是贫雇农青年积极分子）按照团章规定吸收入团，并在斗争中有条件地把团支部建立起来；对现有团的组织必须在斗争中有领导、有计划、有区别地加以整顿提高，明确阶级观点和团结青年群众的思想，民主选举书记、支委，做到支委会纯洁，支部一般无问题。1951年1月24日，《江西日报》也发表社

---

① 见《中南政报》1950年第6期。
② 《青年团江西省委关于土改中青年工作的几个问题的指示》，1951年1月3日，赣档 X001-1-105号。另见《青年团江西省工作委员会关于土改中青年工作几个问题的指示》，《江西日报》1951年1月24日，第1版。两份材料所示日期不同，可能报纸所示为公开发出稿。

论，号召在土改斗争中建设青年团，认为发动广大青年群众参加斗争，在斗争中培养积极分子，吸收他们加入青年团，从而为土改运动增添一支有觉悟、有组织的骨干力量，并为建党准备良好的基础，是当前群众运动及组织建设的重要任务之一，也是江西青年运动的重大政治任务和组织任务。为此，必须坚持有领导、有步骤、积极又稳健的发展，把数量和质量、发展和巩固、建立组织与加强领导统一起来。①

由于在各项社会改革运动尤其是土地改革运动中，党的主要注意力在于土地改革等运动本身，对于农民协会、青年团和妇女组织等群众组织都是首先组织起来，然后再加以整顿、提高。农民协会因其联系面更广泛，且直接关系到以土地改革为中心的社会改造能否得到最广大农民的拥护与支持，因此在运动过程中就曾多次整顿、清理，而对于其他群众组织的整顿工作往往无暇顾及。土地改革后，各地纷纷加强了这一工作。

早在 1951 年 9 月，广东大部地区还处于减租退押、清匪反霸之时，中共中央华南分局就发出整顿青年团的指示。华南分局认为，由于过去领导上缺乏明确的阶级观点和存在着急于建团的思想，许多团的组织不是在广大农民真正发动的基础上建立起来的，一般对入团的条件掌握不够，降低了团员的质量，并给敌对异己分子、投机分子的混入以可乘的机会，造成了许多团的基层组织、基层领导和骨干不纯，许多团的基层组织和团员在发动青年参加斗争中不能起核心作用。为此，要求各地初步整顿团的组织。② 1953 年 1 月，青年团华南工委就土改复查运动中团的工作发出指示，指出在土改运动中青年团的组织有了很大发展，但还存在一些问题。一是有些乡还未建团，一般已建团的乡，团员的数量也不多；二是团员政治觉悟低，对党缺乏应有认识，对团的基本知识了解很少，甚至不了解；三是团员入团后对前进方向模糊，不知应该做些什么，工作办法少，遇困难常低头，与群众联系不够密切。因此，工作盲目被动，少数松劲退坡。③ 实际

---

① 社论《在土改斗争中建设青年团》，《江西日报》1951 年 1 月 24 日，第 1 版。
② 华南分局：《关于在退租退押、清匪反恶霸运动中发动青年、整顿青年团组织的指示》，1951 年 9 月 30 日，粤档 204 - 1 - 35 号。
③ 青年团华南工作委员会：《关于土改复查运动中建团工作几个问题的指示》，1953 年 1 月 31 日，粤档 232 - 2 - 42 号。

上，土改结束后，在青年团员中确实存在着许多混乱思想，特别是不安于农村农业生产的思想。对于一个崇尚农业生产劳动才是劳动的社会来说，轻视农业劳动、不安心农业生产的思想是消极的。而这种现象，在青年团员中又很普遍。根据广东省8个乡的调查，214个青年团员中，有137个团员（占64%）想外出。粤东区潮安县有4个支部81个团员，有72个不安心在乡生产。不少团的支部没有成为团结教育广大青年的核心，组织涣散，纪律松弛，许多团员甚至弄不清楚党与团的关系。① 因此，整顿团组织就成为青年团工作的一项重要任务。

但有些地方在整顿团组织时，公开地直接地在团员中间进行所谓的分类"站队"，对某些有缺点的团员进行"清洗"。针对这种情况，1953年2月，团中央组织部在一份关于整顿乡村团组织的意见中，提出基层团员要根据具体情况进行处理。立场坚定，工作积极，作风正派，为群众所拥护者，要求继续努力不断提高；基本上具备团员条件，但尚有缺点错误，如斗争不坚决、工作不够积极、作风不民主或有自私自利行为、群众不够满意者，要求他们改正错误，加强锻炼；思想落后，不起作用，不够团员条件者，一般地给以教育并限期使其努力提高到团员水平，如不接受教育或教育不好，仍旧不够团员条件者，停止团籍；违法乱纪，丧失立场以至堕落腐化者，则应分别情况给以适当的团纪处分，直至开除团籍；混入团内的阶级异己分子、反革命分子，应一律开除团籍。②

与此同时，党也加强了对青年团的领导。1953年10月，中共中央专门发出了关于加强党对青年团领导的指示。指示分析了新中国成立以来青年团发展所取得的成绩和存在的问题，指出有一部分党委在实际工作中对于团的领导常常是被动应付，缺乏应有的积极主动精神；使用多，教育少；只有一般的工作布置，而忽视青年工作的特点和青年的特殊要求；只注意党的统一领导，而不照顾团的系统领导；只注意抓团的干部，而不善于运用和推动团的组织，不注意在一般工作中去加强团的组织建设；只片

---

① 孟宪德：《当前青年团在农村中的几个问题——四月十三日在团华南工委扩大干部会上的报告》，1953年4月13日，粤档209-1-18号。

② 团中央组织部：《关于整顿乡村团的指示的几点意见》，1953年2月5日，粤档232-2-39号。

面地要求团更多地向党输送干部，而不注意适当调配和保留团的骨干。指示认为，在全国解放初期各种工作需要突击完成的情况下，上述某些不正常现象难以完全避免。但现在情况已有了变化，群众已经发动，各种组织已经建立，突击任务较前减少，这就需要在党委的统一领导下，加强各种组织的经常工作，以便更好地联系群众，发挥各种组织的作用。指示因此要求必须在党的统一领导下建立团的独立活动和加强团的系统领导，把要求青年团的工作服从党的中心工作与照顾团的独立活动结合起来，把使用团的干部与善于运用和推动团的组织结合起来。同时，要在加强教育的基础上，整顿和加强已有团的组织，巩固地向前发展。① 从此，青年团进入了快速发展的轨道。据青年团中南区委组织部的统计，截至 1953 年底，全区 6 省 2 市农村有团员 1569323 人，占全区团员总人数的 68.37%；农村支部 72465 个，占全区支部组织的 66.83%（见表 3－9）。② 青年团真正成为党在农村工作的助手和党联系青年的纽带。

表 3－9　中南区农村青年团组织情况统计表

地　区	团　员		支　部	
	农村团员数	总　计	农村团支部数	总　计
河　南	584693	822534	19736	30694
湖　南	212226	324945	13538	19743
湖　北	259292	347592	11410	15946
江　西	200359	280430	9744	13499
广　东	193570	277723	10525	14710
广　西	115397	166777	7364	10109
武　汉	1900	37924	64	1371
广　州	1884	27041	84	1373
合　计	1569323	2295248	72465	108432
占全区百分比（%）	68.34	100	66.83	100

说明：1. 全区团员总计包括中南直属机关团委 8566 人、长江航务局 753 人、中南建筑团委 943 人；全区团支部总计包括上述单位支部数，3 个单位分别有 352 个、26 个、109 个支部。2. 各省市及单位数字中，长江航务局和河南为 1953 年第二季度实数，江西及湖南少部分单位、广东省两个地区为 1953 年第三季度实数，中南建筑团委支部是 1953 年第二季度实数，团员是同年第三季度实数，其余大都是 1953 年第四季度实数。

资料来源：根据青年团中南区委组织部《青年团中南区组织情况统计表》（1954 年 5 月 22 日）制作而成，粤档 232－2－105 号。

① 《中央关于加强党对青年团的领导给各级党委的指示》，1953 年 10 月，粤档 232－2－39 号。
② 青年团中南区委组织部：《青年团中南区组织情况统计表》，1954 年 5 月 22 日，粤档 232－2－105 号。

民兵是新中国成立初期新政权在乡村社会的专政力量，因此在社会改造运动中民兵组织的发展受到高度的重视并且得到很大的发展。特别是土地改革运动中，民兵发展更为迅速。据中南军区人民武装处的报告，1950年底，中南全区有民兵143.6万余人。① 仅南昌分区，土地改革开始不久的1950年12月，民兵就发展到12万余人，其中清江县的民兵从352人发展到10559人，包括220个妇女民兵。从成分看，民兵中主要是贫雇农。南昌、高安、奉新、安义四县的调查显示，贫雇农占71%，中农占29%。② 南昌县小蓝乡建有1个民兵中队，3个分队，9个班，有队员100人，其中基干民兵32人，党员6人，团员13人。③

表3-10　江西省南昌县小蓝乡民兵干部统计表

阶　　层	职　　别					队　员		党员	团员
	中队长	指导员	分队长	班长	副班长	总数	基干队		
贫　农	2	1	4	6	4	55	20	5	8
中　农			1	2	3	40	9	1	3
雇　农						1			
小　贩						1			
手工业			1			2	2		2
小土地出租者					1	1	1		
总　计	2	1	6	8	8	100	32	6	13

资料来源：根据《江西省南昌县小蓝乡解放后的社会改革运动调查报告》中《小蓝乡民兵干部队员统计表》《小蓝乡民兵基干队情况表》制作而成。参见中南军政委员会土地改革委员会调查研究处编印《中南区一百个乡调查资料选集》（社会改革部分），内部资料，1953，第174页。

在民兵建立之初，民兵中也存在着一些问题，如人员情况复杂（有地痞流氓及旧保甲人员、阶级异己分子等），思想教育做得不够，作风不良，违反政策使用吊打、逼供等方法对待地主，不接受群众的意见，把斗

① 中南局、中南军区：《民兵建设工作指示》，1951年1月1日，粤档204-1-262号。
② 邓克明：《南昌分区一年来民兵组织与发展》，《江西日报》1951年1月28日，第2版。
③ 《江西省南昌县小蓝乡解放后的社会改革运动调查报告》，载中南军政委员会土地改革委员会调查研究处编印《中南区一百个乡调查资料选集》（社会改革部分），内部资料，1953，第174页。

争果实大吃大喝浪费掉，等等。

经过有计划、有组织地整理与健全民兵组织机构，积极培养干部；彻底清洗混入民兵队伍的惯匪、兵痞与阶级异己分子，纯洁民兵队伍；加强对民兵的政治教育；合理解决民兵的生产上的顾虑，做到劳动生产与武装训练相结合，民兵组织得以日益壮大和巩固。

作为群众性的武装组织，民兵不仅在清匪反霸运动中起到了重大的作用，而且是维持社会治安的主要力量。在土地改革运动中，他们往往担负着站岗放哨，巡查铁路、公路、桥梁、电讯、仓库与其他公共财产，监管地主和其他被认为是危险分子活动的任务。在生产建设中，民兵也是一支主力军。

据不完全统计，1951 年 8 月至 1952 年 7 月，中南区民兵配合部队参加清匪作战 9823 次，参战人数 213963 人，毙、伤、俘匪首计 102136 人，缴获长短枪 41350 支，轻重机枪 224 挺，各种炮 309 门，子弹 849088 发，炮弹 20928 发，手榴弹 10859 个，刀矛 55099 把。在土地改革复查中，仅湖北黄冈分区民兵就从外地抓回逃亡地主、恶霸共 1632 名；黄冈、恩施、襄阳等县，以民兵为主，查出地主隐瞒黑田 87584 亩、大米 262091 斤、谷子 26209 斤、布 9000 余匹。[①] 在生产方面，南昌县小蓝村的民兵大队一个月内发动全村开荒 400 多亩，同时还帮助了 30 家烈、军属代耕 30 多亩，13 天内完成了修筑圩堤所用 3700 余土方的任务。[②] 可以说，民兵是新的社会组织中一支重要而活跃的力量。

妇女组织的形成经历了一个过程。许多地方最初的妇女组织是妇女会，主要是少数妇女积极分子参加。随着运动的深入，特别是在土地改革中，需要发动广大妇女群众参加斗争，以争取更广泛的群众支持。在这种情况下，除在各级农协建立妇女部外，各地都召开了区乡妇女代表会，以此作为发动与组织妇女群众的形式，妇女会由此变为妇代会。

作为一个群众性的组织，妇代会在土地改革中得到很大的发展。截至 1951 年 3 月，河南省有 613 个乡建立了乡妇女代表会；据 1 月初的不

---

① 《结合各种社会改革和生产运动，中南各地民兵组织日益壮大》，《长江日报》1952 年 7 月 29 日，第 3 版。

② 邓克明：《南昌分区一年来民兵组织与发展》，《江西日报》1951 年 1 月 28 日，第 2 版。

完全统计，参加了农协及妇代会组织的妇女有 350 万。① 江西省南昌县小蓝乡在第二次土改复查结束后，妇代会有干部 8 人，会员 690 人，其中经常到会的有 320 人。妇代会代表 45 人（29 个贫农，1 个雇农，12 个中农，1 个手工业者，1 个小商人，1 个小土地出租者）。② 在社会改革运动中，乡村妇代会在发动妇女开展对地主阶级的斗争、抗美援朝捐献与慰劳军属、清洁乡村环境卫生、宣传贯彻婚姻法和发动妇女参加夜校学习方面都发挥了积极的作用。在妇女组织的推动下，广大妇女被组织起来。仅 1951 年，整个中南区有组织的妇女有 2000 多万人；3100 余万农协会员中，女农协会员 1400 多万，占 1/3 以上。在江西省 55 个县，参加诉苦划阶级、征收、没收的妇女群众共达 217.94 万人。河南商丘专区也有 55.9 万妇女参加了斗争。在两广地区，妇女在土改中更是起着决定作用，没有妇女参加就无法划阶级进行土改。发动起来的妇女群众还参加了各方面的工作。据河南省 44 个县及湖北省的不完全统计，女乡长805 人，女乡农协主席 877 人。湖北省女农协委员 9064 人，江西女民兵5 万多人，广西兴梅女民兵占全体民兵 70% 以上。③ 但从总体上看，这时期的妇女组织更多地依附于农民协会，服务于土地改革这个中心任务，具有临时性，因而土改结束，组织也就散了。有些地方虽保留有组织，但组织成分严重不纯，甚至为流氓妇女把持，从事妇女买卖、骗婚乃至组织卖淫等非法活动。

　　面对这种情况，1950 年 5 月成立的中南妇联筹备会，曾要求健全各级组织机构，在土改复查中对基层组织进行整顿；各级妇联要办干训班，对乡妇代会干部进行轮训。它认为，解放妇女必须依靠妇女自己组织起来，必须有妇女群众自己的团体。在土改运动中建立的妇女组织即乡妇女代表会要有一定的独立性，妇代会不是合并于农协，作为农协组织的一部分，而是要有一定独立活动的权力，成为带有独立

---

① 李泊：《前进中的河南农村妇女》，《长江日报》1951 年 3 月 10 日，第 2 版。
② 《江西省南昌县小蓝乡解放后的社会改革运动调查报告》，载中南军政委员会土地改革委员会调查研究处编印《中南区一百个乡调查资料选集》（社会改革部分），内部资料，1953 年，第 171～172 页。
③ 中南妇联（筹）：《中南区目前农村妇女运动的基本情况与必须解决的问题》（草稿），1951 年，粤档 233-1-5 号。

性的妇女组织。[1] 在中南妇联（筹）的推动下，仅湖南省妇联就有 17 名干部参加了土改队；长沙专区组织了 190 余人的妇训班。[2]

除了这些组织外，各地还有少儿组织儿童队，以及识字班等临时性的学习机构。这些新中国成立后在乡村逐步建立、发展起来的群众性社会组织从阶级成分、性别、年龄等多方面将乡村群众编织进了一个个既相互区别又相互联系的组织网络，鲜有社会成员（除了阶级异己分子）能游离于这些网络之外。而中共组织，通过发展党员、提拔干部等方式，在这个网络中起着关键作用。换句话说，通过清匪反霸、减租退押、土地改革（包括土改复查）等一系列社会改造运动，乡村社会基本上形成了一个以党组织为领导，联系绝大多数社会成员的、其严密性和覆盖面前所未有的社会组织系统。

第三节　乡村政权建设

乡村政权建设几乎与新的社会组织建构同步，都是在社会改造运动中开始的。但与新的社会组织建设不同的是，它首先是对旧的乡村政权进行改造，并在土地改革中赋予农民协会以领导权，因而其架构经历了一个从农民协会、农民代表大会、乡人民政府到乡人民代表大会、乡人民政府的演变过程。在这个过程中，中共始终处于主导地位，地方人民政府则给予了具体的指导。

一　对旧式乡村政权的改造

如前所述，保甲制度是民国时期的乡村基层行政组织制度。随着国民党蒋介石败退台湾，大陆政权易手，这一基层行政组织制度也被看作蒋介石实行封建法西斯专政的基层政权象征，是反共反人民的基础和帝国主义、封建主义、官僚资产阶级直接剥削与压迫人民的反动工具，彻底废除保甲制度、改造乡村基层政权因此就是必然的。

---

[1] 　中南妇联（筹）：《中南区目前农村妇女运动的基本情况与必须解决的问题》（草稿），1951 年，粤档 233 - 1 - 5 号。

[2] 　《在土改斗争中的中南妇女》，《长江日报》1951 年 3 月 8 日，第 2 版。

　　由于保甲制度实行的时间很长，使用的人员也比较广，为了恢复与稳定秩序，同时也是为了能够完成支前及各项恢复工作，新区解放后还普遍地保留了保甲制度一段时间。清匪反霸、减租退押运动开始后，各地开始陆续废除保甲制，对旧的基层政权进行改造。1950 年 1 月，中共湖南省委召开的第一次全省党员代表会议决定，要围绕 1950 年全省清剿残余土匪、展开反恶霸减租以准备分配土地以及进行生产救灾备荒这三大中心任务，进行改造政权、建党等其他工作。① 1950 年 2 月 28 日，政务院在《关于新解放区土地改革及征收公粮的指示》中更明确指出，为了在 1950 年秋收以后或在 1951 年秋收以后在各新解放区能够顺利地进行分配土地的改革，各新解放区的人民政府或军政委员会应抓紧时间，大量地训练土地改革的干部，迅速组织农民协会，召开各级农民代表大会，选举各级农民委员会，并召开各级人民代表会议，彻底改造区乡政权机关。② 此后，在中南区，凡开展了减租退押运动的地区，都先后废除了乡村保甲制度，建立起新的乡人民政府。③ 如河南全省 86 个县中有 52 个县、300 多个区的村政权转到农民手中；湖北省对 90% 以上的乡村政权进行了改造；长沙专区各县全部废除了保甲制度，暂由农民协会代替政权。④ 刘少奇在《关于土地改革问题的报告》中认为，华东和中南两区在进入新区后的一年中有 38000 多个乡政权实行了改造。到 1951 年初，湖南全省乡村政权绝大部分都经过了改造，农民代表会在实质上起了政权的作用。⑤

　　在废除保甲制度、改造旧政权的过程中，各地注意将保甲制度与保甲人员分离，根据具体对象的不同情况，对保甲人员进行分类处理。还在刚

---

① 《中共湖南省委员会召开全省党员代表会，决定今年中心工作为领导人民清剿残匪、反霸减租、生产救灾》，《人民日报》1950 年 2 月 3 日，第 1 版。

② 《中央人民政府政务院关于新解放区土地改革及征收公粮的指示》，1950 年 2 月 28 日，《中南政报》1950 年第 1 期（创刊号）。

③ 杜润生：《关于过去半年内全区准备与实施土地改革情况的报告》，1950 年 9 月 18 日，赣档 X035－2－094 号。

④ 分别见《经过剿匪反霸减租运动，河南农民掌握农村政权，许昌等县农民要求实行土地改革》，《人民日报》1950 年 2 月 3 日，第 2 版；《中共湖北省委召开全省组织工作会议，布置农村干部整风运动，准备秋后实行土地改革》，《人民日报》1950 年 7 月 5 日，第 1 版；《积极进行土改准备工作，长沙专区普训干部整顿农会，土改工作队亦正开始组织训练》，《人民日报》1950 年 9 月 15 日，第 2 版。

⑤ 李俊龙：《战斗中的湖南农民》，《人民日报》1951 年 2 月 10 日，第 2 版。

刚解放的 1949 年 7 月，南昌地委就此曾发布指示，要求在废除保甲制度、取消乡公所权力的同时，对于保甲长采取有条件暂时留用的方针，"保长经审查不大坏者，可以在政府和人民的监督下分配一些任务，使其有将功赎罪的机会，但对此种人必须十分警惕。甲长有些基本群众，一般的可以使用，但仍需加强其教育与监督。继之要区别对待。伪乡所职员，经审查可吸收为我办事，但必须是在我们领导掌握下，既不能交权，更不能依靠。对个别确有悔改之心，表现有成绩者，也应适当鼓励，给以前途出路"①。1949 年 8 月 26 日，邓子恢在中共湖北省第一次代表会议上讲话中更明确指出，要 "广泛利用旧保甲人员，如果谁不会利用或不敢利用，就是傻瓜。凡是我们没有政权的地方，要放手、大胆地利用保甲人员"，"利用是暂时的，今天有利就用之，明天无利就不用。……到了群众发动起来我们有了依靠时，就不利用了。"② 事实上，在保甲制度下，除一部分主要分子是恶霸地主、富农、流氓、地痞成分外，也有相当一批贫苦工农群众。由于保甲人员的阶级出身与个人品质不同，保长与甲长的不同，任职时间有长短与次数的差别以及客观情况的不断变化，故保甲人员中，在执行国民党政权的保甲任务时也有各种不同的表现。像 "公事公办"的保甲人员，虽然替国民党办了事而执行了反动的保甲任务，但他们在政治上没有反动或劣迹很少，经济上没有贪污或贪污很少，论其本身来说，其自身没有多大过错。对于这些人，江西省的政策是，只要他们能认识到过去的错误并表示今后愿意改正而积极参加生产与支前工作的，对其过去的事不必再追问。如系中农以下成分，只要多数群众同意，经过正式介绍手续，可以参加农会。那些对上级拖延、抵抗、叫苦，实际上维护了本地群众利益的保甲人员，在教育改造、使其认识到过去替国民党办事是错误的后，不再追问，中农以下成分的，按一般基本群众对待并吸收他们参加农会。③ 这就既照顾到了历史因素，也最广泛地争取了农民群众。在社会

---

① 《南昌地委关于十天借粮工作的检查与继续完成今后任务的指示》，《江西日报》1949 年
7 月 13 日，第 1 版。
② 邓子恢：《湖北当前的基本任务》，《邓子恢文集》，人民出版社，1996，第 209 页。
③ 《刘俊秀同志关于江西农村阶级关系与土地占有的初步研究及对今后农村土改中应注意
的几个政策问题》，1950 年 6 月 4 日，赣档 X001 - 1 - 55 号。

改造初期普遍缺乏干部的情况下，甚至大量的旧保甲人员也因此进入到农民干部队伍中。

中南军政委员会土地改革委员会参加江西省上饶地区土改试点的人员发现，在 5 个乡 254 个干部中，有 5 个地主富农分子，原乡保人员有 63 人，而且是干部中的主要人物。试点乡横山乡，72 名农协代表中，有 24 个是原乡保人员，保长副保长还当上了积极分子。有一个老保长对群众说："你们谁离开了保长叫你们，什么工作都做不顺利"。工作队也认为乡保人员能工作，不能一脚踢开，否则工作受损失。① 解放初期在南昌县小蓝乡开展借粮工作的县委工作组也是借助于保甲制度，通过保甲长向群众借粮；该乡在发动群众的工作中，最初涌现出的积极分子，多是国民党统治时期的保甲人员、宪兵、便衣队员等原有乡村政权体制内的人员，他们甚至组织了最初的农会（工农会）。② 广西灵山县梓崇塘乡佛子塘联村在解放后一年多的时间内，农会干部都是保甲长，以致农会没有成为农民自己的组织，反而成为地主用来统治农民、打击农民的工具。③ 实际上，土地改革前，不仅在基层乡村政权中还保留有大量的旧保甲人员，即便在区一级政府机构中，旧职员留任的情况也同样存在。这种情况自然导致贫雇农群众的不满，不利于社会改造运动的开展。

为了解决乡村政权改造与建设中旧保甲人员的问题，在土地改革过程中，首先是赋予农民协会以政治权力，代替旧的乡公所和基层保甲，动员和组织农民群众；其次是在扩大、整顿农协组织中，通过民主选举，将留用在农民协会领导机构内的旧保甲人员和其他阶级异己分子清洗出去，以纯洁农民协会的干部队伍，彻底清除旧政权对乡村事务的影响。

---

① 中南土委会：《〈江西上饶地区土改试点中的几个问题〉通报》，1950 年 12 月 3 日，粤档 236－1－1 号。
② 见《江西省南昌县小蓝乡解放后的社会改革运动调查报告》，载中南军政委员会土地改革委员会调查研究处编印《中南区一百个乡调查资料选集》（社会改革部分），内部资料，1953，第 131～132 页。
③ 见《广西灵山县梓崇塘乡社会改造运动中的主要情况与问题》，载中南军政委员会土地改革委员会调查研究处编印《中南区一百个乡调查资料选集》（社会改革部分），内部资料，1953，第 191 页。

二　从农民协会到乡政府

政权的更迭，往往意味着另起炉灶，对于前后两个执政理念和建国方略大相径庭的政权来说更是如此。因此，在改造乡村旧政权的同时，中共就已开始按照自己的蓝图进行乡村政权的构建。从其过程看，形式上大体经历了从农民协会、农民代表会议、乡人民政府委员会的构架到人民代表大会与乡人民政府的变化。

从形式上看，土地改革前，各地已经基本上建立了乡村政权。广东省是中南区土地改革开展最晚的省份，据广东省东江区土地改革委员会的不完全统计，该专区 115 个乡 858 个行政村在土改前已全部建立了基层政权，其中乡级政权中有脱产干部 763 人，未脱产干部 20 人；村级政权中脱产干部 107 人，未脱产干部 4111 人。乡政府委员中党员、团员和群众分别为 230 人、197 人和 356 人，村政权中党员、团员和群众分别为 157人、451 人和 3607 人，另有 3 人为民主党派。① 海南专区 806 个乡中也有256 个乡、3145 个村建立乡村政权；万宁县在清匪反霸、减租退押中有377 个村建立了政权。② 1950 年 6 月，湖南省首届代表会议结束后，省人民政府发出关于乡村政权建设的指示，提出在土地改革前宜采用农民代表会（包括手工工人、荣军、贫苦知识分子及进步的小学教员在内）代行人民代表会职权，选举乡人民政府委员，作为一个过渡性的办法。指示规定了乡农民代表会代表名额产生及乡政府的组织办法，指出农民代表会代表按乡村居民人口比例选举产生，每 30～70 人选举农民代表 1 人，其中妇女代表不得少于总数的 10%，贫雇农代表不少于 2/3，中农代表不超过1/3。农民代表及乡人民政府委员，每半年选举一次，农民代表会议对政府委员可执行罢免权。政府委员选出后，经上级政府批准、委任；必要时，上级政府可命令撤换。农民代表及委员有 1/2 以上不称职者，由上级

---

① 东江区土改委员会：《广东省东江专区土改前基层政权状况》，1951 年 8 月 2 日，粤档236－1－63 号。

② 分别见海南军政委员会土改委《广东省海南专区（本期运动区）土改前基层政权状况》，1952 年 7 月 14 日；万宁县土改委：《广东省万宁县土改前基层政权状况》，1952年 6 月 4 日，粤档 236－2－110 号。

政府宣布重新选举。湖南省政府认为，采取这种从下而上的民主选举与监督，结合自上而下的批准与撤换，能最大限度地做到保证民主与人民政府委员的纯洁。① 在这一方针指导下，该省许多地方结合整顿农民协会进行乡村政权建设，纷纷召开农代会，选举建立了乡人民政府委员会。

但在这一时期乃至在整个土地改革运动中，乡村政权建设主要是围绕着建立健全农民协会而展开的。② 土地改革需要的是农民自身的组织，党通过农民协会的组织机制取得农民的支持，并使农民与党牢牢地捆在一起。1950 年 1 月，中共中央在有关指示中指出："除开政府组织土地委员会外，为了动员、组织与指导农民群众去实行土地改革，还应组织各级农民协会即农民代表大会及其所选举的委员会作为土地改革中农民群众的直接指挥机关。……在尚未进行土地改革的地区，在一个时期内，农民协会即农民代表大会及其所选出的委员会，应该成为乡村中一切组织的中心，乡村中的重要事务均应由农民协会即农民代表大会及其所选出的委员会来处理，这也是彻底改革乡村政权的关键。"③ 1950 年 6 月通过的《中华人民共和国土地改革法》从法律上对此加以确认，其第二十九条规定，乡村农民大会，农民代表会及其选出的农民协会委员会……为改革土地制度的合法执行机关。这就赋予了农代会及其选出的农民协会委员会代行乡村政权的合法性。

根据中共中央指示和《土地改革法》的精神，1950 年 7 月 14 日政务院第 41 次政务会议通过了《农民协会组织通则》。《组织通则》虽然将农民协会定性为农民自愿结合的群众组织，但由于其所担负的乡村社会改造的重任，农民协会的产生仍有一套比较严格的程序。按照《组织通则》的规定，会员必须是雇农、贫农、中农、农村手工业工人及农村中贫苦的革命知识分子，而且他们的加入也须经过农民协会委员会批准。至于富

---

① 《湖南省人民政府发布关于乡村人民政权建设的指示》，《中南政报》1950 年第 5 期。
② 〔美〕塞缪尔·P. 亨廷顿：《变化社会中的政治秩序》，王冠华、刘为等译，上海人民出版社，2008，第 326、327 页。
③ 《中共中央关于在各级人民政府内设土改委员会和组织各级农协直接指导土改运动的指示》（1950 年 1 月 24 日），载中国社会科学院、中央档案馆编《1949～1952 中华人民共和国经济档案资料选编》（农村经济体制卷），社会科学文献出版社，1992，第 189～190 页。

农，只有在土地改革完成后，经乡农民大会或农民代表大会通过，才能成为农民协会会员。① 乡村农民协会的组织程序是：由加入农协的农民直接选举农民协会行使权力的机关即乡农民代表大会代表（没有加入农民协会的农民，经乡农民协会委员会批准，参加选举）；农民代表大会选举委员及候补委员若干人组成农民协会委员会，由委员互推主席一人，副主席一至数人，主持会务。委员会下设若干部门，分工办事。在农民代表大会闭会期间，由农民协会委员会行使农民协会的权力。农民协会的主要任务是团结和动员农民有步骤地实行以土地改革为中心的社会改革，组织农民生产劳动，参加乡村政权建设。②

按照《组织通则》，在农民协会尚未成立的地区，由当地人民政府召开临时农民代表会议，选举委员若干人，组成农民协会筹备会，执行农民协会委员会的任务，并具有与农民协会委员会同等的职权。但在许多地方，往往还是沿袭了老解放区的贫雇农协会，用贫雇农主席团行使乡村政权。这种单纯以贫雇农为主体的组织，既不能代表乡村农民的绝大多数，其内部也经常是问题丛生。据广东省江门市郊区土改工作队的调查，该区白沙乡颖源村贫雇农主席团共有委员 7 人，但为其中的一个旧甲长（主席团主席）所操纵，致使内部不团结；委员散漫，也不敢提意见，群众发动不起来，工作开展困难。直到土改工作队经过深入调查，发现问题，将其清除出贫雇农主席团和贫雇农小组，该村的群众工作才逐步好转。③ 江西省南昌县小蓝乡的农民协会组织始于 1949 年 7 月中旬农民自发成立的工农生产协会（因小蓝乡有纺纱织布等手工业），当时有 18 人参加。

---

① 1950 年 7 月 16 日《人民日报》发表社论，解释了为什么在土地改革完成前不允许富农加入农民协会。社论认为，要希望整个富农阶级和农民一道去积极地反对地主阶级，那是不可能的，"过去的经验证明，如果把富农吸收到农民协会中来，那么反封建斗争的阶级阵线就混乱了。而且，富农进入农民协会之后，就很可能利用其在农村中的经济势力与历史传统的社会地位而实际取得农民协会的领导权，结果就会使土地改革运动改变了面貌，或者形成宗派斗争，引起混乱，或者极不彻底"。参见《关于农民协会组织通则的几点解释》，《人民日报》1950 年 7 月 16 日，第 1 版。

② 见中央人民政府法制委员会编《中央人民政府法令汇编》（1949～1950），法律出版社，1982，第 78～81 页。

③ 江门市郊区土改工作队：《白沙乡颖源村整顿贫雇农组织的典型调查》，1951 年 7 月 26 日，广东省江门市档案馆藏档案，111 - A.1 - 1 号。

在第一次减租后，该组织扩大到 200 人。8 月 6 日正式成立工农会（后改称为农民协会），并选出正副主任、组织委员、宣传委员、生产委员和武装委员等 6 名干部。在其后的减租减息中，第一次对农协进行了整顿。1950 年 8 月，小蓝乡作为土改试点乡进行土改，乡村干部增加到 18 人。从成分上看，这 18 人中有 11 个贫农，3 个中农，2 个小商人，1 个手工业者，1 个游民。从职业上看，有 8 人务农，4 人为家庭妇女，2 人经商，1 人从事手工业，1 人系学生，还有 2 个流氓。①

各地农民协会都经历了一个建立健全的过程。据广东省首届妇代会的报告，农协在成立之初，好的不多，而不好的甚至坏的相当普遍。即便是好的农协也存在诸多缺点，如某些农协干部官僚主义严重，不深入农民，团结群众，凡事命令主义，农民因此叫他们"新官"；有的农协只有干部，没有会员，没有固定组织，干部之间也是声气不相通，行动不统一。② 在社会改造运动中，部分农协干部同情地主、贪污斗争果实及土改后脱离政治只顾生产的现象也很突出；有的农协实际上为中农所掌握，甚至直接、间接被地主阶级所操纵。为此，各地都先后对农民协会进行了多次整顿。如湖南省长沙县榔黎区的后平、涝湖、百祥等 9 个乡，土改前农协组织中，地主担任农协委员和农协小组长的近 50 人，兵痞、流氓和追随地主的人进入农协下层机关的达百余人。在整顿中，上述所谓阶级异己分子和其他不纯分子被完全清洗，9 个乡剩余与补选的 167 名农协委员中，有 3/4 以上为雇贫农，发展农协会员达 20291 人，占总人口的 36%、入会户数的 84%。长沙县学士乡整顿前农协组长以上的干部中，富农、中农成分的占 80% 以上，乡农协从来没开过会，会员数目也不知道。经过整顿，共洗刷地主 6 人、富农 10 人、国民党军官 1 人、土匪 1 人，会员由原来的 195 人，发展到 306 人。③ 广西融县东江乡的农民协会整顿

---

① 见《江西省南昌县小蓝乡解放后的社会改革运动调查报告》，载中南军政委员会土地改革委员会调查研究处编印《中南区一百个乡调查资料选集》（社会改革部分），内部资料，1953，第 132、134、160 页。此处乡村干部人数应包括农协、妇女会、民兵等组织的干部在内；工农会成立不久后，妇女会、民兵组织等也先后成立，乡村干部为 11 人。
② 首届妇代会秘书处：《关于建立与健全农民组织问题》，1950 年 6 月，粤档 233 - 2 - 6 号。
③ 见《湖南进行土改地区注意整顿壮大农协组织》，《长江日报》1951 年 3 月 6 日，第 2 版。

队伍与评选模范同时进行，通过召开代表会、农民协会委员会、群众大会等各种会议，广泛发动群众。对于组织不纯的问题，先召开农民小组会，讨论代表条件并改选不积极的个别代表，在新产生的代表会上改选农民协会委员会。再以农民协会委员会的名义，领导审查原有农民协会的会员，发展新会员，并改选农协小组长，巩固和扩大农协组织。与此同时，还建立了农民协会委员会的分工制度、农协主席与乡长之间的沟通制度和乡农民代表会定期召开制度等。经过整顿，共清洗5人，留会察看5人，大会批评检讨的9人，发展新会员11人。全乡共有会员766人，占农民人口1486人的51.6%；农民组织内部的关系也更为协调。①

　　江西省南昌县小蓝乡农民协会组织的发展变化或许更能反映组织整顿所起到的效果。该乡在清匪反霸阶段，只有农民协会会员478人，土改试点时有814人。这一时期农协虽有很大发展，但土地分配后农协实际上是有名无实，有些会员连自己是不是会员也忘了；农协委员们也认为土改后再没事做，要求换班回家生产。此外还有国民党时期的便衣队10人、青帮4人、保长2人先后进入农协，有30多户农民和地主合伙做生意。经过半年时间的土改复查和两次反霸，到第二次土改复查前农协会员发展到959人，占全乡人口的32.8%。这个时候，农协内部问题更多地暴露出来，如成分不纯——解放前势力比较大的人也参加了农协，还有的当了小组长；组织较混乱——以往农协扩大会员是用登记的方式，登上了名簿再无人过问，因此群众报了名不知批未批准，组长对组里有几个组员也不清楚。因此在第二次复查中，加强了组织整顿。首先是通过农协会员会和小组会，对农民进行教育，讲解农民协会组织章程；再对会员重新登记，经过小组和乡委审查批准并宣誓后才成为正式会员。经过这次整顿，农民对农协组织已有初步认识，故而整顿后的农会会员不减反增，至1952年3月第二次土改复查结束时，全乡农协会员人数已达1327人，占全乡总人口的46%，农民人口的52%，占可组织人口（16~60岁，地主、富农及

---

① 周觉：《融县东江乡整顿农民协会组织的经验》，《长江日报》1952年7月19日，第2版。

外出务工者除外）的 90% 以上。① 经过此次整顿，农协干部的阶级成分和政治面貌也发生了很大变化，贫农占据了农协的绝大多数，而其中党团员又起着主导作用。这说明，经过整顿，不仅乡村社会中的主要成员基本上都被纳入农协的领导之下，而且中共借此初步控制了乡村社会。

表 3－11　江西省南昌县小蓝乡第二次土改复查后农协干部情况统计表

阶级成分		贫农	中农	小商人	迷信职业者	合计
阶级成分		15	2	1		19
政治面貌	党员	5	1	1		7
政治面貌	团员	5	1			6

说明：1. 农协领导 19 人中，包括乡长在内。2. 这期间农协干部即小蓝乡干部，包括农协主席、乡长、青年委员、武装委员、财粮委员、公安委员、生产委员、民政委员、组织委员、宣传委员、妇女委员、优属委员、乡文书及六个大组的组长。

资料来源：根据江西省土委调研科《农村典型调查之一——小蓝乡农村调查材料》（1952年）制作而成，内部资料，第 94 页。

　　农民协会虽然是土地改革的合法执行机关，甚至在土地改革中代行政权机关的职能，但它毕竟是群众性组织而非政权组织。因此，在社会改造中，尤其是在土地改革后期，各地都加强了对乡村政权机构的建设。

　　1950 年 11 月 1 日，江西省人民政府、省农协委员会颁布了适用于土改准备及实行期间的《区、乡农民代表大会组织通则》。《通则》共有 14 条，比较详细地规定了农民代表大会的性质、代表名额及其产生办法、职权等。如前所述，《通则》明确指出，乡农民代表大会是乡农民协会的最高权力机关，但在土地改革的准备与实行期间，代行乡人民代表大会的职权，为乡政权的最高权力机关。凡年满 18 岁的贫雇农、中农和其他劳动

---

① 见《江西省南昌县小蓝乡解放后的社会改革运动调查报告》，载中南军政委员会土地改革委员会调查研究处编印《中南区一百个乡调查资料选集》（社会改革部分），内部资料，1953，第 139、144～145、152 页。根据《江西省农民协会组织章程》第二条的规定，只有年龄在 16 岁以上的雇农、贫农、中农、乡村手工业工人、其他劳动农民群众及农民妇女、青年与农村贫苦革命知识分子，才具有加入农民协会的资格，也即是可组织的人口。见《江西省农民协会组织章程》，《江西日报》1950 年 7 月 23 日，第 2 版。

人民及贫苦知识分子，都有权利选举或被选举为农民代表大会的代表。富农在经乡农协及乡人民政府聘请后，也可为农民代表大会代表。乡农民代表大会代表名额从 40 人（山地 800 人口的小乡）至 75 人（平原 3000 人口的大乡）不等。代表中中农应占 1/3，妇女、未加入农协的农民、小村、小姓及与多数农民具有不同意见的少数分子均应有适当数量的代表。代表任期为 4 个月左右，连选可以连任。乡农民代表大会的职权有四个方面：一是根据上级人民政府法令及上级农协决定，讨论与决定本乡各项工作的进行事宜；二是监督与批评本乡的一切工作人员与干部；三是选举或撤销乡农协委员会的委员及乡人民政府委员会的委员（但选举或撤销结果须经上级农协及人民政府批准）；四是审查乡人民政府与农协的工作情况。① 由此可见，在社会改造时期的乡村农民代表大会实际上兼有权力机关与群众组织的功能。

　　1950 年 12 月 8 日，政务院第 62 次政务会议通过《乡（行政村）人民代表会议组织通则》和《乡（行政村）人民政府组织通则》，以规范乡村政权建设。《乡人民代表会议组织通则》共 13 条，它明确规定乡人民代表会议代行乡人民代表大会职权，对乡人民代表大会的代表名额、资格、任期、职权、组织机构和会议制度也作了规定。同时指出，凡是土地改革尚未完成的地区，在乡人民代表会议召开前，乡农民代表大会或乡农民代表会议执行乡人民代表大会的职权。最能够体现乡人民代表会议具有乡村最高权力机关职能的是《乡人民代表会议组织通则》对乡政府领导干部的选举或撤换。《乡人民代表会议组织通则》规定，乡人民代表会议经县人民政府批准，并得选举乡长、副乡长暨委员，或决议撤换之。② 同日通过的《乡（行政村）人民政府组织通则》则对乡政府的性质、组织结构、职权和议事规则作了规定。《乡人民政府组织通则》指出，乡人民代表大会（或乡人民代表会议）和乡人民政府是乡人民行使政权的机关，在乡人民代表大会闭会期间，乡人民政府即为乡的行使政权

---

① 见《区、乡农民代表大会组织通则》，1950 年 11 月 6 日，南昌县档案馆馆藏档案，政府档案，全宗号 34，案卷号 56，1950。
② 见中央人民政府法制委员会编《中央人民政府法令汇编》（1949～1950），法律出版社，1982，第 171～173 页。

的机关。在政府的组成上，乡人民政府由乡长、副乡长和委员若干人组成。①

在土地改革中，由于农民代表大会代行人民代表大会的职权，由农民代表大会选举产生的乡村政府实际上与农民协会委员会高度重合，乡村工作多以农协为主进行。如江西省南昌县小蓝乡，政府内设有五个委员会，其主任和乡长、文书共 7 名乡政府领导干部全部由农协干部兼任。广东省人民政府甚至认为，在土地改革完成后，加强乡人民政府委员会建设的办法，是与乡农协委员会一母双胎，即仍然统由乡农民代表大会选举产生。二者在法律上是平行的关系，而乡长、副乡长由农协委员兼任，以保证农协的统一指挥。乡以下不得再有一级政权，按地区由若干互推代表主任，以利日常行政事务之推行。②显然，这种政府与农协合二为一的体制并不利于乡村政权建设，如果说在土地改革过程中，乡村政权建设需让位于土地改革这一中心工作，农民协会代行政权功能具有合理性的话，那么土地改革完成后，政权建设就必须处于更加突出的地位。也正因为此，1951年 4 月 24 日，中央人民政府政务院发出指示，强调发挥人民代表大会和人民政府的作用。指示指出，已完成土地改革的地区，应酌量调整区、乡（行政村）行政区划，缩小区、乡行政范围，以便利人民管理政权，密切政府与人民群众的联系，充分发挥人民政权的基层组织的作用，提高行政效率。③

在土地改革中，农民代表会议非常活跃。在许多地方，但凡大小行政动员和社会改革的每个运动都会召开代表会进行讨论。如江西省南昌县小蓝乡仅在 1950 年 10 月至土改复查时就召开了大约 60 次的代表会议，这些会议及其讨论的事项对推动和完成社会改革、扩军、抗美援朝的捐献活动、生产和征收爱国公粮等任务都起了重要作用。但由于农民代表会议在实践中未形成制度，代表性不广泛，主要成为执行行政任务的组织，使农

① 见中央人民政府法制委员会编《中央人民政府法令汇编》（1949～1950），法律出版社，1982，第 177～178 页。
② 广东省人民政府：《关于土地改革完成以后农村组织建设问题》（初步草案的提纲），1951，粤档 236－1－18 号。
③ 见中央人民政府法制委员会编《中央人民政府法令汇编》（1951），法律出版社，1982，第 59～60 页。

民代表会议失去党和政府联系群众的工具效用。土地改革完成后，农民代表会议逐步被乡人民代表会议和乡人民代表大会所代替而退出了历史舞台。同样的，虽然在土地改革中，乡政府作为政权机关的重要职能被农协所取代，但其委员会及其所属众多委员，成为联系广大群众的桥梁和纽带，使乡政府同时也是农协的权力网络更为紧密。土地改革完成、农协使命完成后，农协干部顺利地实现了身份的转换，成为乡人民政府的组成成员，其组织机构也发生了相应的变化。

三　党领导地位的确立

在清匪反霸、减租退押和土地改革等系列运动中，新社会组织的发展和乡村新政权的建立，都与中共的领导、推动密不可分。事实上，党在乡村的基层组织及其在乡村社会的权威也是在这一系列运动中逐步建立起来的。以党为核心，党的组织与政权机关构成了乡村社会党政合二为一的权力中心，而农民协会、青年团、妇代会、民兵等这些新社会组织则是这个中心的外围组织，它们共同构筑了一张基于阶级忠诚而非血缘关系的乡村社会新的权力之网，生活在乡村中的每一个人都处于这个巨大的网络之中。

新中国成立前后，党员人数发展速度很快，从 1948 年至 1950 年底这段时间，中共党员从约 280 万人增至 580 万人，两年间增长了一倍多。在某些解放较早的农村，大批原来对党所知不多的农民加入到党组织中。据新华社 1950 年 2 月初的报道，河南省党的组织在剿匪反霸减租运动中得到很大发展，全省有 38000 多名贫苦农民，由群众推荐，经过各该地中共党委的批准而成为共产党员。许昌专区的宝丰、襄县、叶县、郏县、鲁山、禹县、临汝等 7 个县 70% 以上的村庄都有中共支部或小组，每村至少有党员 3 人以上。[1] 当年 4 月，新华社的报道称，许昌专区 7 个县初步统计有 1218 个村庄建立了党团组织，约有 11800 名农民入了党。[2] 在中共

---

[1]　新华社：《经过剿匪反霸减租运动，河南农民掌握农村政权，许昌等县农民要求实行土地改革》，《人民日报》1950 年 2 月 3 日，第 2 版。

[2]　新华社：《河南许昌专区七个县土地改革工作基本完成，广大农民热烈投入大生产运动》，《人民日报》1950 年 4 月 2 日，第 2 版。

已经取得全国政权的情况下，党的快速发展难免鱼龙混杂。邓小平后来对这一时期党的发展评论说："在全国解放前后的两年内，党的组织的发展过分迅速，而在有些地区，这种发展几乎是没有领导、没有计划的，甚至有些地区，在群众还没有发动的条件下，就忙于大量征收党员，建立支部，因而使党的组织一度产生了严重不纯的现象。"① 在新解放区，广大农民对中共还存在了解不多、认识不深的问题，加之各项社会改造任务十分繁重。因此，为保证社会改造这一中心工作顺利进行，避免某些动机不纯的人混入党内，中共中央对于新区乡村党的建设采取了一种慎重的态度。1950 年 5 月 21 日，中共中央在《关于发展和巩固党的组织的指示》中指出："在新区农村中，目前暂不发展党的组织，应集中力量在各种斗争中组织和教育广大的农民，发现与培养真正的积极分子，俟土改完成后，再来进行发展党的工作。"② 毛泽东在七届三中全会上更明确地道出了他的担心和看法。他认为，"鉴于我们的党已经发展到 450 万人，今后必须采取谨慎地发展党的组织的方针，必须坚决地阻止投机分子入党，妥善地洗刷投机分子出党"。他强调："在老解放区，一般地应停止在农村中吸收党员。在新解放区，在土地改革完成以前，一般地不应在农村中发展党的组织，以免投机分子乘机混入党内"③。1951 年 4 月中共第一次全国组织工作会议通过的决议，对吸收新党员设置了严格的条件，以防止反动分子和投机分子入党。决议指出，"今后党的基层组织，不经市、县以上党委或其委托的组织批准，不得接收新党员"；"以下几种人非经党中央批准各级党的组织一律不得接收为党员：（一）反动党团的积极分子和区分部委员以上的负责人；（二）反动特务机关的特务分子；（三）加入落后帮会道门尚未与原来组织断绝一切关系的分子；（四）在土地改革中被没收了土地及其财产的地主、半地主和旧富农；（五）国民党政府的各级负责官吏，非起义的国民党军队中营以上的负责军官；（六）所有被剥

---

① 邓小平：《关于修改党的章程的报告》，1956 年 9 月 16 日，《邓小平文选》（第一卷），人民出版社，1994，第 247 页。

② 见中共中央文献研究室编《建国以来重要文献选编》（第一册），中央文献出版社，1992，第 243～244 页。

③ 见《为争取国家财政经济状况的基本好转而斗争》，《建国以来毛泽东文稿》（第一册），中央文献出版社，1987，第 395～396 页。

夺公民权及被管制的分子"①。在这种情况下，新区乡村党的发展应该说
是比较缓慢的。

为了贯彻慎重建党的方针，1950年11月，江西省委召开了全省组织
工作会议，研究土地改革中如何建党的问题。1951年3月发出《关于建
党工作中应注意的几个问题》的指示，着重提出土改期间做好建党的准
备工作。根据这一指示和组工会议精神，该省各地区根据自己的具体情
况，提出了土改中建党的要求。如赣州分区提出在土改区（一年零两个
月的时间内），每区要求建立三个到五个支部；在非土改区一般不建党，
只进行建党的宣传与准备工作。上饶分区在土改开始时，各县先后召开了
区书记、区长及建党组织员联席会，确定选择土改成熟的乡搞建党试点。
虽然在土改中各地对建党工作有所重视，但主要是结合中心工作进行党
纲、党章和党的各种政策的宣传，以教育群众，培养发展对象，打下建党
的思想和群众基础。据江西6个地委不完全的统计，自1950年10月至
1951年4月土改中总共只发展了2739名党员，建立了275个支部；新余
县土改中仅发展了12名党员。② 湖南省醴陵县这一时期党员的发展也基
本停止，甚至在某些年份由于组织整顿而有所下降。1949年，该县有党
员1249人，1950年降为1006人，1951年进一步降到927人。土改完成
后，党员人数才有所增加，1952年升至1412人。③ 广东省1952年下半年
开办了农村建党训练班69期，发展新党员5676人，包括土改队和机关发
展新党员2378人，共发展新党员8054人。按照华南分局的要求，广东省
全年发展党员的任务仅为10800人。④

在社会改造运动中，由于中心工作任务繁重，不仅党的组织发展缓
慢，许多地方对党的建设也重视不够，比如对入党分子审查不严，党的组

---

① 中共中央文献研究室编《建国以来重要文献选编》（第二册），中央文献出版社，1992，
第214、215页。非经中央批准各级党的组织不得接收为党员的人中，1953年12月11
日中央的一份电报在原来六种人的基础上加上了"资本家、富农及其他剥削分子"。

② 《省委组织部关于土改期中的干部思想情况与建党情况的报告》，1951年5月10日，赣
档X001-1-104号。

③ 陈益元：《建国初期农村基层政权建设研究：1949~1957——以湖南省醴陵县为个案》，
上海社会科学院出版社，2006，第78页。

④ 华南分局：《关于建党工作的指示》，1952年12月19日，粤档204-1-271号。

织生活不健全，忽视对党员的思想教育等，以致党员干部（也包括一些非党干部）中存在着思想作风不纯、成分不纯的现象。表现在执行政策上，对贯彻政策的精神不够明确，在实际工作中忽"左"忽右；在工作上，有的党员干部强迫命令、乱打乱押，采取"坐飞机、坐老虎凳、打地雷功、肛门放爆竹"等各种非法方式斗争地主。有的道德腐败、行为堕落，胁迫妇女与其发生关系，甚至强奸妇女。① 有的地方错误领会中央关于土改期间慎重发展党的精神，在土改结束前后的几天内匆忙做建党工作，致使许多新党员对党认识不清，认为共产党领导我们翻了身，为了感谢共产党而入党。有的地方认为土改完成，建党的条件也就成熟了，因而提出普遍建党；并且认为建党就是发展党员，党员发展了建党也就结束了。如江西省永新县在一个月内就发展了 175 名党员，新党员成分中有地主和小土地出租者，还有 1/4 是中农。萍乡安源区崇德乡第一期土改发展了 8 个党员，由于忽视对党员的思想教育和党的组织建设，有 4 个党员参与了集体贪污。②鉴于这种情况在各地比较普遍地存在，1951 年 2 月中共中央政治局召开扩大会议，决定在整风的基础上，从 1951 年下半年开始，用 3 年的时间进行一次整党运动。同年 3 月，中共中央召开第一次全国组织工作会议，通过了《关于整顿党的基层组织的决定》。会后，全国各地陆续开展了以思想整顿为中心环节，以党纲、党章以及党员八项条件教育为主要内容的整党整风工作。③ 各地通过整党，清除了贪污蜕化分子，撤

① 如江西省南昌分区所属县有 27 名区书记区长级干部在土改中乱搞女人；进贤县有一个区书记和一个地主小老婆通奸，又强奸女工作人员；信丰县平渡副区长，持枪强迫一名妇女将其未满 18 岁的女儿嫁给他。赣西南区党委纪律检查委员会在土改期间处理的 39 起案件中，贪污腐化乱搞女人的占整个案件的 62% 以上。见《省委组织部关于土改期中的干部思想情况与建党情况的报告》，1951 年 5 月 10 日，赣档 X001－1－104 号。

② 见《省委组织部关于土改期中的干部思想情况与建党情况的报告》，1951 年 5 月 10 日，赣档 X001－1－104 号。

③ 关于整风。新中国的成立，标志着中国共产党成为一个全国性的执政党。当时党员数量达到 540 万，其中新党员有 200 万左右，仅 1949 年入党的新党员就有 140 万人。随着全国革命的胜利和党变成执政党，有一些党员滋长了骄傲自满、贪图享受、官僚主义和腐化堕落等情绪和倾向。大批新党员未受到训练和教育，有少数投机分子和阶级异己分子也混进了党内。为了解决党组织中存在的组织不纯和思想不纯的问题，1950 年 5 月，中共中央先后发出了《关于整党整干工作的指示》《关于全党全军进行大规模整风运动的指示》《关于发展和巩固党的组织的指示》。6 月，中共七届三中全会决定在 1950 年的夏秋冬三季，进行一次大规模的整风运动。1950 年冬整风运动结束。 （转下页注）

换了那些严重的官僚主义分子和居功自傲、不求上进、消极疲沓、毫不称职分子的领导职务。同时，更加重视乡村党的思想组织建设。如广东省就提出，土地改革完成后，应当在贫雇农骨干积极分子以至农民群众当中系统地进行共产主义与共产党的教育以后，再来着手吸收党员；在分配土地一年至一年半内，在一类村普遍建立组织，在二类村则将吸收个别优秀分子入党为第一个目标，再随着工作的深入逐步发展。与此同时，对原有的党组织重新进行教育与审查整顿，然后再求发展。①

但慎重发展党的组织和党的建设中出现的一些问题并不意味着中共在社会改造中无所作为。实际上，无论是包括土地改革在内的社会改造运动还是在运动中产生的新社会组织（包括团组织）都处于党的领导下。以江西省南昌县小蓝乡为例。解放后，由上级派出的工作组在陆续成立的农协、青年团、民兵、妇代会中吸收本地积极分子入党，发展了党员8名，并成立了由书记、副书记、组织委员、宣传委员4人组成的支部委员会。直到1952年3月土改复查结束，该乡党员人数仍只有8名（其间党员人数虽有发展，但调动工作后留村党员人数未变）。但这8名党员绝大多数都在其他组织中任职，有的甚至身兼数职。如一任党支部书记兼任团支部书记、乡农协代理主席，副书记兼民兵中队长；一任党支部书记兼乡农协主席，组织委员兼民兵中队长、农协委员，支部宣传委员兼农协宣传委员；等等。② 这样，党实际上通过新的社会组织和政权组织，有效地建立

（接上页注③）关于党员八项条件。这是刘少奇在1951年3月的全国组工会议上提出的，写进了会议通过的《关于整顿党的基层组织的决议》。主要内容为：中国共产党是中国工人阶级的党，是工人阶级的先进部分；中国共产党的最终目的，是要在中国实现共产主义制度；做一个共产党员，必须一辈子都要坚持革命斗争，党员进行革命斗争，必须在党的统一领导之下去进行；党员必须把人民群众的公共利益，即党的利益，摆在自己的私人利益之上，党的私人利益必须服从人民的即党的公共利益；党员在革命斗争中必须勇敢坚决，不能在严重的艰苦的环境中退缩，不能背叛共产党和共产主义；党员必须为人民群众服务，使党与人民建立很好的关系，认真了解人民群众的要求和意见并及时地向党反映，把党的政策向人民群众作宣传解释；党员必须努力学习，使自己的觉悟更加提高。参见中共中央文献研究室、中央档案馆编《建国以来刘少奇文稿》（第三册），中央文献出版社，2005，第174~176页。

① 广东省人民政府：《关于土地改革完成以后农村组织建设问题》（初步草案的提纲），1951，粤档236-1-18号。

② 江西省土委调研科：《农村典型调查之一——小蓝乡农村调查材料》，内部资料，1952，第90页。

了对基层社会的领导，成为国家权力的象征。

革命胜利后党在全国范围内领导地位的确立，使党在乡村能够以国家的身份始终主导社会变革、重建乡村社会秩序，在建设乡村政权的过程中也使包括各种新社会组织在基层社会获得了分享权力的机会。然而，以底层贫穷农民为主体的新的政权组织与社会组织要发展壮大并获得威信，与作为一种外来力量的党在传统社会力量强大的乡村扎根并形成新的权威，也不是一帆风顺的。广大乡村民众对新政权、新组织、新权威的认同也是一个渐进的过程。这种认同的获得有赖于汇报制度、会议制度和组织整顿三个方面。

请示汇报在中共组织体系内是一项基本制度，也是党内民主集中制原则的具体体现。还在 1948 年 1 月，中共中央就发出《关于建立报告制度》的党内指示。同年 9 月召开的政治局会议，讨论通过了《中共中央关于各中央局、军区、军委分会及前委会向中央请示报告制度的决议》，对中央与下级机关的权属作了界定。各下属机关也根据这一决议精神，详细制定了县委与团以上单位向上级请示报告的制度。新政权成立后，这一制度迅速在政府和党领导的群众性组织中建立起来。1949 年 8 月初，江西省人民政府在成立一个多月后，就发布通令，要求各地各部门从上到下建立请示报告制度。同时，中共江西省委在省级机关组织下乡工作团的决定中，也要求工作团每半个月向省委作一次综合性报告，发现有政策原则的新问题时，"应随时报告请示"。[①] 1951 年 3 月 17 日，根据中南军政委员会的指示，江西省人民政府再次作出关于请示报告制度的规定，该规定除要求一般的工作报告外，还要求重要问题事先逐级请示及县、市重要会议先行请示。[②]

在乡村一级，乡农协作为土地改革运动的基层执行机关，其请示汇报更为密集。1950 年 10 月 20 日，江西省农民协会委员会发出通知，要求

①　分别见《江西省人民政府关于建立请示报告制度的通令》，1949 年 8 月 3 日，载江西省人民政府办公厅编《江西省人民政府法令汇编》（1949～1950），内部资料，1954，第 8～9 页。《中共江西省委关于省级工作团下乡的决定》（1949 年 8 月 9 日），《江西日报》1949 年 8 月 14 日，第 1 版。

②　《江西省人民政府关于请示报告制度的规定》，1951 年 3 月 17 日，载江西省人民政府办公厅编《江西省人民政府法令汇编》（1951），内部资料，1954，第 1～2 页。

各级农协建立请示报告制度，以及时反映情况，密切上下级联系，互相交流经验。通知规定，乡农协向区农协五天汇报一次，区农协向县农协七天汇报一次，县农协向专区农协十天汇报一次，专区农协向省农协半月汇报一次，凡有特别事情，应随报随答。①

这种请示汇报制度，同样施之于其他社会组织。如南昌县小蓝乡妇代会须每半个月向区妇委汇报一次；民兵分队每半个月向中队汇报一次。②除了向上级组织汇报外，这些社会组织还受同级党组织的领导，因此还必须向党组织请示汇报。但由于当时乡村中的党员大都担任了其他组织的领导职务，所以党对其他组织情况的掌握往往代之以支部大会和党小组会。

正是通过这种纵横两个方向的请示汇报制度，党和国家的意志得以经由已经逐步建立起来的各种组织网络贯彻到乡村社会中。在这一过程中，党逐步确立了在乡村社会中的国家身份甚至超国家身份，而各种社会组织也确立了其国家代理人的角色，从而为党与其他社会组织获得乡村社会的认同奠定了坚实的基础。③

定期不定期地召开会议是包括党团组织在内的各种组织凸显权力的一种方式。只有少数干部和骨干成员参加的组织会议决定着各种运动的进程、广度和深度，因而具有决定性的现实意义和显著的象征意义。换言之，会议的内容不仅左右着乡村的社会改革，会议本身就是组织行使权力的一种仪式。它表明，新社会组织实际上已超越了乡村传统社会中精英扮演的国家与社会中介人、代理人的角色定位，而具有相对独立的利益诉求。

---

① 江西省农民协会委员会：《关于加强农协干部政策学习与建立工作制度的几项重要通知》，《江西日报》1950 年 10 月 23 日，第 1 版。

② 江西省土委调研科：《农村典型调查之——小蓝乡农村调查材料》，内部资料，1952，第 104 页、107 页。

③ 实际上，在社会改革初期，乡村各种组织的定位及其相互关系也是比较混乱的。江西省土地改革委员会的调查表明，党在小蓝乡的核心领导地位还没有树立起来，党、政、群、团领导与工作关系不明，工作上各自为政，互不服气。这种情况，不独小蓝乡如此，而且在整个乡村都比较普遍。1950 年 6 月 17 日，《江西日报》曾对此作了专题报道，并就宜春县台上乡青年团、妇女会、农协互相争权一事发表"编者的话"，要求正确解决乡村中各种组织间的关系（见《江西日报》1950 年 6 月 17 日第 2 版）。土地改革后期，尤其是土改结束后，党在乡村的地位基本确立，农民协会的历史使命已经结束，乡政权职能逐步恢复，各种社会组织的关系才得以理顺。

仍以南昌县小蓝乡为例。在这里，从党团组织到农协、妇代会和民兵，都制定了会议制度。既有支部会议、委员会议，也有小组会。每一组织的会议间隔时间从一周到半月不等，内容多为工作汇报、思想检查、批评与自我批评、政治学习、任务布置等等。上级政策的传达和在运动中斗争谁、如何斗争、是否进城抓人、果实如何分配、怎样发动群众、哪些人能够加入组织等等诸如此类的具体事务的确定都是在会议中完成的。因此，会议制度不仅加强了各组织内部尤其是领导成员思想、观念上的统一性，强化了党与新国家在乡村的权威，加速了党的意识形态乡土化进程；而且使这些组织能在基层的民众运动中根据群众的要求、意见不断地调整自己的结构、成员以至纠正自己的活动方式；各种组织也在会议中明确了各自在乡村社会中的身份与角色。更为重要的是，会议本身就已经成为一种仪式，它象征着一小部分人即组织人具有了国家赋予的权力。

表 3－12　江西省南昌县小蓝乡党团组织和其他社会组织会议情况统计表

组织名称	中共		青年团		农民协会	妇代会			民兵	
	支部	小组	支委会	支部大会		委员会	小组会	代表会	中队	分队
会议周期	10天	7天	不定期或团员大会前	每月3次	无固定	30天	15天	12天	每月3次	15天
备注			支部大会每月10日、20日、30日召开。另，每周五团课、周日团日		干部会、混合代表会	另，每半个月向区妇委汇报一次			每月5日、15日、25日集中学习和上早操	生活会

资料来源：根据江西省土委调研科《农村典型调查之一——小蓝乡农村调查材料》制作而成，1952，内部资料，第86～107页。

至于组织整顿，上文已有所涉及。需要补充的是，这是党为了树立乡村新的社会组织威信，领导、推动组织本身在群众运动中的不断调整、整顿的过程。在组织整顿中，乡村群众的意见起着重要的作用。如小蓝乡1952年2月第二次土改复查时对农协的整顿。当时上级工作组进入小蓝乡，试图通过整顿农协改善干群关系。其间经过酝酿发动，召开了乡代会。会上，工作组首先做自我检讨，然后分小组讨论，集中意见，并选举了清理旧账委员会。代表会后，又以小组为单位，传达乡代会精神，进一步鼓励群众向干部提意见。结果在干群见面会上，群众情绪高涨，有 124 人发言，提出了 200 条以上的意见。① 通过这次整顿，大部分干部在思想上工作上都有很大提高，党和农协的威信也得以进一步树立起来。

如果说请示汇报制度彰显了党和国家的权力，会议制度树立了组织的威望，那么对组织的整顿就显示了基层民众的力量。国家通过基层组织的请示汇报贯彻党的指示、体现国家的意志，并对基层组织的干部进行奖惩；基层组织通过会议决定着乡村社会生产生活的重要议程，具体落实党和国家的方针政策，代表国家对乡村社会进行治理；乡村社会通过评议和"民主团结运动"对干部进行监督，促使组织完善。各种新社会组织就是这样通过请示汇报、会议制度和自身整顿，树立了在乡村社会中的威信，并塑造了党的权威形象，确立了党在乡村社会的领导地位。

表 3 - 13　江西省南昌县小蓝乡第二次土改复查后社会组织系统表

组织名称	总人数	领导干部						备　　注
		人数	政治面貌		阶级成分			
			党员	团员	贫农	中农	其他	
党支部	8	4			3		1	
农民协会	1327	19	7	6	15	2	2	干部含小组长
青年团	29	6	1		4		1	干部中 1 人未知阶级成分
妇代会	690	9	1	5	6	2	1	
民兵	100	27	6	13	17	6	4	干部班长以上

资料来源：根据江西省土委调研科《农村典型调查之一——小蓝乡农村调查材料》制作而成，1952，内部资料，第 86 ~ 107 页。

从新中国成立初期乡村社会秩序重建的过程可以看到，随着社会改造运动的展开，阶级关系的变化，党是如何通过群众斗争摧毁了传统的社会

① 这些意见概括起来可以分为以下几个方面：一是贪污浪费方面，如明用、暗偷斗争果实，干部到省、县、区开会的旅费、茶钱、香烟等。二是执行政策方面，包括贯彻婚姻法、军属代耕、土地房屋分配不公、处理纠纷等。三是工作作风方面，如随便扣押农民、发脾气、自私自利、强迫命令、包办代替等。四是思想问题方面，如骄傲自满、自高自大、轻视落后、闹宗派、阶级立场模糊等。其余如积压斗争果实、不关心群众生活等。在所有这些意见中，以贪污浪费方面的最多。见《小蓝乡调整干部间关系初步总结》，1952 年 2 月 24 日，南昌县档案馆藏，县委档案，全宗号 1，案卷号 16，1952 年。

结构、瓦解了传统权威，又是如何在运动中建构了新的社会结构、重塑了新权威的。在这里，无论是对传统权威的破坏，还是对新权威的建构，组织都起了关键性的作用。正是通过组织力量，党、国家实现了对基层社会的控制。在这个过程中，基层民众不仅被广泛地动员起来，加入到一个巨大的政治网络，因而在客观上空前地扩大了民众的政治参与，而且开启了基层民众日常生活组织化、政治化的进程。从这个意义上说，取代传统国家政权、士绅或地主、农民三角关系的，不是如有些学者所说的是国家政权与农民的双边关系，① 而是党和国家、组织、农民这个新的三角关系，而且这种关系体现出国家、组织、农民的一体化趋势。

---

① 例如黄宗智在对长江三角洲薛家埭等村的研究后就认为，就政权与村庄的关系而言，随着土地改革，国家政权空前地深入到自然村，"旧日的国家政权、士绅或地主、农民的三角关系被新的国家政权与农民的双边关系取代了"。参见黄宗智《长江三角洲小农家庭与乡村发展》，中华书局，1992，第173页。在传统乡村，尤其是华南和江南的许多地区，宗族组织在"权力的文化网络"中发挥着重要作用，但鉴于绝大多数宗族组织把持在士绅或地主手中，因而黄宗智关于传统乡村政权与村庄关系表现为"国家政权、士绅或地主、农民的三角关系"这一观点基本上是成立的。

第四章 文化重塑：从农民教育
到婚姻改造

　　乡村社会的改造不仅在于经济、政治的改造，还在于包括思想、文化、观念、习俗在内的人的改造。从总体上看，在清匪反霸、减租退押、土地改革等社会运动中，传统的乡村社会已经被彻底改造。这一过程中，农民的心理受到极大的震撼，表现出对中共及其新政权的服膺；诸多传统的思想观念也被颠覆，人们对新的社会既充满疑虑也充满期待。而在这些以经济、政治改造为中心的运动之余，中共还不忘抽出时间对农民进行专门教育，甚至推动婚姻习俗、婚姻制度和医疗卫生制度的改革。由此可以看出，中共新政权对社会的改造不是点滴的或某一方面的变革，而是按照自己的意图进行重新设计和全面的改造。

第一节　农民教育——乡村社会主体的思想改造

　　传统乡村社会是一个自给自足的相对封闭的社会，这个社会的居民大多数是生活贫困的农民。他们识字率低，思想保守，对外部世界所知甚少。但他们人数众多，且具有共同的文化习俗和社会认同，因而又是乡村社会的主要力量。如何引导这种力量，使之拥护和支持自己的政策，巩固自己执政的群众基础，是新中国成立后中共面临的重大课题。为此，党在广大新区开展轰轰烈烈的社会改造运动的同时，还采取了种种措施对农民进行思想文化教育。

　　作为中共改造社会的一个重要组成部分，农民教育经由冬学和民校这两种基本途径，向农民进行时政与文化教育。虽然在推行中出现了某些不足，但连续多年的农民教育，不仅在很大程度上提高了农民的识字率，锻炼与培养了乡村基层干部和积极分子，争取、团结、改造、教育了大量在乡知识分子；更为重要的是，通过冬学与民校教育，广大农民群众大大提高了对国家大事的关心和对党的方针政策的认识，增强了对新国家新政权的认同。党由此进一步改造了农民，扩大和巩固了执政的阶级基础与群众基础。

一　农民教育的途径与内容

中共历来十分重视对农民的教育。毛泽东曾说，最严重的问题是教育农民。还在土地革命战争时期，党就利用多种形式对农民进行教育宣传。抗日战争中，在根据地的广大地区，也广泛地开展了利用冬季农闲教育农民的冬学运动。新中国成立后，党一方面继续大规模地举办冬学，一方面建立农民业余学校（简称民校），通过冬学和民校对农民进行政治教育和文化教育，以提高农民的文化水平特别是对新政权的认同。

1950 年 9 月，中央教育部召开工农教育会议。会上就农民教育问题提出了六点意见，包括农民教育的对象、教育内容、教育方式、学习时间和学习的组织形式、农民教育工作及师资与经费、农民教育的领导等。会议认为，农民教育的对象重点应放在乡村干部和青年积极分子上，然后逐步推广到一般农民；对农民进行教育要因时因地制宜、稳步前进，巩固地发展，防止强迫命令，克服形式主义。[①] 1950 年 12 月，经中央人民政府批准，教育部发出《关于开展农民业余教育的指示》。《指示》把有计划有步骤地开展农民教育、提高农民的文化水平当作文化建设的重要任务之一，指出在战争已经结束、国家已经统一的情况下，"农民业余教育亟应加强，以适应政治经济文化各方面发展的需要"。《指示》认为，过去农民教育采取的冬学形式被证明行之有效，今后仍应积极发展，作为广泛动员农民学习的一种方式。但为了更进一步使农民业余学习趋向经常化，必须争取条件，使这种季节性的业余学习逐步转变为常年业余学习。在有条

---

① 　李曙森：《今年冬学怎样办？》，《人民日报》1950 年 12 月 27 日，第 3 版。

件的地方应尽量举办农民业余学校。① 这里，明确了农民教育要把季节性学习与常年学习结合起来，即除了继续办好冬学外，还应尽可能举办民校。

由于冬学教育历史较长，具有成功的经验，所以各地在对农民进行教育时仍把主要精力放在冬学教育上。1949 年 10 月 15 日，新中国刚成立不久，华北人民政府就率先颁布了当年冬学运动的实施纲要。12 月 5 日，中央教育部发出关于开展 1949 年冬学工作的指示，指出解放区 10 多年的经验证明，"农村冬学运动是团结教育广大农民的有力武器之一"，"这种适应广大群众需要的与实际工作密切结合着的教育方式，今后应当在全国农村中普遍推行"②。指示并对冬学的内容、教材、师资、组织领导和办学方针做了具体的规定。但因为此时有许多地区尚未解放，已经解放的地区尚待完成清匪反霸、减租退押等巩固政权、发展生产以及为土地改革做好准备等诸多任务，所以冬学运动还没有在全国铺开。

1950 年 11 月，湖北省人民政府发出关于冬学工作的指示，希望全省各地利用冬季农闲时间结合土改及其他中心工作（清匪反霸、减租退押及冬季生产救灾等），着重农民政治教育并渗透文化教育，开展冬学运动。指示指出，1950 年冬学教育以乡村干部、积极分子（党团员、民兵及生产模范）为主，其次是有组织的青年男女，在条件许可下照顾一般农民。为办好冬学，湖北省政府还成立了工农业余教育委员会，并要求县、区、乡各级人民政府文教部门依靠农协及有关部门成立冬学教育工作委员会。根据这一指示，湖北省冬学教育的组织形式主要有集中与分散两种。集中的组织形式，即按文化程度高低及人数多少分别选择地点适中的学校、祠堂、庙宇或农村剩余房屋，设立固定的学习场所，分班教学；分散的组织形式，即根据农民的要求成立多种多样的学习小组，轮流施教，并积极培养一批小先生，使一个小先生学会领导一个组

---

① 中央人民政府教育部：《关于开展农民业余教育的指示》，1950 年 12 月 14 日，粤档 235 - 2 - 1 号。

② 《教育部关于开展今年冬学工作的指示》，1949 年 12 月 5 日，载中央人民政府法制委员会编《中央人民政府法令汇编》（1949～1950），法律出版社，1982，第 799 页。

进行学习。① 1950 年 12 月 14 日，以及 1951 年 1 月 12 日，广东省文教厅也相继发出开展 1950 年冬学的指示和补充指示，要求各地根据实际情况采用办夜校集中教，个别教，上门教，田里教及小先生制等多种方式，尽量利用群众现有组织和活动机会，进行以识字和政治教育为主要内容的冬学教育。②

　　然而，各地的冬学工作检查与总结尚未见报，1951 年 3 月 1 日，中央教育部就发出指示，要求各地争取把冬学转为常年民校，并规定了 1951 年全国要有 500 万农民坚持在常年民校学习的任务。③ 这是中央教育部在两个多月前提出争取条件尽量将冬学转为民校后第一次提出民校发展的目标任务。这表明除了冬学外，民校将承担起对农民进行教育的主要任务。

　　据统计，1950 年春河南、湖北、湖南、江西 4 省开设的冬学、识字班、业余民校等有 12000 多处，入学农民达 55 万人。广东省参加冬学与识字班的也比较多，且有不少冬学转为民校（见表 4－1）。1951 年初，完成土地改革的河南省 43 个县，农民在"翻身要翻心，识字换脑筋"的口号下，积极参加冬学，全省参加 1950 年冬学学习的农民达 85 万余人。湖北也有约 15 万人入学。④ 1950 年整个中南区有 485 万余人参加冬学学习，转为常年民校学习的有 302 万余人。⑤ 1951 年全国转为民校的人数为 1100 余万人，⑥ 大大超过教育部规定的目标任务。1951 年冬学结束后，中南区又有约 300 万农民转入常年民校。⑦ 湖南省 1950 年举办了冬学

---

① 《湖北省人民政府关于冬学工作的指示》，1950 年 11 月，载孙德华主编《湖北教育年鉴》（1949～1987），武汉大学出版社，1991，第 649～650 页。
② 分别见广东省文教厅《开展 1950 年冬学的指示》，1950 年 12 月 14 日；《开展 1950 年冬学工作的补充指示》，1951 年 1 月 12 日，粤档 314－1－18 号。
③ 新华社：《中央人民政府教育部指示各地将冬学转为常年民校，争取今年有五百万农民坚持常年业余学习》，《人民日报》1951 年 3 月 8 日，第 3 版。
④ 新华社：《豫鄂湘赣四省冬学，结合时事普遍开课》，《人民日报》1951 年 1 月 28 日，第 3 版。
⑤ 中南军政委员会：《关于开展 1951 年冬学工作的指示》，1951 年 11 月 12 日，粤档 314－1－42 号。
⑥ 《教育部关于加强今年冬学政治时事教育的指示》，1951 年 11 月 11 日，载中央人民政府法制委员会编《中央人民政府法令汇编》（1951 年），法律出版社，1982，第 578 页。
⑦ 《中南各地冬学纷纷转为民校》，《长江日报》1952 年 5 月 28 日，第 3 版。

16617 所，学员人数 889997 人；转为民校的有 14234 所，学员 505708 人。1951 年冬学中，仅长沙专区就有 50 万以上农民入学，比上一年增加 5 倍。[①] 河南省新乡、安阳、濮阳三个专区和新乡、安阳两市，1949 年、1950 年、1951 年共有冬学场所分别为 7065 所、8262 所、13051 所，人数分别超过 37 万、30 万和 81 万；五专市民校从 1950 年至 1952 年，分别有 4602 所、11554 所和 17975 所，在校学员分别超 11 万、64 万和 98 万。[②] 这表明，农民教育总体上发展都非常快，尤其是民校教育，发展更为迅猛。

表 4 – 1　1950 年广东省若干县农民教育情况统计表

单位：人

地　区	冬　学				民　校
	业余班(工农群众)	识字班	妇女班	合　计	
兴宁县	8036	—	51018	59054	—
遂溪县	6084	5976	—	—	6289
三水县	—	—	—	7233	
恩平县	—	—	—	6888	
潮阳县	—	—	—	10219	
广宁县	—	—	—	16655	
澄海县	60848	5976	—	66824	—
蕉岭县	—	—	—	—	7845

资料来源：根据广东省文教厅《1950 年冬学总结报告》（1951 年 6 月 13 日）制作而成，粤档 314 – 1 – 42 号。

1952 年 9 月，全国扫盲工作座谈会在北京召开，会议要求在全国推广速成识字法，掀起扫盲运动。随后，各地纷纷成立扫盲运动委员会或识字运动委员会，指导扫盲工作，并规定了具体的扫盲指标，[③] 扫盲运动似

① 湖南省人民政府文教厅社教科：《湖南省冬学运动的开展》，《长江日报》1952 年 1 月 4 日，第 3 版。

② 见《农民业余教育三年来发展情况统计表》，1952 年 11 月，豫档 J109 – 184 号。

③ 例如中南教育部分配给广东省的扫盲任务为 177000 人，其中农民 15 万，职工 2 万、干部 1000、城市劳动者 6000。参见广东省文教厅《关于完成中南分配本年扫盲任务的请示》，1952 年 10 月 25 日，粤档 314 – 1 – 88 号。

有取代冬学和民校之势。在这种情况下，1952 年 11 月，教育部在《关于1952 年冬学运动的通知》中指出，全国范围内的扫盲运动"在今冬和明年应采取准备干部、重点试办的方针，尚不宜也不能普遍推行"，不应为了搞速成识字班而停办冬学，广大农村仍应开展冬学运动，按照以往经验对农民群众进行识字教育；或者"以原有民校为基础，吸收青壮年民校学员或略识文字的半文盲组成速成识字班进行扫除文盲工作"①。在 1953年的冬学工作指示中再次指出，一年来的经验证明"在农村中一律机械地以速成识字法作为唯一的方法，这是行不通的"②。从而坚守了冬学与民校这两块农民教育的主阵地。

旧中国的农民文盲率很高，对外部世界既不大了解也不大关心。因此，对农民进行教育，一方面是要提高农民的文化水平，另一方面，在当时看来也是更重要的，是要提高农民的政治觉悟，动员农民投身于各种社会运动，并认同新的国家政权。

1949 年教育部关于开展冬学工作的指示中指出，冬学教育包括政治和文化两个方面，文化教育以识字为主，政治教育应"配合关于当地中心工作的教育来进行"。1950 年教育部《关于开展农民业余教育的指示》进一步明确提出："农民业余教育一般应以识字学文化为主，配合时事、政策教育和生产、卫生教育"③。该《指示》同时将全国分为"经过土地改革，农民生活已初步改善的老区""未完成土地改革的半老区和新区"和少数民族地区，要求根据不同情况规定教育内容。对于老区，"首先推行识字运动，逐渐减少文盲，并配合进行时事、政策教育与生产、卫生教育"；对于半老区和新区，结合当地中心工作，"进行政策、时事教育为主，以激发农民的阶级觉悟，提高其政治认识"；对于少数民族地区，

---

① 见中央人民政府教育部《关于 1952 年冬学运动的通知》，1952 年 11 月 21 日，豫档 J109 - 184 号。
② 中央教育部、中央扫除文盲工作委员会：《关于 1953 年冬学工作的指示》，《人民日报》1953 年 12 月 11 日，第 3 版。
③ 与教育部关于农民业余教育"以识字学文化为主"的方针相似，早在 1950 年 11 月 5日，黑龙江省下发的《关于开展 1950 年冬学运动的指示》中将每周文化课程的比例定为 5/7，时事、政治占 1/7，文化娱乐生活检讨及卫生常识占 1/7。参见《黑龙江政报》1950 年 1 月第 5 期。

"除按老区新区各采用不同方针外，并应特别注意民族政策的教育"①。

　　根据教育部因地制宜、分类确立教育内容的原则，1951 年 11 月，中南军政委员会根据中南区各地进行土地改革先后不同、群众觉悟程度高低不同的特点，将全区划分为三类地区，分别采取不同的教学内容。第一类地区是已经进行了土改和进行了复查的地区。这类地区以文化学习为主，结合时事、政策教育与生产、卫生教育。第二类地区是已经进行土地改革但尚未复查或复查工作刚刚结束，或经过复查但工作并不彻底的地区。这类地区当年的冬学教育是以时事、政策教育为主，结合文化进行。第三类地区是没有完成土地改革的地区。这类地区的冬学，只有在有条件的地方举办，教育的主要内容是结合当时当地中心工作和群众运动，运用各种形式进行时事、政策教育。②

　　随着全国范围内土地改革的基本完成，这种内容因地而异的分类教育遂变为内容统一的农民教育，而政治学习在其中占据更为重要的地位，过去"以识字学文化为主，配合时事、政策教育和生产、卫生教育"的方针（1950 年）被"以进行政治教育为主"的方针所取代。1953 年，教育部和中央扫盲工作委员会要求，当年冬学，"一般以进行政治教育为主，其内容应特别注重关于国家经济建设的总路线，国家对粮食的政策和继续发展互助合作，改进农业技术，提高粮食产量等三项。此外还应适当地联系到抗美援朝、普选和婚姻法的宣传等"③。1954 年 10 月，教育部和共青团中央在关于冬学工作的指示中，再次要求冬学首先必须紧密结合当年的宪法宣传、农业互助合作、统购统销等工作任务，向农民进行政治教育。

　　在新中国成立初期的农民教育中，文化教育的内容基本上没有很大的变化，政治教育则随着国内外形势的变化而变换着内容。1949 年的政治教育内容主要是学习宣传《共同纲领》。1950 年后，土改教育、阶级教育、抗美援朝、婚姻法、爱国卫生、三反五反、中苏友好、工农联盟、总

---

①　中央人民政府教育部：《关于开展农民业余教育的指示》，1950 年 12 月 14 日，粤档 235 - 2 - 1 号。

②　中南军政委员会：《关于开展 1951 年冬学工作的指示》，1951 年 11 月 12 日，粤档314 - 1 - 42 号。

③　中央教育部、中央扫除文盲工作委员会：《关于 1953 年冬学工作的指示》，《人民日报》1953 年 12 月 11 日，第 3 版。

路线、宪法宣传、农业互助合作、统购统销等等，这些当时党和政府的中心工作或社会运动中的政策都成为政治教育的内容。① 进行政治教育的目的在于，通过冬学学习，使农民群众普遍建立与增强对中共及其领导地位的认识，对党的政策的认同，从而响应党的号召，永远跟党走。

　　然而，在农民教育中，许多地方偏偏忽视时事政治教育，甚至有些干部对时事政治学习也不热心，认为会冲击中心工作。据《长江日报》报道，中南区湖北、湖南、江西部分县市的某些机关干部严重存在着只管业务不管政治的偏向，在干部时事测验中，有的地方及格比例还不到1/3。② 干部自身尚且如此，遑论对农民的教育了。为了纠正这种偏向，教育部于1951年11月专门发出指示，要求各地在冬学中要加强时事政治教育，做到冬学文化学习的内容尽可能与政治教育相结合，防止和纠正因孤立地强调文化学习而轻视时事政治教育的偏向。指示指出，各地领导机关应组织党、政、青年团、妇联等各方面的力量，在统一的计划下，分工合作，进行这一工作。县、区、村均应组织有专人负责的农民业余教育委员会或冬学运动委员会，动员和组织有条件的区、村干部、驻在地的机关干部、党团宣传员和政治水平较高的小学教师，担任冬学的政治教员，由他们作讲演或上课。在对农民进行教育前，先以县为单位集中政治教员进行短期训练，明确教育内容和教学方法的要求。③ 实际上，任何轻视、削弱对农民进行时事政治教育的行为都有违农民教育的初衷。

二　农民教育的师资与教材

　　有无足够数量且政治上可靠的师资是农民教育能否取得成功的关键。

① 例如1950年10月26日，在中国人民志愿军秘密赴朝参加抗美援朝之际，《中共中央关于在全国进行时事宣传的指示》中指出，要在全体人民中展开关于目前时事的宣传运动。主要内容包括两个方面，一是"我国对美军扩大侵朝，不能置之不理"；二是"我全国人民对美帝国主义应有一致的认识和立场，坚决消灭亲美的反动思想和恐美的错误心理，普遍养成对美帝国主义的仇视、鄙视、蔑视的态度"。指示要求，在农村中，也应结合当前工作来进行简要通俗的宣传。参见中共中央文献研究室编《建国以来重要文献选编》，（第一册），中央文献出版社，1992，第436、440页。
② 见《湖北、湖南、江西部分县市干部忽视时事政治学习，测试时许多干部都不及格，很值得注意》，《长江日报》1951年7月20日，第3版。
③ 《教育部关于加强今年冬学政治时事教育的指示》，1951年11月11日，载中央人民政府法制委员会编《中央人民政府法令汇编》（1951），法律出版社，1982，第577～578页。

然而，无论是冬学还是民校，师资匮乏都是一个突出的问题。为解决这个问题，各地创造了许多办法。除了尽可能聘请专职教员外，针对学习内容的不同聘用不同的人员作为兼职教员是最为普遍的办法，即所谓"以民教民"。

起初，是配备专职教员还是兼职教员主要依据农民教育的形式而定。对于冬学教育，1949 年，教育部要求各地基层政府机关干部、中小学教师尽可能参加冬学工作，以及选聘乡村中文化水平较高的人担任教师。在广东省三水县，1950 年冬学中动员了 180 名现任中小学教师（占全县教师的 1/3）作为冬学教师，并发动了 50 名中学生、聘请了 20 名干部兼任政治课。为了使更多的中小学教师能承担冬学教育，广东省个别地方还规定以冬学工作证明作为学校续聘与否的条件，拿"不续聘""甄鉴成绩"等来强使他们负担工作。① 1950 年河南省 63 个县市共训练了包括大批失业知识分子在内的 3 万多人作为冬学教师外，还发动了广大的中小学师生与近 5000 人的短师班实习生投入这一工作。② 随着冬学运动的大规模开展，尤其是常年民校的建立，教师的数量和水平都远远不能适应需要。因此，1950 年 12 月教育部在关于开展农民业余教育的指示中指出，能坚持正规学习的农民业余学校，可设专职教师，其他农民教育形式一般地应实行民教民的方针。1951 年 3 月，教育部在关于将冬学转为民校的指示中再次重申，各地民校要争取有固定的教师。至于冬学教师问题，迟至1953 年教育部和中央扫盲工作委员会还指出，政治教员应由各县筹划解决，文化教员应主要依靠当地不脱产的业余教师担任。特别是要培养那些对已经识了大约 2000 字的原来冬学和民校的学员，以使他们成为冬学教员的主力。而对于小学教师，因为平时"任务繁重，寒假一般的应让他们休息，只可请他们作业余教员的辅导工作，非不得已不要动员他们来教冬学"③。这表明，在新中国成立初期各种社会改造任务繁重、专任教师尚不能满足民校需要的情况下，抽调干部、积极分子和中小学教师作为专

---

① 广东省文教厅：《1950 年冬学总结报告》，1951 年 6 月 13 日，粤档 314 - 1 - 42 号。

② 《（河南省）一年来农民业余教育工作检查与总结》，豫档 J109 - 109 号。

③ 中央教育部、中央扫除文盲工作委员会：《关于一九五三年冬学工作的指示》，《人民日报》1953 年 12 月 11 日，第 3 版。

任冬学教员是不切实际的，"以民教民"即动员群众中能识字的人或者失业失学的知识分子做冬学教师，并在条件成熟时将其转为民校专职教师，或许是最好的办法。

为贯彻"以民教民"方针，提高群众教师的水平尤其是思想政治水平，根据教育部1950年冬学工作指示中关于必要时可举办短期培训班的精神，各地纷纷出台了教师培训的意见和集训方案，举办短期培训班。如广东省文教厅在关于运用在乡知识分子担任冬学教师等的意见中指出，一方面要由政府机关联合党团组织，动员当地党团员中的知识分子及年龄较大、素质较优的少先队员进行短期训练；另一方面也可定期举办民主青年学习班或失业知识分子学习班，经过一段时间的教育改造后充实冬学师资。① 由此，广东省还专门颁发了冬学师资训练计划，选择兴梅专区的兴宁、梅县、蕉岭、平远4县作为试点，设立为期2个月的业余师资训练班。1950年河南省63个县市训练的冬学教师有3万多人，其中在乡失业知识分子就达到18153人。② 1951年，河南省根据各专区的冬学任务，按照30个学员配备1名教师的比例，在教师总数中选拔具有初小以上文化水平、教学认真且拥护政府政策法令的教师进行为期7～12天的集训，集训教师占到教师总数的38%；并规定集训期间的生活费、学习费均由政府供给。③ 从1951年中南区各地的师资培训情况看，湖北孝感县于10月底训练了1044人，江西彭泽县于11月底选训了178人，河南确山县培训了400人。④ 集中培训在一定程度上解决了师资不足的问题。

如上所述，农民教育的师资力量，主要来源于当地中小学教师、寒假回乡的中学生、在乡知识分子、文化程度较高的群众和优秀学员等，但各地依具体情况而有所偏重。就中南区而言，对在乡失业失学的知识分子（包括土改完成地区的地主富农出身的知识分子）的利用是比较普遍的。因为在乡知识分子人数众多，甚至远超于中小学教师。例如1951年江西

---

① 广东省文教厅：《关于运用在乡知识分子担任冬学教师等意见》，1952年，粤档314－1－88号。

② 《（河南省）一年来农民业余教育工作检查与总结》，豫档J109－109号。

③ 《河南省冬学教师集训办法（草案）》，豫档J109－109号。

④ 《中南各地冬学运动逐步开展》，《长江日报》1951年12月20日，第3版。

省赣县吉埠乡小学教员只有 9 名（没有中学），教育 240 名学生，但在乡知识分子却有 54 名（其中 8 人成分为地主富农，46 人为农民），参加夜校或识字班、冬学、民校学习的人数为 352 名；永新县汴田乡高小教员 7 名，初小教员 3 名，学生有 112 人，而在乡知识分子则有 20 名（4 名地主富农，13 名农民，其他阶层 3 名），有冬学、民校等学员 233 人。① 从在乡知识分子及参加业余学习的农民比例看，只要将在乡知识分子利用起来，经过短期培训后，加入农民教育的师资队伍，就能满足冬学、民校的教师需求，较好地解决师资缺乏的问题。同时，也可借此达到争取、团结、教育、改造他们的目的。当然，上述教师主要是对农民进行文化教育。至于政治与时事教育，一般都是请县区乡等基层干部或宣传员担任。

除了举办培训班、集训班外，政府及其文教部门还采取了各种办法，如设立传授站、巡回检查组、教学研究会、工作汇报、观摩教学及典型报告等以提高教师的政治水平与教学能力，并建立了定期检查制度，加强领导工作，使群众教师在工作中不断改进与提高。

群众教师待遇低，且为不脱产的兼职教师，长此以往，家庭生产生活都受到一定影响，许多人因此积极性不高。为使群众教师能安心教学，坚持工作，1951 年 11 月中南军政委员会教育部公布了《中南区农民业余教育群众教师优待、奖励、生活补助暂行办法》。《办法》规定，群众教师服务或成绩优良的，县人民政府文教部门可以培养其为专任教师；其所服务年资可算作教龄，如将来另调工作或转就其他职业时，"视为其正式服务年资"；群众教师任教期间可免负勤务，家庭缺乏劳动力的，由当地群众以换工互助、计工顶分等方式协助其解决生产上的困难；生活特殊困难的，按月酌予补助；教学确有成绩的群众教师，各级教育领导机关应及时予以表扬，通报其事迹，并给予适当的物质奖励；各省市人民政府须拨出一定数额的经费，专作农民教育重点补助与奖励之用，各县在必要时由县教育经费项下拨出一定数目，作为农民业余教育的补助经费。② 该《办

---

① 江西省土改委员会编印《江西省十四个典型乡调查统计资料》，内部资料，1952，第 385 页。

② 中南军政委员会教育部：《中南区农民业余教育群众教师优待、奖励、生活补助暂行办法》，1951 年 11 月 16 日，《中南政报》第一卷（1951 年）第 8 期。

法》规定的群众教师包括在识字班、识字组、冬学、民校等所有农民教育形式在内的兼职教师。

在具体的实践中，有些地方还开展了不同形式的帮扶活动，以解决群众教师的实际困难。河南鲁山县在工作中发现，有的群众教师存在"经常教书，耽误生产"的顾虑；即便转入民校教书，也有的觉得"民校教师没有前途"①。针对这种情况，他们除了从思想上教育外，还组织学员们帮教师种地，优先为他们的地播种、锄草、施肥，作物成熟时又优先帮其收割、打晒，从而让群众教师能够安心上课。

总体上看，通过"以民教民"，基本解决了冬学师资缺乏的问题，而让冬学教师中的优秀者转入民校、成为专职教师，又在很大程度上解决了民校教师数量的不足。这样，通过不断完善办法，从师资上保证了新中国成立初期农民教育能够大规模地展开。

农民教育中所用教材，总的说依教学内容不同而分为统一教材与自编教材两种。文化课本一般由教育部或大行政区统一组织编写出版发行，政治教材根据当时党的中心工作和各地的主要任务而定，多为各地自编。

1950年教育部规定，教育部及出版总署负责计划及指导农民教育教材与读物的出版，各大行政区政府也可自行编印教材，各省、市、县则可根据地方具体情况，编印补充教材，条件具备时还应尽量出版通俗的农民读物与报刊。② 这实际上给了各地编印农民教育教材很大的自主性。例如黑龙江省1950年冬学使用的教材是《东北农民文化课本》。广东省规定，文化教材除新华书店统一发行的识字课本外，还应根据当地实际情况及群众实际要求，把报纸、信札、记账契约、春联等作为补充教材。到后来，广东省更是在文化学习上完全使用了自己编写的教材。该省文教厅在1951年冬学工作的通知中认为，广东因气候关系，冬学时间较短，采用现行之冬学课本在时间及供应各方面都比较困难。因此他们自行编就了一本"冬学教材"，分发各专区、市、县参考并油印转售。同时，它要求各

---

① 鲁山县文教科：《河南鲁山县冬学工作试点经验》，《长江日报》1952年1月4日，第3版。

② 中央人民政府教育部：《关于开展农民业余教育的指示》，1950年12月14日，粤档235-2-1号。

专区、市、县在该课本上尽可能加上适当的插图，各地区也可将此教材结合当地实际情况再行研究、修改补充。在1953年1月《转发中央1952年冬学运动的通知》中，广东省文教厅再次明确，识字教材采用华南人民出版社，1952年广州初版、新华书店发行的《农民识字课本》（第一册和第二册）。① 河南省鲁山县冬学的识字教材，甚至运用了快板、小调。他们结合治淮工作编写的临时教材写道："男和女，组织起，种完麦，治淮去，做棉被，做棉衣，镬头铁锨准备齐，啥时有号召，啥时就要去，父送子，兄送弟，抗美爱国争第一……"② 使用这种朗朗上口的民间艺术形式，不但学员愿学，而且便于记忆。

政治教材方面，由于学习内容随着时间的推移而不同，故更难编写自始至终的统一教材。教育部1949年要求政治教材以《共同纲领》为主，1950年又要求各地根据土地改革进展情况进行不同的教育。各地一般都是根据党的中心工作和教育部的要求，结合当地的主要任务自编教材。如广东省兴宁县在1950年的冬学中，编印了抗美援朝的时事宣传资料大纲3000册，修筑公路漫画5000份，抗美援朝歌曲及剧本1000份，以抗美援朝为内容的全新狮舞800份，妇女书信5000册，作为区乡冬学小组参考和妇女班课本。③ 河南省1952年民校的政治教材以"省人民政府布告"与"说唱省人民政府布告"为主，结合进行中心工作政策的宣传教育。

这种既有统一要求又有地方特色和时代特点的多样化教材，大大增强了农民教育的趣味性和吸收力，也使农民所学更容易入耳、入脑、入心。无论是教育农民识字，还是改造农民的思想，都能起到有力的促进作用。

三 农民教育的经费与效果

中国传统乡村的教育经费，除了学生收费收入外，主要依靠公堂神庙的支持。土地改革后，族田公堂田产被没收征收。按照《土地改革法》

---

① 分别见广东省文教厅《开展1950年冬学的指示》（1950年12月14日）、《关于开展1951年冬学工作的通知》（1951年12月18日）、《转发中央1952年冬学运动的通知》（1953年1月3日），粤档314-1-18号、314-1-42号、314-1-88号。

② 鲁山县文教科：《河南鲁山县冬学工作试点经验》，《长江日报》1952年1月4日，第3版。

③ 广东省文教厅：《1950年冬学总结报告》，1951年6月13日，粤档314-1-42号。

的规定，依靠其土地收入以维持费用的学校应由当地人民政府另筹解决经费的妥善办法。但事实上，很多地方对这部分经费无力承担，致使有些小学被迫停办。1951 年 1 月，广东省兴宁县报告称，以前该县小学教育经费百分之六七十依靠神会、祖堂田产支持，土改后此项收入全无，结果每学期小学教育经费缺米 2669764 斤，即使没收全县神会祖堂庙产也不敷支用。因此要求省文教厅和地方附加公粮各负担一部分。但省文教厅认为，乡村小学本着"民办公助"原则，经费应通过乡村政府及农会组织，依靠群众筹措，文教厅无力补助。① 不独兴宁县，几乎所有依靠堂产的学校在土改后都感到维持困难。② 正规的学校尚且如此，农民业余教育面临的经费问题也就可想而知。

为解决这一问题，1950 年教育部在《关于开展农民业余教育的指示》中，规定农民业余教育的经费由三方共同解决，即：群众自筹，也就是"以依靠当地群众自行解决为主"；县里补助，也就是"必要时得由县教育经费项下拨出一定数目，予以补助"；大区和省级政府专项，也就是各大行政区、省、市人民政府，"拨出一定数额的经费，专作农民业余教育重点补助与奖励之用"。就是说，农民教育经费来自政府拨款和农民自筹两个方面。

拨款经费一般用于师资培训和重点补助、奖励。中南区 1951 年要求各县在地方教育经费中划拨 10%～20% 作此之用；③ 河南省 1952 年拨付用于扫盲、冬学师资训练和一般业余教育奖励补助的费用分别为 1365378.5 万元（旧币，下同）、171850 万元、21286.6 万元，合计达 1558510.1 万元（见表 4－2）。④

---

① 广东省土地改革委员会：《〈各县土改后教育费由文教厅与财厅定出基本原则〉函》，1951 年 1 月 20 日，粤档 314－1－45 号。

② 广东省人民政府文教厅：《〈土改区乡村小学的困难问题应随时呈报，非经许可不得停办〉指示》，1951 年 1 月 19 日，粤档 314－1－45 号。

③ 中南军政委员会：《关于开展 1951 年冬学工作的指示》，1951 年 11 月 12 日，粤档 314－1－42 号。

④ 河南省人民政府文教厅：《〈为拨发工农教育事业费〉通知》（附表），1952 年 11 月 7 日，豫档 J109－184 号。河南省文教厅在通知中指出，该笔经费主要用于扫盲，其次才是冬学师资训练和一般业余教育奖励补助，而扫盲不仅包括农民，更包括城市干部和工人，故扫盲经费远远高于后两者。

表 4 - 2　河南省 1952 年农民教育三项经费分配表

单位：元（旧币）

地　区	扫盲经费	冬学师资训练费	业余教育奖励费	合　计
厅　直	1414900			1414900
开封市	172617800	3500000	43818000	219935800
郑州市	172617800	3500000	41010000	217127800
郑州专署	1318686800	227500000	10628000	1556814800
许昌专署	4405715620	287000000	35066000	4727781620
商丘专署	916147750	150500000	14090000	1080737750
信阳专署	2655201340	220500000	16978000	2892679340
洛阳专署	789655690	182000000	14190000	985845690
淮阳专署	895490210	224000000	13180000	1132670210
潢川专署		140000000	9090000	149090000
南阳专署	2326237090	280000000	14766000	2621003090
合　计	13653785000	1718500000	212816000	15585101000

资料来源：《河南省 1952 年扫盲冬学师资训练及业余教育奖励经费分配表》，见《（为拨发工农教育事业费）通知》（附表），1952 年 11 月 7 日，豫档 J109 - 184 号。

　　群众自筹经费，主要用于学员的教材、笔墨纸张类文化用品、教师的误工补助等。如何自筹？1952 年前中央教育行政主管部门只有一般性的规定，而没有具体的办法。各地由此根据自己的实际情况，创造了许多新鲜经验。有的是组织生产，搞副业，用生产获得的利润作经费。如河南省鲁山县二区大王庄民校，由学员集体开荒种植大麻子、玉米、绿豆，张庄民校学员割草卖，平高城妇女班学员集体开荒种玉米和棉花；湖北省黄冈王家湾民校开荒种田、养鱼、栽树；河南省许昌县朱王集学员甚至还组织了"生产劳动组"，从事建筑业。有的是发动学员捐献，如河南省唐河县由学员发起了一把米或一斤红薯运动，该县桐河区徐庄村某老人听到民校没教室，还自动腾出两间房子做教室。通过这些办法，许多地方比较好地解决了农民教育的经费不足问题。

　　但也有不少地方为了筹集经费，提出"谁上学谁拿钱"，或以捐献为名变相摊派。有的出卖土改中没收得来的东西，有的甚至派人到墟上抽税，引起群众不满。针对这种现象，教育部在《1952 年冬学运动的通知》中指出，群众负担之冬学经费，应"在群众自愿的原则下，经过村人民代表会通过，县人民政府批准"。据此，1953年4月，河南省扫盲工作委员会在关于冬学转民校的指示中也指出，民校的经费，除政府重点奖励补助外，在群众自愿原则下，经乡人民代表会通过，区政府批准，适当地由群众自筹。① 也就是说，群众自筹经费须坚持两个原则：一是群众自愿，二是要由乡或村人民代表大会通过，县或区政府批准。

虽然采取了种种措施，但由于缺乏长远打算和固定来源，许多地方的农民教育仍然受到经费困难的制约，以致冬学完不成上级政府部门下达的任务，或冬学结束后难以转为民校。

对农民进行思想文化教育是中国共产党改造社会的一个重要组成部分。首先，通过连续多年的冬学、民校教育，在很大程度上提高了农民的识字率。据统计，1949年全国农村青壮年中约有文盲1.65亿，到1959年减少到0.86亿；文盲比例，由新中国成立初期的80%以上减少到43%左右。② 其次，锻炼与培养了乡村基层干部和积极分子，争取、团结、改造、教育了大量在乡知识分子。1950年，河南孟津县从文盲通过冬学学习变为积极分子而被提升为干部的有92人，灵宝县106个乡财粮干事，都是从民校里产生出来的。该省63个县市有18153名在乡失业知识分子，经过培养教育，成了全省各地冬学中的骨干。他们通过教学、在职学习及社会改革和群众斗争的实际教育提高了认识，看清了自己的出路。③ 此外，由于广大农民参加冬学学习，以往乡村冬闲期间群众中存在的陋习基本上得以改变。更为重要的是，通过冬学与民校教育，广大农民群众大大提高了对国家大事的关心和对党的方针政策的认识，增强了对新国家新政权的认同。④ 换句话

---

① 河南省人民政府扫除文盲工作委员会：《关于1952年冬学转为常年农民业余学校的指示》，1953年4月16日，豫档J109-186号。
② 见《中国教育年鉴》编辑部编《中国教育年鉴》（1949~1981），中国大百科全书出版社，1984，第596页。
③ 《（河南省）一年来农民业余教育工作检查与总结》，豫档J109-109号。
④ 实际上，组织动员农民参加业余教育就是一个对农民进行政策教育、思想教育的过程。如河南各地采取了大会号召、小组酝酿、挂钩串联、访谈、演剧、座谈会等方式，进行三查一比（查情况、查翻身、查当家，比过去与现在），打消群众怕误生产、怕当兵、怕妇女学疯了不生产等思想顾虑，动员群众入学。参见河南省人民政府文教厅《（为呈送"农民业余教育的群众路线"总结恳请核转）报告》，1951年7月30日，豫档J109-109号。

说，通过农民教育，党进一步改造了农民，扩大和巩固了执政的群众基础。

　　当然，像其他的社会改造运动一样，农民教育也存在一些不足。如很多地方缺乏细致的思想工作，按户摊派、强迫入学现象时有发生，甚至招收学龄儿童入学，导致"招生易、留生难"。有的地方把农民教育搞成形式主义，很多以学校为基点开办的冬学，仅要求在会场、教具上整齐划一，而不是在课程、学制、教学内容上求得制度化和正规化。有的地方在教学内容上把文化与时事分割开来，或者以会议代替学习，以致群众反映："上冬学也是开会，为啥要上冬学"；或者忽视政治教育，把冬学重点放在文娱活动上。也有的地方因为干部忙于土地改革、镇反、"三反"等不同时期的中心工作，文教领导失去重心，致使许多冬学转民校后，因无人过问而垮台。这种种不足，都影响了农民教育的深入发展。然此种种不足，乃是具体推行过程中的问题，不能因此抹杀农民教育在乡村社会改造中所具有的历史意义。

第二节　婚姻改造——乡村社会传统习俗的变革

　　1950 年 5 月出台的《婚姻法》，是新中国成立后颁布实施的第一部法律。它表明中国共产党在新政权成立伊始，即开始对社会进行全面的改造：不仅改造传统的土地制度，实现广大农民千百年来"耕者有其田"的梦想，兑现党在革命战争年代对其支持者贫苦农民的承诺，巩固党执政的阶级基础，而且改造传统的婚姻家庭制度及其观念，将占人口半数的妇女从家庭和社会的双重压迫下解放出来，彻底铲除传统社会统治力量的根基，进一步扩大党执政的群众基础。婚姻法的实施，对于革除中国乡村传统的婚姻陋习，建立以一夫一妻制为基础的现代婚姻制度起到了积极作用。然而，这部将五四运动以来男女平等和婚姻自由等现代观念以立法形式确立下来的法律颁布后，镇反、土地改革和"三反""五反"等政治与社会运动接连不断。而这些运动对于建立党执政的社会基础，树立党的政治与文化权威，巩固党的执政地位，更具重要性和紧迫性。这使党无暇顾及婚姻法的贯彻落实，表现在舆论宣传和组织动员上未能及时跟进。因此，作为反传统的婚姻法的颁布实施，不仅没有获得包括乡村干部在内的基层民众广泛支持，而且遭到了普遍的误解，婚姻法被误读为"离婚法""妇女法"，由此进一步导致了大量的自杀与被杀现象。

一　《婚姻法》的颁布与舆论宣传

1950 年 4 月 13 日，中央人民政府委员会第七次会议在北京举行，此次会议通过了《中华人民共和国婚姻法》，这是新中国成立后出台的第一部法律。婚姻法包括原则、结婚、夫妻间的权利和义务、父母子女间的关系、离婚、离婚后子女的抚养和教育、离婚后的财产和生活、附则等 8 章 27 条。当年 4 月 30 日婚姻法颁布，5 月 1 日正式施行。

作为一部关系到广大人民切身利益的法律，婚姻法的顺利推行必然伴随着大规模的舆论宣传。这是因为中共历来十分注重舆论宣传工作，把它看作社会动员必不可少的手段。早在 1929 年 12 月，毛泽东在为红军第四军第九次党的代表大会所写的决议中就指出，红军的宣传工作是红军第一个重大的工作，而宣传工作的任务，就是扩大政治影响，争取广大群众。只有实现这个任务，才能组织群众、武装群众、建立政权。[①] 正是因为有对舆论宣传的这种认识，所以无论是在对敌斗争还是在革命根据地建设中，党出台的几乎每一项政策都伴随着大张旗鼓的宣传。对于推行婚姻法也不例外。以《人民日报》的宣传为例，通过输入关键词"婚姻法"对该报图文信息系统进行检索可以发现，在 1950 年 1 月 1 日至 1955 年 12 月 31 日的时间段内，婚姻法的宣传报道集中在三个阶段。

第一个阶段：1950 年 5 月婚姻法颁布前后。

从 1950 年 4 月 16 日《人民日报》第一版全文公布《中华人民共和国婚姻法》起，到 7 月，关于婚姻法的文章共计 21 篇。其中 4 月 3 篇，5 月 12 篇，6、7 月分别 3 篇。就内容而言，这 21 篇中，中共中央要求各级党委和全体党员做好正确执行婚姻法的宣传和组织工作的通知，团中央与全国妇联等五个人民团体号召各地人民团体协助政府贯彻婚姻法的联合通知，中央法制委员会的问题解答，以及社论各 1 篇；有关领导发表的谈

[①]　参见毛泽东《中国共产党红军第四军第九次代表大会决议案》，载中共中央文献研究室编《毛泽东文集》（第一卷），人民出版社，1993，第 96 页。

话、报告、文章 4 篇；读者要求加强婚姻法宣传和反映问题的来信，以及婚姻当事人的讲述 4 篇。最多的是各地、各单位学习、研讨、贯彻婚姻法的报道，共有 9 篇。无论是通知、社论、报告，还是情况报道和读者来信，其主旨都是突出旧式婚姻的不合理和婚姻法的合理性，强调男女平等与对妇女的保护，鼓励人们解除"封建主义"婚姻关系，欢呼各地出现的大量离婚现象。

婚姻法颁布之初，中央人民政府内务部曾发出通知，要求各地将婚姻法的学习情况、执行婚姻法中遇到的困难和问题以及各阶层群众对婚姻法的反映等事项作出具体的汇报。① 从 1950 年 11 月内务部汇总的材料看，15 个省、4 个行署、10 个大中城市中，除川南行署因剿匪反霸任务繁重，干部未对婚姻法进行学习外，其余地区均进行了学习。在此情况下，一种认为广大区、乡干部都"初步地了解了新婚姻法的精神，并能正确贯彻"的乐观情绪很快蔓延开来。这种情绪体现在《人民日报》1951 年上半年的有关报道中，一是 1951 年 1 月 17 日和 3 月 9 日《人民日报》先后发表署名文章和新华社的报道，宣称各地执行婚姻法已取得成绩，旧式婚姻制度逐渐消灭，新的婚姻制度受到广大群众的拥护。② 二是除上述之外，《人民日报》对婚姻法的贯彻情况鲜有反映（包括上述 2 篇在内，1951 年 1 月至 8 月，共计 8 篇）。

第二个阶段：婚姻法执行情况检查前后。

1951 年 9 月 26 日，政务院发出《关于检查婚姻法执行情况的指示》，要求"省（市、行署）以上各地方人民政府应即督促所属司法、民政、公安、文教等部门并邀请协商机关及各民主党派和各人民团体参加，有领导、有重点地组织一次关于婚姻法执行情况的检查"③。为此，9 月即开始，在全国兴起了一场规模较大的宣传和检查活动，《人民日报》对有关

① 中央人民政府内务部：《（关于汇报婚姻法学习情况、困难与反映的）通知》，1950 年 5 月 31 日，江西档案馆馆藏档案，118 - 2 - 33 号。
② 参见李正《为贯彻婚姻法而斗争》《各地执行婚姻法已得成绩，万千男女结成美满夫妇，新的婚姻制度受到广大群众拥护》，均载《人民日报》1951 年 1 月 17 日，第 3 版；新华社：《华北各地贯彻执行婚姻法，旧式婚姻制度逐渐消灭》，《人民日报》1951 年 3 月 9 日，第 2 版。
③ 《政务院关于检查婚姻法执行情况的指示》，1951 年 9 月 26 日，载中央人民政府法制委员会编《中央人民政府法令汇编》（1951），法律出版社，1982，第 45 页。

问题的报道也随之增多。

为配合婚姻法执行情况的检查，《人民日报》除了刊登各级党和政府、司法部门、人民团体等的指示、通知外，主要是各地学习、执行婚姻法情况的报道和读者来信。其内容集中于乡村基层干部干涉婚姻自由、包办婚姻、非法扣押、捆打当事人和逼迫妇女自杀以及虐杀妇女的案件。此外，《人民日报》开辟了"坚决贯彻婚姻法，保障妇女权利"的专栏，刊登了大量群众来信，特别对山东省苍山县一区沙窝乡杨家庄妇女潘氏不堪家庭虐待多次请求离婚而惨遭杀害的案件进行了持续的关注，甚至还公开刊登了该县县委书记及正副县长、法院院长、县妇联、一区区委、一正区长和沙窝乡乡长等的检讨。

与检查婚姻法执行情况的指示相适应，突出违反婚姻法的司法处理，是这一阶段《人民日报》有关婚姻法宣传报道的突出特点。

进入1952年，《人民日报》对婚姻法执行情况的关注度再次降低，全年刊登的有关报告、指示、通知、文章、报道、读者来信等总计只有13篇。

第三个阶段：1953年3月贯彻婚姻法运动月前后。

鉴于新区土改、镇反、"三反""五反"等一系列政治运动与社会改革运动基本完成，特别是触目惊心的因婚致死现象陆续暴露出来，1952年秋，中共中央决定次年春开展一次贯彻婚姻法运动。1952年11月26日和1953年2月1日，中共中央和中央人民政府政务院分别发出了关于贯彻婚姻法的指示，规定1953年3月为贯彻婚姻法运动月。指示要求，在运动月期间，要大张旗鼓地在全国范围内（少数民族地区和土地改革尚未完成地区除外）开展一个宣传婚姻法和检查婚姻法执行情况的运动，各地都要把这个运动作为中心工作。为此，中央专门成立了贯彻婚姻法运动委员会，指导运动的开展。1953年1月，中央宣传部督促各级党委宣传部布置贯彻婚姻法宣传月工作，要求各地召集各级妇联、青年团，政府的监察、民政、司法部门及各宣传文化机构等，共同制定贯彻婚姻法运动月的宣传计划。① 在这种情况下，各级政府和各人民团体、报

---

① 《中央宣传部关于督催各级党委宣传部布置贯彻婚姻法宣传月工作的指示》，1953年1月，粤档204－3－27号。

刊舆论都被动员起来，一场轰轰烈烈的宣传贯彻婚姻法的运动在全国迅速铺开。

从时间上看，这个阶段的报道以2月、3月两个月最为集中，分别有13篇和20篇，占1～5月总共45篇的73%。2月主要是刊登领导机关的指示、通知、宣传提纲和各地运动试点情况的报道。3月则集中刊登了各地贯彻婚姻法情况报道和读者来信。4月，全国的贯彻宣传运动基本结束，5月以后就很少看到有关婚姻法的报道了。① 在这个阶段，有关贯彻婚姻法情况的报道占整个婚姻法报道的一半以上。

从《人民日报》的宣传情况可以看出，对婚姻法的宣传具有临时性、突击性、辅助性和被动性的特点。在中南区，这一特点也有所体现。

1951年3月6日，中南军政委员会发出《贯彻执行婚姻法》的指示，强调各级政府必须广泛地展开社会宣教工作，把婚姻法的宣教工作作为反封建斗争的经常性任务之一，主动结合中心工作采取有效办法，进行广泛的深入的宣教。指示要求，在已土改地区利用各种组织形式，如识字班、冬学、训练班、生产小组及各种会议结合实际问题，用典型案件，作广泛的宣传，以教育群众。正在土改或未土改地区要结合中心任务，根据群众觉悟水平，采用戏剧、墙报、图画、通俗教本或对婚姻案件公开审判、就地审判等方式宣传婚姻法的基本精神。使人民群众家喻户晓，扫除封建思想，提高政治觉悟，求得婚姻法顺利进行。② 但从中南局机关报《长江日报》来看，1951年有关婚姻法的报道也是集中在政务院发出《关于检查婚姻法执行情况的指示》的前后。在8月之前，除了刊载了读者对最高人民法院中南分院一起婚姻案件判决结果的讨论意见及该报关于这一讨论的总结文章外，只有5月7日一篇中南军政委员会司法部部长黄琪翔关于

① 从《人民日报》图文信息系统中输入"婚姻法"进行检索，发现此后两年该报关于婚姻法的文章只有5篇。即：1953年11月19日中央贯彻婚姻法运动委员会关于贯彻婚姻法运动的总结报告；1954年1月24日、1955年1月7日，中央有关部门要求各地利用冬闲时机开展的文艺活动继续宣传婚姻法的指示、通知；1954年6月7日，记者呼吁经常宣传贯彻婚姻法的述评；1955年3月6日，中央贯彻婚姻法运动委员会办公室负责人关于加强贯彻婚姻法的经常工作的谈话。
② 《贯彻执行婚姻法，中南军政委员会发出指示》，《长江日报》1951年3月10日，第3版。

纪念婚姻法颁布一周年的文章，6月2日一篇《关于婚姻法问题答读者问》，以及7月9日一篇关于检查婚姻法执行情况座谈会的报道等为数不多的文章、报道和几封读者来信。8月24日，中南军政委员会发出关于贯彻执行婚姻法的命令，中南民主妇女联合会筹备委员会也提出了一年来执行婚姻法的初步检查和今后进一步贯彻执行的意见。8月28日，中南局向各级党委发出通知，要求本地区党委重视中南军政委员会的命令和中南妇联的意见，保证及支持婚姻法的贯彻执行。8月30日，《长江日报》刊登了这份通知，并发表《为进一步贯彻婚姻法而斗争》的社论。此后，该报不仅连续开辟"坚决向一切歧视、压迫、残害妇女和不关心妇女利益的现象作斗争""婚姻法创造了人民的家庭幸福""贯彻婚姻法保护妇女合法利益"等专栏，集中对各类婚姻案件进行报道，而且对一些婚姻问题进行连续的讨论。据不完全统计，从8月30日到12月底，4个月时间内，共刊登有关婚姻法的各种文章、报道、读者来信48篇。在这些报道和读者来信中，尤其对婚姻法推行中出现的各类婚姻案件、问题进行了报道和讨论，少数也涉及婚姻关系中好的典型。总的来说，中南区的舆论宣传也呈现出临时性、突出性、被动性特点。

除了报刊舆论外，1953年春的宣传还具有以往群众运动的一个共同特点，即深入群众，广泛发动。具体做法是先试点，后铺开；先各级召开有关部门会议，布置工作，后集中培训干部；先配备好干部，后派干部进村驻点；先查找积极分子，树立典型，后召开男人会、媳妇会、婆婆会、青年会甚至斗争会等各种会议等。宣传的方法除了口头宣传、批判、斗争外，还有诸如演戏、放电影、举办展览会及黑板报等。以江西省为例。该省在中共中央关于贯彻婚姻法运动的指示发出后，即开始试点工作，先后搞了两期，共572个乡。1953年2月上旬和下旬，省委和各专区分别召开干部会议，把贯彻婚姻法运动月的工作布置下去。之后各县也召开了人代会、妇代会、团代会、宣传员代表会、民兵代表会，进行了一般号召与布置。3月初各县以召开县区乡三级干部会议形式，集训脱产干部。到3月15日左右，每乡由一至两名县区级干部带队，其他干部参加，组成工作队，进驻乡村。进村后，发动乡村党团员、代表委员、小组长等积极分子骨干，分片包干，组织群众进行小组座谈讨论，召开妇女会、青年会、老年人会等。① 总之，以往运动的基本形式和方法在这个阶段都得以运用。

面向乡村社会的宣传，虽然规模很大，但各地并没有把它像其他运动一样作为经常的政治任务来执行，而是"作为一个时期的临时任务"，搞"突击"式的宣传。② 会议开完、工作队或检查人员离开、临时任务完成，宣传也即结束。而且临时的宣传、检查也是服从于土地改革等"中心"工作，是在婚姻家庭生活出现混乱、与婚姻问题有关的死亡现象大量发生、引起了农民极大不满的情况下进行的，是辅助的、事后的、被动的。此外，还有许多地区甚至连这样临时性和突击性的宣传也没有。如广东省贯彻婚姻法运动委员会在 1953 年 3 月后的报告中承认，在"婚姻法颁布后，在本省大部分的地区还没有广泛而正确的宣传和坚决贯彻执行"③；在贯彻婚姻法运动中，开展了该项运动的也只有 42 个县 1327 个乡，人口约占全省的 1/10。④ 广西省全省 79 个县、市，开展了贯彻婚姻法运动的县只占 36.7%，即使是在搞运动的地区，也只有 15% 左右的乡街是有始有终地完成了宣传运动。⑤ 这种宣传虽然也在一定程度上教育了群众，但由于其临时性、突击性、被动性特点，导致了民众对婚姻法的普遍误解，乃至抵制。

二　民众对《婚姻法》的误读

中国传统社会是一个性别严重分割的社会，也是一个严格的家长制宗法社会，男女授受不亲、孝悌为先，是其鲜明的特征。具体到婚姻观念上，长期以来一直是父母之命、媒妁之言，娶妻嫁汉，穿衣吃饭。作为女人，无论待字闺中还是嫁为人妇，都有三从四德的礼教规制约束着，当事

① 江西省贯彻婚姻法运动委员会：《江西省贯彻婚姻法运动初步总结报告》，1953 年 6 月 30 日，赣档 118 - 2 - 167 号。
② 新华社：《今年上半年各地执行婚姻法情况》，《人民日报》1952 年 8 月 28 日第 3 版。
③ 广东省贯彻婚姻法运动委员会：《（检送广东省两个多月来因婚姻问题自杀被杀情况综述和婚姻法颁布后自杀被杀人数统计）函》，1953 年 3 月 20 日，粤档 237 - 1 - 2 号。
④ 广东省妇联：《1953 年贯彻婚姻法后还存在的问题》，1954 年，粤档 233 - 2 - 49 号。
⑤ 广西省妇委：《本省贯彻婚姻法运动后婚姻问题上的变化情况及目前存在的主要问题的报告》，1954 年 3 月 19 日，粤档 233 - 2 - 58 号。

人既没有自主意识，也没有任何选择的权利。虽至近代，西式婚姻观念逐渐在通商口岸悄然兴起；20 世纪 20 年代末以后的革命动员及中共在其控制区域内对传统婚姻习俗的改革，也曾唤起青年男女尤其是妇女的自主意识。但在全国的绝大多数乡村，传统婚姻观念、婚姻习俗依然主导着人们的行为。以妇女解放为己任，以男女平等、婚姻自由、一夫一妻制为原则的婚姻法本质上与传统婚姻观念和婚姻习俗是冲突的，而宣传上的临时性、突击性、被动性，又使新婚姻观的启蒙出现缺位。因此，婚姻法在推行的过程中，遭遇到了民众的误读乃至抵制。

　　婚姻法首先遇到的是领导干部尤其是乡村干部的误读与抵制。与党发起的其他社会运动一样，贯彻婚姻法的宣传动员也是遵循由上到下、由干部到普通民众的路径。而相当多的地方干部对婚姻法存在误解。如将婚姻法规定的 "废除包办强迫" 婚姻，"禁止干涉寡妇婚姻自由"，理解为 "在过去父母包办结婚的都要离"，"凡是寡妇都得另嫁"；将婚姻法规定的男女婚姻自由理解为 "现在婚姻自由了，谁不想跟谁就不跟谁"，甚至提出 "妇女要翻身，团结起来闹离婚" 的口号。① 因此，他们对婚姻法的宣传也持消极甚至反对态度，认为宣传婚姻法就是宣传离婚、拆散家庭；提倡婚姻自主、允许离婚、保护私生子就是主张 "乱离婚""乱结婚""乱搞男女关系"，结果会 "天下大乱"、贫雇农 "人财两空"。因而在宣传中顾虑重重——如怕离婚的多了挨群众骂；怕老婆向自己提出离婚，或怕人说是 "为闹离婚"；怕人说是 "想别人老婆"；怕处理不当，负不起责任，"宁拆十座庙，不破一家婚"。有些干部则采取推诿、拖延的态度，把宣传贯彻婚姻法看作妇联的事情。② 还有些干部认为贯彻婚姻法和其他中心

① 参见梁琮《进一步做好婚姻法的宣传教育工作》，《人民日报》1952 年 3 月 10 日，第 3 版。但在实行过程中，干部干涉婚姻自由（包括妇女离婚）的现象也比比皆是。他们认为 "离婚妇女没有好东西"，辱骂、威胁、非法吊打和公开侮辱离婚者，或者制订一些苛刻的条件限制离婚结婚。参见中南军政委员会民政部、司法部《关于贯彻执行婚姻法的通报》，1951 年 8 月 30 日，《中南政报》第 17 期（1951 年 9 月）。
② 如江西省贵溪县把贯彻婚姻法运动委员会叫作 "县妇联贯彻婚姻法委员会"。该省大庾县某乡一个土改复查指挥员给妇联写信说："我们复查搞得差不多了，请你们来宣传婚姻法吧！"有的干脆说婚姻法不关自己的事，"学它没用"，也 "懒得管"。参见江西省贯彻婚姻法运动委员会办公室《贯彻婚姻法运动初期干部思想情况》，1953 年 2 月 28 日，赣档 118－2－168 号。

工作是矛盾的，宣传婚姻法会影响当时的土地改革、民主建政等工作。

　　干部对婚姻法的这种认识，以及对婚姻法的曲意宣传，使乡村民众普遍把婚姻法看作离婚法，认为贯彻婚姻法运动就是要"拆散家庭"和"给单身汉、寡妇配对"。到处都弥漫着恐慌情绪。江西省铅山县港沿村一村民说："贯彻婚姻法不得了了，妇女要离就离，不是都离完了吗？"该省崇仁县八仙乡有人听说要贯彻婚姻法，吓哭了，怕老婆离婚。有的地方召开寡妇座谈会，不少寡妇不敢来，怕是"配对"；有的把儿媳妇关在家里，不准出去开会。一些年纪大一些的群众怀着惶恐的心情向前来进行宣传的工作队人员提出疑问。如江西省德兴县新营乡有一位民兵对工作组说："我是旧式婚姻，不过我和我老婆很合得来，我想先离一下，然后再结，可不可以？"江西余干县自主乡一老年妇女说："现在我的细媳妇（童养媳）和我儿子感情很好，要不要离啊？"① 在贯彻婚姻法运动中，有的工作队草率处理离婚及强行解除童养媳婚约，以致群众一看见他们就："又搞离婚来了。"②

　　伴随着"离婚法"认识的是大量涌现的离婚现象，而实践中司法部门轻率地判处离婚请求，以及宣传与报告中对离婚热潮的充分肯定，又进一步加剧了民众对婚姻法的误解。因离婚案件绝大多数是由女方主动提出的（占70%至90%），因而汹涌而出的离婚现象被视为受压迫、受束缚的妇女摆脱痛苦，起来向封建婚姻制度进行斗争和谋求自由解放的体现，是执行婚姻法所取得的巨大成就。③

　　离婚现象带来的一个直接问题就是如何处理夫妻财产的问题，主要是在这个问题的处理上着重于对妇女的保护，进一步导致了民众将婚姻法误解为妇女法。

　　婚姻法的立法原则就是要废除男尊女卑的封建主义婚姻制度，实行男

---

① 江西省贯彻婚姻法运动委员会办公室：《贯彻婚姻法运动初期群众思想动态》，1953年2月28日，赣档118-2-168号。

② 江西省贯彻婚姻法运动委员会：《江西省贯彻婚姻法运动初步总结报告》，1953年6月30日，赣档118-2-167号。

③ 将离婚现象视作贯彻婚姻法的重要成就加以充分肯定，可参见《人民日报》的相关报道。如李正《各地执行婚姻法已得成绩，万千男女结成美满夫妇，新的婚姻制度受到广大群众拥护》《中南区广大青年男女开始获得婚姻自由，还有逼杀妇女事件发生，必须继续贯彻婚姻法》，1951年9月29日，第3版。

女权利平等、保护妇女的合法利益，这是婚姻法第一条所明确规定的。还在婚姻法颁布前，参与婚姻法起草的司法部部长史良在对《光明日报》记者发表谈话时就指出，婚姻法不仅是进步的，而且是革命的，它的"基本精神是在实际上积极扶植妇女，保护儿童，摧毁封建残余"①。婚姻法对妇女权益的保护具体体现在第三章"夫妻间的权利和义务"、第七章"离婚后的财产和生活"的有关条文中。

《婚姻法》第七章第二十三条规定，"离婚时，除女方婚前财产归女方所有外，其他家庭财产如何处理，由双方协议；协议不成时，由人民法院根据家庭财产具体情况、照顾女方及子女利益和有利发展生产的原则判决"；第二十五条规定，"离婚后，一方如未再行结婚而生活困难，他方应帮助维持其生活。"从保护离婚妇女生计出发作出的这一规定与传统观念习俗最为背离，而遭到民众的普遍反对。婚姻法因此也被看作是对男子的"不平等条约"，是妇女法。

由此我们看到，到处都有关于婚姻法是妇女法的抱怨。江西有的干部说："贫雇农离婚，叫女的带走财产就更穷了"；"怪不得离婚的男人会哭，真是人财两空"②。有的人甚至把贯彻婚姻法看作一场针对穷人的、男性的政治斗争，认为"穷人翻了身，老婆离了婚"。他们说，"男人现在是地主，法院只听女的讲"；③"死了女人是死了贫雇农，死了男人当地主。"意指妇女的生命比男性的生命更受重视，妇女因婚死亡就像政治地位高的贫雇农死亡一样，要受追查，而男人因此而死亡则无关紧要。有的地方甚至因此出现了对政府的不满，如江西贵溪县罗河区大四乡就有人在

---

① 新华社：《史良部长谈婚姻法》，《人民日报》1950年4月17日，第3版。
② 江西省贯彻婚姻法运动委员会办公室：《贯彻婚姻法运动初期干部思想情况》，1953年2月28日，赣档118-2-168号。关于离婚造成男人"人财两空"的说法，反映在大量的报告、文章和报道中，如中南军政委员会司法部部长黄琪翔的文章《为贯彻婚姻法而斗争——纪念婚姻法颁布一周年》，《长江日报》1951年5月7日，第3版；李正《加强区乡干部对婚姻法的学习》，《人民日报》1951年10月9日，第3版；《全国很多地区的事实表明，婚姻法执行情况极不平衡》，《人民日报》，1953年2月1日，第1版；中央贯彻婚姻法运动委员会《贯彻婚姻法宣传提纲》，《人民日报》1953年2月25日，第1版。这里不一一列举。
③ 江西省贯彻婚姻法运动委员会办公室：《贯彻婚姻法运动初期群众思想动态》，1953年2月28日，赣档118-2-168号。

家门口贴着纸条，上写："人民政府不凭心，穷人老婆离了婚；离了老婆真可怜，老婆离了还要田；上面政策不了解，害来害去害穷人。"①

民众对婚姻法的抵触、不满，除了将其误解为离婚法和妇女法外，就是对新的婚姻制度中禁止干涉寡妇婚姻自由和禁止"捉奸"上。② 中国人传统上信奉从一而终的礼数，主张"嫁鸡随鸡，嫁狗跟狗，嫁到狐狸满山走"，认为寡妇改嫁是丢脸的事。许多乡村俗话所说的"一夫贵，二夫贱，三夫婊子院"，"头嫁一碗饭，二嫁一杯茶，越嫁会越差"，"好树不剥皮，好人不二离"，都是这种婚姻观的生动写照。而允许寡妇再婚，则冲击了这种婚姻观，颠覆了传统的婚姻习俗。至于对婚外性行为的容忍，不仅使旧时代乡村生活中的刺激性事件"捉奸"不再具有合法性，而且被视为纵容、鼓励通奸，会导致"天下大乱"。

三　婚姻自由及其代价

婚姻法的宣传使婚姻自由的观念在人们心中慢慢扎根，许多青年男女冲破家长和传统习俗的束缚，自主选择了心仪的对象而自由结婚。也有许多人因此鼓起勇气，摆脱了不幸婚姻，选择了离婚。然而，在这种婚姻自由的背后，是将婚姻法误解为离婚法和妇女法导致的男女性关系混乱和离婚浪潮，甚至是更为严重的自杀与被杀现象。

婚姻法颁布后出现的男女性关系混乱在当时的许多报告、新闻报道和党的指示中都有体现或暗示。例如 1950 年 5 月 14 日邓颖超在关于婚姻法的报告中对男女性关系混乱现象的解释，党的中央委员会在关于贯彻婚姻

① 中南局妇委会：《关于开展贯彻婚姻法运动的意见》，1952 年 9 月 27 日，粤档 233 - 1 - 11 号。

② 婚姻法对婚外性行为没有作出任何规定，但在一些关于婚姻法的报告中，将这种男女关系上的混乱行为归咎于过去婚姻的不自由和对婚姻自由的误解，因此主张用教育而非"捉奸"或斗争的方法来处理。可分别见《邓颖超同志关于婚姻法的报告》，《人民日报》1950 年 5 月 26 日，第 1 版；《中国共产党中央委员会关于贯彻婚姻法运动月工作的补充指示》，1953 年 2 月 18 日，《人民日报》1953 年 2 月 19 日，第 1 版；中央贯彻婚姻法运动委员会：《贯彻婚姻法宣传提纲》，《人民日报》1953 年 2 月 25 日，第 1 版；中南贯彻婚姻法运动委员会办公室：《中南区贯彻婚姻法运动简报（第 9 号）》（继续纠正偏激情绪不准捉奸斗奸、严重警惕坏份子乘隙捣乱），1953 年 4 月 2 日，粤档 237 - 1 - 4 号。

法运动月工作的补充指示中要求用教育的方法处理男女关系问题，都表明或暗示男女性关系的混乱已经成为一种相当严重的社会现象。在贯彻婚姻法中禁止乡村干部"捉奸"同样也从另一侧面说明了这一点。男女性关系的混乱在军属中表现得特别突出。据江西省民政厅报告，军属婚姻问题在各地普遍存在，个别地区还相当严重。该省乐平县 1954 年发生军属通奸 101 起，加上 13 起强奸和 16 起诱奸，共生小孩 60 个，当时正在怀孕 13 人；另有 4 人非法同居，4 人堕胎。浮梁县、新干县也分别发生 13 起和 32 名军属通奸事件。崇仁县 1～8 月就出现军属通奸 22 起，其中 10 人怀孕。① 这种性关系上的混乱现象，既是民众误读婚姻法、将婚姻自由误为性自由的结果，也是离婚浪潮和因婚致死的一个重要原因。

　　近代以来随着妇女解放运动的兴起，中国出现过三次离婚浪潮。第一次是五四运动之后，主要发生在城市。这一时期大批青年男女在新思想新文化的感召下，举起男女平等、个性解放、婚姻自由的旗帜，冲破封建家庭和旧礼教的束缚，追求自己的幸福生活，由此形成了第一次离婚浪潮。第三次是 20 世纪 80 年代后，随着改革开放的逐步展开，西方个人主义的人生观、价值观、家庭观的再度涌入，城市化进程的加快及与之相随的人口大规模流动和夫妻分离，城乡出现了一次持续时间较长的离婚浪潮。中间的这一次，即新中国成立后尤其是 1950 年婚姻法颁布后，主要发生在乡村。实质上，它是第一次妇女解放运动在乡村的继续，因而也是第一次离婚浪潮从城市向乡村的转移。这次离婚浪潮与前后两次不同之处在于，它是第一次也是唯一一次依靠组织和行政力量打破旧的观念和习俗、推行新的婚姻制度过程中引发的，是民众对法律误读的结果。

　　如前所述，婚姻法颁布出现的离婚浪潮在很大程度上是受到了婚姻法

---

① 江西省民政厅：《1954 年贯彻婚姻法工作情况》，1955 年 2 月 12 日，赣档 118－1－290 号。这除了当事人对婚姻自由的误读外，还有婚姻法本身的因素。婚姻法从中国刚经历大规模的战争和局部战争仍在进行这一事实出发，规定从婚姻法公布之日算起，"革命军人与家庭两年无通讯关系，其配偶要求离婚，得准予离婚。在本法公布前，如革命军人与家庭已有两年以上无通讯关系，而在本法公布后，又与家庭有一年无通讯关系，其配偶要求离婚，也得准予离婚。"（第十九条）不排除有一些军属符合婚姻法关于离婚条件、因军人无法联系不能履行离婚手续，或者干部出于保护军婚目的干涉其离婚，而导致军属与他人发生性行为的情况。

宣传的鼓动和外来工作队鼓励的，并被看作是贯彻婚姻法所取得的成就。因此，这一时期离婚案件多，并且随宣传力度的加大呈逐年上升趋势。全国各地法院受理的离婚案件，1950 年为 186167 件，1951 年为 409500 件，1952 年上半年为 398243 件。①

离婚案件在婚姻法颁布后最初一个时期甚至高于结婚登记数字，在 1951 年 9 月中央人民政府内务部发出《关于加强区乡（村）干部对婚姻法的学习，重视婚姻登记制度的指示》后，在有些地方，离婚案件与登记结婚的相比仍相差无几。湖南省 130 个乡在 1951 年 9 月后的 10 个月中，自由结婚的为 38879 件，离婚的为 31866 件。江西上饶专区在半年时间内登记结婚的为 11029 件，离婚的为 6400 件；抚州专区登记结婚与离婚的分别为 6840 件、3655 件。② 考虑到去政府机关登记结婚的有些并非真正自由结婚，而许多离婚案件无须到达司法机关，只需双方在当地政府部门登记即可，则实际离婚人数或许并不比登记结婚者少。

离婚案件占人口或户口的比例，也是一个很大的数字。从表 4 - 3 可以看出，离婚案件占各乡家庭户数的比例在 3% ~ 5% 之间，占人口的比例在 1% 左右（个别乡接近 2%）。③

---

① 刘景范：《贯彻婚姻法是当前各级人民政府和全国人民重要的政治任务——三月十八日在中央人民广播电台的广播词》，《人民日报》1953 年 3 月 20 日，第 1 版。

② 中南局妇委会：《关于开展贯彻婚姻法运动的意见》，1952 年 9 月 27 日，粤档 233 - 1 - 11 号。

③ 离婚案件占户口、人口的比例，各地差异很大。据张志永对河北省三个村离婚率的研究，1950 ~ 1952 年的三年中，离婚人数占家庭户数的比例最高的为 6.7%，最低的为 1.4%，另外一村为 2.4%。关于造成这种差异的原因，他认为与婚姻法贯彻得好坏有关，婚姻法贯彻较好的地方，离婚率就高，反之则低；而干部能否认真贯彻执行婚姻法，又在其中起着决定性的作用。参见张志永《婚姻制度从传统到现代的过渡》，中国社会科学出版社，2006，第 223 页。

在我看来，张志永只看到了部分事实。实际上，离婚案件的多寡或者说离婚率的高低与婚姻法宣传贯彻的好坏并无正相关性，婚姻法贯彻不好的地方确实存在干部压制妇女离婚的现象，从而降低了离婚率，但离婚率高却并非婚姻法贯彻得好的结果，相反很多人选择离婚是如上文所说的干部鼓励离婚和强制拆除旧式婚姻的结果，归根到底是民众误读婚姻法因而轻率离婚的结果，大量离婚者又很快复婚或一女几嫁的现象就说明了这一点。据江西省民政厅的统计，截至 1954 年 2 月 15 日，该省 77 个县市一年来离婚的有 31735 对，复婚的有 2425 对，复婚率为 7.6%；黎川县 1953 年 1 ~ 8 月的 540 对结婚者中属于复婚的就有 122 对，复婚比例超过 20%，该县一名妇女 8 个月结婚三次。参见江西省民政厅《1953 年贯彻婚姻法情况》，1954 年 3 月 7 日，赣档 118 - 2 - 215 号。

表4-3 中南区6个乡离婚案件占户口、人口情况表

乡 名	户数	人口数	离婚案件（件）	离婚案件占户口的百分比(%)	离婚案件占人口的百分比(%)
河南洛阳大屯乡	704	3101	28	3.98	0.90
河南淅川县关帝庙乡	492	—	22	4.47	—
江西分宜县溪乡	—	1668	32	—	1.92
江西九江刘家仓村	325	1254	11	3.38	0.88
江西乐安县谭港乡	265	—	9	3.40	—
广东揭阳和婆区厚埔乡	628	3255	30	4.78	0.92

说明：1. 根据所引文献，推断统计时间段应为1952年1月至9月。2. 百分比系本书作者计算得出。

资料来源：根据中南局妇委会1952年9月27日《关于开展贯彻婚姻法运动的意见》制作而成，粤档233-1-11号。

　　将婚姻法误读为离婚法、妇女法产生的最为严重的后果，是自杀与被杀现象的普遍发生。据统计，河南商水县在1950年婚姻法颁布后3个月内因不满婚姻而死亡的人有90人；湖南省长沙专区1950年5月至8月，因婚姻问题自杀或被杀的妇女为99人；湖北黄安县1950年7月、8月两个月有14名妇女被迫害致死。[1] 这是婚姻法颁布后的最初几个月的情况。1951年，这种情况也没有大的改观。湖北省大冶专区自1951年1月至6月，妇女被虐待残害致死者61人；江陵县七区1951年7月19日至22日的4天中，就有3名妇女被逼致死。[2] 河南省商丘专区1951年1月至4月有30多名妇女因婚姻问题自杀；淮阳专区在不到一年的时间内，被虐杀的妇女达212人。[3] 上述死亡人数主要为妇女。实际上因婚死亡者中，男性也不在少数。据当时中南军政委员会司法部的估计，整个中南区在1950年5月后的一年之内因婚姻问题被害和自杀的超过了

---

[1] 中南民主妇女联合会筹备委员会：《一年来执行婚姻法的初步检查和今后进一步贯彻执行的意见》，《中南政报》第17期（1951年9月）。

[2] 《中共湖北、湖南省委发布指示，纠正干部中对待婚姻法的错误观点》，《人民日报》1951年9月28日，第3版。

[3] 《中南区广大青年男女开始获得婚姻自由，还有逼杀妇女事件发生，必须继续贯彻婚姻法》，《人民日报》1951年9月29日，第3版。

1 万人。① 全国每年因此而死亡的人数在七八万人。② 研究表明，婚外性关系和离婚是直接导致自杀与被杀现象产生的两个主要原因。

　　婚姻法颁布后的自杀与被杀事件曾引起了政府机构的注意，中南军政委员会在 1951 年 3 月 1 日发出的指示中指出，由于部分干部还存在 "婚姻自由，天下大乱"，"穷人翻了身，老婆离了婚" 及 "片面的贫雇农观点" 等思想，以致在工作中不能根据婚姻法精神适当地处理婚姻案件，造成离婚男女发生了不少流血事件③，因此要求所属各级政府加强干部思想教育，正确处理。但由于此时大量的死亡案件还没有被披露出来，加之正值新区土改逐步开展之时，因此该指示没有得到有效的执行。1951 年 8 月，中南军政委员会再次发布命令，要求各级政府把贯彻婚姻法作为日常重要工作之一，干部带头认真学习婚姻法，并在群众中做好婚姻法的宣传教育工作。9 月 26 日，政务院发布《关于检查婚姻法执行情况的指示》，要求各地加强对婚姻法贯彻执行情况的检查，同时明确把防止妇女因婚姻问题自杀或被杀的责任置于区乡主要干部身上，提出 "今后如有妇女因婚姻问题得不到婚姻法所赋予的权利与保护而被杀或自杀者，区、乡（村）街级的主要干部，首先应负一定的责任"④。

　　此后，中央和各省以及部分专区都组织了婚姻法执行情况检查组，到基层进行检查和宣传，以至在全国形成了一个宣传贯彻婚姻法的小高潮。与此同时，各地人民法院判处了一批因干涉婚姻自由而致人死亡的乡村干部和其他嫌犯。这使死亡现象曾一度得到遏制。但检查过后依然如旧。自 1952 年初开始，由于中央开展 "三反" 运动，不少地方又放松甚至放弃了婚姻法的宣传，因婚姻问题自杀与被杀的现象继续大量发生。仅在 1952 年上半年，湖南省邵阳专区因婚姻问题而死亡

---

① 中南民主妇女联合会筹备委员会：《一年来执行婚姻法的初步检查和今后进一步贯彻执行的意见》，《中南政报》第 17 期（1951 年 9 月）。
② 中央贯彻婚姻法运动委员会：《贯彻婚姻法宣传提纲》，《人民日报》1953 年 2 月 25 日，第 1 版。
③ 中南军政委员会：《为贯彻执行婚姻法的指示》，1951 年 3 月 1 日，《中南政报》第 12 期（1951 年 4 月）。
④ 《政务院关于检查婚姻法执行情况的指示》，1951 年 9 月 26 日，载中央人民政府法制委员会编《中央人民政府法令汇编》（1951），法律出版社，1982，第 44 页。

者就有209人，① 该省39个县因此死亡的人数达606人。②

1953年1月9日，政务院第166次会议决定成立贯彻婚姻法运动委员会。14日，中央贯彻婚姻法运动委员会在北京正式成立，沈钧儒为委员会主任，刘景范、何香凝、彭泽民、邓颖超、史良、萧华为副主任，当天举行了第一次委员会议。会议根据中共中央的指示，决定1953年3月为宣传贯彻婚姻法运动月，在此期间，全国各地除少数民族地区和尚未完成土地改革的地区外，都要以贯彻实施婚姻法、改革封建婚姻制度的运动作为中心工作。可能是因为运动加大了乡村基层干部的压力，一部分干部由此加强了对婚姻问题的干涉，另一部分干部又由于担心受到干涉婚姻的指责而对婚姻案件听之任之，因此从1953年初开始，死亡案件不减反增。如广东省85个县自1950年5月婚姻法颁布至1953年3月的近3年时间内，因婚姻问题自杀或被杀的人数为2189人，但1953年1～3月就有229人；③ 仅39个县1个市1953年1月至3月初的2个多月时间内，因婚姻问题死亡的人数为150人。④ 1953年1月至4月，江西省2个市38个县因婚姻问题死亡106人，其中运动月3月就有63人，⑤ 占近60%。而此前，婚姻法颁布后的近3年中全省因婚姻问题死亡人数才938人。⑥

有人认为，经过1953年的贯彻婚姻法运动，妇女因婚姻问题自杀与

---

① 中华全国民主妇女联合会：《为按层教育干部加强婚姻法的宣传减少以至消灭妇女自杀被杀事件的发生给各级妇联的通知》，1952年7月21日，粤档233-1-11号。

② 《全国很多地区的事实表明，婚姻法执行情况极不平衡》，《人民日报》1953年2月1日，第1版。

③ 广东省婚委（贯彻婚姻法运动委员会）：《广东省三年来85个县因婚姻问题自杀被杀人数统计》，1953年4月15日，粤档237-1-1号。

④ 广东省贯彻婚姻法运动委员会：《广东省两个月来因婚姻问题自杀被杀情况综述》，1953年3月20日，粤档237-1-2号。

⑤ 江西省妇联：《1953年1～4月全省婚姻法问题死人统计》，赣档X125-1-011号。该统计涉及南昌市和赣州市两个市及38个县。江西省贯彻婚姻法运动委员会1953年6月份的总结报告中，统计该4个月的因婚死亡人数为115人，涉及42个市县。见江西省贯彻婚姻法运动委员会《江西省贯彻婚姻法运动初步总结报告》，1953年6月30日，赣档118-2-167号。

⑥ 江西民政厅：《（为报送本省三年因婚姻问题死亡人数请鉴核由）呈中南民政部》，1953年3月14日，赣档118-1-194号。中南军政委员会估计在婚姻法颁布后的一年内，该区因婚姻问题死亡人数即超过一万人，故江西省这三年因此死亡的人很可能没有得到完全统计或被严重低估。

被杀的现象杜绝或被制止。① 其实不然。据统计，江西省 39 个县市 1954 年 1~9 月共死亡 266 人（被杀的 48 人，自杀的 218 人），其中妇女占 81%。② 广东新会县、中山县、顺德县、龙门县 4 个县 1954 年第三季度中的两个月的初步统计，因婚姻问题死亡人数 23 名；粤西区和海南区自杀与被杀的有 111 人，其中仅遂溪一县 1953 年自杀与被杀妇女即达 30 人；吴川县 1953 年 10 月至 1954 年 1 月的四个月中也有 14 名妇女自杀与被杀。③ 死亡现象的真正减少是在 1955 年农业合作化高潮兴起之后，此时乡村的主要任务是农业合作化，乡村干部的主要精力也因此从贯彻婚姻法转移到这项主要任务上来，对婚姻家庭问题的关注度随之减少；更为重要的是，经过几年的宣传贯彻，此时买卖婚姻、强迫婚姻、童养媳、重婚纳妾等封建婚姻陋习已被废除，旧式婚姻要解体的也已基本解体，婚姻自主、一夫一妻制的婚姻制度已经基本建立。

造成新中国成立初期乡村与婚姻问题有关的死亡现象，大多都与婚外性关系、离婚（有些离婚案件也是由于婚外性关系引起的）及婚姻自由受到干涉有关。通过对江西省 1953 年 1~4 月 40 个县市 106 例因婚姻问题死亡案例（男性 35 人，女性 71 人）的分析，可以发现导致这 106 人自杀或被杀的具体原因依次为：与离婚问题有关的 35 人，其中自杀 25 人，被杀 10 人；与婚外性行为有关的 17 人，其中自杀 11 人，被杀 6 人；家庭纠纷导致的 14 人，其中自杀 13 人，被杀 1 人；婚姻自由受到区乡干部、父母和前夫干涉而引起的 12 人，包括 11 名自杀者，1 名被杀者（详见表 4-4）。上述四种因素导致的自杀与被杀人数占全部死亡人数的 72.2%。广东省兴宁县 1950 年 5 月至 1953 年 3 月的这一段时期内 75 名因婚姻问题自杀与被杀者中（有 14 人未遂或被救回），也有 35 名与婚外性行为有关（加上被怀疑有关的 3 名），其中自杀的女性 25 人，男性 7 人；有 22 名与对现实婚姻不满或离婚有关，其中自杀的男女各 9 人，被

① 肖爱树：《建国初期妇女因婚姻问题自杀和被杀现象研究》，《齐鲁学刊》2005 年 2 期；李洪河：《建国初期与婚姻家庭相关的妇女死亡问题探析》，《妇女研究论丛》2008 年第 3 期。

② 江西省民政厅：《1954 年贯彻婚姻法工作情况》，赣档 118-1-290 号。

③ 广东省妇联：《1953 年贯彻婚姻法后还存在的问题》，1954 年，粤档 233-2-49 号。

杀的男女分别为 1 人和 3 人。即是说，婚外性行为和离婚因素导致的自杀
与被杀者达 57 人，占因婚姻问题自杀与被杀者总人数的 76%。[①]

表 4－4　江西省 40 个县市 1953 年 1 月～4 月因婚姻问题自杀与被杀原因统计表

自杀被杀原因	自杀被杀人数							备　　注
	自杀			被杀			合计	
	男	女	小计	男	女	小计		
与离婚有关	17	8	25	1	9	10	35	男性被杀者为一名 4 岁儿童，被吵着要离婚的祖母害死；有一名女性被杀者疑为被杀
与婚外性行为有关	3	8	11	1	5	6	17	女性自杀者中，有 3 名系因受怀疑而自杀；被杀的男性为一名 1 岁的私生子
家庭纠纷	3	10	13		1	1	14	
婚姻受干涉	3	8	11		1	1	12	自杀者中有 1 名男性系因干涉子女不成而自杀
与虐待有关	1	6	7		1	1	8	男性自杀者系虐待未婚妻被人打后自杀
对婚姻、生活失望	2	4	6				6	
其他原因	4	3	7		3	3	10	
原因不明		1	1		3	3	4	
合　计	33	48	81	2	23	25	106	

资料来源：根据江西省妇联《1953 年 1～4 月全省婚姻法问题死人统计》制作而成，赣档
X125－1－011 号。

　　婚姻法颁布后，许多人认为婚姻自由就是性自由，以至于婚外性关
系大量发生。而此种关系与传统道德水火不容，因此一旦暴露，即遭到
来自舆论的强大压力和区乡干部的直接干涉，包括武装民兵的扣押、公
审、斗争和其他的公开侮辱，从而引起当事人尤其是女性失去生存勇气
而选择自杀。甚至在 1953 年的贯彻婚姻法运动月后，非婚性关系也仍大
量存在，[②] 因此导致的死亡现象依然时常发生。另外，婚姻自由又被强调
为离婚自由，而对于刚刚获得政治解放、生活依然贫穷的农民来说，离婚
在某种程度上就意味着妻离子散、家破人亡。特别是当时在执行婚姻法的

---

　　① 广东省婚委：《兴宁县因婚姻问题自杀初步调查表》，1953 年，粤档档案号 237－1－1
　　　号。
　　② 参见广东省妇联《1953 年贯彻婚姻法后还存在的问题》，1954 年，粤档 233－2－49 号。

过程中，出于对离婚妇女的保护而规定的离婚带产，更是对男性造成了致命的冲击，这也就是在与离婚有关的死亡案件中，男性自杀者占多数的主要原因。基于此，反对离婚、抵制婚姻法的贯彻执行，或者直接干预离婚案件、干涉婚姻自由，就成为长辈与乡村干部的自然选择。有些乡村干部为了干涉婚姻自由，尤其是干涉寡妇的婚姻自由，甚至私设法庭、动用刑法。[①] 此外，家庭纠纷以及对婚姻、对生活的失望（毫无疑问，有些人的失望感也与家庭纠纷有关）也使一些人走向了绝路。

由于认识到导致离婚浪潮与自杀被杀现象发生的主要原因在于民众对婚姻法的误读，在贯彻婚姻法运动月期间，中共中央对婚姻法的有关原则重新进行了解释，同时对非婚性行为采取了更为宽容的态度，以缓和婚姻法与传统婚姻习俗的冲突。这主要体现在两个方面。

第一，将封建婚姻制度与过去形成的婚姻事实分开，强调"实行婚姻法并不是要拆散由旧婚姻制度建立起来的家庭关系，并不是要提倡离婚"，"过去的婚姻即使不合婚姻法的规定，只要当事人不提出离婚的坚决要求，谁也不应当去干涉他们，强迫他们离婚"[②]；"对于大量的既成的包办买卖婚姻及因婚姻不自由而造成的家庭不和睦现象，基本上应采取批评教育、提高觉悟、改善与巩固夫妇关系的办法"[③]。例如在对重婚纳妾和童养媳的处理上。在很长一段时期内，《婚姻法》第二条规定"禁止重婚、纳妾。禁止童养媳"被普遍理解为凡是重婚纳妾和童养媳都是必须拆除的非法婚姻，并由此引发了许多离婚案件和死亡案件。后来规定，过去的重婚、纳妾和童养媳一概不予追究。重婚、纳妾的家庭，只要他们自己能够相安无事、和平共居，而妻或妾又没有离婚的要

---

①　如湖北襄阳县隆南乡某寡妇愿意改嫁，村干部在大会上将她吊起毒打，并不许她哭，连她的小孩子也不允许哭，结果第二天该妇女就自杀了。广西某县村干部还将一个怀孕七个月的寡妇斗争吊打致死。参见中南民主妇女联合会筹备委员会《一年来执行婚姻法的初步检查和今后进一步贯彻执行的意见》；中南军政委员会民政部、司法部：《关于贯彻执行婚姻法的通报》，1951 年 8 月 30 日，均见《中南政报》第 17 期（1951 年 9 月）。

②　《中国共产党中央委员会关于贯彻婚姻法运动月工作的补充指示》，1953 年 2 月 18 日，《人民日报》1953 年 2 月 19 日，第 1 版。

③　《政务院关于贯彻婚姻法的指示》，1953 年 2 月 1 日，载中央人民政府法制委员会编《中央人民政府法令汇编》（1953 年），法律出版社，1982，第 108 页。

求，就不强制其离婚。已经结了婚的童养媳，不再当作童养媳问题看待；尚未结婚的，以童养媳本人的志愿决定去留，而不应强制她另择配偶或回家。① 及至 1953 年 12 月，中央法制委员会在回复有关咨询时还指出，在婚姻法公布后的重婚纳妾行为，如发生在 1953 年 3 月贯彻婚姻法运动月之前，各级人民法院一般应以不告不理为原则；之后的类似行为，经群众检举告发后，也应具体分析案情，做不同的处理，不能一概予以刑事处分；而对发生在尚未进行贯彻婚姻法运动月地区的，仍以教育为主。②

第二，理解、宽容婚外性行为，把婚姻自由重新解释为主要是结婚自由，限制离婚诉求。婚姻法颁布后出现的男女性关系方面的混乱，被归咎于封建婚姻制度下的婚姻不自由，"特别是离婚不自由，这是最基本，最主要的"③。因此，性自由披上了婚姻自由的"合法"外衣，离婚自由成为解决这种混乱关系的最好办法。而实际上，婚外性关系不仅与传统道德水火不容，一旦暴露，则在家庭内引起纠纷，家门外区乡干部也往往直接干涉，如扣押、吊打、公审、开会斗争和其他的公开侮辱；而且由此导致的离婚更是对家庭另一方的双重打击。④ 有鉴于此，中共中央、政务院在关于贯彻婚姻法运动月的指示中，强调贯彻婚姻法运动"绝不要把问题扩大到一般的男女关系和家庭关系方面去"；"对一般人民群众应以进行婚姻法的宣传为限"，对干部执行婚姻法情况的检查，也"不应牵入到这些干部的个人婚姻问题和男女关系问题"⑤。根据这一要求，1953 年 3 月

---

① 刘景范：《贯彻婚姻法是当前各级人民政府和全国人民重要的政治任务——三月十八日在中央人民广播电台的广播词》，《人民日报》1953 年 3 月 20 日，第 1 版；中央贯彻婚姻法运动委员会：《贯彻婚姻法宣传提纲》，《人民日报》1953 年 2 月 25 日，第 1 版。
② 江西省人民政府政治法律委员会：《"转发关于在婚姻法公布后的重婚纳妾如何处理的意见"函》，1954 年 1 月 18 日，赣档 118 - 2 - 215 号。
③ 《邓颖超同志关于婚姻法的报告》，《人民日报》1950 年 5 月 26 日，第 1 版。
④ 基于当时农民的经济生活状况和结婚所需的巨额费用，加上婚姻法对于妇女离婚带产的规定，离婚对于男性的打击比女性更为致命。因为几乎所有婚姻的形成都是以男方财产的付出为基础的。
⑤ 分别见《政务院关于贯彻婚姻法的指示》，1953 年 2 月 1 日，载中央人民政府法制委员会编《中央人民政府法令汇编》（1953），法律出版社，1982，第 108 页；《中国共产党中央委员会关于贯彻婚姻法运动月工作的补充指示》，1953 年 2 月 18 日，《人民日报》1953 年 2 月 19 日，第 1 版。

18 日，中央贯彻婚姻法运动委员会副主任刘景范在中央人民广播电台发表的广播讲话中进一步明确指出：“对于男女间不正常的两性关系，不许追查，更不许‘斗争’。因为这一现象，固然是不好的，但它是封建婚姻制度、婚姻不自由的必然产物”，“不集中在改革封建婚姻制度，而要去‘反对’男女间不正常的两性关系，这是舍本逐末的办法。”同时，他对婚姻自由作了新的解释，即强调婚姻自由“包括结婚自由和离婚自由的两方面，缺乏任何一面就不能实现真正的婚姻自由，但是主要的一面还是结婚自由”①。这意味着离婚不再受到鼓励，而更加强调离婚诉求中的调解程序。事实上，自此以后，尤其是在 60 年代和 70 年代，“对于有争议的离婚请求，法庭一般全都驳回，而着力于‘调解和好’”。②

四　对《婚姻法》文本与有关政策的解读

对婚姻改造引起的混乱局面，固然与舆论宣传上的临时性、突击性、被动性密切相关。然而，该法的贯彻执行遇到的阻力不仅来自基层民众，也包括党员和县区乡领导干部。这就提醒我们，婚姻法——这一党执政后颁布的第一个最具现代意识的法律文本和改造婚姻制度、婚姻习俗的武器以及推行它的相关政策，在面对整个传统社会时，或许缺乏现实的考量，对其与传统文化的矛盾冲突估计不足。另外，在实践中，对婚姻法的宣传贯彻也没有像党发起的其他运动一样得到系统化的组织支持。可以说，宣传的缺失、婚姻法文本本身的不足和相关政策的缺陷、组织的缺位，共同促成了民众对婚姻法的误读及其严重后果。

从婚姻法的文本本身看，该法的“基本精神是在实际上积极扶植妇女，保护儿童，摧毁封建残余”，从而实现婚姻自由、男女平等的现代婚姻原则；而由于传统男权社会的深刻影响，要达到这一目的，就“必须加倍扶植实际处在不平等地位的妇女”③。因此，在《婚姻法》中，不仅

---

① 刘景范：《贯彻婚姻法是当前各级人民政府和全国人民重要的政治任务——三月十八日在中央人民广播电台的广播词》，《人民日报》1953 年 3 月 20 日，第 1 版。
② 〔美〕黄宗智：《离婚法实践——当代中国民事法律制度的起源、虚构和现实》，《中国乡村研究》（第四辑），社会科学文献出版社，2006，第 6 页。
③ 新华社：《史良部长谈婚姻法》，《人民日报》1950 年 4 月 17 日，第 3 版。

作出了"禁止重婚、纳妾。禁止童养媳。禁止干涉寡妇婚姻自由。禁止任何人借婚姻关系问题索取财物"四个禁止性原则规定，而且在有关离婚的章节中，对离婚、离婚后子女的抚养与财产的分割都作出了有利于妇女的规定。如第五章第十七条：

"男女双方自愿离婚的，准予离婚。男女一方坚决要求离婚的，经区人民政府和司法机关调解无效时，亦准予离婚。"

该规定确实体现了"婚姻自由"的现代婚姻原则，即离婚自由。从法律上说，本亦无可厚非。但在当时重婚纳妾、童养媳、妇女守寡普遍存在、妇女家庭地位低下以及人们对何谓"婚姻自由"毫无认识的情况下，① 该规定无异于鼓励妇女可以不顾家庭责任，轻率离婚，追求性自由。

而关于离婚后子女抚养和财产分割的规定又加剧了此一现象的产生。如第六章第二十一条：

"离婚后，女方抚养的子女，男方应负担必需的生活费和教育费全部或一部，负担费用的多寡及期限的长短，由双方协议；协议不成时，由人民法院判决。费用支付的办法，为付现金或实物或代小孩耕种分得的田地等。"

这就是说，离婚后不管子女归哪一方抚养，其经济费用主要由男方承担。又如第七章第二十三条，在分割家庭财产时，将照顾女方利益作为法院判决的原则之一；第二十四条规定，夫妻共同生活所负担的债务，"以共同生活时所得财产偿还；如无共同生活时所得财产或共同生活时所得财产不足清偿时，由男方清偿"；第二十五条对离婚后妇女生活上的规定；等等。这些规定在当时无异于明确地传递了这样一个信息：女方可以离婚不离家，离婚后不仅对原来的家庭债务、子女抚养无须负担责任，而且生活还有原来家庭为保障。

如果说，《婚姻法》第十七条只是为离婚自由提供了一种法律导向，

---

① 仅以童养媳的普遍性存在为例。据1951年婚姻法执行情况中央检查组中南分组对广东省兴宁县的调查，该县全县80%的妇女都是童养媳，有的乡甚至占到90%。参见婚姻法执行情况中央检查组中南分组《广东省兴宁县婚姻法执行情况检查报告》，1951年11月28日，粤档235-1-76号。

那么关于离婚后子女抚养、财产分割、债务清偿及生活上的规定则为妇女走向离婚解除了后顾之忧。实际上，整个《婚姻法》除了"原则""附则"两章外，其余六章中的三章是关于离婚及其离婚后子女、财产规定的，而这些规定，又无一例外地没有顾及传统社会的强大力量与普通农民婚姻家庭的实际情况（包括农民的经济状况），而仅仅从摧毁传统婚姻制度、建立现代婚姻制度这一带有政治性的社会变革需要出发，从现代婚姻观念的概念和保护妇女、扶持妇女的良好愿望来立法的。这样一部偏离历史传统和社会现实的法律，被封闭的、缺乏现代文化与意识的乡村民众误读就是很自然的。

《婚姻法》关于"禁止重婚、纳妾。禁止童养媳。禁止干涉寡妇婚姻自由"的规定，不仅与传统乡村文化发生冲突；——在执行中，这些事后的禁止性规定都变成了追溯性规定，重婚纳妾和童养媳被强制离婚、寡妇被强迫改嫁几乎成了普遍现象。——而且婚姻法的颁布也没有考虑到与土地改革政策相衔接。土地改革政策的立足点是依靠贫雇农，其现实出发点是照顾贫雇农的利益，以取得党对乡村领导的群众基础。而婚姻法造成的伤害恰恰主要是贫雇农：收养童养媳的主要是他们，包办成婚而又最容易遭受离婚诉求的也主要是他们。这些辛辛苦苦半辈子好不容易娶到妻子的贫苦农民，一纸婚姻法中关于"离婚自由"的规定，就让他们的人生希望破灭了。在这里，婚姻法所追求的社会改革目标与党在乡村的政治目标也发生了冲突，那些曾是党的革命力量源泉的农民就这样在不经意间被抛弃了，以致广大民众尤其是贫苦农民对党和政府产生了强烈的不满，认为共产党什么都好，就是婚姻法不好。在婚姻法贯彻过程中，许多干部之所以会干涉他人的离婚，除了传统文化观念的影响外，就是他们持有对贫苦农民的同情心态和阶级立场，认为贫苦户娶妻不容易，花过很多钱，如果判决离婚，就失掉了"立场"。

事实上，婚姻法的立法过程也显示出概念化及其与现实疏离的特征。1950年5月14日，中华全国民主妇女联合会副主席邓颖超在察哈尔省张家口市作关于婚姻法的报告时指出，婚姻法是经过17个月，"根据所搜集的城乡各项婚姻材料，参考了各解放区的婚姻法以及苏联和新民主主义国家的婚姻法，征求了各民主党派、各人民团体、各司法机关的意见，举行了多种多次座谈，反复研究讨论才制定的"①。

的确，《婚姻法》的问世历经 41 稿，倾注了起草者的大量心血。但基本上，它是从马克思主义的原则和现代婚姻观念出发，脱离中国现实的。所谓"根据所搜集的城乡各项婚姻材料"主要是指战争年代党有关婚姻和妇女工作的专题报告，尤其是苏区时期《中华苏维埃共和国婚姻条例》。② 在立法过程中，起草者看到了导致妇女受虐待受压迫的社会根源，即包办婚姻、男尊女卑以及由此产生的重婚纳妾、漠视妇女权益，但没有看到产生旧式婚姻制度的经济与文化根源。简言之，婚姻法主要是受到根据地以及苏联比较激进的婚姻法影响，其立法走的是理论与上层路线，而没有征求民众尤其是乡村民众的意见，没有考虑到广大乡村的社会现实，没有考虑到中国的传统婚姻文化。因此，广大民众难以正确理解婚姻法的立法意图，而很容易将传统的婚姻关系一律视为"封建的"而加以废除，由此建立的家庭一律视为"封建的"加以拆散。

在婚姻法执行过程中，有些地方和部门的片面甚至错误宣传更加剧了民众的误读。如对婚姻自由，华南人民出版社出版的《几个婚姻问题的解答》一书中，将其简单地归结为"把一个不好的家庭变成两个团结和睦的幸福家庭"③。关于离婚，《长江日报》在宣传解释这一问题时，超出婚姻法的规定，放宽离婚条件，将感情之外的因素作为是否判离婚的标准。它在答读者问中指出，下列四种情形均可以作为离婚理由，请求法院判处离婚：一是男女之一方参加反动组织，且已被政府拘禁判刑的；二是男女一方与人通奸的；三是男女之一方在解放前参加反动组织，解放后一年来生死不明的；四是婚后发现男女之一方有生理缺陷，不能发生性行为，或患有花柳、神经病及其他疾病，不能过同居生活的。关于取消订婚及取消订婚后财产的处理，该报解释说：订婚不是结婚的必要手续，一方要求取消婚约者，可通知对方取消之；订婚时所付的礼金如是指公开或变

① 《邓颖超同志关于婚姻法的报告》，《人民日报》1950 年 5 月 26 日，第 1 版。
② 参见《罗琼谈新中国第一部〈婚姻法〉起草前后》，《人民日报》（海外版）2002 年 3 月 22 日，第 8 版。
③ 中南局宣传部：《（关于部分出版社和报纸在宣传贯彻婚姻法的出版和报道工作中发生错误的）通报》，1953 年 4 月 10 日，粤档 204－3－32 号。

相的买卖婚姻（所谓变相的买卖婚姻，这里是指以索取对方一定的财物为结婚条件）的性质者，在取消婚约时一般可不退还；订婚时所付礼金如系父母或男女双方出于自愿的帮助或赠送，一般的亦可不退还。[①] 关于童养媳的处理，中央人民政府政务院法制委员会就婚姻法施行的若干问题解答中指出，对婚姻法施行前未结婚的童养媳，其自愿回家或另择配偶时，"男家不得阻碍并不得索还婚礼和讨取在童养期间消耗的生活费"[②]。对婚约和童养媳的这些规定，从法律层面及保护妇女权益的角度上无疑具有正当性，但它没有顾及乡村订婚在确定婚姻关系中所具有的文化意义，没有考虑到童养媳在乡村普遍存在的事实，以及订婚和童养媳对于男方家庭的经济意义。实际上，送出自家女儿给他人做童养媳的家庭固然生计艰难，但收养童养媳的家庭也并非就是富裕之家。[③] 通常一个家庭收养一个童养媳，既是作为劳动的帮手，更是为以后省却一笔娶媳妇的大开销。所以，允许童养媳自由离开，对收养她的家庭来说，经济上未尝不是一个沉重的打击。至于在中国乡村普遍存在的聘礼或礼金，作为一种风俗，不仅是一种婚姻的契约形式，也是男方向女方家庭支付的抚养女子的对价。取消婚约时不退还聘礼，无异于使男方在乡村社会公开受辱的同时，还损失了一笔巨额财产。

关于离婚带产和帮助妇女维持生活的规定也没有照顾到乡村普遍贫困的现实，因而加剧了民众对婚姻法的误读。婚姻法从良好的愿望出发，对妇女离婚带产和生活有明确的规定。但一方面很多家庭由于生活贫穷，妇女离婚后几乎没有财产可带，难以独立生活；另一方面乡村中"嫁出去

---

① 《关于婚姻法问题答读者问》，《长江日报》1951 年 6 月 2 日，第 5 版。

② 新华社：《中央人民政府法制委员会解答有关婚姻法施行的若干问题》，《人民日报》1950 年 6 月 28 日，第 1 版。

③ 据调查，无论是抱童养媳的还是把女儿卖与他人做童养媳的，多是穷人，"抱童养媳的，多数是经济困难，生活苦，怕儿子长大了娶不到媳妇；有女儿的怕长大了没钱陪嫁，又觉得女儿没有用，还得养活，因此很早就把女儿卖掉，既可以减轻生活负担，又可得一些利"。参见婚姻法执行情况中央检查组中南分组《广东省兴宁县婚姻法执行情况检查报告》，1951 年 11 月 28 日，粤档 235 - 1 - 76 号。柯鲁克夫妇在河北农村的调查、观察也表明，"童养媳"这一中国乡村普遍而又特殊的婚姻安排主要在贫农之间。贫农家庭出身的妇女，大多数为童养媳；尘进她们并且不得不养活她们的那些家庭也主要是贫困家庭。参见〔加〕伊莎白·柯鲁克、〔英〕大卫·柯鲁克《十里店（一）——中国一个村庄的革命》，龚厚军译，上海人民出版社，2007，第 16 ~ 17、122 页。

的女、泼出去的水"的传统观念根深蒂固，妇女离婚后难以回娘家继续生活。结果造成"娘家不能存身，婆家不能安身，结果还得卖身"的尴尬局面。许多离婚妇女无处可去，只好仍住婆家。所谓离婚不离家，等候找对象结婚。还有的在离婚时男方被判每月拿生活费给离婚的妻子，直到她再嫁为止，致使男方感到这种负担无止境。① 由此造成的矛盾和纠纷层出不穷，有的因此而产生人命案件。

　　针对这些问题，1953 年 2 月 1 日，政务院在关于贯彻婚姻法的指示中，要求各地党政机关和人民团体，都要负责给争取婚姻自由而暂时遇到生活困难和迫害的广大妇女以必要的保护、救济和临时安置。② 许多地方将离婚妇女的临时安置与救济纳入社会救济中。如江西省要求各地民政部门协同民主妇联对离婚后生活遇到困难的妇女予以适当的及时救济与安置，所需经费由社会救济费项下开支。③ 中南贯彻婚姻法运动委员会与中南民政部也发出联合通知，要求对那些"确有困难的人，应予临时安置和救济，所需经费可由省、市贯彻婚姻法运动委员会提出预算，在民政部门社会救济事业费项下拨出一部，由贯彻婚姻法运动委员会办公室掌握开支"④。江西省乐平县对那些到县城离婚因路远或回去可能发生其他事故而又无依靠者，一律由法院审查、介绍到县办公室审核，由民政科发给伙食或者由政府办公室介绍到招待所住宿用膳，其所有费用由办公室总结账，再向民政科报销。⑤

　　虽然临时安置和救济措施都是临时性的，不可能真正解决离婚妇女所

---

① 江西省贯彻婚姻法运动委员会：《江西省贯彻婚姻法运动初步总结报告》，1953 年 6 月 30 日，赣档 118 - 2 - 167 号。

② 《政务院关于贯彻婚姻法的指示》，1953 年 2 月 1 日，载中央人民政府法制委员会编《中央人民政府法令汇编》（1953），法律出版社，1982，第 110 页。

③ 江西省民政厅：《（对离婚后未结婚前的妇女遇生活困难应予以救济）通知》，1953 年 1 月 8 日，赣档 118 - 1 - 194 号。

④ 该通知同时强调，对无家可归者，主要是协助她们好好利用所带财产，走向劳动生产、自谋生活的道路。只有对极少数的妇女，离婚时无财产可带或本身缺乏劳动力，在社会上又无其他可以依靠的关系，一时生活确有困难，经发动社会互助仍无法解决者，才得酌予临时救济。参见中南贯彻婚姻法运动委员会、中南民政部《联合通知》，1953 年 1 月 28 日，赣档 118 - 2 - 167 号。

⑤ 乐平县人民政府、乐平县贯彻婚姻法运动委员会：《报告》，1953 年 2 月 25 日，赣档 118 - 1 - 194 号。

面临的生活问题。但这些措施的推行，加深了乡村民众关于婚姻法是妇女法的误解。

此外，组织的缺位也是导致民众误读婚姻法的一个重要原因。同一时期进行的土地改革之所以能够顺利推进，一个重要的因素就是有强大的组织系统。除了党的领导将主要精力转移到土地改革并成立了党的各级土地改革委员会来具体指导外，各地还普遍建立了农协等群众性组织、民兵等武装组织、青年团和妇代会等党的外围组织，以及逐步建立起来的基层政权组织。可以说，组织与动员体系相当完善。反观推行婚姻法，从中央到地方没有建立任何一个领导或指导机构。县、区领导由于中心工作的繁重而无暇顾及这一不那么紧迫且不易看见成绩（相反还可能担当骂名）的任务。妇女组织民主妇联大多尚在筹备中，已经建立起来的妇联也无执行力。其他因应土地改革、民主建政建立起来的群众组织既没有热情也没有义务为之进行宣传推动，他们要么袖手旁观，要么粗暴干涉。直到1953年初，土地改革基本完成，党得以腾出手来领导婚姻法的贯彻因而准备掀起一次运动的时候，才建立了中央、大区、省的贯彻婚姻法运动委员会，以为指导。而此时，由于民众对婚姻法的误读带来的离婚、自杀、被杀和性关系混乱等现象已经引发了社会的普遍不满。党不得不从过去的激进立场后退，而将运动限定在宣传教育的范围，以缓和民众的不满情绪，减少社会冲突。

五 对婚姻改造的再思考

政治变革及随之建立起来的经济和文化制度通常要求传统社会在社会生活、思想观念、道德习俗等方面作出改变。而面临外部的威胁，传统社会往往会极力加以反抗。在这个过程中，传统社会有时会付出沉重的代价。新中国成立初期以婚姻法为武器的婚姻改造，是中共继政治上、经济上推翻原有制度之后，对社会领域进行改造的主要步骤。通过宣传和贯彻婚姻法，打破乡村社会中男权的统治，使青年尤其是妇女从家庭中、从夫妻关系和家族文化的权力网络中解放出来，成为一个"自由""自主"的人，这无疑具有妇女解放的积极意义。然而，以民主、平等、自由等现代精神为立法原则的婚姻法与以族权、父权、夫权为标志的传统社会可谓格格不入，与"父母之命、媒妁之言"的婚姻习俗和"从一而终"的礼教观念直接对立，这就决定了这场社会改造的艰巨性和复杂性，也说明社会习俗的变革难以"毕其功于一役"。

首先，新政权所标示的劳动人民的政权性质，特别是土地改革及土改复查的实践斗争，唤醒了妇女对于被压迫的悲苦意识，加深了妇女对苦难乃至于解放与翻身的理解，也赋予了妇女们反叛传统、反抗男权的斗争勇气。"传统制度的解体可能会导致社会心理上的涣散和沉沦颓废，而这种涣散和沉沦颓废又反过来形成对新的认同和忠诚的要求"[①]。这种新的认同感和忠诚感，表现为对在现代化过程中所形成的新事物或新集团进行认同。代表着劳动人民的党和人民政府不仅使过去的底层民众产生了新的国家认同、文化认同、情感认同，而且使之热烈地追寻国家建立新的道德、伦理标准的努力。婚姻法的颁行，使离婚和寡妇再嫁成为一种带有政治性质的革命文化甚至是乡村的时尚文化，更使广大妇女找到了主张自己婚姻权利的政治、文化手段。

另外，这场社会改革运动没能像土地改革运动一样获得组织的支持。在土地改革运动中，党依靠逐步建立起来的基层政权力量和各种各样的群众组织向传统势力（也即敌对的地主阶级）宣战；而国家介入家庭生活和个人事务，鼓励青年和妇女向家族和夫权、父权挑战，推动婚姻制度、婚姻观念变革时，连妇女自己的组织都难以依靠，更不用说其他的组织了。没有基层区、（乡）村干部的有力推动，对于识字率极低的农民来说，婚姻法中反传统的种种规定就注定只能是一种空洞的官方话语和一纸空文。而没有组织的支持和政权的保护，那些选择摆脱婚姻困境、追求自由的青年男女（特别是妇女），也只有以一死与传统抗争。

其次，婚姻法无疑是新中国第一部最具有现代精神的法律，它不仅从平等、自由的原则出发规定了婚姻自由、一夫一妻、男女权利平等，而且还从保障人权出发，规定了离婚妇女的财产权。而正是这一规定与传统的婚姻解体模式最为冲突。一方面是妇女有了离婚后经济独立或者说生活上

---

① 〔美〕塞缪尔·P. 亨廷顿：《变化社会中的政治秩序》，王冠华、刘为等译，上海人民出版社，2008，第29页。

的法律保障，因而排除了后顾之忧，可以大胆地提出离婚。另一方面，传统上婚姻的解体是以休妻为主要模式的，被休的妻子毫无权利可言；更主要的是，几乎所有的婚姻关系的形成都是以男方财产的付出为基础的。"结婚在农村是一件非常昂贵的事情——按照结婚的通常花费和大多数农民的收入水平，一生只负担得起一次。允许一个不满的妇女任意与丈夫离婚……经济考虑可能比丈夫感情上受到的伤害重要得多。"① 由于对离婚妇女财产权的规定普遍地被认为会导致"人财两空"，因此成为男方坚决反对离婚、反对婚姻法的主要原因，也是男方自杀和女方被杀的主要原因。

再次，民主建政、土地改革、社会改革不仅使妇女加入劳动大军和学校中，成为乡村政治、经济、社会生活中的活跃一员，而且在更广阔的范围内为年轻一代尤其是妇女与传统发生冲突提供了舞台。对婚姻自由的追求，毫无疑问得益于婚姻法的颁行，但仅有此还不足以成为广大妇女冲破传统婚姻家庭束缚的动力。各种团体、组织、训练班、剧团，各种识字班和冬学，互助组、合作社，甚至各种各样的会议，为青年男女相识并跨越传统社会界线而发生恋情、成就婚姻提供了理想的场所和前所未有的契机。② 很多人正是在这些组织和场合内结识了心仪的对象而毅然与原来的家庭决裂，或者背离传统道德而与对方发生性关系，为此与家庭发生冲突而自杀或被杀者也为数不少。

事实上，随着运动的退潮，党、政府和社会的注意力转移到合作化、集体化及思想领域中，乡村社会中的传统在某种程度上又得以回归。虽然童养媳、一夫多妻现象消失了，族权、父权、夫权也受到了很大的冲击，但浪漫的爱情再也鲜有发生。③ 由于缺乏公共生活领域（农业集体劳动除外），也由于新的阶级分层日益明显，曾经谈情说爱的舞台消失了，"父

① 〔美〕黄宗智：《离婚法实践——当代中国民事法律制度的起源、虚构和现实》，《中国乡村研究》（第四辑），社会科学文献出版社，2006，第28~29页。
② 据统计，1951年河南省鲁山县全县上民校的56451人中，妇女就有29321人，超过了50%。《河南省鲁山县是怎样贯彻执行婚姻法的》，《人民日报》1953年1月6日，第3版。
③ 有学者对黑龙江省的下岬村的考察表明，在整个50年代，下岬只有过一对自由恋爱婚姻。参见阎云翔《私人生活的变革：一个中国村庄里的爱情、家庭与亲密关系》（1949~1999），上海书店出版社，2006。

母之命、媒妁之言"再次成为男女成就婚姻的主要形式；聘礼——曾被当作变相的买卖婚姻——也依然存在；离婚重被认为是给家庭带来耻辱的事，从一而终的观念卷土重来。这表明，党虽然通过运动带来了文化整合，但对村民的日常生活影响只是临时性的。同时也表明，那看似轰轰烈烈的社会改造运动，在表面的热闹过后，沉寂下来的仍然是传统社会的根基。而那些反叛中的死者，实际上成了运动的"牺牲"，它诉说着社会从传统向现代转型必然经历的阵痛。

美国著名学者塞缪尔·P. 亨廷顿曾指出，苏联试图按照城市的形象来改造农村，摧毁其传统生活方式，强迫农民接受现代观念，结果付出了巨大的代价。[①] 新中国成立初期，中国共产党以婚姻法的颁布实施为契机，在乡村推行以现代婚姻观念为基础的婚姻制度，不是像革命和土地改革一样，去积极进行广泛的持续的舆论宣传和深入的组织动员，寻求乡村的支持，而是宣传上临时、被动应对，执行上强迫农民；更为重要的是，当此之时，乡村的生产方式和生活方式乃至风俗教化都没有发生与之相适应的变化，因此无论是承载着现代婚姻观念的婚姻法还是这些观念本身都大大超出了乡村社会的认识范围。在这种情况下，官方表达的婚姻自由与民众想象的自由出现错位、广大民众将婚姻法误读为"离婚法"和"妇女法"就难以避免，进而婚姻法的贯彻实施也就不可避免地要付出大量生命的代价。它说明，"政治、法律、意识形态在改变婚姻制度上可以发挥重大作用"，但要根本改变传统的婚姻制度，建立现代婚姻制度，"还有赖于生产方式的根本改变"[②]。从一个更广泛的范围看，它也说明，传统社会向现代社会的转型是一个艰难的过程。

第三节　对乡村社会特殊群体的改造

媒婆、产婆、神婆（包括神汉、仙姑等），是传统乡村中行使着某种

---

① 〔美〕塞缪尔·P. 亨廷顿：《变化社会中的政治秩序》，王冠华、刘为等译，上海人民出版社，2008，第362页。

② 姜义华：《序》，载张志永《婚姻制度从传统到现代的过渡》，中国社会科学出版社，2006，第3页。

专业职能的特殊群体，也是旧时代乡村社会的公众人物和传统乡村文化的代表。他们穿行于乡村社会成员之间，掌握着各个家庭的生老病死甚至家长里短的信息，并为乡村大众所熟悉；他们联通这个家庭与那个家庭、"前世"与今生、人与神灵，是连接不同家庭的桥梁、迎接新生命的使者和通灵者。这些特殊群体因之拥有一般民众乃至世俗权力所不具有的话语权和影响力，也体现出中国传统乡村不同于他者的文化特征。因此，对他们的改造，其意义既在于对这些职业的改造与提升（如产婆），更在于剥夺他们在乡村的话语权，消除他们在公众中的影响力，彻底改造乡村文化。由于在以男女平等、婚姻自由为目标的婚姻改造中，媒婆的地位受到严重的冲击、削弱，几乎不存在再须对其进行改造的问题，这里仅考察产婆和神婆（神汉、仙姑）的改造。

一 对旧产婆的改造

产婆又叫接生婆，有些地方也叫稳婆，是乡村社会中少数具有某种技能的受人尊敬的妇女。说她受人尊敬，是她接生下来的每一个孩子，几乎一生都会与之发生联系：孩子过生日，甚至结婚，都要请她去喝酒；她们虽然没有固定的收入，但每一次接生或多或少都会收到事家的红包；她们的技术，通常只传给自己的女儿或者媳妇，一般不传给外人。但是，她们也很辛苦，不管什么时候、什么天气，只要有产妇要生了，有人来接，产婆都必须赶过去接生；她们还得冒很大的风险，"子奔生，娘奔死，两命都是阎王手里捏着的纸。"由于没有受过专门的训练，工具简单（一把剪刀），她们遇到疑难问题时往往束手无策，一旦处置不当或不能处理，就只好眼睁睁地看着悲剧发生；也由于她们接生时不注意消毒，容易造成产妇产褥热和新生儿破伤风感染。因此，从现代政府的眼光来看，受人尊敬的产婆会抵消中共和政府的权威，而不科学不卫生的接生方法导致较高的产妇死亡率和婴儿死亡率，同样也会损害中共和政府的威信。在这种情况下，无论单纯从科学技术上看，从保障人民的生命健康上看，还是从树立党和人民政府的威望来看，改变旧产婆接生的习俗，培训、改造旧产婆，进而在乡村建立起妇幼保健体制，就成为乡村社会改造的一个重要内容。

对旧产婆的改造，民国时期也曾尝试过。1928 年 8 月，广东省民政厅奉卫生部的命令，要求各县市取缔旧法接生，利用当地医师或助产士，开设接生婆训练班，以推广助产知识及消毒办法。① 湖北省卫生处也签发过《各县市乡镇接生婆训练班纲要》及《训练办法》，对接生婆进行培训。② 但对于广大乡村来说，这些训练班都是杯水车薪，更重要的是没有能建立起一整套的妇幼保健体系。

新中国成立后，各级政府把推广新法接生，改造旧产婆，培训接生员，保障妇婴健康，列为妇幼卫生工作的首要任务，在有系统地培养助产士的同时，加大了对产婆的培训，并逐步建立起了一套妇幼保健体系。

1951 年 4 月，经政务院批准，卫生部、教育部发布《关于发展卫生教育和培养各级卫生工作人员的决定》，决定新的卫生教育分高、中、初三级，其中中级卫生教育包括医士学校、护士学校及助产学校等，均招收初中学生入学。助产学校采取两年制，有条件的助产学校还可以设立专修科及进修班以培养助产学校的师资。③ 助产学校的设立，为改造旧产婆、推广新式接生创造了条件。

1952 年 1 月，广东省卫生厅和广东省妇联发出联合通知，宣布当年的旧产婆改造由两部门合办，同时颁布《广东省改造旧产婆训练工作实施办法》和《1952 年春季联合开展妇幼卫生工作要点》，改造旧产婆和训练接生员的工作由此在全省全面铺开。

《实施办法》指出，改造旧产婆的主要目的是在医护人员尚未普及到各地（特别是农村）的情况下，为广泛预防产褥热和破伤风，解决农村中最迫切而危害最大的妇女死亡问题。为使这项工作稳步推进，广东省选择了已经进行了土改且卫生机构比较健全而旧产婆问题严重的专区各选若干县份作重点试办，在取得经验后逐步推广。

《实施办法》要求在正式改造、训练旧产婆之前，深入调查当地妇幼死亡及旧产婆一般情况，如旧产婆的分布、姓名、地址、接生年数、接生

① 广东省地方史志编纂委员会编《广东省志·卫生志》（光盘），电子出版物数据中心、广东省科技音像出版社，2006，第 30 页。
② 见湖北省卫生处《签发各县市乡镇接生婆训练班训练纲要》，1946 年，鄂档 LS18 - 14 - 181 号。
③ 中央人民政府教育部、卫生部：《〈关于发展卫生教育和培养各级卫生工作人员的决定〉公布令》，1951 年 4 月 4 日，粤档 235 - 2 - 3 号。

方法、所抱态度及其顾虑与困难。必要时召集乡村农民大会，对训练目的进行说明，以期结合群众力量作更深入的动员。此次改造、训练的对象是未经训练而专以土法接生为业的旧产婆，首先是那些年轻容易改造的人员以及业务较好但年龄较大、性情顽固者，以产生宣传和影响效果。在方法上，一是在县城采用"集中训练办法"，将各区内旧产婆成立一个班集中训练；二是对离城较远的乡村旧产婆（特别是年龄大的旧产婆）采用"分散训练办法"，即组织改造旧产婆训练队下乡作轮回训练或就近发动当地开业医师助产士协助办理，分散训练，在一村或联合附近各村组成一班或两班。训练时间一般为一星期，每班人数 5～20 人。训练的内容主要有接生前的准备和消毒法、新法接生、意外处理、产前产后注意事项等。旧产婆训练结业后，改称为接生员，由卫生机构执行监督管理、供应接生用品。在已建立妇幼保健员制度的地区，接生员直接受妇幼保健员指导管理。对于始终逃避不接受训练的旧产婆，要严格教育，并要求其放弃业务。

《实施办法》还要求各地在改造旧产婆后按地区之大小、远近成立接生员小组和中心组，由各接生员汇报呈查新生儿脱落脐带、推广卫生宣传、动员孕妇到当地卫生机关做产前检查、比较新旧法接生的好坏处及产家的反应、工作中困难问题的处理方法等工作情况，并指定每组接生员遇难产时应找的技术人员，以及规定接生员收费办法等。[①]

根据《1952 年春季联合开展妇幼卫生工作要点》，当年 1 月，由广东省卫生厅公共卫生人员训练所妇幼保健班第二期为基本工作人员，由妇幼保健院负责组成 9 个工作队，分赴 9 个专区的重点县开展工作。这 9 个县是：珠江区宝安、东江区龙川、西江区云浮、潮汕区揭阳、高雷区遂溪、兴中区鹤山、北江区英德、兴梅区丰顺，海南区则自行决定一县。旧产婆改造经费由两部分组成，省妇联补助每一专署 300 万元训练费，各 210 万元做接生包费（海南行政区补助 350 万元训练费）；省卫生厅在改造接生婆经费项下拨 1500 万元为该 9 个工作队的补助费（包括卫生宣教费、妇幼保健员班学员中非薪金受训学员在集中重点县工作时的伙食费及旅费），交由省妇幼保健

---

① 广东省人民政府卫生厅、民主妇联筹委会：《（补发广东省改造旧产婆训练工作实施办法的）联合通知》，1952 年 1 月 18 日，粤档 317－1－9 号。

院掌握因应使用。按照计划，每专区重点县改造、训练旧产婆100名。①

　　湖南省从1950年8月开始在邵阳、桃源、宁乡、衡阳、祁阳、零陵、湘潭7个县市训练旧产婆，培训期限为一个月，每天上课2到3小时包括政治和技术学习、消毒法、接生注意事项、急救法、产后护理9项内容，重点是消毒、料理脐带及保护会阴。每个得到培训的旧产婆都配发1个接生箱，内含脐带包2个、剪刀1把、毛刷1把、消毒盒1个、接生巾1条、眼药水1瓶、酒精1瓶、碘酒1瓶。②

　　1952年4月29日、5月24日，中南军政委员会卫生部两次发出指示，指出大量培养接生员、普遍推行新法接生是1952年妇幼卫生工作的重点，并规定当年全区必须完成训练53400名接生员的任务。8月19日，中南卫生部就大量培养接生员、推行新法接生规定了具体办法，要求各省市卫生厅、处、局设立妇幼卫生科，如无妇幼卫生科，则应在保健科或有关科室中指定专人负责妇幼卫生工作，并以大量训练接生员为妇幼卫生中心工作。同时要求各省市卫生厅、处、局，各专署，各县市卫生机关抽派较有经验的助产士或有接生经验的护士、妇幼保健员组成巡回训练队，协助老区和少数民族区或卫生落后地区训练接生员。训练期限一般为半个月。训练末期把学生组织起来，按地区设立接生小组，小组直接隶于区卫生所。区卫生所尚未建立的地区，由区妇联或农会直接掌握管理，使其构成严密接生网。师资困难地区，则采用带徒弟的办法，由区卫生所委托较有接生经验的接生员带两至三个学徒，以农村不脱产的妇女为主要对象。学徒见习接生10个以上，自己单独接生5个（老师监督）即可结业。或者采取小先生的办法，即由训练人员挑选学员中品质较好、积极专干的妇女培养为小先生，使其连续参加两次接生员训练（第二次训练当作助教性质），以后可以单独办理训练班。③ 按照这一指示，不仅要通过集中与

---

① 广东省卫生厅、广东省民主妇联筹委会：《（为颁发1952年春季联合开展妇幼卫生工作要点及改造旧产婆训练工作实施办法希参照实施办理的）联合通知》，1952年1月7日，粤档317－1－9号。

② 湖南省卫生处保健预防科：《湖南省1952年接生员训练办法提纲》，1952年，湘档212－1－848号。

③ 中南军政委员会卫生部：《（关于大量培养接生员推行新法接生的）指示》，1952年8月19日，粤档317－1－9号。

分散、分班教学与师徒形式等各种方式培养训练接生员，而且还要通过这些经过训练的接生员初步建立起以妇女生产为中心的妇婴保健体系。

在卫生行政部门和妇女组织的推动下，各地旧产婆的改造工作取得了明显的效果。广东省 1951 年改造训练旧产婆 4500 人。截至 1952 年 10 月，改造旧产婆 1575 人，训练接生员 575 人（见表 4-5）。

改造旧产婆，大力推行新法接生〔即科学的消毒接生，可以概括为"一睡"（仰卧着生小孩）、"二检查"（产前检查和产后访视）、"三消毒"（接生器械消毒，产妇会阴消毒及接生员手消毒）〕，有效地减少了产妇产褥热和新生儿破伤风的发生，产妇死亡率和新生儿死亡率都大大下降。以婴儿死亡率为例。据中南卫生部调查，1949 年 6 月至 1950 年 5 月，湖北省孝感朋兴区的婴儿死亡率为 165.15‰，其中破伤风导致的死亡每 10 万人中就有 1403.8 人。[1] 广东省卫生厅、广州市卫生局联合各医事院校师生对广东省几个区、乡、村 1950 年 7 月至 1951 年 6 月的调查显示，婴儿死亡率最高的达到 208.11‰，最低的也有 91.05‰（见表 4-6）。1953 年，根据中南区生命统计试办区江西省南昌市第四区、江西省景德镇市、广西省桂林市第一区、武汉市硚口区和广州市中区五个区的统计，婴儿死亡率分别为 70.84‰、81.48‰、43.37‰、55.41‰和 26.44‰。[2] 而到 1959 年，广东省新生儿破伤风发生率也只有 1‰，[3] 可以想见由此导致的婴儿死亡率应该更低。

---

[1]　中南军政委员会卫生部编《1950～1952 年中南区卫生统计资料汇编》，内部资料，1953，第 93、95 页。

[2]　中南行政委员会卫生部编《1953 年中南区卫生统计资料汇编》，内部资料，1954，第 46 页。本人没有掌握该年度（及以后几个年度）中南乡村婴儿死亡率的资料，故以城市婴儿死亡率进行说明。从湖北省孝感县实验卫生院对该县城关区 1949 年 8 月到 1950 年 7 月及中南卫生专科学校对武昌区凯字营街及新河街 1951 年 9 月至 1952 年 8 月的调查，该两地（城市）的婴儿死亡率分别为 72.02‰和 70.62‰，虽然城市新生儿接生法并没有多大变化，但从可参比的武汉市看 1953 年的婴儿死亡率还是有较大的下降。而乡村由于新法接生逐渐展开，可以想象婴儿的死亡率应该下降更快。从全国来看，随着新法接生在农村的普及，特别是妇幼保健体系的逐步完善，农村婴儿死亡率在 20 世纪 90 年代后加快下降，1991 年为 58.0‰，1995 年为 41.6‰，到 2005 年下降到 21.6‰。分别见中南军政委员会卫生部编《1950～1952 年中南区卫生统计资料汇编》，内部资料，1953，第 93、95 页；《中国卫生年鉴》编辑委员会编《中国卫生年鉴》（2007），人民卫生出版社，2008，第 545 页。

[3]　广东省地方史志编纂委员会编《广东省志·卫生志》（光盘），电子出版物数据中心、广东省科技音像出版社，2006，第 632 页。

表4-5　广东省改造产婆或训练接生员人数统计表

单位：人

地区		1951年改造或训练接生员数	1952年		地区		1951年改造或训练接生员数	1952年	
			改造旧产婆	训练接生员				改造旧产婆	训练接生员
省辖	湛江市	118			北江区	曲江	115		
	江门市	10				清远	69	16	36
珠江区	中山	289				英德	53	1	111
	番禺		83	29		连县		11	
	南海	30/100				乐昌	47		
	宝安	233	32			始兴		22	
	顺德	50				仁化	9		
潮汕区	潮安	214		36	西江区	罗定		20	
	揭阳		1	61		云浮	28	31	17
	潮阳		25		粤中区	阳江	16	33	29
	普宁	21	228	98		阳春	41		
	澄海		10	37		恩平	71		
	惠东		90	25		鹤山	31	175	
兴梅区	梅县	53				高明	39	34	
	上埔	58			高雷区	茂名	139		
	大埔	56				廉江	29		
	丰顺	56	34	7		电白	59		
	平远		41	5		遂溪	93	107	
	蕉岭	18	20		海南行政区	琼山	138		
东江区	惠阳	461				左县	315		
	龙川	219	28	20		陵水	166		
	增城		17			白沙	135	415	
	紫金	35				保亭	110		
	龙门		76	32		乐东	478		
						屯昌	232		
						文昌		36	32
					合　计		4600	1575	575

资料来源：《广东省改造产婆或训练接生员人数统计表》，1952年10月，粤档317-1-9号。

表 4-6 广东省部分乡村 1950 年 7 月至 1951 年 6 月婴儿死亡情况调查表

调查地区	人口数	出生数	出生率（‰）	婴儿死亡数	婴儿死亡率（‰）	破伤风致死率*
东海南岛白沙县第一行政区	5981	235	39.29	49	208.11	2127.7
海南岛儋县那大镇	2351	103	43.81	11	106.8	5825.2
顺德县大晚乡	3256	120	36.86	24	200	4166.7
顺德县连间乡稔海村	1449	42	28.98	8	190.47	4761.9
连南县三排村	1370	62	45.26	10	161.29	1612.9
连南县油岭村	1208	47	38.91	9	191.49	6383
怀集县罗龙村	819	26	31.75	4	153.85	3846.2
怀集县谭舍村	762	25	32.8	4	160	
怀集县双官村	677	23	33.96	——		
海陆丰渔村	10924	491	44.95	45	91.65	——

* 破伤风致死率系每 10 万婴儿因破伤风感染死亡的比例。

资料来源：根据《中南区三年来在乡村和城市的出生死亡情况调查》《中南区婴儿死亡原因分类统计》制作而成。参见中南军政委员会卫生部编《1950~1952 年中南区卫生统计资料汇编》，内部资料，1953 年，第 93 页、95 页。

　　对旧产婆的改造和训练虽然在降低产妇及婴儿死亡率上起到了重要的作用，但由于当时交通落后，农村医疗卫生条件落后，农民到设立在乡镇的卫生院看病、生孩子都十分不便，更由于长期以来社会将妇女生产视为一个自然的过程，对生产不重视，一般妇女仍然在家请产婆接生。20 世纪 70 年代后，随着农村合作医疗的普遍实行，"赤脚医生"在行政村（生产大队）的扎根，特别是 1978 年开始执证接生，产婆才慢慢退出历史舞台，乃至 2000 年国家取消接生婆这个行业，传统意义上的产婆就此消失。

　　有学者认为，在现代医学兴起之前，分娩只是一种社交行为，而不是医疗行为。分娩是女人间的仪式性活动，形成所谓的 gossip 生产文化——由产妇、产婆及街坊邻居妇人所形成的一个男人被排除在外的圈子。[1] 确实如此，而且这个圈子往往在乡村社会还具有很大的影响力。新中国成立初期对旧产婆的改造，单纯从技术的角度看，是在乡村普及新法接生，科学接生，也就是将现代医学技术引入乡村。但它也使作为乡村社交活动的

---

[1]　王郁著：《消失的产婆》，中国助产士网，2010 年 5 月 7 日。

分娩演变成了一种单纯的医疗行为，随着旧产婆消失的，不仅是一种妇女的特殊职业，更是一种生育文化和古老的习俗。

二　对迷信职业者的教育改造

中国传统乡村社会的一个显著特点就是社会成员普遍相信命运、迷信鬼神，认为世界有阴阳两界。在这种世界观的支配下，加之医疗技术落后、医生缺乏，社会对于个体的病痛不是求助于医，而是烧香拜佛或借助神汉神婆仙姑（巫婆）等通灵者求诸鬼神；对于人生也往往采取消极的态度，所谓生死有命、富贵在天，一切都是前世注定。作为一个现代政党，中共在成立新政权后一方面开始建立现代医疗体系，在乡村首先就是改造旧产婆、训练接生员，降低产妇和新生儿死亡率；另一方面，也是更为重要的，通过对神汉神婆等迷信职业者的教育改造，破除农民头脑中的封建迷信思想，在解构民间信仰的同时，以党的意识形态取而代之，从而扩大和巩固党执政的社会基础。

迷信职业者与媒婆、产婆一样，是活跃于乡村的特殊群体。[1] 他们不仅是沟通人与鬼神阴阳两界的媒介，还是向村民们传达和普及地方性信仰知识的媒介；他们在请神作法的仪式中表现出普通人无法具有的生理与精神特质，在村民的生活中构成了日常信仰世界里的某种权威。[2] 而乡村民众在生活中的不测事件无法得到解决和解释时，他们最本能的反应就是向神汉神婆求助，问题解决后则更加坚信神明，从而形成了对迷信职业者的依赖。[3]

---

[1] 根据1950年8月4日政务院第44次政务会议通过的《政务院关于划分农村阶级成份的决定》，迷信职业者即宗教职业者，是指"在紧靠解放前，以牧师、神父、和尚、道士、斋公、看地、算命、占卦等宗教迷信的职业，为主要生活来源满三年者"。参见中央人民政府法制委员会编《中央人民政府法令汇编》（1949～1950），法律出版社，1982，第101页。今天看来，宗教职业者与迷信职业者并不完全相同，宗教职业者所从事的是宗教活动，更具神圣性；而迷信职业者所从事的是世俗活动，如看病、看风水、算命、通灵等，更具民间性、世俗性，本文所说迷信职业者即指在民间从事这一类世俗活动的群体。

[2] 陈映婕：《乡村巫婆与地方崇拜的重构——以桐庐"陈老相公"信仰为例》，《民间文化论坛》2006年第5期。

[3] 张小娟：《论满月仪式中巫婆与花婆信仰的关系——以广西靖西县其龙村壮族人的满月仪式为例》，《柳州师专学报》2009年第2期。

　　农民的迷信是迷信职业者生存的社会基础。迷信使农民不能看清生老病死的真相，也难以认识生活困苦的根源，容易产生盲从心理。1949年底1950年初，全国许多省市疫病流行，传播很快，尤以天花、流行性脑脊髓膜炎、麻疹为最多。湖北省襄阳专署地区的恶性流行传染病，始于随县、枣阳边境百里之内，随后扩大至洪山、谷城、宜城、南漳及老河口对岸冷家集一带400余里的地区。洪山一带死亡数达300余人，冷家集等地也死亡百余人。① 疫情发生后，各种传言很多，特别是"疫区的人民由于长期的迷信习惯，在流行病发生时常有求神拜佛一类举动，巫神僧道及其他游民也趁机欺骗，因而引起社会不安及恐慌，以致人民流亡，造成更大的传播机会"②。中央人民政府卫生部、军委卫生部由此发出指示，要求各地要扩大宣传，结合群众，破除迷信，安定人心。1951年二三月间，湖南省益阳专区天花流行，导致很多儿童死亡。专区政府组织医疗队下乡种牛痘，但乡民去种牛痘的却不多，反而遍地求神拜偶像。③ 可见，迷信思想不仅可能错失救治病人、防止疫情蔓延的良机，导致更多个体生命的死亡，而且可能会加剧谣言的传播，甚至引起社会混乱。

　　在社会改造中，农民的迷信思想经常被敌对者利用。在减租退押以及土地改革初期，工作队难以动员农民去进行反对地主的斗争，很重要的原因在于农民相信命运；相反，有的地主则利用了农民的迷信思想和迷信团体进行破坏与反抗。许多参加土地改革的民主人士对此都有反映。例如民主建国会中央常委、天津市上海银行总经理资耀华在参观湖南的土地改革后就认为，湖南的地主阶级有一整套反革命的经验。他们抵抗土地改革的方式，在经济上有一套，在政治上也有一套，其中包括造谣惑众、宣传迷信、制造宗派斗争、操纵族与族的利害关系。④ 河南省文学艺术界联合会

①　中原临时人民政府：《关于防疫工作的紧急指示》，1950年1月10日，粤档235－1－51号。
②　中南军政委员会、第四野战军兼中南军区：《关于卫生防疫工作的联合指示》（1950年3月22日）之附件《中央人民政府卫生部、军委卫生部发布的关于开展军民春季防疫工作给各级人民政府及部队的指示》，粤档235－1－51号。
③　郭冠杰：《参观和参加土改报告》，1951年5月3日，粤档236－1－1号。
④　资耀华：《土地改革归来话心情》，《长江日报》1951年4月23日，第5版。

副主任李薿在参加土地改革后也发现，朝鲜战争爆发后，河南省陕州专区洛宁县的地主"就像逢到热天的臭虫一样，从各个角落又活动起来"，造谣、夺佃、挑拨宗派斗争；神婆子则又开始下假神，破庙里的泥像前又开始香烟缭绕，阴阳古怪的空气一起扑入乡村。① 新闻媒体对地主的这一类破坏活动也有报道。新华社报道说，在湖南常德县南湖、全美两乡的土地改革中，少数不法地主请和尚念经、烧香拜佛、大放鞭炮等等，妄想继续以迷信、以"神灵""报应"等迷惑农民。② 《长江日报》也提到河南省禹县发现不法地主利用农民的迷信思想，进行反动会道门活动的情况。③ 中南军政委员会土改委在土改结束后还认为，土改与复查之后，有些地主还利用宗族、封建、迷信的因袭思想来影响、愚弄农民，甚至进行破坏活动。④

对地主利用农民的迷信思想和迷信团体进行破坏活动，实际上中共一开始就已经注意到了，并为此采取了措施加以打击。如《中南区惩治不法地主暂行条例》就曾规定，组织或利用封建迷信团体实行暴乱、杀害农民及工作人员，或有其他重大危害农民利益的，可以判处死刑、无期徒刑或十年以上有期徒刑。⑤

在中共看来，诸如巫婆神汉、算命先生、风水先生等迷信职业者是与依靠土地进行剥削的地主及富农不同的"其他剥削阶层"。迷信职业者往往所占土地不多，甚至缺乏土地，有的还生活艰难。⑥ 根据中南行政委员会保亭工作组对海南保亭县的调查，道公、巫婆中贫雇农多，中农少，也有个别是富农，无地主。⑦ 但由于迷信职业不是普通的职业，迷信职业者

---

① 李薿：《从土地改革前线归来》，《长江日报》1951年5月12日，第2版。
② 新华社：《土地改革，组织起来，发展农业生产》，《人民日报》1950年12月27日，第2版。
③ 见《河南省各地注意加强对乡村干部和农民群众的政治思想教育工作》，《长江日报》1951年10月6日，第2版。
④ 中南军政委员会土地改革委员会：《对于全面结束土地改革运动中若干问题的处理意见》，《长江日报》1952年12月16日，第2版。
⑤ 《中南区惩治不法地主暂行条例》（1950年11月16日），《中南政报》1950年第8期。
⑥ 据对江西省5个乡2户迷信职业者的调查，由于土地不多，其职业活动又被禁止，土地改革后他们都下降为贫农。参见《江西省五个乡各阶级自土改时至1953年升降变化》，载中共中央中南局农村工作部编《中南区一九五三年农村经济调查统计资料》，内部资料，1954，第62、63页。
⑦ 中南行政委员会华南保亭工作组：《保亭县风俗习惯调查材料》，1953年12月，粤档246-1-11号。

往往是当地民间信仰的代言人、体现者，其言行迎合了乡村民众的普遍心理，因而在思想文化上对社会有很大的影响。所谓地主阶级过去利用迷信思想实行思想文化统治，继而反抗社会改造，主要也是通过迷信职业者的活动及其社会影响力，利用了民众鬼神崇拜的普遍心理。对普通民众来说，迷信职业者的活动还可能延误病人的救治，误导人们对事情的认识、判断，导致悲剧事件的发生。因此，对待迷信职业者虽不至于像斗争大地主那样动员群众进行斗争，但无论是在思想文化上争取群众，还是挽救生命，都有必要对其进行教育改造。

对迷信职业者的改造根本上是使其回归土地，在劳动中改造自己。《土地改革法》第十条规定，在分配土地时，对地主也分给同样的一份，使地主也能依靠自己的劳动维持生活，并在劳动中改造自己；第十三条第五款规定，农村中的僧、尼、道士、教士及阿訇，有劳动力，愿意从事农业生产而无其他职业维持生活者，应分给与农民同样的一份土地和其他生产资料。虽然《土地改革法》没有明确如何处理神汉神婆等迷信职业者的土地需求问题，但根据该法的立法原则及其对地主和宗教人士土地分配的有关规定，对于他们的土地分配，办法应该是相同的。当然，许多此类迷信职业者往往只是兼职，实际上他们或者其家庭仍然是主要依靠土地而生存的农民。在这种情况下，改造他们的方式主要依靠教育。

1952年6月17日，广东省高要县罗勒村3个年轻的妇女在茅三村窦口塘集体投水自杀。此事发生后，广东省贯彻婚姻法运动委员会调查后认为，当地存在的严重封建迷信思想是导致悲剧发生的重要原因。调查报告指出，在这一地区，每个村都有一个"鬼婆"整天"招神抬鬼"，欺骗农民，她们还宣传"六女投江"的故事，说六女一齐投江，就能够上天堂。许多妇女过去因受封建婚姻的压迫，便想到这条出路。罗勒村这3个年轻的妇女也是这样。自杀事件发生后，有关部门对此案进行了公开审理，一名用欺骗手段介绍其中一位死者成婚的媒婆兼神婆被判处有期徒刑一年。① 1951年12月2日，广西来宾县法院举行有23000人参

---

① 广东省贯彻婚姻法运动委员会：《高要县西南片三个妇女集体自杀案件调查处理总结报告》（此件没有年月，笔者根据报告内容推断为1952年），粤档237-1-2号。

加的公审大会，审理 3 名妇女被逼集体自杀案件，其中一位家婆被判处死刑，当场执行，一位丈夫被判死缓，其余包括 1 名土改工作队队员（对当地农会、妇女会限制妇女婚姻自由的非法规定及群众向自杀妇女无理斗争的落后行为不加取缔和制止）在内的 5 人被判处有期徒刑，事发该乡的乡长被撤职。① 对于这起因家庭虐待、妇女争取婚姻自由而导致集体自杀案件的大规模公审，其意义在于通过公审大会及大张旗鼓的宣传，打击封建残余思想，教育人民。应该说，公审确实起到了震慑与宣传教育的效果。公审后，很多家公、家婆痛悔自己不应该打骂苛待媳妇。特别是有很多师公、巫婆也深受教育，有一个师公回家就摔了神器，表示不再去害人。

揭批巫医治病是各地对群众进行破除迷信教育的一种主要形式。1952年 1 月，广东省卫生厅、省妇联制定的改造旧产婆实施办法中，要求在教学方式上应尽量举出实例来揭发农村中存在的迷信问题，强调产妇与婴儿死亡系土法接生不好所致，而与接生人无关。② 1953 年上半年，河南省开封市发生了一起群众求神治病事件，引起了很大的社会反响。开封市委宣传部要求党团员宣传员、街镇工会基层干部对求神治病的群众采取说服教育的办法，决不可用粗暴的硬性干涉、强迫命令的办法去反迷信，并结合当地实例，用算细账的办法教育群众解决疾病的办法不是求神治病，而是找医生医疗。③

应该说，许多迷信职业者对新政权并无敌意，在社会改造的初期，他们中的一些人还是响应工作队号召、参与改造的积极分子。江西省铅山县在扎根串连时干部确定的 17 名骨干分子中，就有 2 名迷信职业者；④ 1950年 8 月南昌县小蓝乡土改试点时，农民协会的 18 名干部中也有 1 名是

---

① 《广西来宾县法院公审逼使三妇女集体自杀的罪犯》，《长江日报》1951 年 12 月 14 日，第 3 版。

② 广东省人民政府卫生厅、民主妇联筹委会：《〈补发广东省改造旧产婆训练工作实施办法的〉联合通知》，1952 年 1 月 18 日，粤档 317－1－9 号。

③ 中共河南省委宣传部：《关于转发开封市委宣传部"关于对群众求神治病事件的宣传要点与宣传办法的通知"的通知》，1953 年 7 月 2 日，豫档 J3－53 号。

④ 曹戈：《（铅山县）柴家乡土地改革复查第一阶段为什么没有做好》，《长江日报》1952年 2 月 23 日，第 2 版。

"踏方地" 先生。① 这说明，在迷信思想普遍存在的乡村社会，无论是土改干部、一般民众还是迷信职业者自身，都没有将迷信职业者与普通农民进行区隔。同时也说明，改造迷信职业者，关键在于对群众进行宣传教育，改变人们迷信的心理。也正因为此，许多地方都主张通过发展生产、提高农民的文化来为消灭封建习俗和迷信愚昧思想奠定物质基础，以及强调对农民进行长期的思想教育。②

当然，由于鬼神崇拜已经深入传统文化中，成为传统文化的一个组成部分，要破除迷信绝不是朝夕就能完成的。实际上，国民党政府在 1944 年 6 月就由内政部公布过一个《查禁民间不良习俗办法》（1948 年 9 月修正），其中第一条就是查禁崇拜神权迷信。③ 之后，各地对设坛种痘等迷信活动都采取了取缔措施。但事实证明，效果均不理想。新中国成立后，虽在社会改造运动中对迷信职业者进行了教育改造，迷信活动在许多地方依然活跃，因迷信神汉神婆致死案件甚至大规模的迷信事件时有发生。除前述河南开封事件外，仅在广东省，1955 年就发生海康县 "仙人水" 事件、1957 年发生电白县晏宫庙迷信事件、1974 年惠来县发生神婆残害女社员案等，都在当地产生了很大的影响。根据广东博罗县妇联 1963 年的反映，该县山前大队全队 200 名贫下中农妇女中求神拜佛的 128 人，算命排八字的 38 人，查三世书的 11 人。因算命先生说夫妻八字不合，要娶两个老婆的 21 人；八字不合不能生儿传宗接代的 17 人，引起 23 人要求离婚。因算命引起 1 人自杀，神汉神婆看病治死 2 人。④ 在相当长的时间内，乡村社会中每遇不幸或不如意的事，大到生老病死，小到家庭纠纷，

---

① 《江西省南昌县小蓝乡解放后的社会改革运动调查报告》，载中南军政委员会土地改革委员会调查研究处编印《中南区一百个乡调查资料选集》（社会改革部分），内部资料，1953，第 160 页。

② 中南妇联（筹）：《中南区目前农村妇女运动的基本情况与必须解决的问题》（草稿），1951，粤档 233 - 1 - 5 号；中南妇联筹委会：《为贯彻政府禁令妇女缠组合发动妇女参加卫生运动给各省市妇联妇筹的指示》，1951 年 10 月 19 日，粤档 233 - 1 - 7 号；《江西省委关于土改斗争的指示》，1951 年 1 月，赣档 X001 - 1 - 093 号。

③ 其他应查禁的不良习俗还有妇女缠足、蓄养婢女、童养媳、堕胎溺婴及经当地政府及内政部依法查禁的其他不良习俗。见内政部《查禁民间不良习俗办法》，1944 年 6 月 9 日，赣档 J044 - 1 - 00025 号。

④ 广东省博罗县妇联工作租组：《博罗县山前大队在社会主义教育运动中对妇女进行破除封建迷信的教育》，1963 年，粤档 233 - 2 - 359 号。

首先想到的就是问神婆、请道公。还有些民间艺术活动，因既有广泛的群众基础，又与封建迷信关系较深，而有的地方在如何处理这一问题时，不顾民间习俗、忽视农民对文化娱乐生活的要求而对此采取禁止的办法，常常造成纠纷事件。① 这些都说明，迷信思想在中国乡村具有深厚的土壤，仅仅教育改造迷信职业者，从思想上教育群众只能奏一时之效。彻底破除封建迷信，有赖于生产方式、生活方式从传统向现代的转变。

但无论如何，就新中国成立初期社会改造而言，通过教育改造迷信职业者、教育群众，尤其是广大少地无地的农民在土地改革中分到了土地和其他生产资料，得到了实惠，迷信思想一时间确实失去了许多市场，或者说隐退了。参观过土地改革的马特生动地记录了土地改革后江南农民的精神状态。他借用农民自己的话说："土地改革，不但使咱们翻了身，也使咱们翻了心"。他问农民为什么不信神了，农民回答说："菩萨和地主是一家，过去地主压迫咱们，菩萨从未帮过咱们的忙，现在咱们翻身了，还要菩萨干吗？"② 江南农民的这些话语，或许代表了中国乡村大部分农民当时的心声。更为重要的是，通过对迷信职业者的教育改造和对迷信活动的取缔，迷信职业者的社会影响力就此消失。

产婆、神婆神汉（以及媒婆），作为型塑传统乡村文化的特殊群体，他们在新中国成立后社会改造的剧烈运动中，在传统乡村社会向现代社会的巨大转型中，历史命运发生了巨大的变化，失去了其原有的文化与社会意义。他们的历史命运，在一个更深的层次和更广的角度上反映了中国社会的历史变迁，揭示出只有生产力的发展和生产方式的转变，才能带来生活方式的转变和传统乡村社会的瓦解，并进而导致人们思想观念和社会关系的变革。

---

① 广东省文化局文化工作调查组：《粤西区文化工作调查报告》，1953 年 10 月 12 日，粤档 307－1－1 号。
② 马特：《从参观土地改革中得到的教育》，《人民日报》1951 年 4 月 6 日，第 3 版。

第五章　结论

　　新中国成立初期中南乡村的社会改造，是当时中国乡村尤其是新解放区乡村社会改造的重要组成部分，它得到中共中央和毛泽东的充分肯定。[①] 研究中南乡村土地占有关系、阶级关系、社会组织、权力结构、民众的生产生活、文化教育以及社会习俗等等在社会改造运动中的变化，有助于我们深入了解这一时期整个中国乡村社会秩序的重建过程，以及乡村社会改造的性质及其在现当代中国社会转型中的地位和意义，进一步深化学术界对传统乡村社会转型的研究。

　　社会改造涉及面很广，但如果从广义的角度来看土地改革，把清匪反霸、减租退押看作土地改革的一个阶段，那么新中国成立初期的传统乡村社会改造基本上贯穿于土地改革的历史过程中，有的方面（如乡村社会组织的重构、基层政权建设等）甚至是土地改革的一个重要组成部分。因而无论是从内容上看还是从其重要性看，土地改革都是社会改造的中心。

　　对于土地改革的意义，早在土改刚刚结束的 1952 年 9 月，政务院副秘书长、后来担任中共中央农村工作部副部长的廖鲁言就给予了高度的评价。他认为"土地改革在经济上、政治上、文化上都产生了巨大的效果，引起了飞跃的变化。土地改革完成以后，农村面貌为之一新"。表现在经

[①] 可参见 1950 年 10 月 12 日刘少奇《为审批中南局关于土地改革实施办法给毛泽东等的信》（中央文献研究室、中央档案馆编《建国以来刘少奇文稿》第二册，中央文献出版社，2005，第 467 页）、1951 年 12 月 13 日毛泽东以中央名义批准中南局关于中南区土地改革工作进行状况的分析和 1952 年土改工作方针的报告（中共中央文献研究室编《毛泽东文集》第六卷，人民出版社，1999，第 212 页）等。

济上"农民的生产积极性大大提高，农业生产迅速恢复和发展，农民生活也获得显著的改善"；政治上"极大地提高了农民的政治觉悟，广大农民已成为农村里人民政权的支柱"，"农民协会掌握了农村政权，农民真正成了农村的主人"；文化上"大大地促进了农村文化的发展"，例如成年男女农民参加冬学的人数逐年增多，"且有不少冬学实际已成为成年农民的常年补习学校了"①。

就土地改革后农民在从事农业生产、参与乡村事务所表现出的积极性来看，廖鲁言的评价是恰如其分的。毕竟，从经济上看，土地改革后，作为农业生产最主要的生产资料，也是农民赖以生存的土地，有7亿亩分配给了无地少地的农民，约3亿农民直接从中获得了土地和财产。这就在短期内迅速改善了大多数贫困农民的生活，激发了农民的生产积极性。但是，只要将时间稍一拉长，即在最初的热情消退后，我们就可以发现情况或许完全不同。以运动方式进行的改革，它所产生的激情也随着运动的消退而消退；没有生产力的提高，单纯的制度变革也难以从根本上改善农民的生活。对河南和广东农民经济状况的研究表明，土地改革后农民的生产生活更多地还是受客观自然条件和国家农业生产政策的影响，而他们之间的差距变化则一如过去般依赖于个人劳动技术与劳动意愿。可以想象，如果个体农民所有制继续维持下去，那么土地改革就将会是中国历史上新一轮土地流转周期的开端。许多人也正是担心出现这种前景，因而急于推行合作化。而实际上，在国家进入大规模工业化建设时期后，土地流转的结果会与此前根本不同，它对农村劳动力转移来说是完全必要的，也是符合工业化、城市化发展规律的。

在政治上，土地改革取得的成就几乎无人怀疑。刘少奇在中共八大的政治报告中说，"土地改革不但在经济上消灭了地主阶级和大大地削弱了富农，而且在政治上彻底地打倒了地主阶级和孤立了富农。"② 澳大利亚学者费雷德里克·C. 泰韦斯甚至认为，土地改革"这个运动的主要成就是政治上的。旧的社会精英被剥夺了经济财产，其中有的人被杀，作为一

---

① 廖鲁言：《中华人民共和国三年来的伟大成就，三年来土地改革运动的伟大胜利》，《人民日报》1952年9月28日，第2版。
② 《刘少奇选集》（下卷），人民出版社，1985，第209页。

个阶级，他们已受到羞辱。决定性的事实是，旧秩序已经证明毫无力量，农民现在可以满怀信心地支持新制度。氏族、宗庙和秘密会社等旧的村社组织已被新的组织代替，承担了它们的教育、调解和经济职能"①。

土地改革作为一项主要涉及土地制度的经济关系变革，何以产生政治上的这种成就？从土地改革展开的过程看，要使没收征收地主富农的土地并进行重新分配这个环节顺利进行，必须首先在政治上打破地主阶级的统治，推翻乡村的旧秩序。也就是说，废除地主阶级的土地所有制、实行个体农民的土地所有制，实现经济关系的革命，政治变革是前提和基础。

从中共的设想看，乡村政治变革既是土地改革成功的保证，也是土地改革本身的目的。据杜润生披露，1950 年初杜润生在列席中央某次会议时向毛泽东汇报说，农村分配土地之前，第一阶段是清匪反霸、减租减息，主要是摧毁反动政权。如果不摧毁反动势力就分配土地，光搞经济、不搞政治，群众就会感觉没有政治依靠。毛泽东听后表示赞同并说，政权是根本。一国如此，一乡也如此。基层政权搞好了，国家政权就有了巩固的基础。② 这里，杜润生认为基层乡村的政治变革是以分配土地为中心的土地改革的前提条件。而毛泽东看得更远，他将建立新的基层政权看作乡村改造的根本，因而也是土地改革所要达到的一个重要目的。杜润生后来说，土地改革"既是作为一项经济制度的改革，又是作为推进政治变革的一场阶级斗争"，是"农村进入全面性大革命的最初一役"，是中国"由半封建、半殖民地社会向现代社会转化的一个必经革命步骤"③。这就更明确地指出了土地改革的双重使命。

从中国社会变迁这个更广阔的视野看，近代以来国家政权下乡是一种历史趋势，也是现代国家政权追求的共同目标。近代以来特别是进入 20 世纪后，传统的乡村社会秩序随着国家工业化、商品化的发展而逐步瓦解；国家权力开始向乡村社会渗透、延伸，并逐步建立起对乡村社会的控

---

① 〔美〕麦克法夸尔、费正清编《剑桥中华人民共和国史：革命的中国的兴起：1949 ~ 1965 年》，中国社会科学出版社，1998，第 89 页。

② 杜润生：《杜润生自述：中国农村体制变革重大决策纪实》，人民出版社，2005，第 8 页。

③ 杜润生：《杜润生自述：中国农村体制变革重大决策纪实》，人民出版社，2005，第 19、17 页。

制。但在新中国成立前，这一过程始终未能完成。在土地改革中，中共通过瓦解宗族组织，彻底摧毁传统乡村的权力体系，建立新的社会组织和政权组织，在纵横两个方面建立起新的"权力的文化网络"，完成了对乡村社会的权力构建。这就不仅将国家权力延伸到乡村社会的基层，完成了近代以来国家权力持续向乡村扩张的过程，真正实现了对乡村社会的控制，而且空前地扩大了乡村民众的政治参与范围，开启了基层民众日常生活组织化、政治化的进程，初步实现了国家与社会的一体化，从而为乡村社会的进一步改造、重组奠定了政治基础和组织保证。

由此可见，土地改革不仅仅是土地的重新分配，也不仅仅是剥夺剥夺者地主阶级的财产，而是要从政治上彻底打倒地主阶级的统治，乃至从肉体上消灭新政权的敌对者，从文化上消除旧的统治阶级的影响，剥夺其话语权。换句话说，要推倒乡村从经济基础（主要表现为土地等生产资料）到上层建筑的一切领域内传统的东西，按照新的蓝图彻底改造乡村，建立中共新政权的经济基础、阶级基础和社会基础，使广大乡村民众产生对新政权新国家的认同。这既是土地改革的内在要求，是中共革命的逻辑延伸，也是近代以来国家"政权下乡"的必然要求。

在文化上，土地改革固然促进了农村文化教育的发展，参加冬学与民校的农民也逐年增加。但更重要的是，在土地改革中，经过扎根串连、广泛动员，经过诉苦会、斗争会、民主团结会，以及集中的时事政治教育，乡村民众的思想观念发生了巨大的变化，阶级观念代替了宗族观念，阶级意识代替了宗族意识，对党和新政权的忠诚代替了对家族的忠诚；传统乡村社会中以血缘、地缘为中心的乡土文化让位于以阶级为中心的政治文化。正如王沪宁在考察当代中国村落家族文化时所说，"长期以来，在典型的村落家族共同体中，人们并没有明确的阶级意识。阶级状况在乡村是存在的，但村落家族文化的弥散性和血缘关系的复杂性中和了阶级对立。"而以政治为主导的土地改革及其间形成的阶级意识，"对传统的村落家族文化形成了最有力的冲击"①。在传统乡村文化的衰落中，与党和

---

① 王沪宁：《当代中国村落家族文化——对中国社会现代化的一项探索》，上海人民出版社，1991，第52、53页。王沪宁在这里所说的土地改革是指从20世纪20年代初到1952年这一段时期内中共在其控制区对既存土地关系的改革。

新政权相统一的政治文化观念的形成正是土地改革在文化上取得巨大效果的体现。

当然，如果说土地改革的经济效果从短期看与从长远看大不一样的话，其政治与文化效果从不同的角度来衡量也有很大差别。就政治而言，土地改革打破了旧的以土地占有多寡而自然形成的等级制度，却没有形成一种平等、自主、流动的新制度，而是在政治上形成了两种新的等级制度，一种是依政治地位而定的党员、团员、群众，一种是依阶级出身而分的贫雇农、中农、富农、地主（土地改革后的这种划分，已经不再具有土地与财产占有关系的意义，而仅仅是政治概念上的），特别是后者，甚至成为一个可以遗传给下一代的政治标签。在这里，曾经的地主富农不仅在政治上而且在社会上也受到了排斥，随着宗族组织等旧的社会组织的瓦解以及与之相关的各种仪式的消失，他们失去了在乡村社会生活的舞台。而这种政治与社会中下等人的角色甚至会传给他们的后代。因此，有学者评论土地改革说："在充满阶级斗争的土改中产生的不是解放和平等，而是一种类似于种姓等级制的东西。"[1]就社会组织而言，虽然土地改革中瓦解了包括宗族在内的传统社会组织，但对于以血缘为基础的宗族而言，"宗亲关系是客观事实，具有传统性的宗亲观念只是暂时受到冲击，在族人之间不可能有根本性的改变"，作为家族组织的宗族组织基本消失了，但"消失的是有形的组织，而无形的家族力量仍然潜存着"[2]。20世纪80年代后，这些曾经消失的宗族组织在许多地方再次复活，并作为一种文化力量得到官方的默许。

有学者将大陆的土地改革与台湾几乎同一时期进行的土地改革进行比较，认为大陆的土地改革与以循序渐进为特征的台湾土地改革不同，在设计改革政策时，没有考虑或者很少考虑改革以后的长期制度发展，从而在未来付出了较大的制度成本。[3] 虽然不能说大陆的土地改革没有考虑到以后的制度发展——例如毛泽东就曾对农村生产关系设计过一个演变路径，

---

[1] 〔美〕费里曼、毕克伟、赛尔登：《中国乡村，社会主义国家》，陶鹤山译，社会科学文献出版社，2002，第147页。
[2] 冯尔康：《18世纪以来中国家族的现代转向》，上海人民出版社，2005，第319、320页。
[3] 朱秋霞：《中国大陆农村土地制度变迁》，正中书局，1995，"序言"。

即通过土地改革，实现耕者有其田，在此基础上建立合作社经济，最后进入社会主义经济，[①] 但以群众运动的方式进行土地改革显然会使政策显得粗疏，缺少稳定性和持久性。

土地改革内容广泛，但它并不是新中国成立初期社会改造的全部，作为独立于土地改革运动而开展的农民教育与以婚姻法的推行为中心的婚姻改造，也是乡村社会改造的重要组成部分，是重塑乡村文化的主要方式。20 世纪后的中国现代知识分子和政治精英对农民怀有一些根深蒂固的观点，即"将农民视为文化上独特而异类的'他者'，视为被动的、无助的、无知的群体，他们紧抓丑陋而根本无用的习俗不放，在教育和文化改革方面令人绝望地匮乏，而他们生存环境的改善完全依赖于理性的、见多识广的外来者的领导和努力"[②]。这种观点一定程度上同样存在于中共身上，这也是在土地改革之外还必须对农民进行教育、革除农民落后习俗的一个认识论上的原因。

毫无疑问，包括取缔迷信活动和教育改造迷信职业者在内的农民教育以及对婚姻习俗的改造，对于广大农民的思想解放，使之摆脱传统宗法观念、纲常礼教和迷信思想的束缚，起到了积极的作用，同时在一定程度上也促进了乡村社会现代意识的形成和诸如抱养童养媳、重婚纳妾等陋习的转变。当然，传统观念形态与文化习俗的变革是一个随着生产方式、生活方式的改变而逐步变化的过程，非通过一场运动所能蹴就。有学者指出："尽管共产党努力提高他们的生活水平，适应和转变农民的价值观和社会关系，但中国农民（包括党员在内）继续保持他们自己的传统和习惯。"[③] 事实也是如此，在那些轰轰烈烈的社会改造运动过后，传统乡村社会文化中的许多方面就以不同形式回归，"新娘彩礼、离婚率、生儿育女、住房、财产和遗产继承方式以及其（它）许多现象都表明，在农村，人们最予以优先考虑的，仍然是对抱成

---

① 《毛泽东选集》（第二卷），人民出版社，1991，第 678 页。

② Cohen, Myron L., *Cultural and Political Inventions in Modern China: The Case of the Chinese "peasant"*, Daedalus122, No. 2: 155, 1993. 转引自〔澳〕杰华著《都市里的农家女：性别、流动与社会变迁》，吴小英译，江苏人民出版社，2006，第 35 页。

③ 〔美〕费里曼、毕克伟、赛尔登：《中国乡村，社会主义国家》，陶鹤山译，社会科学文献出版社，2002，第 3 页。

一团的大家庭所负担的义务"①。但无论怎样，以长远的眼光看，这些社会改造都奠定了此后中国乡村社会发展进步的基础，推动了乡村社会从传统向现代的转变。

基于中国社会从传统到现代的变迁这个历史维度来看待新中国成立初期的乡村社会改造，它在不同方面所表现出来的意义是完全不同的。在研究近代以来中国社会变迁时，研究者往往从不同的角度出发，赋予某一特定事件、特定时间以标志性意义。有的学者认为1905年是一个"比辛亥革命更加重要的转折点"，"是新旧中国的分水岭；它标志着一个时代的结束和另一个时代的开始"，因为在这一年清廷废除了"曾充当过传统中国的社会和政治动力的枢纽"的科举制度。② 有的学者认为，土地改革运动是一次"革命性的社会转型"，因为在这次运动中"原有的社会等级制度从根本上被扭转"③。但似乎没有人将1949年新中国的成立作为分水岭。费里曼等人就明确地说，由于"成功的抗战和改革产生了一个受到广泛支持的和形成中的社会主义国家的蜜月气氛"，而且"在国家权力统一之后还在继续"；也由于1949年后存在的诸如"把农村阶级关系和谐与繁荣的农民家庭经济当作封建的和资本主义的罪恶来对待"这类倾向在1949年以前的革命年代就已形成，所以"不能把1949年和人民共和国的成立看做与过去的彻底决裂，即旧秩序的结束和新秩序的开端"④。种种不同的看法，显示了中国传统社会向现代转型的复杂性，也说明学术界对新中国成立初期乡村社会改造运动在社会转型中的意义（积极意义与局限性）关注不够。

从乡村政治的现代转型看，新中国成立初期的社会改造运动或许具有革命性的意义。亨廷顿把政治现代化最关键的方面归纳为三个方面：第

---

① 〔美〕吉尔伯特·罗兹曼主编《中国的现代化》，国家社会科学基金"比较现代化"课题组译，江苏人民出版社，2005，第339页。
② 〔美〕吉尔伯特·罗兹曼主编《中国的现代化》，国家社会科学基金"比较现代化"课题组译，江苏人民出版社，2005，第229页。
③ 阎云翔：《私人生活的变革：一个中国村庄里的爱情、家庭与亲密关系，1949~1999》，龚小夏译，上海书店出版社，2006，第27页。
④ 〔美〕费里曼、毕克伟、赛尔登：《中国乡村，社会主义国家》，陶鹤山译，社会科学文献出版社，2002，第13、14页。

一，政治现代化涉及权威合理化，并以单一的、世俗的、全国的政治权威来取代传统的、宗教的、家庭的和种族的五花八门的政治权威；第二，政治现代化包括划分新的政治职能并创制专业化的结构来执行这些职能；第三，政治现代化意味着增加社会上所有的集团参政的程度，"权威的合理化、结构的离异化及大众参政化就构成了现代政体和传统政体的分水岭"①。以这种标准来衡量，在新中国成立初期社会改造后的中南乡村，由此而及整个中国乡村，已成功实现了从传统向现代的转型。然而，一则如前所述这种转型的完成并非始自新中国成立，而是近代以来就在持续进行；二则此次转型更多的是形式上的，在此之后，许多传统的东西再次回归乡村，忠诚于党的乡村干部对权力的垄断及其带来的腐败、暴力和专制，在很大程度上延续了旧社会乡村政权的痼化，而法定的权力机关乡农民代表会议和后来的人民代表大会如同过去的乡民代表会议一样，似乎成为一种虚设。换言之，新体制"加强了传统文化中的某种铁腕"，甚至"强化了旧文化中的卑劣面"②。而新与旧的共生正是传统与现代间过渡性社会的显著特征，它表明中国乡村社会离真正的现代社会还路途遥远。

从等级制度颠覆来认定土地改革在社会转型中具有革命性的意义，也只看到了这一制度形式上的变化。实质是，虽然传统的等级制度被推翻了，但又形成了新的等级制度，而这种等级制度依然带来传统社会的明显痕迹。在这里，土地改革后出现的阶级分化与身份固化，同样显示出过渡性社会的特征。

再看婚姻习俗的改造。从 1907 年清代呼兰府出台全国最早的婚姻法即《婚姻办法》，中国旧的封建婚姻制度开始发生变化、新的文明婚姻制度开始萌芽，③ 到 20 世纪 50 年代初期，以男女平等、婚姻自由为宗旨的婚姻制度、婚姻习俗的变革一直在持续不断地进行。首先是在城市，然后在中共控制的苏维埃地区。50 年代初期以贯彻实施婚姻法为中心的婚姻

---

① 〔美〕塞缪尔·P. 亨廷顿：《变化社会中的政治秩序》，王冠华、刘为等译，上海人民出版社，2008，第 27 页。

② 〔美〕费里曼、毕克伟、赛尔登：《中国乡村，社会主义国家》，陶鹤山译，社会科学文献出版社，2002，第 2 页、264 页。

③ 刘琼雄：《当爱已经成为往事》，《城市画报》2004 年第 2 期。

改造，实际上是此前婚姻制度与婚姻习俗变革在中国乡村的延续。在这个历史过程中，以男权、夫权、族权为核心的传统价值观与新的婚姻观念发生了严重的冲突。而这种冲突，在改革开放前的乡村仍然大量存在。这意味着，新中国成立初期的婚姻改造，并没有完成现代性的任务。

回顾鸦片战争以来的中国社会变迁史，我们可以看到，100多年来中国社会错综复杂的变革都是围绕着从传统向现代过渡这个中心主题进行的。[①] 在这其中，每一次重大历史事件的发生都加速了社会转型的历史进程，如1905年的废除科举制度，1911年的辛亥革命，1949年新中国的成立和随之而来的社会改造，以及1978年开始的改革开放。但无论是政治革命，还是社会改造，抑或经济改革，都不意味着社会转型的成功。就像我们所看到的，在新中国成立初期的乡村社会改造之后，乃至在当代中国社会中，存在着"有些非常现代，有些非常传统"的矛盾现象。[②] 所有这些都说明，要完成社会经济形态的大转型，实现真正的社会革命，"归根结底取决于旧社会母体中新社会经济因素的成熟程度"[③]，取决于生产力的提高和生产方式、生活方式的转变。

总之，新中国成立初期的乡村社会改造是中共主导下对传统社会的一次全面改造，是在土地制度、政治制度、社会阶级和某些观念文化等方面对传统的一次颠覆。它废除了传统的土地地主占有制，建立了耕者有其田的个体农民所有制；它瓦解了传统的社会组织，彻底打倒了旧乡村的统治势力，建立了中共领导下的新社会组织和基层政权；它通过"阶级"这个超越血缘、地缘界限的视角来观察整个社会，并以此为工具，对乡村社会关系进行调整与划分，进而重塑了传统乡村的观念文化。通过社会改造运动，中共建立起来了一个与其国家发展构想相适应的土地结构、政治结构、社会结构和文化结构，形成了一种认同党和新国家的政治、经济、社会与文化生态。但从现代社会的型式上看，在经过表面的震荡后，传统乡

---

① 罗荣渠：《现代化新论——世界与中国的现代化进程》（增订本），商务印书馆，2006，第490页。

② 金耀基：《从传统到现代》，法律出版社，2010，第70页。

③ 罗荣渠：《现代化新论——世界与中国的现代化进程》（增订本），商务印书馆，2006，第510页。

村社会中诸如落后的耕作方式、发展的封闭性以及传统社会观念、文化习俗中的核心内容（如男权中心观念）并没有彻底而持久的改变，尤其在人的生存方式上没有实现从传统向现代的转变；乡村社会的政治结构、阶级结构也仍残留着传统社会的痕迹，经过改造的乡村社会实质上处于传统与现代之间。虽然如此，从自觉的社会改造及其成果来看，新中国成立初期的乡村社会改造为传统乡村社会向现代社会的转型提供了政治基础，当代中国的乡村建设和有中国特色的农业现代化正是在这个政治基础上展开的。它启示我们，在当代中国，实现传统乡村社会向现代社会的全面转型，必须坚持经济发展是一切社会变革的终极原因这一历史唯物主义基本原理，把大力发展农村生产力放在首位，以人的全面发展作为最终目标。

附　表

南昌县被镇压反革命分子及恶霸罪恶登记表

姓名	年龄(岁)	成分	主要罪恶	处理意见
刘××	41	游民	1942~1948年率领匪徒10多人,抢劫农民20余户,劫得耕牛10余头、白莲20余石、布30余匹、白糖10余石,并殴打农民2人致死。解放后又劫得商民金条12支及衣物等,并杀害3人。	杀
谢××	49	游民	1948年与人劫掠都昌商船棉花10包,杀死商民3名抛入河中。解放后偷盗人民政府公粮20余石,将圩堤故意挖断,挖毁稻田30余亩,强奸人妻。	杀
喻××	42	游民	1949年参加青救团,充副中队长;1950年10月又组织地下军国防部青年救国军,充第七支队副支队长,1951年5月谋杀人命一条。	杀
熊××	35	游民	1949年充青救团中队长,1950年10月组织地下军充第七支队长,1951年5月谋杀人命一条。	杀
谢××	30	游民	惯匪首犯,为匪10余年,劫得人民财产无数。1949年6月一次在港北刘村抢得豆子30余石,将商人3人杀死。	杀
姜××	56	游民	1942年在柘林抢劫布70余匹,杀害商人3人。解放后组织反革命武装"大刀会",企图准备武装暴动,推翻人民政权。	杀
涂××	51	游民	1939年充日寇烧杀队长,杀死百姓20余人,拆毁小蓝、墨山等地民房160余栋。	杀
万××	39	游民	1949~1950年杀耕牛30余人头,破坏土改,制造谣言等,被乡政府扣押,越狱潜逃,伪造罗家乡官印造证明共100余张,送给匪徒活动。	杀
喻××	49	游民	抗战时充日寇苦力头,殴打致死农民20余人;1950年参加地下军。	须把具体事实查明再行处理
张×	31	中农	1949年组织反革命武装陆军十七纵队八支队充三大队长,与我军在修水顽抗,一路劫掠民财奸淫烧杀。	杀
刘××	28	游民	抢劫民财无数,杀害商民6名,解放后造谣等。	杀
吴××	47	游民	青帮老大哥,徒弟400余人,杀害人命3条,1951年逼死人命一条。	杀。要招出徒弟姓名扣押
钟××	35	游民	杀死人命3条,抢去衣服40余石,光洋1000余元,奸淫妇女3人。	时间、姓名不详,调查清楚处理

续表

姓名	年龄（岁）	成分	主 要 罪 恶	处理意见
熊××	55	游民	1951 年 1 月 30 日夜放火烧毁民屋一栋，殴打干部、造谣等。	判有期徒刑五年以上徒刑
熊××	32	地主	奸淫妇女多人，土改分散变卖家具等，殴打 1 人致死。	杀
彭××	57	地主	殴打 2 人致死，放火烧毁村民草屋一栋，组织青帮 10 人，造谣等。	杀
李××	65	地主	殴打 3 人致死。解放后制造、散布谣言。	为什么事殴人？造什么谣？查明处理
胡××	59	地主	主持械斗杀死 4 人；亲手杀死 1 人，殴打致死 2 人。解放后逼租债、造谣、威吓等。	杀
李××	67	地主	主持械斗，杀死农民 4 人，组织土匪抢 4500 余斤，杀死商民 6 人，该犯坐地分赃。	杀
魏××	55	游民	抢劫牛 10 余头、被子 3 床、米 10 余石等，杀死 2 人，强迫打天阵。	杀
周××	49	地主	主持械斗，杀死 6 人；贪污敲诈勒索光洋 6000 元，稻谷 600 余担等。	杀
胡××	34	中农	用枪打死 1 人并吃人心，领日寇烧毁民房 25 栋，又打死多人；解放后企图殴打干部。	杀
姜××	44	地主	一贯抢劫民财，1949 年充匪特赣东北指挥部第六支队副司令，1950 年又协助组织匪特中美合作所第一站。	杀
万××	41	游民	一贯贩卖鸦片。1950 年协助匪帮组织中美合作所第一站，替匪帮头目在罗家乡骗去证明书一份，由进贤将手枪一支运至南丰。	杀
魏××	35	游民	青救团副大队长，1950 年参加中美合作所组织。	判十年以上有期徒刑
黄××	44	自由职业		
姜××	37	地主	国民党区党部书记。	判十五年以上有期徒刑
喻××	46	游民	战工队组长，劫掠民财。	判五年有期徒刑
姜××	34	地主	乡恶霸	
姜××	39	地主	乡恶霸	
肖××	40	贫农	当过国民党团长	
万××	31	贫农	青救团中队长	流氓出身，不是贫农，要到九江了解详情
邓××	38	自由职业	少校军官	
李××	30	游民	抢劫百姓光洋 300 余元、衣被 20 余担、耕牛 6 余头，打死 2 人，奸淫妇女 1 人。	杀
万××	42	小土地出租者	一贯抢劫，惯匪，曾杀害 4 人，抢得布匹 102 匹，盐 3000 余斤，光洋 3000 余元等。	杀
虞××	29	游民	充日寇宪兵队密警，杀害 2 人，解放后组织八大王会，吃血酒、造谣等，并殴打乡干部。	杀
胡×	35	游民	充日寇密警，杀死 3 人。解放后敲勒民财，逼死 1 人。	杀

姓名	年龄（岁）	成分	主 要 罪 恶	处理意见
龚××	37	小土地出租者	在敷林抓壮丁12人（结果被国民党打死4人），敲诈勒索等。	判十五年有期徒刑
罗×	70	游民	奸淫妇女，逼死人命一条。解放后造谣，与匪特涂某某进行反革命组织活动。	杀
喻××	48	小土地出租者	南昌市有名首道，1944年曾在莲塘、敷林、枫林等地组织300余人参加，积极协助梁某某、樊某某发展道徒。	杀。并须招出同党
胡××	43	贫农	1949年8月~1950年在十二区组织100余人参加一贯道，该犯是头子，造谣等。	杀
万××	38	游民	一贯抢劫。	十年徒刑
喻××	53	游民	参加青救团，1950年又参加地下军，任七支队大队长参谋。	杀
戴×	31	游民	青救团十一中队长，1950年参加地下军，充三大队长；骗买鸭谷2石。	杀
李××	41	地主	抢劫商民金镯一双，杀死1人，欺压人民。	杀
邓×	31	官吏	当镇长勒诈人民光洋400余元，参加反动武装，任陆军十七纵队三大队副，与我军在修水大打。	杀
胡××	38	游民	抢劫耕牛10余头、布30余匹，并杀死2人，殴打1人致死。	杀
张××	40	游民	抢劫盐200余斤，黄豆8石，稻谷120余石，杀死27人。	杀
尚××	42	游民	抢劫光洋100余元，香烟50余条，杀死6人。	杀

资料来源：南昌县政府办公室《关于被镇压反革命分子、恶霸名单及罪恶登记表》，南昌县档案馆馆藏特案县委档案，全宗号34，案卷号41卷，1950年（注：该档案放在1950年卷中，但从其内容看，"主要罪恶"也有1951年的，疑档案置错）。

1950年11月南昌县小蓝乡第一次土改复查成果表

农具统计表

分类	品名	数量	分类	品名	数量	分类	品名	数量
农产品	谷子	471斤	农具物	牛	2头	农业家具物	锡器	1910件
	豆子	71斤		耕犁	11只			
				牛车	3架			
				水车	15架			

衣服金银家畜统计表

分类	品名	数量	分类	品名	数量	分类	品名	数量
衣服被子类	棉被	42床	金银类	银圆	4059块	家畜类	鸡	26只
	衣服	1521件		金首饰	15件		鹅	7只
	帽子	28顶		银首饰	95件			
	鞋子	43双		玉镯	11只			
	袜子	37双		钱	650万元			
	皮衣	10件						
	洋纱	27把						

资料来源：《南昌县第四区小蓝乡复查工作总结》1950年12月15日，南昌县档案馆馆藏档案，县委档案，全宗号1，案卷号9卷，1950年。

河南省九个乡 1952 年各阶级比重

阶层、阶级		户口		人口	
		数目（户）	占全乡总数（%）	数目（人）	占全乡总数（%）
总计		891	100	4524	100
贫农	接近中农水平的	107	12.01	443	9.78
	有严重困难的	35	3.93	138	3.05
	开始下降的	12	1.35	45	0.99
	合计	154	17.29	626	13.83
中农	新中农	253	28.4	1313	29.2
	老中农	227	25.47	1113	24.6
	小计	480	53.87	2426	53.62
	新富裕中农	166	18.63	999	22.08
	老富裕中农	18	2.02	103	2.28
	小计	184	20.65	1102	24.36
	合计	664	74.52	3528	77.98
其他劳动人民		1	0.11	1	0.02
富农		23	2.58	131	2.91
地主及其他剥削阶层		49	5.5	238	5.28
公田及机动田		—	—	—	—

资料来源：中共中央中南局农村工作部《中南区一九五三年农村经济调查统计资料》，内部资料，1954年，第2页。

河南省九个乡 1953 年各阶级比重

阶层、阶级		户口		人口	
		数目（户）	占全乡总数（%）	数目（人）	占全乡总数（%）
总计		892	100	4509	100
贫农	接近中农水平的	102	11.43	424.5	9.41
	有严重困难的	35	3.92	129	2.86
	开始下降的	12	1.35	45	1
	合计	149	16.70	598.5	13.27
中农	新中农	257	28.81	1324	29.36
	老中农	227	25.45	1127	24.99
	小计	484	54.26	2451	54.36
	新富裕中农	167	18.72	997	22.11
	老富裕中农	18	2.02	99	2.2
	小计	185	20.74	1096	24.31
	合计	669	75	3547	78.67
其他劳动人民		1	0.11	1	0.02
富农		23	2.58	134.5	2.98
地主及其他剥削阶层		50	5.61	228	5.06
公田及机动田		—	—	—	—

资料来源：中共中央中南局农村工作部《中南区一九五三年农村经济调查统计资料》，内部资料，1954年，第4页。

鄂湘赣三省十个乡 1952 年各阶级比重

阶层、阶级		户口		人口	
		数目（户）	占全乡总数（%）	数目（人）	占全乡总数（%）
总计		4965	100	20732	100
贫农	接近中农水平的	1337	26.93	5130	24.74
	有严重困难的	646	13.01	2368	11.42
	开始下降的	45	0.91	145	0.7
	合计	2028	40.85	7643	36.86
中农	新中农	788	15.87	3449	16.64
	老中农	1064	27.43	4883	23.55
	小计	1852	37.3	8332	40.19
	新富裕中农	247	4.98	1222	5.89
	老富裕中农	222	4.47	1167	5.63
	小计	469	9.45	2389	11.52
	合计	2321	46.75	10721	51.71
其他劳动人民		103	2.07	332	1.6
富农		162	3.26	859	4.15
地主及其他剥削阶层		351	7.07	1177	5.68
公田及机动田		—	—	—	—
外出户与绝户		—	—	—	—
常年互助组公有		—	—	—	—

资料来源：中共中央中南局农村工作部《中南区一九五三年农村经济调查统计资料》，内部资料，1954 年，第 10 页。

鄂湘赣三省十个乡 1953 年各阶级比重

阶层、阶级		户口		人口	
		数目（户）	占全乡总数（%）	数目（人）	占全乡总数（%）
总计		5025	100	21038.5	100
贫农	接近中农水平的	1067	21.23	4250	20.2
	有严重困难的	542	10.79	1958.5	9.31
	开始下降的	68	1.35	238	1.13
	合计	1677	33.37	6446.5	30.64
中农	新中农	1036	21.61	4575.7	21.75
	老中农	973	19.36	4372	20.78
	小计	2059	40.97	8947.7	42.53
	新富裕中农	445	8.86	2149.3	10.22
	老富裕中农	220	4.38	1160	5.51
	小计	665	13.23	3309.3	15.73
	合计	2724	54.21	12257	58.26
其他劳动人民		104	2.07	338	1.61
富农		167	3.32	851	4.04
地主及其他剥削阶层		353	7.02	1146	5.45
公田及机动田		—	—	—	—
外出户与绝户		—	—	—	—
常年互助组公有		—	—	—	—

资料来源：中共中央中南局农村工作部《中南区一九五三年农村经济调查统计资料》，内部资料，1954 年，第 12 页。

广东省十二个乡 1952 年各阶级比重

阶层、阶级		户　　口		人　　口	
		数目（户）	占全乡总数（%）	数目（人）	占全乡总数（%）
总　　计		5935	100	25346	100
贫农	接近中农水平的	1425	24.01	5688	22.44
	有严重困难的	790	13.31	2865	11.3
	开始下降的	94	1.58	327	1.29
	合计	2309	38.9	8880	35.03
中农	新中农	1458	24.57	6249	24.65
	老中农	820	13.81	4261.5	16.81
	小计	2278	38.38	10510.5	41.47
	新富裕中农	396	6.67	2031	8.01
	老富裕中农	79	1.33	421.5	1.66
	小计	522	8.8	2806.5	11.07
	合计	2800	47.18	13317	52.54
其他劳动人民		323	5.44	893	3.52
富农		126	2.12	690	2.72
地主及其他剥削阶层		377	6.35	1566	6.18
公田及机动田		—	—	—	—

资料来源：中共中央中南局农村工作部《中南区一九五三年农村经济调查统计资料》，内部资料，1954 年，第 18 页。

广东省十二个乡 1953 年各阶级比重

阶层、阶级		户　　口		人　　口	
		数目（户）	占全乡总数（%）	数目（人）	占全乡总数（%）
总　　计		6037	100	25495.2	100
贫农	接近中农水平的	1445	23.93	5789.5	22.71
	有严重困难的	807	13.37	2940.33	11.53
	开始下降的	94	1.56	338	1.33
	合计	2346	38.86	9067.83	35.56
中农	新中农	1486	24.62	6289.67	24.67
	老中农	838	13.88	4320.5	16.94
	小计	2324	38.5	10610.17	41.61
	新富裕中农	400	6.63	2130.7	8.35
	老富裕中农	79	1.31	425.5	1.67
	小计	530	8.78	2823.2	11.07
	合计	2854	47.28	13433.37	52.69
其他劳动人民		330	5.47	891	3.49
富农		126	2.09	677	2.66
地主及其他剥削阶层		381	6.31	1426	5.59
公田及机动田		—	—	—	—

资料来源：中共中央中南局农村工作部《中南区一九五三年农村经济调查统计资料》，内部资料，1954 年，第 20 页。

河南省九个乡各阶级自土改时至 1953 年升降变化

项目 原成分		土改时		现在户数	土改至现在升降变化					
		户数	占比（%）		地主	富农	其他剥削阶层合计	中农		
								富裕中农	中农	小计
地主		46	5.15	46	46	17				
富农		17	1.91	17						
其他剥削阶层合计		3	0.34	3			3			
中农	富裕中农	18	2.02	18				18		18
	中农	347	38.9	347		6		105	227	332
	小计	365	40.92	365		6		123	227	350
贫雇农	雇农	5	0.56	5					2	2
	贫农	455	51.01	455			1	62	255	317
	小计	460	51.57	460			1	62	257	319
其他劳动人民合计		1	0.11	1						
总计		892	100	892	46	23	4	185	484	669
占总户数（%）				100	5.16	2.58	0.45	20.74	54.26	75

项目 原成分		土改至现在升降变化		变化合计					
		贫农	其他劳动人民	上升		下降		未变	
				户数	占比（%）	户数	占比（%）	户数	占比（%）
地主								46	100
富农								17	100
其他剥削阶层合计								3	100
中农	富裕中农							18	100
	中农	9		111	31.99	9	2.59	227	65.42
	小计	9		111	30.41	9	2.47	245	67.12
贫雇农	雇农	3		2	40			3	60
	贫农	137		318	69.89			137	30.11
	小计	140		320	69.57			140	30.43
其他劳动人民合计			1					1	100
总计		149	1	431	48.31	9	1.02	452	50.67
占总户数（%）		16.7	0.11						

资料来源：中共中央中南局农村工作部《中南区一九五三年农村经济调查统计资料》，内部资料，1954 年，第 54～55 页。

鄂湘赣三省十个乡各阶级自土改时至 1953 年升降变化

项目 原成分	土改时 户数	占总户数(%)	土改至现在增减变化 分家增加	迁入	迁走	绝户	增减后户数	土改至现在升降变化 地主	富农	其他剥削阶层 工商业者	小土地出租者
地主	184	3.7			2		182	182			1
富农	163	3.28	1		3		161		149		
其他剥削阶层 工商业者	17	0.34					17			11	
小土地出租者	62	1.25					62			1	31
迷信职业者	1	0.02					1				
其他	72	1.45					72				
小计	152	3.06					152			12	31
中农	1534	30.83	25	3	3		1559		4		5
贫雇农	2847	57.23	15	3	10	1	2854		2	1	23
其他劳动人民 手工业者	30	0.6					30				1
小商贩	9	0.18					9				
自由职业者	1	0.02					1				
贫民	25	0.5					25				6
其他	30	0.6	1				31				
小计	95	1.9	1				96				7
总计	4975	100	42	6	18	1	5004	182	155	13	67
占总户数(%)							100	3.63	3.1	0.26	1.34

项目 原成分	土改至现在升降变化 其他剥削阶层 其他	小计	中农 富裕中农	中农	小计	贫农 一般困难的	严重困难的	开始下降	小计	其他劳动人民 手工业者	小商贩
地主											
富农		1	6	5	11						
其他剥削阶层 工商业者	2	13								1	
小土地出租者	2	34	2	11	13	6	6		12	2	
迷信职业者							1		1		
其他	70	70					2		2		
小计	74	117	2	11	13	7	8		15	3	
中农	1	6	513	998	1511	20	17		37		
贫雇农	8	32	125	1056	1181	1032	504	68	1604	17	
其他劳动人民 手工业者	1			5	5	2	2		4	18	
小商贩							1		1		7
自由职业者											
贫民	1	7		2	2		6		6	2	1
其他							1	2		3	
小计	2	9		7	7	4	10		14	20	8
总计	85	165	646	2077	2723	1063	539	68	1670	40	8
占总户数(%)	1.7	3.3	12.91	41.51	54.42	21.24	10.77	1.36	33.37	0.8	0.16

续表

| 项目 | | 土改至现在升降变化 | | | | 变化合计 | | | | | | | |
| 原成分 | | 其他劳动人民 | | | | 上升 | | 下降 | | 转化 | | 未变 | |
		自由职业	贫民	其他	小计	户数	占比(%)	户数	占比(%)	户数	占比(%)	户数	占比(%)
地主												182	100
富农						11	6.83			1	0.62	149	92.55
其他剥削阶层	工商业者		3		4	4	23.54	2	11.76			11	64.71
	小土地出租者	1			3			28	45.16	3	4.84	31	50
	迷信职业者							1	100				
	其他							2	2.78			70	97.22
	小计	1	3		7			35	23.03	5	3.29	112	73.68
中农				1	1	10	0.64	37	2.37	1	0.07	1511	96.92
贫雇农		1	7	10	35	1215	42.57			35	1.23	1604	56.2
其他劳动人民	手工业者		1		19	2	6.67			10	33.33	18	60
	小商贩		1		8					2	22.22	7	77.78
	自由职业者	1			1							1	100
	贫民	1	6		10	7	28			12	48	6	24
	其他			28	28					3	9.68	28	90.32
	小计	2	8	28	66	9	9.37			27	28.13	60	62.5
总计		4	18	39	109	1234	24.66	83	1.66	69	1.38	3618	72.3
占总户数%		0.08	0.36	0.78	2.18								

资料来源：中共中央中南局农村工作部《中南区一九五三年农村经济调查统计资料》，内部资料，1954年，第56~57页。

广东省十二个乡各阶级自土改时至1953年升降变化

| 项目 | | 土改时 | | 土改至现在增减变化 | | 土改至现在升降变化 | | | | | | |
| 原成分 | | 户数 | 占比(%) | 分家增加 | 增减后总户数 | 地主 | 富农 | 其他剥削阶层 | 中农 | | | 贫农 |
									富裕中农	中农	小计	一般困难的
地主		197	3.32	4	201	201						
富农		124	2.09		124	124						
其他剥削阶层		220	3.71	1	221			146	1	12	13	23
中农	富裕中农	87	1.47	10	97		1	1	91	4	95	
	中农	1024	17.26	41	1065		1	5	152	854	1006	26
	小计	1111	18.73	51	1162		2	6	243	858	1101	26
贫雇农		3726	62.82	41	3767			11	281	1401	1682	1312
其他劳动人民		553	9.32	9	562			17	5	53	58	84
总计		5931	100	106	6037	201	126	180	530	2324	2854	1445
占总户数(%)					100	3.33	2.09	2.98	8.78	38.49	47.27	23.94

续表

项目		土改至现在升降变化				变化合计							
原成分		贫农			其他劳动人民	上升		下降		转化		未变	
		严重困难的	开始下降的	小计		户数	占比（%）	户数	占比（%）	户数	占比（%）	户数	占比（%）
地主												201	100
富裕												124	100
其他剥削阶层		19	5	47	15			60	27.15	15	6.79	146	66.06
中农	富裕中农					2	2.07	4	4.12			91	93.81
	中农	22	3	51	2	158	14.83	51	4.79	2	0.19	854	80.19
	小计	22	3	51	2	160	13.87	55	4.73	2	0.17	945	81.32
贫雇农		668	75	2055	19	1693	44.95			19	0.5	2055	54.55
其他劳动人民		98	11	193	294	17	3.03			251	44.66	294	52.31
总计		807	94	2346	330	1870	30.98	115	1.9	287	4.75	3765	62.37
占总户数（%）		13.37	1.59	38.87	5.46								

资料来源：中共中央中南局农村工作部《中南区一九五三年农村经济调查统计资料》，内部资料，1954年，第64～65页。

广东省海丰县农协组织情况调查统计表

				一区	二区	三区	四区	五区	六区	七区	总计
农会组织	干部	成分	贫农	2512	114	470	92	1126		183	4497
			中农	277	7	59	17	106		34	500
		合计		2789	121	529	109	1232	705	217	5702
	会员	男		14616	372	2660	460	5650	7169	721	31648
		女		9534	394	1648	484	4113	4877	212	21262
		成分	贫农	17092	580	3571	598	7348	9753	559	39501
			中农	7058	186	737	346	2415	2293	374	13409
		合计		24150	766	4308	944	9763	12046	933	52910
贫雇农小组数				1737	175	535	96	1640			4183
贫雇农小组人数				21187	2787	5872	3023	12581	10004	3115	58569
组织民兵	干部			439	110	242	93	280	317	22	1503
	合计			3330	694	1604	396	1899	1799	162	9884
分得果实人数				24400	2155	4010	2267	17848			50680

备考	1. 农会组织干部人数六区有一部分不能分因而填农会会员成分数、小组数与分得果实人数不完整、不确实，故没填入。2. 此数字是深入运动以来统计，空白处没填上（空白乡40个）。3. 全县队伍贫雇农59589人，中农13909人，合计72478人。

资料来源：海丰县土委会《海丰农协组织情况调查统计表》，粤档236－2－103号。

广东省东江专区各县土改前基层政权状况

		区	乡	村
现有行政区域数		20.5	115	858
已建立政权之区乡村数		20.5	115	858
干部数	脱产干部	496	763	107
	未脱产干部		20	4111
政府委员政治成分	共产党员	180	230	157
	青年团员	130	197	451
	民主党派			3
	群众	186	356	3607
政府委员家庭出身	雇农	6	30	210
	贫农	216	435	2638
	中农	153	249	983
	富农	18	36	70
	地主	57	16	16
	工商业家	4	7	125
	手工业者	4	3	46
	自由职业者	13	2	40
	其他	25	5	90
本人成分	学生	117	136	167
	小学教师	51	81	126
	农民	107	171	3655
	工人	3		65
	其他	218	395	205
备考	1. 现有行政区域数,二十半个区中,包括有一个区级镇,乡中有五个是联组。2. 政府委员家庭出身一栏中,龙门县的贫雇农数目算在一起未分开,在此算为贫农。3. 此表缺陆丰、柴金、增罗、增城(惠阳和平报东数字不完整,故无法计在内)。4. 家庭出身"其他"栏包括小土地出租者及城市贫民。5. 本人成分"其他"栏包括革命干部、旧职员、工商业者、未明成分者。6. 龙川未计算在内。			

填表说明:本表由各县、专区土委综合完整数字于土改工作第一阶段结束时依双轨制呈报省土委会。

资料来源:东江区土改委员会《广东省东江专区土改前基层政权状况》(1951年8月2日),粤档236-1-63号。

1952 年广东省各区土改经费分配表

区别	总人口	复查地区人口	展开通过地区人口	展开土改地区按千分之一应分配人数	复查地区按三千分之一应分配人数	进行土改地区按12826人各区应分配人数	各区按公粮增加任务25%解决千分之一土改干部名额
潮汕（含汕头市）	4507493	1534878	2972615	2972	511	1430（减400给兴梅，实1030）	1542（加400，实1942）
高雷（含湛江市）	4450993	361928	4089065	4089	120	1967	2122
东江	3625995	1090142	2535853	2535	363	1220	1315
珠江	4343187	200312	4142875	4142	66	1993	2152
粤中	3730744	254111	3476573	3476	84	1666	1810
西江	2910812		2910812	2910		1408	1502
兴梅	2528928	893034	1635812	1635	297	787（加400，实1187）	448
海南	2620462		2620462	2620		1261	1359
北江	2942188	668807	2273381	2273	222	1094	1179
				26652	1651	12826	13829

资料来源：广东省人民政府土地改革委员会办公室《1952 年全省各区土改经费分配表》，1952 年，粤档 236 - 2 - 29 号。

广东省粤中专区土改后群众思想发动统计表

县别	乡名	类型	调查范围（几村几组）	人数	觉悟者	觉悟者占比（%）	半觉悟者	半觉悟者占比（%）	未觉悟者	未觉悟者占比（%）
中山	濠涌	2	八个小组	128	33	25.8	48	37.5	47	36.7
中山	南萌	3	七个小组	132	25	18.9	20	15.1	87	65.9
廉江	深水洞	2	一个自然村又一组	32	5	15.6	13	40.6	14	43.8
中山	沙溪	1	三个小组	42	21	50	14	33.3	7	16.7
廉江	官涌	3	四个小组（三个自然村）	78	12	15.4	29	37.2	37	47.4
澄海	李厝	1	一个小组	19	4	21.1	7	36.8	8	42.1
				431	100	23.2	131	30.4	200	46.4

县名	乡名	工作类型	总人口	农会会员总数	骨干（乡村农协主席、委员、民兵队长等）							积极分子		
					骨干总人数	最好的人数	最好的占骨干（%）	一般的人数	一般的占骨干（%）	不好的 /	/	人数	占总人口（%）	占农会会员（%）
澄海	李厝	1	3886	1390	22	9	40.9	4	8.2			143	3.6	10.2

资料来源：粤中专区《土改后群众思想发动统计表》，1950 年，粤档 236 - 2 - 98 号。

中南六省九十七个县一百个乡解放前和土改后
各阶级比重及占有生产资料比例比较表

	地主	富农	农村工商业家	其他剥削阶层	中农	贫农	雇农	工人	贫民	游民	其他劳动人民	合计
户口比例（%）	4.18	2.44	0.34	4.31	29.63	42.54	6.67	2.65	2.97	0.64	3.36	100
	4.16	2.63	0.41	4.14	29.78	42.09	6.73	2.66	3.07	0.64	3.39	100
人口比例（%）	5.69	3.60	0.42	3.19	34.89	40.92	4.16	1.92	1.77	0.39	3.05	100
	5.07	3.61	0.43	2.96	34.75	41.29	4.43	2.01	1.89	0.38	3.18	100
土地比例（%）	37.68	7.21	0.09	3.98	30.03	13.47	0.37	0.17	0.11	0.08	0.38	100
	4.33	4.56	0.11	3.07	37.49	37.95	4.43	1.15	1.46	0.33	1.70	100
人均亩数（亩）	14.90	4.52	0.05	2.81	1.94	0.74	0.19	0.20	0.14	0.40	0.27	
	1.92	2.83	0.55	2.32	2.41	2.05	2.24	1.27	1.73	1.86	1.19	
耕畜比例（%）	10.60	6.96	0.09	2.42	51.39	27.41	0.43	0.14	0.15	0.11	0.34	100
	1.44	4.66	0.08	1.49	46.58	38.57	4.37	0.56	0.96	0.18	1.11	100
主要农具比例（%）	7.94	5.83	0.15	2.62	48.88	32.80	0.83	0.23	0.14	0.17	0.51	100
	1.05	4.87	0.16	1.82	47.53	38.68	3.37	0.62	0.64	0.15	1.11	100
劳动力比例（%）	4.96	3.40	0.35	2.68	35.55	41.29	4.84	1.83	1.73	0.38	2.99	100
	4.65	3.43	0.39	2.70	34.87	41.39	5.15	1.92	1.90	0.40	3.20	100

说明：1. 土地比例中除表中所列外，解放前尚有其他公田3.9%，外乡一般业主田2.53%；土地改革后尚有其他公田0.33%，外乡一般业主田1.46%%，机动田1.63%。2. 地主占有土地比例中，解放前包括外乡地主在本乡田12.17%，地主操纵公田6.69%在内。（也就是说，地主所占土地包括外乡地主所占及公田在内。应扣除这两方面才是本乡地主实际占有的土地）3. 一百个乡总计情况如下：解放前56479户，238560人，539218.6亩土地，每人平均2.26亩，24786.75头耕畜，86257.76件农具，145146个劳力。土改后59231户，246611人，552601.99亩土地，每人平均2.24亩，29912.14头耕畜，94248.91件农具，151729个劳力。4. 表中每项目下上一行为解放前（1948年）数据，后一行为土改后数据（1951年，河南三个乡为1949年）。

资料来源：中南军政委员会土地改革委员会《中南区一百个乡村调查统计表》，内部资料，1953年，第228～229页。

广东省106个典型村1950～1952年粮食增减情况表

年　份	1950 年	1951 年	1952 年
减产的	21.0	4.5	9.8
增产2%以下	30.0	6.7	5.5
增产2%以上	24.0	12.2	13.8
增产4%以上	9.1	8.0	38.8
增产6%以上	6.2	14.3	6.0
增产8%以上	3.6	10.6	12.9
增产10%以上	6.0	36.0	9.5

续表

年 份	1950 年	1951 年	1952 年
增产 20% 以上	—	6.8	3.8
备注	1. 106 村均为土改村；2. 表内数字为农户增减户数百分比。		

资料来源：广东省人民政府统计局编印《广东省百典型村调查报告》，1953 年 9 月，粤档 204-1-96 号。

江西省上饶专区部分地区妇女参加复查运动人口比较表

地区	乡数	总人口		参加运动人数		参加复查人数占总人口百分比（%）	
		男	女	男	女	女	男
玉山县	24	26248	22151	14225	10435	47 强	54 强
弋阳县	7	6258	5164	3243	2075	40 强	50 强
横峰县	13	8458	7747	5518	3506	45 强	65 强
铅山县	32	17322	13778	8596	7025	51 强	51 强
合计	76	58316	48840	31635	23041	50 弱	54 强

资料来源：上饶专区妇联《上饶专区妇女参加复查运动比较表》，1952 年 5 月 2 日，赣档 X125-1-004 号。

江西十四个典型乡调查统计资料
群众组织·农协组织·农协委员（兼政权委员）

地区	雇农		贫农		中农		手工工人		合计	备注
	男	女	男	女	男	女	男	女		
1			7		2		1		10	已复查一类乡
2										
3			9		1				10	未复查二类乡
4			3	3			1		7	
5	7		5	1					13	
6	2		7	2					11	已复查一类乡
7	2	1	14	2	1	1			21	
8			4		1				5	已复查二类乡
9	2		4		1				7	
10			9						9	未复查三类乡
11			11	1	2	1			15	
12			3		2				5	
13	2		6	1	4				13	已复查二类乡
14	7		30		21		3		61	

说明：1. 地区序号分别代指南昌县小蓝乡、宜春县永和乡、遂川县梅溪乡、宁都县刘坑乡、横峰县姚家乡、永修县十四乡、鄱阳县留阳乡、永新县汴田乡、丰城县小袁渡乡、赣县吉埠乡、万载县新华乡、临川县新华乡、九江县石门乡、铅山县虹桥乡。2. 前 4 个乡为土地集中地区，后 2 个乡为土地分散地区，其余为土地一般地区。3. 宜春县永和乡有干部 15 人（其中男 13 女 2），雇农 3 个、贫农 8 个、中农 4 个，其具体职务分不开。

群众组织·农协组织·农协代表

地区	雇农		贫农		中农		手工业者		小土地经营者		合计
	男	女	男	女	男	女	男	女	男	女	
1			22	25	12	9		1	2	1	72
2											
3	1		44		4						49
4			11		2						13
5	7		17		11						35
6	6		18	8	6	2					40
7	15	5	55	15	4	2					98
8			26	4	13	2					45
9	2		7		5						14
10			40		5						45
11	1		9		3						13
12	5		24		22		1				52
13	3		18	2	12	3					38
14	1		27		9		1				38

群众组织·农协组织·农协小组长（兼居民小组长）

地区	雇农		贫农		中农		手工业者		小土地经营者		合计
	男	女	男	女	男	女	男	女	男	女	
1			22	25	12	9		1	2	1	72
2											
3	1		42		6						49
4	1		42		2						45
5	7		17		11						35
6	5		13								18
7	25		51		3		6				85
8			23	6	19	7					55
9	3		18		4		1				27
10			34		18						52
11	1		6		3						10
12	5		31		14		2		1		53
13			5		5						10
14	2		25		6		2				35
备注	丰城县小袁渡乡还有 1 名手工业工人。										

群众组织·妇女组织·妇代会委员（全部为女性）

地区	雇农	贫农	中农	手工工人	合计
1		4	4	1	9
2					
3	1	6	3		10
4		7			7

续表

地区	雇农	贫农	中农	手工工人	合计
5	2	7	4		13
6		8	2		10
7	3	13	2		18
8		6	1		7
9	1	3	1		5
10		8	1		9
11		6	3		9
12	1	7	2		10
13		2	3		5
14		7			7

群众组织·妇女组织·妇女代表（全部为女性）

地区	雇农	贫农	中农	手工业工人	小土地经营者	贫民	合计
1	5	132	271	40	11		459
2							
3		5	5				10
4		36	9				45
5		23	12				35
6		8	2				10
7	9	46	7	2			64
8		20	11				31
9		7	6				13
10		32	16				48
11		6	1				7
12		12	10				22
13	2	15	9	1			27
14	2	15	7	2		1	27

群众组织·妇女组织·妇女小组长（全部为女性）

地区	雇农	贫农	中农	手工业工人	小土地经营者	合计
1	1	21	10	4		36
2						
3		32	17			49
4		36	9			45
5		23	12			35
6		8	2			10
7	9	46	7	2		64
8		20	11			31
9		8	3			11
10		32	16			48
11		6	1			7

续表

地 区	雇 农	贫 农	中 农	手工业工人	小土地经营者	合 计
12	2	19	11		1	33
13	2	15	9	1		27
14	2	20	9	4		35

群众组织·民兵组织·民兵

地 区	雇农		贫农		中农		手工工人		小土地出租者、经营者		合 计
	男	女	男	女	男	女	男	女	男	女	
1	8		98		60		6				172
2	20		50		49						119
3			134		50						184
4	15		145		39		2				201
5	20	1	81	32	52	15	1	1			203
6	16		40		21				4		81
7	24		95		34						153
8			89		49						138
9	35		77		54		5		3		174
10			101		71				1		173
11	7		39		18		3				67
12	26		77		84		13		3		203
13	6		35		60		2				103
14	11		52		52		6		1		122

群众组织·青年团组织·青年团员

地 区	雇农		贫农		中农		手工业者		小土地出租者		合 计
	男	女	男	女	男	女	男	女	男	女	
1			9	8	12		4		1		34
2			7		2						9
3			13	3	5						21
4			5	2	1						8
5	7	1	5	3	26						24
6	1	2	7	3	5	1	1		2		22
7	3	2	19	4		2		1			31
8			4	1	3	2					10
9			1								1
10			9	3	1						13
11	1		6	2							9
12	3	1	4		5				1		14
13			5		3						8
14	3		8		3		1				15

群众组织·乡村主要干部·乡级干部

地区	乡主席	副主席	农协主席	农协副主席	民兵队长	妇代会主任
	年龄	年龄	年龄	年龄	年龄	年龄
1	28		31		19	25
2						
3	28	39	28	39	22	31
4	33	21	51（其他）		28	31
5	22（雇）	32（雇）		43	21（中）	38
6	27	32（雇）	34（雇）	20	32	28
7	34	20（女）	32		20	20
8	27	46	30	53	23（中）	21
9	23	27			29（雇农）	21
10	23		30		26	25
11	46	41			24	39
12	26	30	43	30	23（雇）	23（雇）
13	31	27（中）	62	31	26	34
14	45（工人）	32			27	41
备注	乡级干部性别、成分除注明外均为男性、贫农。					

群众组织·乡村主要干部·村级主要干部

地区	分农协主席					代表主任				
	人数	雇农	贫农	中农	其他	人数	雇农	贫农	中农	手工业
1						6	1	5		
2										
3						8		7	1	
4	7		7							
5						10	5	5		
6						5	2	3		
7										
8						4		3	1	
9						5		1	3	1
10						8		6	2	
11	5		2	2	1					
12	5	1	4			5		4	1	
13										

资料来源：根据江西省土改委员会编印《江西十四个典型乡调查统计资料》（1952年10月）制作而成，内部资料，第346～364页。

广东十一个土改县团县、团区工委干部情况统计表

		潮汕		兴梅		东江		北江		珠江	粤中	高雷	总计	
		普宁	揭阳	兴宁	丰顺	惠阳	龙川	曲江	英德	宝安	鹤山	遂溪	数目	百分比（%）
干部总数		25	39	28	22	41	10	7	9	19	25	21	244	100
性别	男	22	37	25	20	34	9	5	8	16	18	18	212	86.8
	女	3	2	3	2	7	1	2	1	3	5	3	32	13.2
年龄	25以下	21	36	19	20	35	6	7	8	17	21	18	208	85.25
	26~30	4	3	9	2	4	4		1	2	2	3	34	13.93
	31~35					2								0.82
	36以上													
现有文化程度	文盲													
	半文盲													
	初小				4						5		9	3.69
	高小	5	4			6				8		6	29	11.89
	初中	17	26	3	8	27	2	4	8	10	1	9	115	47.13
	高中	2	9	22	9	4	6	3	1	1	4	1	62	25.41
	大学	1		3	1	4	2						11	4.5
家庭成分	工人													
	雇农													
	贫农	10	3	9	3	11	3			6		3	48	19.67
	中农	13	15	17	10	12	4		1		3	9	93	38.11
	富农	1	1	1		1	2		1				7	2.87
	地主		5	1	2		1	2	2			5	18	7.38
	贫民		2					1			1		4	1.64
	小商贩		3			2				1		1	7	2.87
	小手工业者													
	资本家													
	自由职业者	1	1							1			3	1.23
	职员													
	军人													
	革命军人													
	其他		9		7	15		4	5	3	1	2	46	18.85
本人成分	工人					3				1			4	1.64
	雇农													
	贫农	3			2							3	8	3.28
	中农	1	3							1		5	10	4.10
	富农													
	地主													
	贫民													

续表

		潮汕		兴梅		东江		北江		珠江	粤中	高雷	总计	
		普宁	揭阳	兴宁	丰顺	惠阳	龙川	曲江	英德	宝安	鹤山	遂溪	数目	百分比（%）
本人成分	小商贩						1						1	0.41
	小手工业者						1						1	0.41
	资本家													
	自由职业者	8	4	9	5	3	2				6		37	15.16
	职员	3									1		4	1.64
	革命军人													
	学生	10	14	19	12	25	8	3	4	8	4	10	115	47.13
	其他		18		3	10			4	5	3	3	46	18.85
政治面目	共产党员	20	27	20	13	25	9	3	5	14	13	21	170	69.67
	青年团员	5	12	8	9	16	1	4	4	5		10	74	30.33
	群众													
入党年月	1921.7～1927.4													
	1927.5～1937.6													
	1937.7～1941.1					2							2	1.18
	1941.2～1945.8	8				2	4	1		2			17	10.0
	1945.9～1949.9	5	4	5	8	4	4	2	1	9	5	16	63	37.06
	1949.10～现在	7	2	15	5	17	1		4	3		5	59	34.71

说明	一、龙川县，曲江县系团县工委干部数字，团区工委干部年龄，文化程度，家庭出身等未详，只计县团工委干部。 二、鹤山县干部有 18 人之家庭出身，本人成分，文化程度多项数字未详。区 13 名党员中有 8 名入党年月未详。 三、揭阳县 27 名党员中有团区工委党员 21 名入党年月未详。 四、家庭出身项，"其他"数字系指填写小资产阶级，华侨，及阶级成分填写得模糊（如亦工亦商）者。 五、本人成分："其他"数字系成分未详者。 六、表列数字系根据现有的"青年工作干部登记表"或"干部名册"的材料统计的。

资料来源：青年团华南工委组织部《广东十一个土改县团的干部情况统计》，1951 年 4 月 14 日，粤档 232 - 2 - 18 号。

中南区部分地区 1950~1952 年城乡出生死亡情况调查

	调查地区	人口数	出生数	出生率（‰）	死亡数	死亡率（‰）	婴儿死亡数	婴儿死亡率（‰）
乡村（除朋兴区外其余均为广东省所属）	湖北孝感朋兴区	22574	1211	53.64	611	27.06	200	165.15
	海南岛白沙县第一行政区	5981	235	39.29	87	14.54	49	208.11
	海南岛儋县那大镇	2351	103	43.81	17	7.23	11	106.8
	顺德县大晚乡	3256	120	36.86	53	16.28	24	200
	连间乡稔海村	1449	42	28.98	15	10.35	8	190.47
	连南县三排村	1370	62	45.26	14	10.21	10	161.29
	连南县油岭村	1208	47	38.91	16	13.24	9	191.49
	怀集县罗龙村	819	26	31.75	9	10.99	4	153.85
	怀集县谭舍村	762	25	32.8	15	19.65	4	160
	怀集县双官村	677	23	33.96	12	17.73	—	—
	海陆丰渔村	10924	491	44.95	108	9.88	45	91.65
城市	孝感县城关区	23244	847	36.44	351	15.1	61	72.02
	武昌区凯字营街及新河街	18450	793	24.98	169	9.16	56	70.62

资料来源：中南军政委员会卫生部编《1950~1952 年中南区卫生统计资料汇编》，内部资料，1953 年，第 93 页。

参考文献

一 档案资料

（一）江西省档案馆馆藏档案

1. X001 – 1 – 43 号
2. X001 – 1 – 54 号
3. X001 – 1 – 55 号
4. X001 – 1 – 93 号
5. X001 – 1 – 94 号
6. X001 – 1 – 104 号
7. X001 – 1 – 105 号
8. X001 – 1 – 107 号
9. X001 – 1 – 131 号
10. X006 – 2 – 35 号
11. X035 – 2 – 94 号
12. X035 – 2 – 97 号
13. X035 – 3 – 37 号
14. X107 – 1 – 21 号
15. X125 – 1 – 4 号
16. X125 – 1 – 11 号
17. 118 – 1 – 194 号
18. 118 – 1 – 290 号
19. 118 – 2 – 33 号

20. 118 - 2 - 55 号

21. 118 - 2 - 167 号

22. 118 - 2 - 168 号

23. 118 - 2 - 215 号

24. J044 - 1 - 00025 号

（二）广东省档案馆馆藏档案

1. 204 - 1 - 35 号

2. 204 - 1 - 96 号

3. 204 - 1 - 177 号

4. 204 - 1 - 445 号

5. 204 - 1 - 245 号

6. 204 - 1 - 262 号

7. 204 - 1 - 271 号

8. 204 - 1 - 315 号

9. 204 - 1 - 438 号

10. 204 - 3 - 27 号

11. 204 - 3 - 32 号

12. 204 - 3 - 170 号

13. 204 - 5 - 10 号

14. 209 - 1 - 18 号

15. 232 - 2 - 5 号

16. 232 - 2 - 18 号

17. 232 - 2 - 39 号

18. 232 - 2 - 42 号

19. 232 - 2 - 105 号

20. 233 - 1 - 5 号

21. 233 - 1 - 11 号

22. 233 - 2 - 6 号

23. 233 - 2 - 13 号

24. 233 - 2 - 49 号

25. 233－2－58 号

26. 233－2－359 号

27. 235－1－51 号

28. 235－1－58 号

29. 235－1－76 号

30. 235－2－1 号

31. 235－2－3 号

32. 236－1－1 号

33. 236－1－18 号

34. 236－1－63 号

35. 236－2－29 号

36. 236－2－98 号

37. 236－2－102 号

38. 236－2－103 号

39. 236－2－110 号

40. 237－1－1 号

41. 237－1－2 号

42. 237－1－4 号

43. 246－1－11 号

44. 307－1－1 号

45. 314－1－18 号

46. 314－1－42 号

47. 314－1－45 号

48. 314－1－88 号

49. 317－1－9 号

（三）河南省档案馆馆藏档案

1. J3－53 号

2. J3－54 号

3. J78－361 号

4. J78－514 号

5. J109 - 45 号

6. J109 - 66 号

7. J109 - 91 号

8. J109 - 102 号

9. J109 - 109 号

10. J109 - 184 号

11. J109 - 186 号

12. J109 - 220 号

（四）湖北省档案馆馆藏档案

1. SZ18 - 1 - 23 号

2. SZ18 - 1 - 28 号

3. SZ18 - 1 - 30 号

4. SZ18 - 1 - 33 号

5. SZ18 - 2 - 7 号

6. SZ18 - 2 - 11 号

7. SZ34 - 2 - 196 号

8. SZ58 - 2 - 16 号

9. SZ67 - 2 - 47 号

10. SZ68 - 2 - 39 号

11. LS18 - 14 - 181 号

（五）湖南省档案馆馆藏档案

1. 146 - 1 - 27 号

2. 146 - 1 - 44 号

3. 146 - 1 - 62 号

4. 146 - 1 - 142 号

5. 146 - 1 - 524 号

6. 212 - 1 - 48 号

7. 212 - 1 - 88 号

（六）江西省南昌县档案馆馆藏档案

1. 政府档案，全宗号 34，案卷号 35，1950 年

2. 政府档案，全宗号 34，案卷号 56，1950 年

3. 县委档案，全宗号 1，案卷号 9，1950 年

4. 县委档案，全宗号 1，案卷号 44，1951 年

5. 县委档案，全宗号 1，案卷号 56，1951 年

6. 县委档案，全宗号 1，案卷号 16，1952 年

7. 县委档案，全宗号 1，案卷号 6，1953 年

（七）广东省江门市档案馆馆藏档案

1. 4 – A12. 8 – 084 号

2. 98 – A0. 1 – 007 号

3. 111 – A0. 1 – 001 号

4. 111 – A0. 1 – 003 号

5. 111 – A0. 1 – 004 号

6. 111 – A0. 1 – 008 号

7. 11 – A0. 1 – 032 号

二　文献资料

（一）内部资料

1. 中南军政委员会办公厅编印《中南军政委员会法令汇编》，1951。

2. 中南军政委员会土地改革委员会编印《土地改革重要文献与经验汇编》，1951。

3. 中南军政委员会土地改革委员会编印《中南区土地改革手册》，1951。

4. 江西省土委调研科编《农村典型调查之一——小蓝乡农村调查材料》，1952 。

5. 江西省土改委员会编印《江西省十四个典型乡调查统计资料》，1952。

6. 中南区土地改革委员会：《中南区一百个乡调查统计表》，1953。

7. 中南区土地改革委员会：《中南区一百个乡调查资料选集》，1953。

8. 中南军政委员会土地改革委员会调查研究处编印《一百个乡调查资料选集》（社会改革部分），1953。

9. 中南军政委员会卫生部编《1950～1952 年中南区卫生统计资料汇编》，1953。

10. 广东省财委统计处编印《广东省百典型村调查报告》，1953。

11. 中共中央中南局农村工作部：《中南区一九五三年农村经济调查统计资料》，1954。

12. 中共中央中南局农村工作办公室：《中南区土地改革果实统计表》，1954。

13. 中南行政委员会卫生部编《1953 年中南区卫生统计资料汇编》，1954。

14. 中南贯彻婚姻法运动委员会办公室编《中南贯彻婚姻法运动情况简报》（1~11 号），1953。

15. 广东省人民政府土地改革委员会编印《土地改革政策汇编》，1951。

16. 江西省人民政府办公厅编《江西省人民政府法令汇编》（1949~1950），1954。

17. 江西省人民政府办公厅编《江西省人民政府法令汇编》（1951），1954。

（二）公开文献

1. 人民出版社编辑部编《新区土地改革前的农村》，人民出版社，1951。

2. 中南人民出版社编辑部编印《土地改革后的中南农村》，中南人民出版社，1951。

3. 人民出版社编《政府工作报告汇编》（1950 年），人民出版社，1951。

4. 中央人民政府法制委员会编《中央人民政府法令汇编》（1949~1950），法律出版社，1982。

5. 中央人民政府法制委员会编《中央人民政府法令汇编》（1951），法律出版社，1982。

6. 中央人民政府法制委员会编《中央人民政府法令汇编》（1952），法律出版社，1982。

7. 中央人民政府法制委员会编《中央人民政府法令汇编》（1953），法律出版社，1982。

8. 中共中央文献研究室编《建国以来重要文献选编》（第一册），中央文献出版社，1992。

9. 中共中央文献研究室编《建国以来重要文献选编》（第二册），中央文献出版社，1992。

10. 中共中央文献研究室编《建国以来重要文献选编》（第三册），中央文献出版社，1992。

11. 中共中央文献研究室编《建国以来重要文献选编》（第四册），中央文献出版社，1993。

12. 中央档案馆编《中共中央文件选集》（第18册），中共中央党校出版社，1992。

13.《马克思恩格斯选集》（第三卷），人民出版社，1995。

14.《建国以来毛泽东文稿》（第一册），中央文献出版社，1987。

15.《建国以来毛泽东文稿》（第二册），中央文献出版社，1988。

16.《建国以来毛泽东文稿》（第四册），中央文献出版社，1990。

17.《毛泽东选集》（第二卷），人民出版社，1991。

18.《毛泽东选集》（第四卷），人民出版社，1991。

19.《毛泽东文集》（第一卷），人民出版社，1993。

20.《毛泽东文集》（第六卷），人民出版社，1999。

21.《毛泽东军事文集》（第五卷），军事科学出版社、中央文献出版社，1993。

22. 中共中央文献研究室编《毛泽东年谱（1893～1949）》（下），中央文献出版社，2002。

23.《刘少奇选集》（下卷），人民出版社，1985。

24. 中共中央文献研究室、中央档案馆编《建国以来刘少奇文稿》（第二册），中央文献出版社，2005。

25. 中共中央文献研究室、中央档案馆编《建国以来刘少奇文稿》（第三册），中央文献出版社，2005。

26.《邓小平文选》（第一卷），人民出版社，1994。

27.《邓子恢文集》，人民出版社，1996。

28. 中国社会科学院、中央档案馆编《1949～1952中华人民共和国经济档案资料选编（农村经济体制卷)》，社会科学文献出版社，1992。

29. 中国第二历史档案馆编《中华民国史档案资料汇编》第五辑第一编，财政经济（七），江苏古籍出版社，1994。

30. 中国第二历史档案馆编《中华民国史档案资料汇编》，第五辑第二编财政经济（八），江苏古籍出版社，1997。

31. 严中平等编《中国近代经济史统计资料选辑》，科学出版社，1955。

32. 章有义编《中国近代农业史资料》（第三辑），三联书店，1957。

33. 陈翰笙、薛暮桥、冯和法合编《解放前的中国农村》（第三集），中国展望出版社，1989。

34. 《中国教育年鉴》编辑部编《中国教育年鉴》（1949～1981），中国大百科全书出版社，1984。

35. 孙德华主编《湖北教育年鉴》（1949～1987），武汉大学出版社，1991。

36. 湖南省委组织部等编《南下入湘干部名录》，湖南人民出版社，1993。

37. 中共江西省委党史征集委员会编辑《江西土地改革》，中央文献出版社，1994。

38. 广东省地方史志编纂委员会编《广东省志·卫生志》（光盘），电子出版物数据中心、广东省科技音像出版社，2006。

（三）报刊资料

1. 《人民日报》，1949～1955 年

2. 《长江日报》，1949～1953 年

3. 《江西日报》，1949～1953 年

4. 《中南政报》，1950～1952 年

5. 《江西政报》，1949～1953 年

6. 《湖南政报》，1949～1951 年

三　学术论著

（一）著作

1. 闻钧天：《中国保甲制度》，商务印书馆，1935。

2. 卜凯：《中国农家经济》，商务印书馆，1936。

3. 薛暮桥：《旧中国的农村经济》，农业出版社，1980。

4. 常剑桥：《河南省地理》，河南教育出版社，1985。

5. 赵发生：《当代中国粮食工作史料》（上卷），当代中国出版社，1990。

6. 赵效民：《中国土地改革史》，人民出版社，1990。

7. 薄一波：《若干重大决策与事件的回顾》（上），中共中央党校出版社，1991。

8. 王沪宁：《当代中国村落家族文化——对中国社会现代化的一项探索》，上海人民出版社，1991。

9. 陈旭麓：《近代中国社会的新陈代谢》，上海人民出版社，1992。

10. 金观涛、刘青峰：《开放中的变迁——再论中国超稳定结构》，香港中文大学出版社，1993。

11. 陈吉元：《中国农村社会经济变迁》，山西经济出版社，1993。

12. 朱秋霞：《中国大陆农村土地制度变迁》，正中书局，1995。

13. 钱杭、谢维扬：《传统与转型：江西泰和农村宗族形态——一项人类学的研究》，上海社会科学院出版社，1995。

14. 杜润生主编《中国的土地改革》，当代中国出版社，1996。

15. 冯尔康、阎爱民：《中国宗族》，广东人民出版社、华夏出版社，1996。

16. 陈宝良：《中国的社与会》，浙江人民出版社，1996。

17. 王铭铭：《社区的历程：溪村汉人家族的个案研究》，天津人民出版社，1997。

18. 军事科学院军事历史研究部编著《中国人民解放军全国解放战争史》（第5卷），军事科学出版社，1997。

19. 乔志强主编《近代华北农村社会变迁》，人民出版社，1998。

20. 周晓虹：《传统与变迁：江浙农民的社会心理及其近代以来的嬗变》，三联书店，1998。

21. 高化民：《农业合作化运动始末》，中国青年出版社，1999。

22. 李正华：《乡村集市与近代社会——20世纪前半期华北乡村集市研究》，当代中国出版社，1998。

23. 姜义华：《理性缺位的启蒙》，上海三联书店，2000。

24. 周荣德：《中国社会的阶层与流动——一个社区中士绅身份的研究》，学林出版社，2000。

25. 李文治、江太新：《中国宗法宗族制和族田义庄》，社会科学文献出版社，2000。

26. 于建嵘：《岳村政治：转型期中国乡村政治结构的变迁》，商务印书馆，2001。

27. 曹锦清、张乐天、陈中亚：《当代浙北乡村的社会文化变迁》，上海远东出版社，2001。

28. 苑书义、董丛林：《近代中国小农经济的变迁》，人民出版社，2001。

29. 周大鸣等：《当代华南的宗族与社会》，黑龙江人民出版社，2003。

30. 唐致卿：《近代山东农村社会经济研究》，人民出版社，2004。

31. 刘斌、张兆刚、霍功：《中国三农问题报告》，中国发展出版社，2004。

32. 李培林：《村落的终结：羊城村的故事》，商务印书馆，2004。

33. 黄树民：《林村的故事——一九四九年后的中国农村变革》，素兰、纳日碧力戈译，三联书店，2004。

34. 罗平汉：《土地改革运动史》，福建人民出版社，2005。

35. 冯尔康：《18 世纪以来中国家族的现代转向》，上海人民出版社，2005。

36. 杜润生：《杜润生自述：中国农村体制变革重大决策纪实》，人民出版社，2005。

37. 罗荣渠：《现代化新论——世界与中国的现代化进程》（增订本），商务印书馆，2006。

38. 王友明：《解放区土地改革研究：1941～1948》，上海社会科学院出版社，2006。

39. 陈益元：《建国初期农村基层政权建设研究：1949～1957——以湖南省醴陵县为个案》，上海社会科学院出版社，2006。

40. 黄荣华：《农村地权研究：1949～1983——以湖北省新洲县为个案》，上海社会科学院出版社，2006。

41. 阎云翔：《私人生活的变革：一个中国村庄里的爱情、家庭与亲密关系（1949～1999）》，龚小夏译，上海书店出版社，2006。

42. 张志永：《婚姻制度从传统到现代的过渡》，中国社会科学出版社，2006。

43. 赵冈：《中国传统农村的地权分配》，新星出版社，2006。

44. 莫宏伟：《苏南土地改革研究》，合肥工业大学出版社，2007。

45. 姜义华：《现代性：中国重撰》，北京师范大学出版社，2008。

46. 张鸣：《乡村社会权力和文化结构的变迁（1903～1953）》，陕西人民出版社，2008。

47. 汤水清：《上海粮食计划供应制度与市民生活（1953～1956）》，上海辞书出版社，2008。

48. 王先明：《变动时代的乡绅——乡绅与乡村社会结构变迁（1901～1945）》，人民出版社，2009。

49. 杨奎松：《中华人民共和国建国史研究（1）》，江西人民出版社，2009。

50. 王瑞芳：《土地制度变动与中国乡村社会变革——以新中国成立初期土改运动为中心的考察》，社会科学文献出版社，2010。

51. 金耀基：《从传统到现代》，法律出版社，2010。

52. 危仁晟主编《南下》，当代中国出版社，2013。

53. 〔美〕德·金·珀金斯：《中国的农业发展（1368～1968）》，宋敏等译，上海译文出版社，1984。

54. 〔美〕黄宗智：《长江三角洲小农家庭与乡村发展》，中华书局，1992。

55. 〔英〕安东尼·吉登斯：《民族—国家与暴力》，胡宗泽等译，三联书店，1998。

56. 〔美〕施坚雅：《中国农村的市场和社会结构》，史建云、徐秀丽译，虞和平校订，中国社会科学出版社，1998。

57. 〔美〕王国斌：《转变的中国——历史变迁与欧洲经验的局限》，李伯重、连玲玲译，江苏人民出版社，1998。

58. 〔美〕R. 麦克法夸尔、费正清编《剑桥中华人民共和国史：革命的中国的兴起：1949～1965年》，谢亮生等译，中国社会科学出版社，1990。

59. 〔美〕马若孟：《中国农民经济：河北和山东的农业发展：1890～1949》，史建云译，江苏人民出版社，1999。

60. 〔美〕费正清：《伟大的中国革命》，刘尊棋译，世界知识出版社，2000。

61. 〔美〕黄宗智：《华北的小农经济与社会变迁》，中华书局，2000。

62. 〔美〕弗里曼、毕伟克、赛尔登：《中国乡村，社会主义国家》，陶鹤山译，社会科学文献出版社，2002。

63. 〔美〕吉尔伯特·罗兹曼主编《中国的现代化》，国家社会科学基金"比较现代化"课题组译，江苏人民出版社，2005。

64. 〔美〕白凯：《长江下游地区的地租、赋税与农民的反抗斗争：1840～1950》，林枫译，上海书店出版社，2005。

65. 〔美〕彭慕兰：《腹地的构建：华北内地的国家、社会和经济（1853～1937）》，马俊亚译，社会科学文献出版社，2005。

66. 〔美〕柯文：《在传统与现代性之间：王韬与晚清改革》，雷颐、罗检秋译，江苏人民出版社，2006。

67. 〔美〕杜赞奇：《文化、权力与国家——1900～1942 年的华北农村》，王福明译，江苏人民出版社，2006。

68. 〔澳〕杰华：《都市里的农家女：性别、流动与社会变迁》，江苏人民出版社，吴小英译，2006。

69. 〔德〕哈拉尔德·韦尔策编《社会记忆：历史、回忆、传承》，李斌、王立君、白锡堃译，北京大学出版社，2007。

70. 〔加〕伊莎白·柯鲁克、〔英〕大卫·柯鲁克：《十里店（一）——中国一个村庄的革命》，龚厚军译，上海人民出版社，2007。

71. 〔美〕塞缪尔·P. 亨廷顿：《变化社会中的政治秩序》，王冠华、刘为等译，沈崇美校，上海人民出版社，2008

72. 〔美〕李怀印：《华北村治——晚清和民国时期的国家与乡村》，中华书局，2008。

（二）论文

1. 陈守实（遗稿）：《关于秘密会社的一些问题——在历史进程中一种运动形态的考察》，《学术月刊》1979 年第 3 期。

2. 陈来：《消解传统与现代的紧张》，《北京大学学报》（哲学社会科学版）1989 年第 3 期。

3. 郭德宏：《对毛泽东二三十年代农村各阶级土地占有状况的调查分析的重新研究》，《党的文献》1989 年第 5 期。

4. 郭德宏：《旧中国土地占有状况及发展趋势》，《中国社会科学》1989 年第 4 期。

5. 章有义：《近代中国人口与耕地的再估计》，《中国经济史研究》1991 年第 1 期。

6. 曹幸穗：《旧中国苏南家庭农场农产商品率研究》，《中国农史》1992 年第 3 期。

7. 高王凌：《传统模式的突破——清代广东经济的发展》，《清史研究》1993 第 3 期。

8. 李汉林、王奋宇、李路路：《中国城市社区的整合机制与单位现象》，《管理世界》1994 年第 2 期。

9. 陈曼娜、陈伯超：《论近代中国社会结构的转型——以经济结构为透视点》，《河南大学学报》（社会科学版）1996 年第 6 期；

10. 刘伟：《近代中国社会转型的发展趋势及其特征》，《华中师范大学学报》（哲学社会科学版）1997 年第 1 期；

11. 乌廷玉：《旧中国地主富农占有多少土地》，《史学集刊》1998 年第 1 期。

12. 李富强：《村政的现代化建设与壮族乡村权力结构变迁——以广西田林那善村为例》，《广西民族研究》1998 年第 3 期。

13. 李立志：《1949～1956 年中国社会风习的演变及其特点》，《教学与研究》2001 年第 1 期。

14. 邱捷：《清末民初地方政府与社会控制——以广州地区为例的个案研究》，《中山大学学报》2001 年第 6 期。

15. 罗兴佐：《转型中的宗族与农民——以江西龙村为个案》，载肖唐镖、史天健主编《当代中国农村宗族与乡村治理——跨学科的研究与对话》，西北大学出版社，2002。

16. 刘劲峰：《从传统社会中走出来的中国乡村农民——对江西南部乡村的调查》，载肖唐镖、史天健主编《当代中国农村宗族与乡村治理——跨学科的研究与对话》，西北大学出版社，2002。

17. 肖唐镖、戴利朝:《村治过程中的宗族——对赣皖 10 个村治理状况的一项综合分析》,载肖唐镖、史天健主编《当代中国农村宗族与乡村治理——跨学科的研究与对话》,西北大学出版社,2002。

18. 张鸣:《动员结构与运动模式——华北地区土地改革运动的政治运作(1946～1949)》,《二十一世纪》网络版 2003 年 6 月。

19. 李云峰:《20 世纪中国社会转型的制约因素》,《史学月刊》2003 年第 11 期。

20. 李金铮:《民间组织的一个类型: 20 世纪上半期长江中下游乡村"钱会"解析》,载《中国现代社会民众学术研讨会论文集》,2003。

21. 侯松涛:《建国初期农村基层政权的建构——山东省郯城县个案研究》,《党史研究与教学》2004 年第 2 期。

22. 刘琼雄:《当爱已经成为往事》,《城市画报》2004 年第 2 期。

23. 卢晖临:《革命前后中国乡村社会分化模式及其变迁: 社区研究的发现》,载〔美〕黄宗智主编《中国乡村研究》(第一辑),商务印书馆,2004。

24. 李放春:《北方土改中的"翻身"与"生产"——中国革命现代性的一个话语—历史矛盾溯考》,载〔美〕黄宗智主编《中国乡村研究》(第三辑),社会科学文献出版社,2005。

25. 黄道炫:《1920～1940 年代中国东南地区的土地占有》,《历史研究》2005 年第 1 期。

26. 郑卫东:《"国家与社会"框架下的中国乡村研究综述》,《中国农村观察》2005 年第 2 期。

27. 肖爱树:《建国初期妇女因婚姻问题自杀和被杀现象研究》,《齐鲁学刊》2005 年 2 期。

28. 苏少之、常明明:《1952～1954 年湖北省农村私人借贷的历史考察》,《当代中国史研究》2005 年第 3 期。

29. 贾贵浩:《河南近代农作物种植结构的调整与商品化发展》,《南都学坛》2005 年第 3 期。

30. 唐明勇:《20 世纪 50 年代我国农民协会隐退的原因分析》,《史学月刊》2005 年第 6 期。

31. 张静：《1950 年代初期农村土地使用权流转的实证考察》，《内蒙古社会科学》（汉文版）2005 年第 6 期。

32. 王奇生：《战前中国的区乡行政：以江苏省为中心》，《民国档案》2006 年第 1 期。

33. 陈方南：《20 世纪 50 年代初国共两党农村土地改革政策比较研究》，《社会科学战线》2006 年第 2 期。

34. 周健、张思：《19 世纪华北青苗会组织结构与功能变迁——以顺天府宝坻县为例》，《清史研究》2006 年第 2 期。

35. 李良玉：《苏南土改与现代化传统问题》，《江苏大学学报》（社会科学版）2006 年第 3 期。

36. 李金铮：《土地改革中的农民心态：以 1937～1949 年的华北乡村为中心》，《近代史研究》2006 年第 4 期。

37. 陈映婕：《乡村巫婆与地方崇拜的重构——以桐庐"陈老相公"信仰为例》，《民间文化论坛》2006 年第 5 期。

38. 王瑞芳：《没收族田与封建宗法制度的解体——以建国初期的苏南土改为中心的考察》，《江海学刊》2006 年第 5 期。

39. 〔美〕黄宗智：《离婚法实践——当代中国民事法律制度的起源、虚构和现实》，《中国乡村研究》（第四辑），社会科学文献出版社，2006。

40. 卞利：《明清徽州乡村基层社会组织结构初探》，载田澍、王玉祥、杜常顺主编《第十一届明史国际学术讨论会论文集》，天津古籍出版社，2007。

41. 黄道炫：《洗脸——1946～1948 年农村土改中的干部整改》，《历史研究》2007 年第 4 期。

42. 傅有德：《传统与现代之间：犹太文化的经验与启示》，《解放日报》2007 年 5 月 27 日，第八版。

43. 张举：《建国初期农民协会兴起与隐退原因考察》，《理论导刊》2007 年第 12 期。

44. 李洪河：《建国初期与婚姻家庭相关的妇女死亡问题探析》，《妇女研究论丛》2008 年第 3 期。

45. 杨奎松：《新中国土改背景下的地主问题》，《史林》2008 年第 6 期。

46. 张小娟：《论满月仪式中巫婆与花婆信仰的关系——以广西靖西县其龙村壮族人的满月仪式为例》，《柳州师专学报》2009 年第 2 期。

47. 程郁缀、刘曙光：《学术由传统走向现代的主导范式》，《云梦学刊》2009 年第 4 期。

48. 徐春林：《爷爷与土改》，《浔阳晚报》2009 年 6 月 11 日，第 16 版。

49. 沈大伟：《美国的中国研究 60 年》，《中国社会科学报》2009 年 7 月 2 日，第 17 版。

50. 史五一：《明清徽州祭祀性会社述论》，《黑龙江史志》2010 年第 20 期。

51. 王树林：《新中国大行政区军政委员会的缘起与演变》，《中共党史研究》2010 年第 6 期。

52. 罗衍军：《20 年来西方的中国近现代乡村研究透视》，《华南农业大学学报》（社会科学版）2012 年第 1 期。

53. 汤水清：《施压与抵制——从"窃线"案件看 1940 年代后期国家权力与乡村社会的关系》，《近代史研究》2013 年第 4 期。

54. 金观涛、刘青峰：《历史的真实性：试论数据库新方法在历史研究的应用》，归来书院网站，2008 年 4 月 19 日。

55. 孙新华：《试论建国初期湖北省农村基层政权建设》，华中科技大学中国乡村治理研究中心网站《三农中国》，http://www.snzg.cn/article/2009/0623/article_14964.htm

56. 王郁茗：《消失的产婆》，中国助产士网，2010 年 5 月 7 日。

57. 奂平清：《华北乡村集市变迁与社会结构转型》，中国人民大学博士论文，2005。

58. 纪程：《话语视角下的乡村改造与回应》，华中师范大学博士论文，2006。

后　记

　　本书是我 2007 年获准立项的国家社科基金一般项目的最终研究成果。一年前，当我在电脑上敲出最后一个字符的时候，心里有种如释重负的感觉。当初，怀着一种追求创新、挑战自我的自信心理，经过近一年的思考和资料准备后，放弃了此前相对熟悉的上海城市史而选择中南乡村社会史方面的选题来申报国家社科基金项目。但在获准立项并真正着手研究时才发现，要按照计划实现自己的研究设想并非易事。一方面，课题研究所涉地域广、内容多。仅从资料搜集、整理的工作量上看，查阅的有关地区档案资料就达 300 余卷；整理录入的各类资料 220 万多字，各类调查统计表格 180 余份。即便如此，中南六省的资料也仍然详略不均。另一方面，作为一名在岗科研人员，平时还要承担许多事务性工作、临时性任务和集体项目，课题研究常常因此而中断。这不仅使项目研究周期大为延长，而且使课题研究地域上只能有选择地展开，有的内容也仍有进一步拓展的较大空间，由此留下了一些遗憾。尽管如此，从总体上说，呈现在读者面前的这一成果还是较好地达到了预期的目的，在成果鉴定和出版资助项目参评中也获得了匿名专家较高的评价。

　　感谢国家社科基金对本项研究的立项资助，没有项目的立项，就没有该项研究成果，也就没有本书，更不会有即将展开的后续进一步研究。

　　感谢江西省社会科学院的领导和专家，他们给予了我的研究很多关心和帮助；院里相对灵活的工作制度，也使我能比较自由地支配时间，以便到各地查找资料。

　　感谢江西省档案馆、广东省档案馆、湖北省档案馆、河南省档案馆、湖南省档案馆、江西省黎川县档案馆、江西省南昌县档案馆、广东省江门市档案馆和江西省图书馆的大力支持。广东省档案馆、江西省档案馆、湖北省档案馆为我复制档案资料提供了极大的便利，河南省档案馆的工作人员在我查找资料返回南昌后还为我免费邮寄档案复制品，江西省档案馆和湖北省档案馆为我提供了许多内部资料。没有这些单位热情周到的服务，要顺利完成本课题的研究是不可能的。

感谢国家社科基金成果鉴定的匿名评审专家，他们为本研究的完善提出了许多建设性的意见。

感谢江西省社联设立的"江西省哲学社会科学出版资助项目"的资助，没有他们的支持，本课题的研究成果不可能这么快地能与读者见面。

感谢我的博士生导师、复旦大学特聘终身教授姜义华先生，他不仅对于我的课题研究给予了许多指导、鼓励，而且还在百忙之中抽出时间为拙作写序。

感谢社会科学文献出版社，尤其是责任编辑黄金平先生，他为本书的出版做了大量的编辑、校对工作，其认真负责的态度令我肃然起敬。

我要特别感谢我家人的理解与支持。我爱人李小萍为课题的研究做了许多资料录入的工作，在某些问题上还与我进行了学术交流与讨论，更重要的是在我为加紧完成课题而忽略了她的一年多时间里，她不仅给予了理解，而且还承担了全部的家务劳动。

最后，我想说的是，本书能顺利地出版，是许多人付出的结果。但书中所有的缺点和错误，概由本人负责。

汤水清

2014 年 8 月 11 日

图书在版编目（CIP）数据

传统与现代之间：中南乡村社会改造研究：1949~1953/汤水清著.
—北京：社会科学文献出版社，2014.10
（江西省哲学社会科学成果文库）
ISBN 978 - 7 - 5097 - 6613 - 2

Ⅰ.①传…　Ⅱ.①汤…　Ⅲ.①乡村 - 社会发展史 - 研究 - 中南
地区 - 1949~1953　Ⅳ.①K296

中国版本图书馆 CIP 数据核字（2014）第 233354 号

·江西省哲学社会科学成果文库·

传统与现代之间：中南乡村社会改造研究（1949~1953）

著　　者 / 汤水清

出 版 人 / 谢寿光
项目统筹 / 王　绯　周　琼
责任编辑 / 黄金平

出　　版 / 社会科学文献出版社·社会政法分社（010）59367156
　　　　　地址：北京市北三环中路甲 29 号院华龙大厦　邮编：100029
　　　　　网址：www.ssap.com.cn
发　　行 / 市场营销中心（010）59367081　59367090
　　　　　读者服务中心（010）59367028
印　　装 / 三河市尚艺印装有限公司

规　　格 / 开　本：787mm × 1092mm　1/16
　　　　　印　张：21　字　数：332 千字
版　　次 / 2014 年 10 月第 1 版　2014 年 10 月第 1 次印刷
书　　号 / ISBN 978 - 7 - 5097 - 6613 - 2
定　　价 / 85.00 元